RBA 环球
考古大系

RBA 环球
考古大系

Ancient Egypt
as it was

重返
古埃及

西班牙 RBA 传媒公司 - 著

董馨阳 - 译

中国出版集团　现代出版社

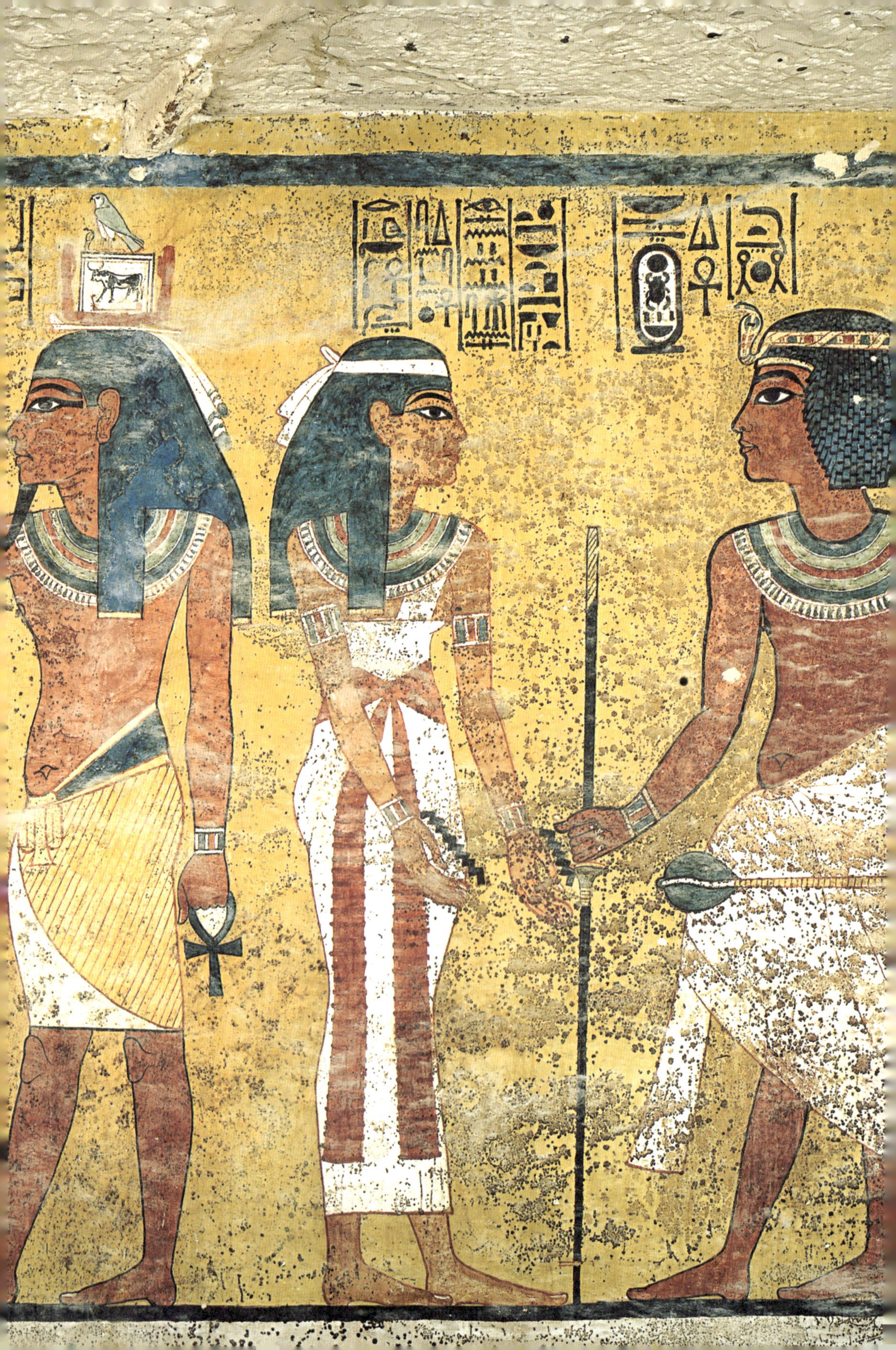

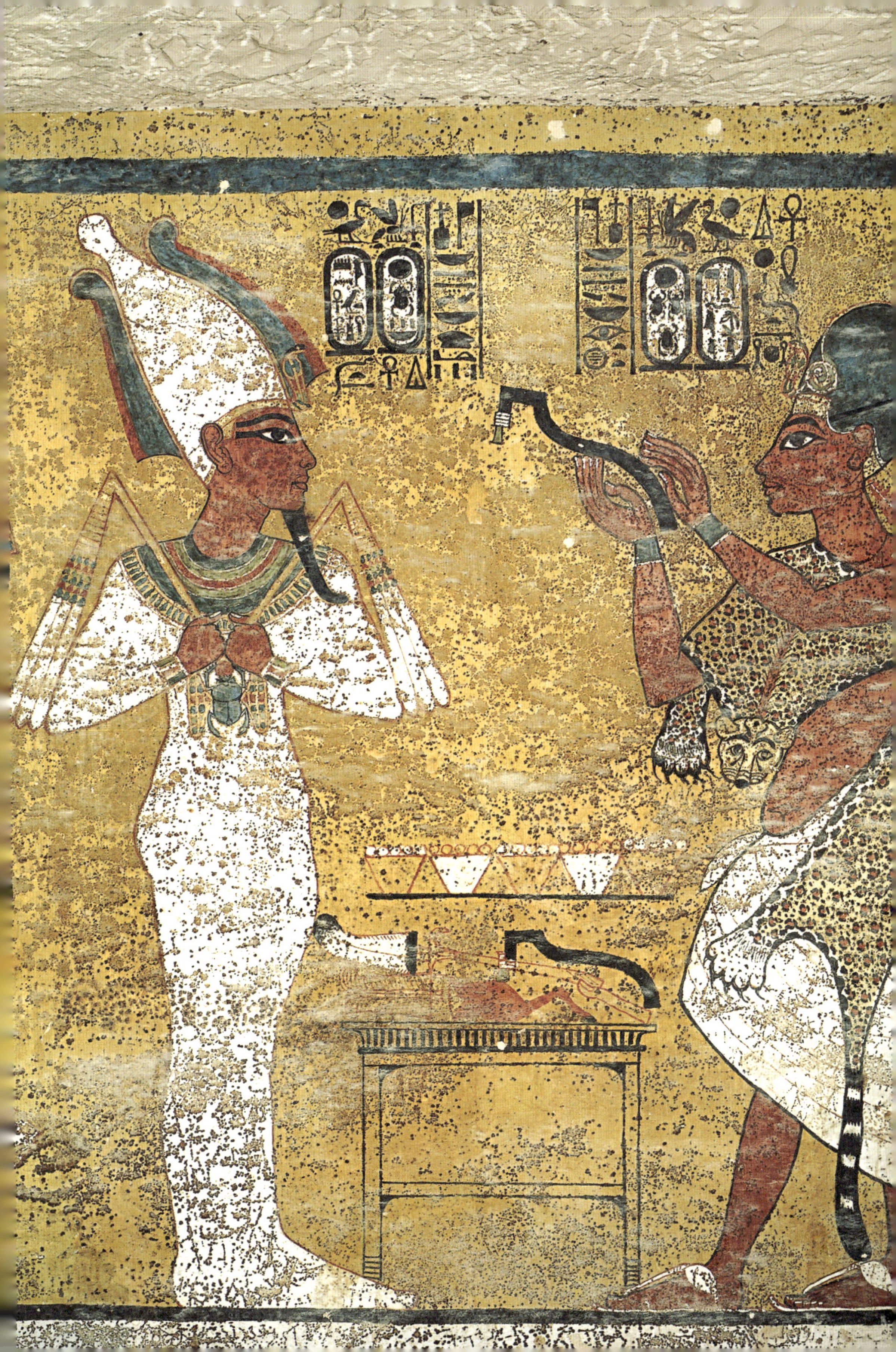

目录

埃及：尼罗河的馈赠	9
吉萨	**17**
大金字塔	21
胡夫金字塔	22
金字塔修建者	32
"胡夫之舟"	38
卡夫拉金字塔	43
大斯芬克斯像	53
赫里奥波利斯和拉神神庙	61
孟卡拉金字塔	65
卡纳克和卢克索	**75**
卡纳克：归于阿蒙神的无上荣光	79
阿蒙神庙	80
"神之居所"奠基仪式	92
拉美西斯三世神庙	94
多柱大厅	101
神崇拜：阿蒙神荣耀庇护下的底比斯	108
节庆中庭方尖碑	111
卢克索"南宫"	119
斯芬克斯大道	120
流落巴黎的方尖碑	125
卢克索神庙	132
卢克索神庙塔门	140
奥佩特节：既是宗教节日也是世俗节日	145
帝后谷	**149**
图坦卡蒙陵墓	153
法老地下陵墓	154
卡特漫游"奇境之墓"	159
墓室	170
图坦卡蒙木乃伊之谜	180
前室中的宝藏	186
礼葬瓮神龛	191
图坦卡蒙的随葬品	196
第十八王朝陵墓	205
图特摩斯三世陵墓	206
阿伊法老的地下陵墓	214
霍伦海布陵墓	219

尼斐尔泰丽陵墓	225
王后陵墓	226
石棺室	248
最华丽的陵墓	256
第十九王朝陵墓	263
拉美西斯一世陵墓	264
塞提一世陵墓	269
拉美西斯二世及其子孙	280
麦伦普塔赫陵墓	286
努比亚	**293**
阿布辛贝神庙	297
拉美西斯二世神庙	298
多柱大厅	309
圣殿雕像	316
阿布辛贝神庙浮出沙海	321
尼斐尔泰丽神庙	327
拯救神庙于大水覆没	336
菲莱岛	**343**
"时间之岛"	347
伊西斯神庙	348
塔门和玛米西	357
三千年文字之谜	362
西柱廊	367
图拉真亭	372
托勒密王朝神庙	381
哈托尔神庙	382
丹德拉玛米西	392
康翁波神庙	397
尼罗河国度的罗马法老	404
埃德夫神庙	407
附录	**415**
漫步吉萨	416
漫步卡纳克	420
漫步底比斯	424
漫步努比亚	428

◀◀◀ 胡夫（Khoufou，基奥普斯［Khéops］）金字塔、卡夫拉（Khéphren，哈夫拉［Khafrê］）金字塔和孟卡拉（Menkaourê，米凯里诺斯［Mykérinos］）金字塔。前景，孟卡拉金字塔卫星小金字塔。

◀◀ 图坦卡蒙（Toutankhamon）墓室北墙，墙上为展现"开口仪式"的壁画。

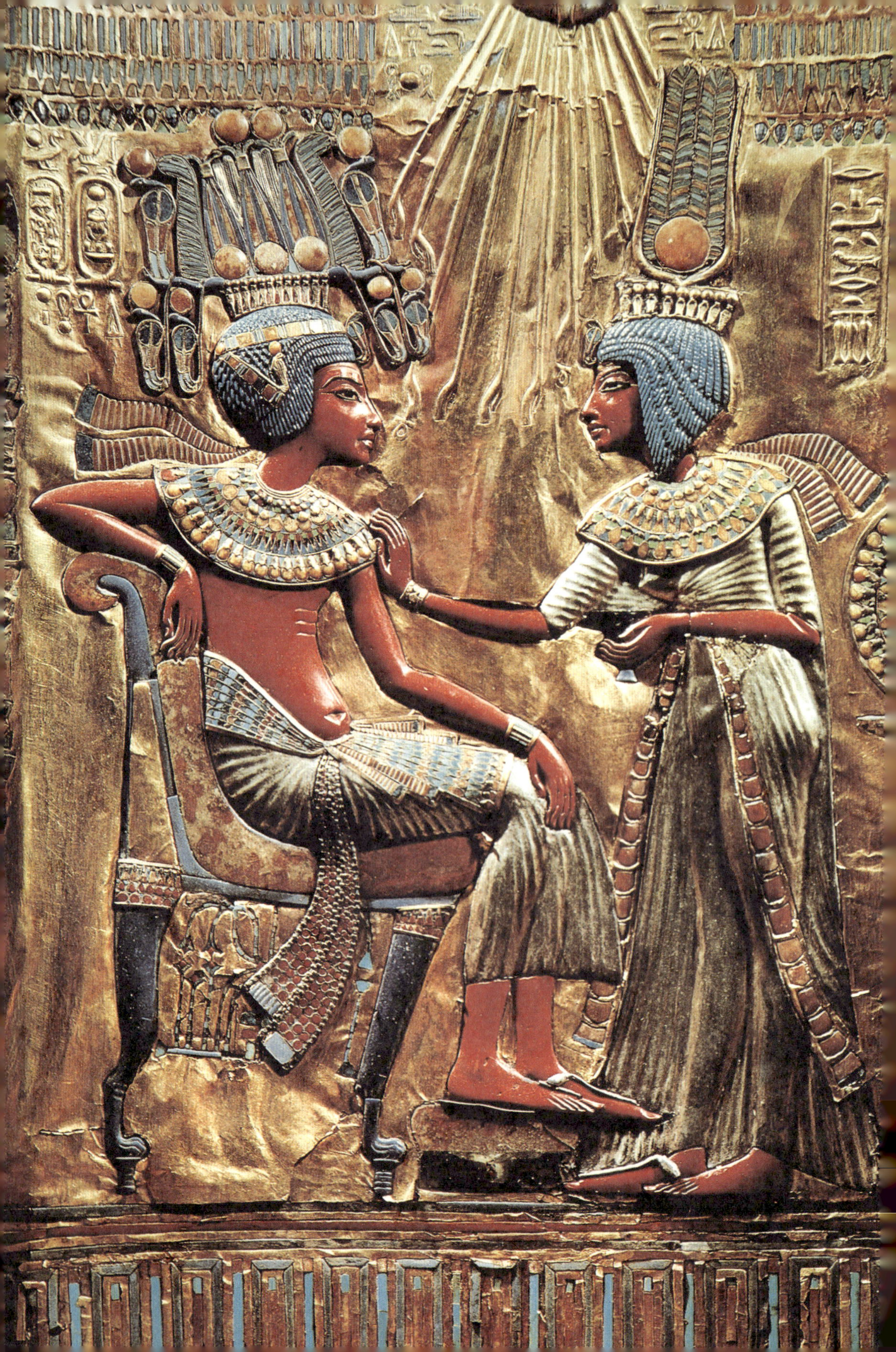

埃及：尼罗河的馈赠

> 伴随着尼罗河定期泛滥，埃及人创建了人类历史上最古老的国家。雄踞这个国家权力巅峰的人被称为法老，起初法老被认为是太阳神拉（Rê）的化身，集整个国家所有大权于一身。

大约在公元前 450 年，被认为是历史之父、来自哈利卡纳苏斯（Halicarnasse，卡里亚）的希腊人希罗多德（Hérodote）乘船抵达了埃及。此次埃及之旅是希罗多德在东地中海地区旅行计划的一部分，他希望通过此次旅行找到一个问题的答案，那就是究竟是何原因导致希腊人和波斯人在几年前爆发了战争，使双方势不两立。但希罗多德并没有在这里停下脚步，因为呈现在他眼前的一切对他而言是如此不同，令人如此讶异；在好奇心驱使下，他决定游历整个国家。与我们今天的游客一样，希罗多德也乘船沿尼罗河一路而行。旅途没有让希罗多德感到失望，回国时其所历所感令他得偿所愿，但同时也令他确信：如果没有他所畅游的这条尼罗河，所有的金字塔、气势雄伟的神庙、祭司们掌握的知识，以及法老的权力，全部根本不会出现。希罗多德最终得出结论，埃及是"尼罗河的馈赠"。

事实上，希腊人希罗多德不过阐释了埃及人早就稔熟于心的事实：尼罗河关乎埃及人的生死。当然，河水滋养着埃及人，但真正决定埃及人命运的是这条河的一个特性：尼罗河在每年七月间都会泛滥，淹没万顷良田后，在土地上覆盖上一层淤泥。这片土地只需等待农民带着犁和种子到来，向他们赠与更加慷慨的收获。

有证据表明，在大约公元前 4800 年左右，下埃及地区已经出现利用尼罗河泛滥的定居城镇，这一河口地区被称为尼罗河三角洲。然而，尼罗河的泛滥程度并不

▢ 古埃及

▲ 19世纪吉萨高原和三座金字塔雕刻版画。

▶ 梅里桑克三世（Merséânkh Ⅲ）陵墓中出土的雕像——酿啤酒的女仆。
🏛 开罗埃及博物馆

◀◀ 图坦卡蒙和妻子安赫塞娜蒙（Ânkhésenamon），法老黄金王座细部。太阳崇拜的影响显而易见。

总是一成不变的，在某些年份泛滥几乎不被觉察，而在某些年份则可能泛滥成灾，洪水过后满目疮痍。无论哪种情况，后果都毫无二致，那就是匮乏导致饥荒。正是由于需要通过修建水坝和灌溉渠等工程来控制尼罗河的泛滥并使该地区的居民组织起来，这样就形成了规模越来越大的城镇。

走向统一的埃及

这些城镇或通过武装行动，或通过结成联盟，逐渐开始相互聚集，最终形成了两大王国，分别地处下埃及和上埃及。这两大

孕育文明之河

埃及文明诞生并发展于尼罗河流域，绵延在 1300 公里的一片狭长且肥沃的土地上。然而，埃及文明并非来自一片统一的领土，其居民将埃及称为"两地之国"（pays des Deux Terres，即上埃及和下埃及）。

下埃及

下埃及被埃及人称为塔姆胡（Tamehu，"纸莎草之国"[pays des papyrus]），位于河口地区的尼罗河三角洲。古埃及都城孟斐斯（Memphis）即坐落于这片土地上，塞加拉（Saqqarah，又译萨卡拉）墓地和吉萨（Gizeh）墓地也位于下埃及地区。

上埃及

"狭长之地"或塔什玛（Tashema）是一片延伸至象岛（Éléphantine）的狭长冲积河谷，在这一时期就已经与努比亚（Nubie）交界。新王国时期的法老在上埃及地区的底比斯（Thèbes）建都，并修建了卡纳克（Karnak）神庙和卢克索（Louxor）神庙等诸多神庙，以及帝王谷（Vallée des Rois）的多处陵墓。

红土地

埃及人将国内所有可耕种的土地称为"黑土地"（Kemet），这些土地之外的地区则被称为"红土地"（desheret）——意为沙漠，代表混乱和死亡的国度。其中，绿洲除外，如法尤姆（El Fayoum）绿洲以及锡瓦（Siwa）绿洲。

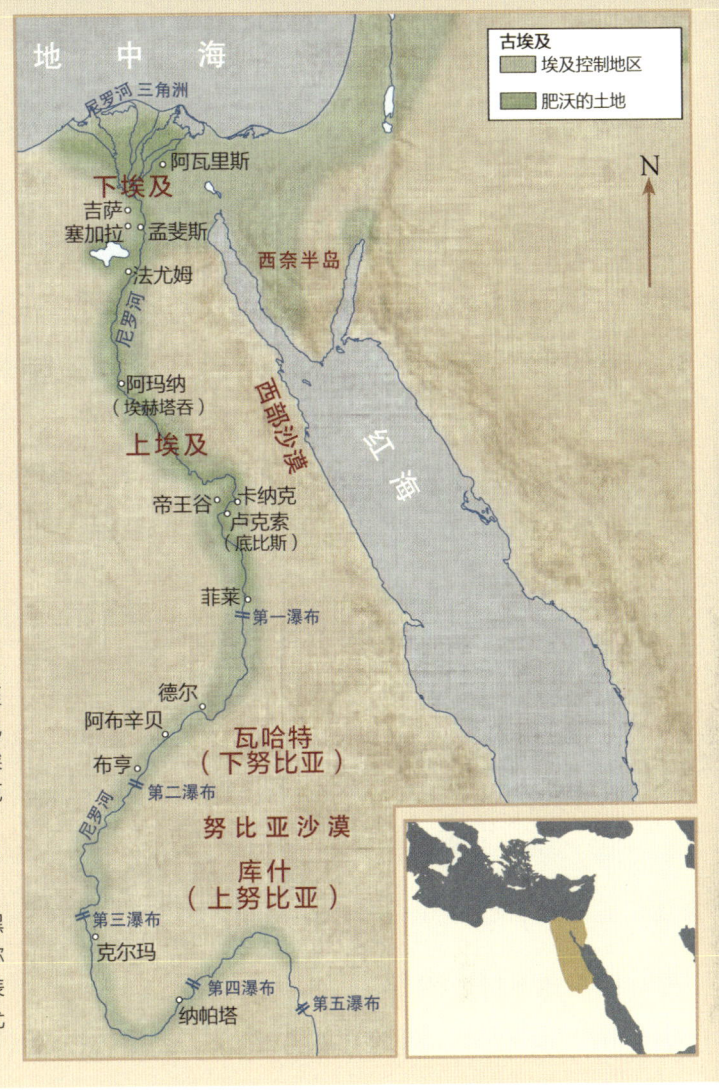

王国之间彼此攻击只是时间早晚的问题，实际上这种情况发生在大约公元前 3000 年左右，当时上埃及的国王那尔迈（Narmer，更古老的史料显示他可能名为美尼斯[Ménès]）成功占领了北方地区。

随着那尔迈统一埃及，统治古埃及延绵三千年的三十三个王朝正式开启。那尔迈的继任者以及第二王朝的法老们不断加强法老的权力，通过设立负责税收和修建包括疏浚沼泽、王室宗庙、墓地在内的公益工程的行政部门，进一步巩固了王国的统一。正是在这种情况下，人们创造出了楔形文字这种革命性的工具。随

着时间的推移，楔形文字被证实不仅是官员们高效记录的工具，而且还用于歌颂法老的战功，书写宗教颂歌、医学论著或娱乐作品。

埃及文明日后的基石已经铺就。但是，此时的埃及尚不是后来令世界惊叹的伟大国度。真正缔造伟业者是第三王朝和第四王朝的法老们，他们引领埃及进入了新的历史阶段，历史学家称之为古王国时期（公元前2686年—公元前2181年）。其中，第一位法老左塞尔（Djéser，公元前2686年—公元前2667年）将国家边界推至西奈半岛（Sinaï）和努比亚。然而，人们知道左塞尔更多是因为他在塞加拉建起的金字塔，这座金字塔是埃及第一座使用石头修建的气势雄伟的建筑物，同时更反映出法老与太阳神拉之间的关联。因此，金字塔是故去法老到达太阳的登天之梯。

第四王朝的法老胡夫（基奥普斯[Khéops]，公元前2589年—公元前2566年）、卡夫拉（公元前2558年—公元前2532年）以及孟卡拉（米凯里诺斯[Mykérinos]，公元前2532年—公元前2503年）通过在吉萨修建金字塔，为太阳神崇拜和王权之间建立联系起到了决定性的推动作用。这些雄伟的建筑物不再是在塞加拉修建的那种阶梯金字塔，而是外表十分光滑的金字塔，宛如一束石化凝固的阳光。

动荡与复兴

修建这些金字塔和神庙耗费的人力、物力令人咋舌，维护法老葬礼崇拜同样花费巨大，这使得王室的财富趋于枯竭。不仅如此，在第六王朝期间，政治分权大有愈演愈烈之势，加之因粮食歉收而导致社会动荡和饥荒，最终古王国土崩瓦解。然而，这不过是一段漫长动荡时期的开始，这段危机时期被称为第一中间期（公元前2181年—公元前2055年）。在第一中间期，上埃及和下埃及再次分离。非但如此，根据《伊普乌尔哀歌》（*Lamentations d'Ipou-Our*）等文献记述，在此期间埃及还面临外有亚洲部落入侵之患、内有反叛暴乱之忧。

这种混乱的态势一直未能平息，直至第十一王朝法老孟图霍特普二世（Montouhotep II，公元前2055年—公元前2004年）才得以终结，他再次成功统一了"两地之国"。埃及从此以后进入了中王国时期（公元前2055年—公元前1650年），而在此期间第十一王朝和第十二王朝的法老们一直试图恢复古王国的行政和政治制度。他们成功地实现了稳定，经济逐渐恢复繁荣，文艺得以复兴，尤其在艺术和文学领域呈现出一派繁盛之气。这一时期最大的新面貌则与宗教有关，更准确地说涉及往生之后的生活。如果说在古王国时期只有法老及其家眷享有身死犹可生的特权，那么在中王国时期对于任何能够支付得起将尸身制成木乃伊的埃及人来说，这种特权也变得唾手可得。

中王国时期终结得令人猝不及防，埃及大约在公元前1650年遭到一个亚洲游牧部落的入侵。这个部落就是喜克索斯人（Hyksos），他们快速地攻占了尼罗河三角洲地区和部分河谷地区。喜克索斯人对埃及文化甚为折服，他们毫不犹豫地将埃及据为己有，并自视为法老统治埃及。尽管喜克索斯人在国家传统上被同化，尽管他们为埃及带来了新的作物——橄榄，尽管他们同样带来了技术方面的创新——立式织机、三角弓和战车，但都没能改变埃及人对他们的认知：在埃及人眼里，喜克索斯人入侵者的身份从未改变。因此，在上埃及国都底比斯组织起了反抗喜克索斯人的战斗，最终将他们全部驱逐出境。此后开启了第二中间期，后又被新王国时期（公元前1550年—公元前1069年）取代，在这一时期古埃及达到了最为璀璨的鼎盛时期。

帝国伟业

在第十八王朝和第十九王朝，埃及以底比斯为都，国家发生了翻天覆地的变化。古王国和中王国时期小国寡民的传统被帝国扩张的野心取代，帝国的雄图是令埃及成为地中海东部的强盛大国。因此，埃及与这一地区周边的大国之战不可避免，如米坦尼（Mitanni）、巴比伦（Babylone）和赫梯帝国（l'empire hittite）。

然而，如第十八王朝的图特摩斯三世（Thoutmosis Ⅲ，公元前1490年—公元前1436年）、阿蒙霍特普二世（Amenhotep Ⅱ，公元前1438年—公元前1412年）以及第十九王朝的拉美西斯二世（Ramsès Ⅱ，公元前1289年—1224年）等法老并不只会穷兵黩武。他们还修建了巨大的神庙，如卢克索神庙、卡纳克神庙和阿布辛贝（Abou Simbel，又译阿布辛拜勒）神庙，这些神庙既是献给神灵的，也是修建给他们自己的。修建这些神庙的目的正是向法老的臣民们展示法老权力早已凌驾

古埃及

于万物之上且超脱尘世,这一目标后来又通过人神通婚理论进一步延展。根据该理论,埃及万神殿顶端的底比斯主神阿蒙(Amon)正是使王母受孕之神。

但是,所有夸耀在死亡之时全部烟消云散:新王国时期的法老意识到金字塔在盗墓者眼中是无法抗拒的诱惑,因此他们尽可能使自己的陵墓蔽而不察。正是基于这个原因,他们将墓地选址在底比斯尼罗河西岸的茫茫沙海之中。但此般苦心孤诣并没有起到多少效果,除了图坦卡蒙(公元前1346年—公元前1337年)的陵墓得以幸存,自古以来的所有其他法老的陵墓早已惨遭洗劫。

拉美西斯二世过世时,新王国时期进入了一个漫长的混乱期,即使第二十王朝的拉美西斯三世(Ramsès Ⅲ,公元前1184年—公元前1153年)大败海洋民族(Peuples de la Mer),也未能扶大厦于将倾。以动荡为标志的第三中间期(公元前1069年—公元前664年)就此拉开序幕,地方割据愈演愈烈,同时埃及接连经受了利比亚人(Libyens)、努比亚人(Nubiens)、亚述人(Assyriens)、波斯人(Perses)以及希腊人(Grecs)

▲ 极为珍稀的胡夫法老像之一,他修建了埃及最大的金字塔。这尊象牙小雕像高度仅有7.5厘米,于1903年由弗林德斯·皮特里(Flinders Petrie)在阿比多斯(Abydos)的奥西里斯(Osiris)神庙中发现。
🏛 开罗埃及博物馆

煌煌千年历史

自那尔迈法老统一上、下埃及至埃及最后一位女王克利奥帕特拉七世过世,时间过去了整整三千年。在这漫长的三千年间,埃及不仅见证了长治,也蒙受了剧烈的动荡和兴衰更迭,但尼罗河的国度一直保持着对自身的认同。

▲ 费顿(Phaidon)出版社(维也纳)1936年出版的《古埃及艺术》(*The Art of Ancient Egypt*)一书中的插图细部。

公元前4000年
涅伽达文化(Nagada)Ⅰ期和Ⅱ期
发展于埃及南部,该文化中的坟墓和陶器显示出当时的社会存在明确的等级划分和领袖权威。

公元前3000年
埃及统一
第一王朝的第一位法老那尔迈,控制了从三角洲直至象岛之间的领土。

公元前2686年
古王国时期
左塞尔在塞加拉了阶梯金字塔,建立并定都于下埃及的孟斐

◀ 雕刻在伊杜（Idou）马斯塔巴墓墙上的楔形文字，他是负责修建胡夫金字塔和卡夫拉金字塔的祭司总管。伊杜生活在第四王朝，他的墓位于吉萨墓地的东墓园。

的入侵。

埃及的最后一个王朝被称为阿吉德王朝（Lagide）或托勒密王朝（Ptolémaïque），由亚历山大大帝（Alexandre le Grand）的部将托勒密（Ptolémée）建立于公元前305年，国都定在一座新城——亚历山大城（Alexandrie，亚历山大港；又译亚历山大里亚）。这里也是克利奥帕特拉七世（Cléopâtre Ⅶ，公元前51年—公元前30年）的出生地，但她使埃及重现往日辉煌的努力以失败告终。克利奥帕特拉七世死后，"两地之国"彻底沦为罗马帝国的一个行省。

公元前1650年
喜克索斯人
中东地区的喜克索斯人占领了下埃及。上埃及旋即宣布独立，并向入侵者宣战。

公元前1069年
第三中间期
埃及再次陷入分裂，其南部在阿蒙神祭司的掌控之下，而三角洲地区则处于第二十一王朝的统治之中。

▶ 书吏（scribes）监察官哈尔加（Raherka）和他的妻子梅里桑克（Merséânkh）的像（第四王朝）。
🏛 巴黎卢浮宫博物馆

公元前2055年
中王国时期
第十一王朝的法老们为古王国土崩瓦解后动荡的第一中间期（公元前2181年—公元前2055年）画上了句点。

公元前1550年
新王国时期
自第十八王朝起，阿赫摩斯（Ahmosis）一统埃及，建都底比斯。这也正是王国走向辉煌灿烂的起点。

公元前332年
希腊人征服埃及
亚历山大大帝将埃及的波斯人尽数驱逐，他的一位将军托勒密于公元前305年成为法老。

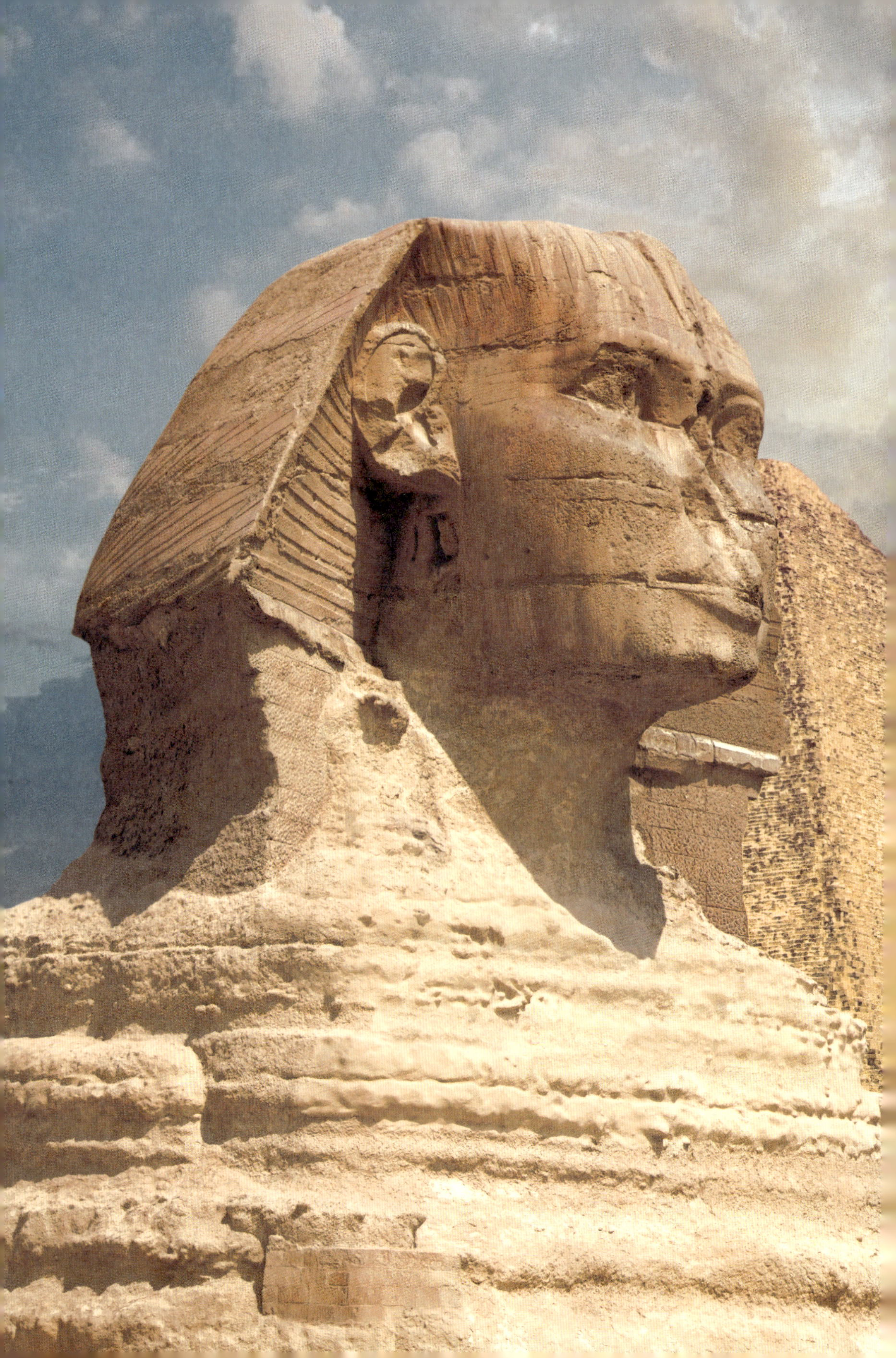

吉萨

第四王朝的法老们在吉萨高原建造了古王国时期三座气势雄伟的金字塔,这三位法老分别是胡夫、卡夫拉和孟卡拉。这些巨大的陵墓和大斯芬克斯像(Grand Sphinx,狮身人面像)是金字塔黄金时代的象征。

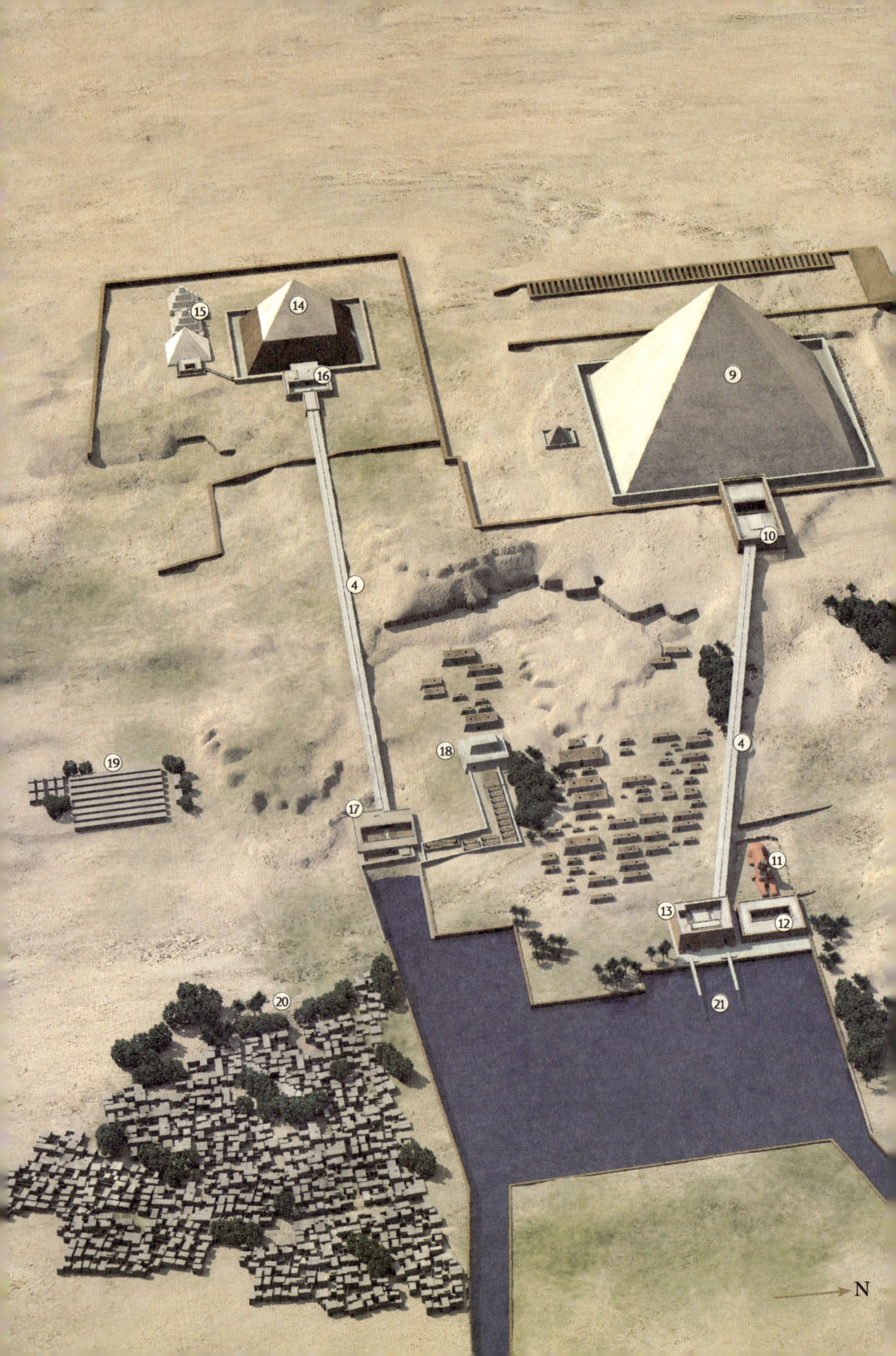

14
15
16
9
10
4
4
18
19
17
11
13
12
20
21
N

永恒的墓地

大斯芬克斯像、胡夫金字塔、卡夫拉金字塔和孟卡拉金字塔坐落在吉萨高原，是历史上赫赫有名的建筑群之一。为了修建这些巨大的建筑物，埃及人在此修建了多处神庙、两个马斯塔巴（mastabas，古埃及古王国之前贵族的墓葬形式）墓园，甚至为国王们修建永恒居所的工人们建了一座城。

① 胡夫金字塔
② 胡夫金字塔上庙（或丧葬庙）
③ 胡夫金字塔附近的多座金字塔
④ 通道
⑤ 胡夫金字塔下庙（或河谷庙）
⑥ 东墓园
⑦ 梅里桑克三世陵墓
⑧ 西墓园
⑨ 卡夫拉金字塔
⑩ 卡夫拉金字塔上庙
⑪ 斯芬克斯像
⑫ 斯芬克斯神庙
⑬ 卡夫拉金字塔下庙
⑭ 孟卡拉金字塔
⑮ 孟卡拉金字塔附近的多座金字塔
⑯ 孟卡拉金字塔上庙
⑰ 孟卡拉金字塔下庙
⑱ 肯特考斯（Khentkaous，肯特考斯一世）陵墓
⑲ 工人墓地
⑳ 工人城
㉑ 码头

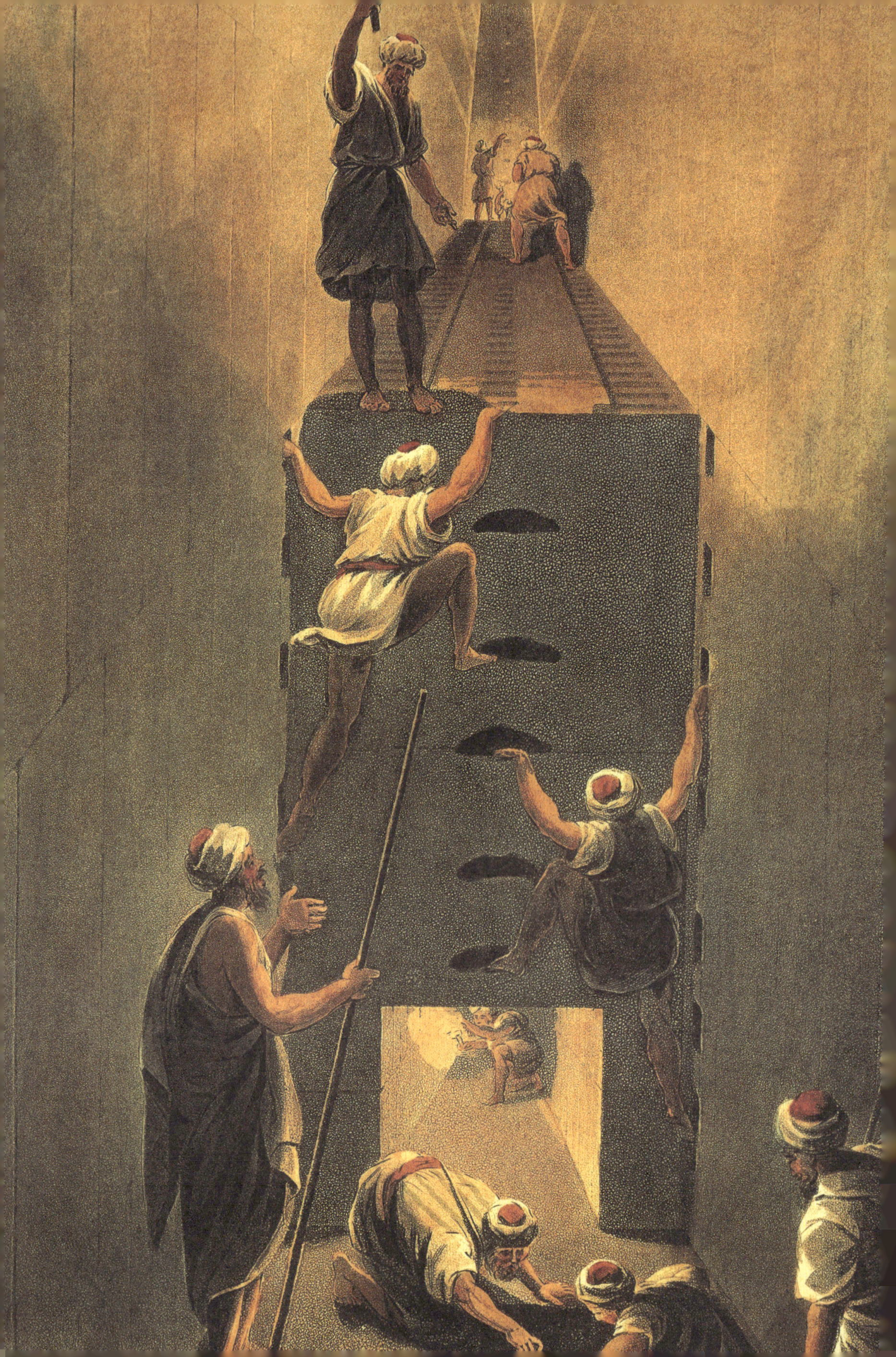

大金字塔

这座古埃及人修建的雄伟建筑（指大金字塔 [La Grande Pyramide]，即胡夫金字塔）被列为世界七大奇迹之一，几千年来一直使世人为之着迷。今人很难揣测，究竟出于何种原因，古埃及人决定修建这座巨大的几何体。大金字塔之巨难以用普通计量单位估量，唯有用千米作单位方可一试。从近处细看，建成后的金字塔更像一座石山，令所有临近凝视的人难以估量其空间比例。但是，金字塔不过是一种丧葬建筑。

实际上，大金字塔是始建于公元前3世纪中叶的一种陵墓，用于安放埃及国王的木乃伊尸身。当时，人们希望能够永久保存法老的木乃伊，帮助法老的生命力"卡"（ka）和灵魂"巴"（ba）前往冥界。这位法老就是胡夫，我们更常使用他的希腊名——基奥普斯（Khéops）。虽说胡夫并非首位修建金字塔之人，但他修建的金字塔绝对是最大的——胡夫金字塔高146.6米，底边长230米。法老之所以选择采用金字塔形状修建陵墓，是因为金字塔象征了石化凝固的阳光，能够使他重归天界与太阳神团聚，而他在登天途中将化为环极星中的一颗新星永世不陨。

然而，胡夫陵墓并非只有一座单独的建筑。在这座金字塔附近，还有一座上庙、一座下庙以及将三座建筑相连的通道。如今，其他的建筑早已不复存在，只有当时用于日常祭拜的下庙尚保存有部分残迹。除此之外，胡夫金字塔旁边还有三座小金字塔，用于埋葬三位王妃；而第四座则更小些。另外，还有两处墓地守卫着胡夫金字塔，分别是东面的王室成员墓地和西面的朝中重臣墓地。

■ 吉萨

胡夫金字塔

胡夫陵墓几千年间一直是世界上最高的建筑物，但它不仅在规模上超群绝伦，更重要的是这座金字塔具有许多特性，使之迥然有别于其他金字塔。这座雄伟的丧葬建筑拥有三个独立的墓室，而其他金字塔中的墓室则常排成一排。此外，墓室建在陵墓建筑的中心点，而其他金字塔中的墓室一般位于地下，或建筑基座处。这座曾被埃及人称为"胡夫地平线"（Akhet Khoufou）的建筑，无论从哪个角度来看都绝对无与伦比。

令人惊叹的建筑

胡夫在父王斯尼夫鲁（Snéfrou）亡故后即位，他在吉萨大墓地中修建的金字塔是埃及金字塔中最雄伟壮观的一座。如前所述，胡夫金字

▶ 大金字塔雄伟的外观，前有放置太阳船的坑洞，在脚下还有基座卫星金字塔。胡夫陵墓是世界七大奇迹中唯一保存至今的建筑。

◀◀ 胡夫金字塔大地道，此为画家路易·迈耶（Luigi Mayer）的雕版画（1801年）。

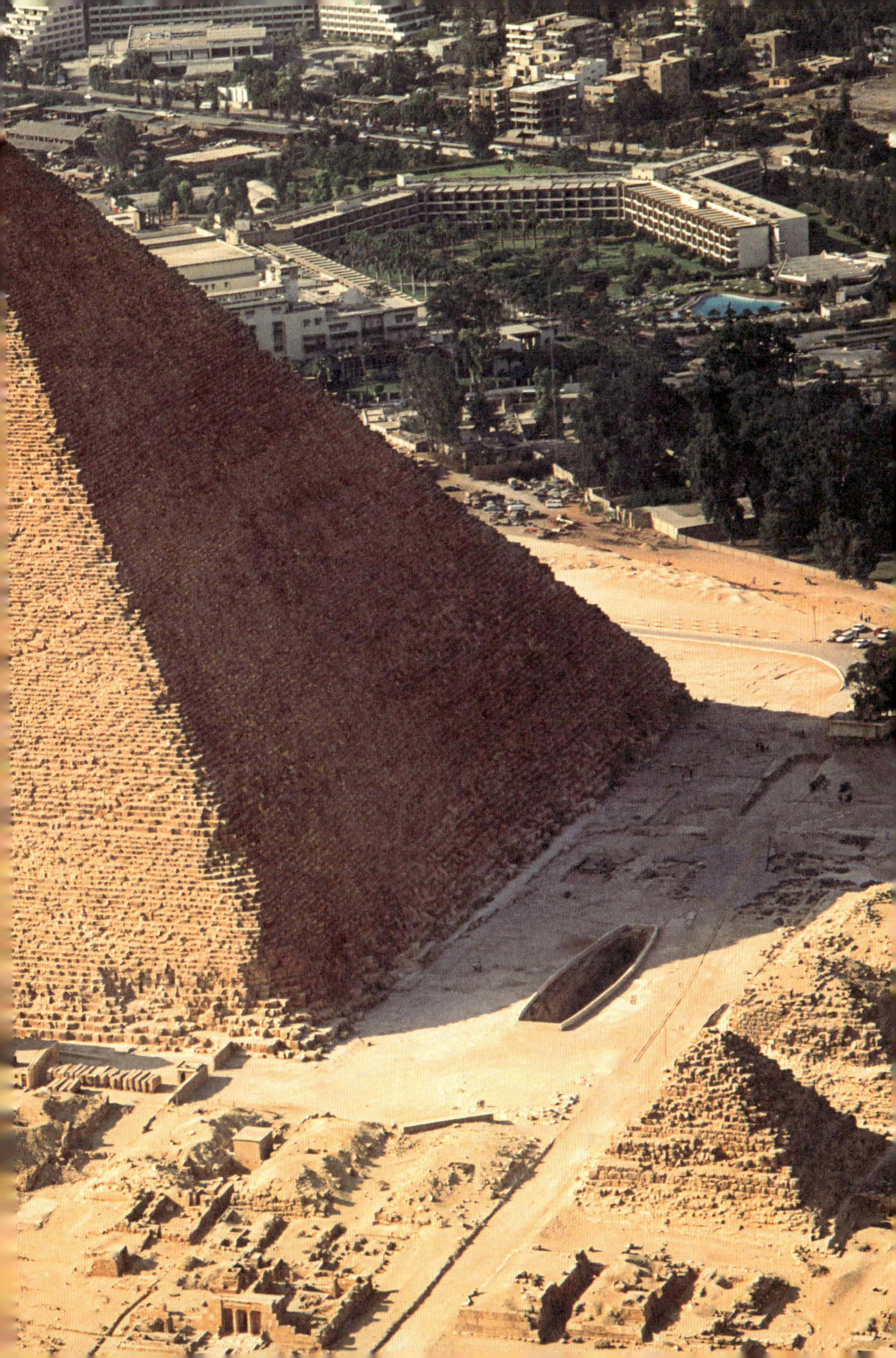

■ 吉萨

塔高 146.6 米，底边长 230 米。金字塔四面尺寸之精确令人惊叹，四面各中心点与方位基点的偏差值仅有 3′54″；其角度也同样无比精确，底面四角几乎全部为直角；斜边斜度为 50°52′，基座与海平面的偏差不足 21 毫米。此外，金字塔四面并不完全笔直，而是在中心点处有一个肉眼难以观测到的轻微凹陷，这个凹陷的角度约为 27′。毋庸置疑，胡夫金字塔是人类建筑史上的一大奇迹。

我们今天通向金字塔的道路，是由哈里发马蒙（Al-Mamoun）的工人在真正入口西侧下方挖出的通道。真正的入口实际上位于金字塔约 13° 的 15 米高处（金字塔共 200° 左右），向东稍有偏斜。两个巨大的门楣保护着入口，而一项缪子（muons，记为 $\mu+/\mu-$，宇宙射线）成像研究似乎表明在两个门楣正后方存在一个未知洞穴。进入金字塔后是一条高 1.2 米、宽 1 米的上升通道，长度为 105 米，在 35 米高处与另一条仅 9 米长的通道相连；这条较短的通道通向一个未完工的墓室，高 3.5 米、宽 8 米、长 14 米。这座墓室南侧墙

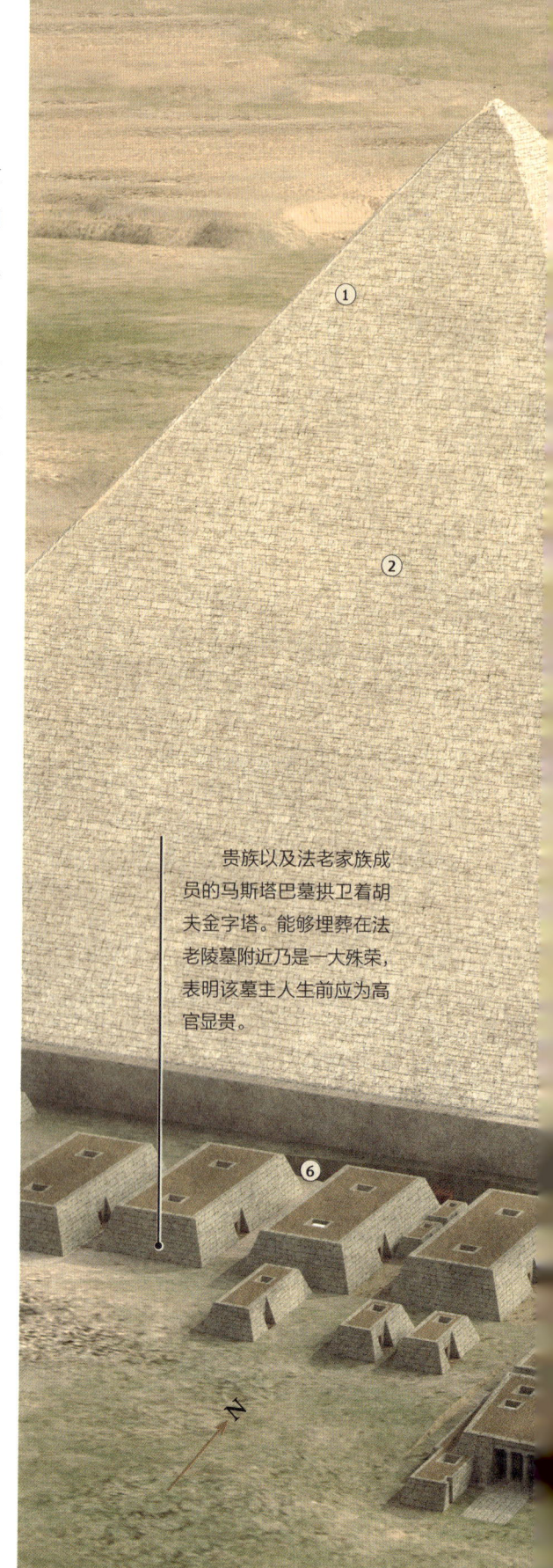

贵族以及法老家族成员的马斯塔巴墓拱卫着胡夫金字塔。能够埋葬在法老陵墓附近乃是一大殊荣，表明该墓主人生前应为高官显贵。

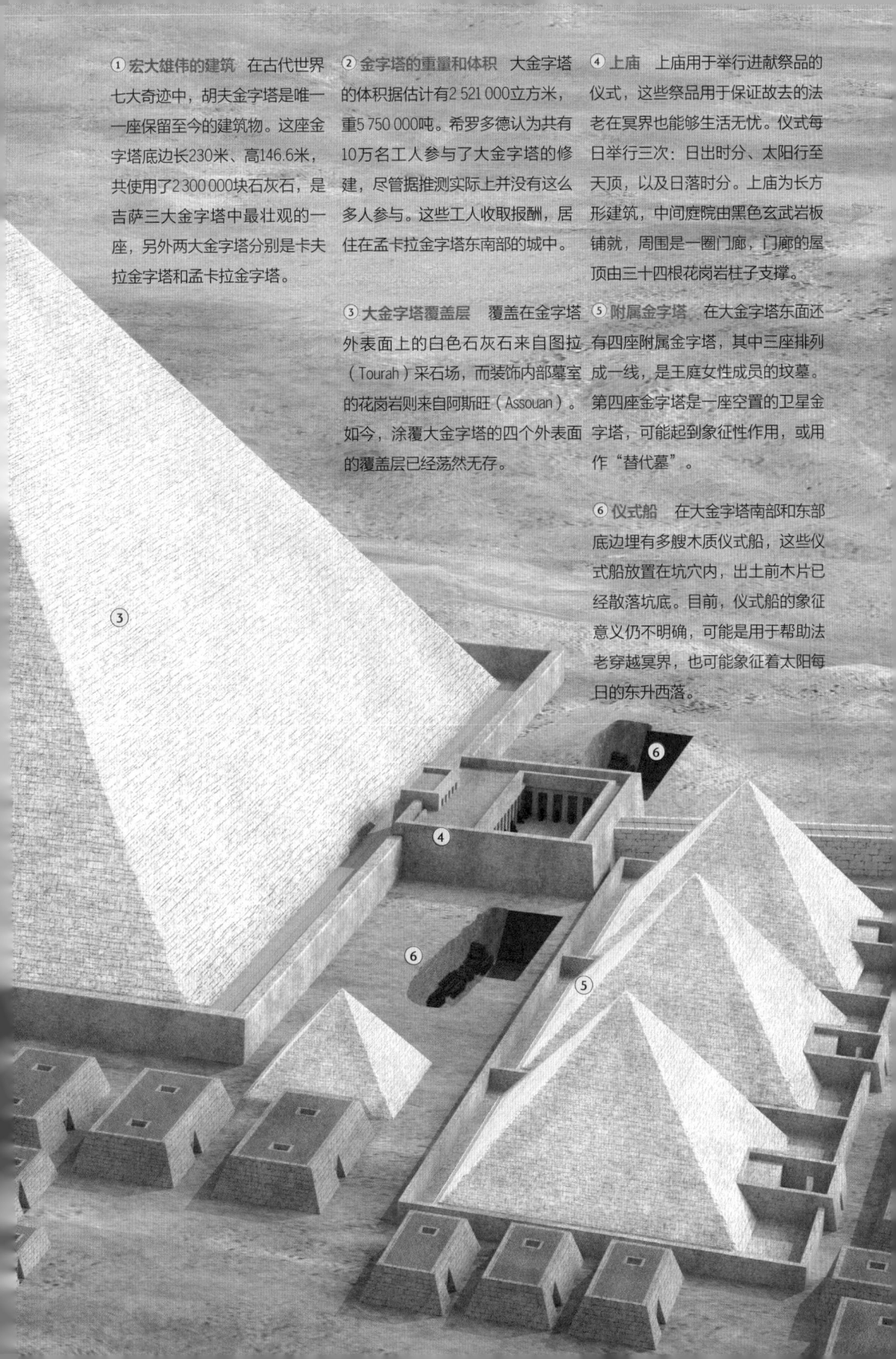

① **宏大雄伟的建筑** 在古代世界七大奇迹中,胡夫金字塔是唯一一座保留至今的建筑物。这座金字塔底边长230米、高146.6米,共使用了2 300 000块石灰石,是吉萨三大金字塔中最壮观的一座,另外两大金字塔分别是卡夫拉金字塔和孟卡拉金字塔。

② **金字塔的重量和体积** 大金字塔的体积据估计有2 521 000立方米,重5 750 000吨。希罗多德认为共有10万名工人参与了大金字塔的修建,尽管据推测实际上并没有这么多人参与。这些工人收取报酬,居住在孟卡拉金字塔东南部的城中。

③ **大金字塔覆盖层** 覆盖在金字塔外表面上的白色石灰石来自图拉(Tourah)采石场,而装饰内部墓室的花岗岩则来自阿斯旺(Assouan)。如今,涂覆大金字塔的四个外表面的覆盖层已经荡然无存。

④ **上庙** 上庙用于举行进献祭品的仪式,这些祭品用于保证故去的法老在冥界也能够生活无忧。仪式每日举行三次:日出时分、太阳行至天顶,以及日落时分。上庙为长方形建筑,中间庭院由黑色玄武岩板铺就,周围是一圈门廊,门廊的屋顶由三十四根花岗岩柱子支撑。

⑤ **附属金字塔** 在大金字塔东面还有四座附属金字塔,其中三座排列成一线,是王庭女性成员的坟墓。第四座金字塔是一座空置的卫星金字塔,可能起到象征性作用,或用作"替代墓"。

⑥ **仪式船** 在大金字塔南部和东部底边埋有多艘木质仪式船,这些仪式船放置在坑穴内,出土前木片已经散落坑底。目前,仪式船的象征意义仍不明确,可能是用于帮助法老穿越冥界,也可能象征着太阳每日的东升西落。

■ 吉萨

壁延伸出一条宽76厘米、高73厘米的通道，但这条通道在向前延伸16.5米后戛然而止；墓室的地面包括一个方井，原本深约3米。

王后墓室

从距入口20米处起，在下降通道顶部延伸出一条上升通道；上升通道与下降通道的高度和宽度别无二致，长达39米。三块花岗岩将上升通道的前4米封堵起来，而哈里发马蒙开掘的通道正从此处通向内部墓室。上升通道与大甬道相连，通向王后墓室，而井坑通道被错误地称为"强盗隧道"（des voleurs）。

井坑从大甬道东壁护道中的底端向下，从金字塔中心处开挖，之后穿透吉萨岩石，几乎垂直向下延伸50米后直抵下降通道水平部分，距地下墓室入口处约8米。王后墓室并非为胡夫的任何一位姬妾所建，而是金字塔建成几个世纪之后第一批探入其中的阿拉伯人将其命名为"王后墓室"。实际上，这些阿拉伯人后来依照这座双

① 入口　入口位于北面中心点附近，高约15米，由一个巨大的双斜顶保护着。

② 下降通道　入口连接一条宽1米、高1.2米、长105米的下降通道，倾斜度为26°31′23″。下降通道下降后转为水平，延伸9米左右后抵达地下墓室。

③ 地下墓室　地下墓室开凿于吉萨高原岩石中，墓室深35米，南北长8.3米，东西长14米，最高处为5米。地下墓室侧壁与天花板均十分光滑，但是墓室中间部分并未完工。

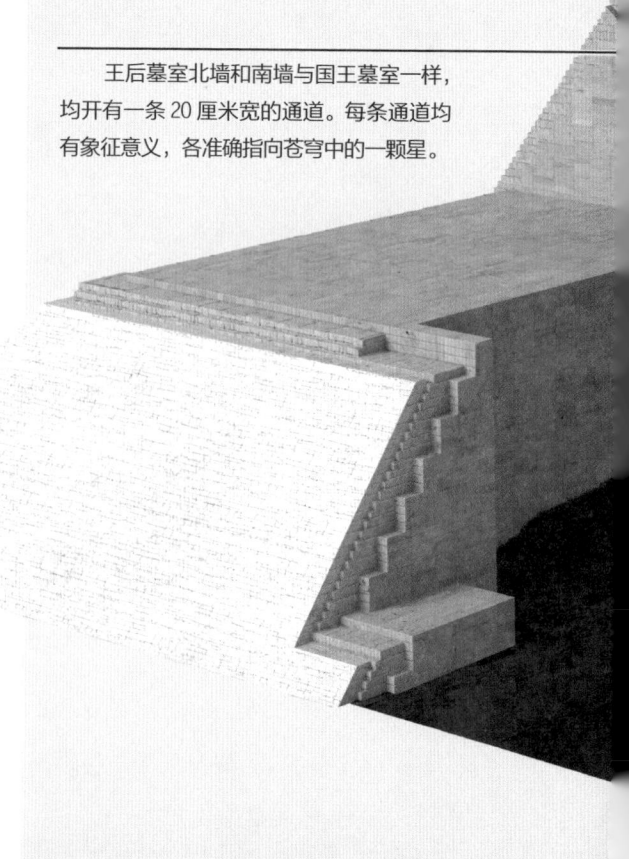

王后墓室北墙和南墙与国王墓室一样，均开有一条20厘米宽的通道。每条通道均有象征意义，各准确指向苍穹中的一颗星。

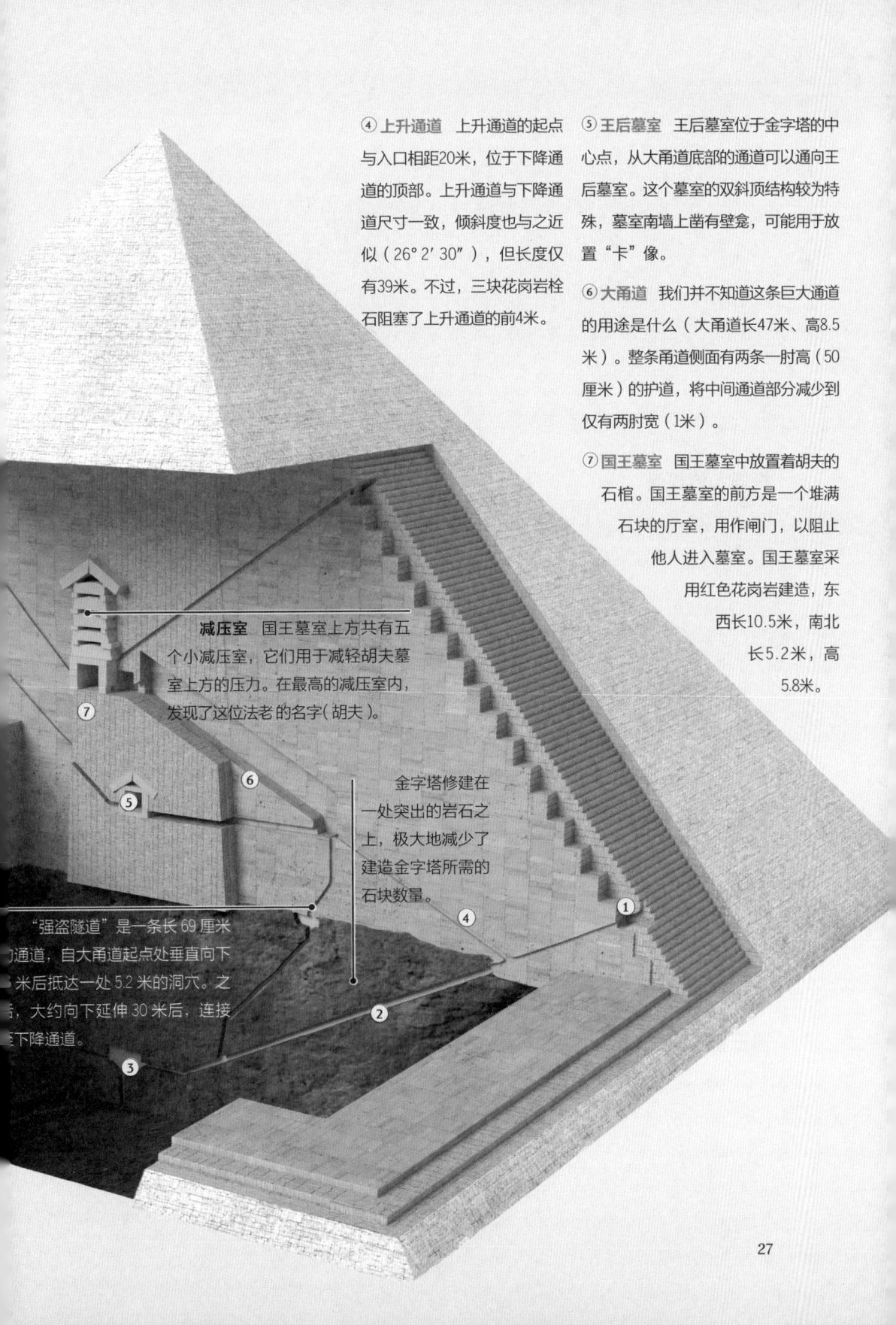

④ **上升通道** 上升通道的起点与入口相距20米，位于下降通道的顶部。上升通道与下降通道尺寸一致，倾斜度也与之近似（26°2′30″），但长度仅有39米。不过，三块花岗岩栓石阻塞了上升通道的前4米。

⑤ **王后墓室** 王后墓室位于金字塔的中心点，从大甬道底部的通道可以通向王后墓室。这个墓室的双斜顶结构较为特殊，墓室南墙上凿有壁龛，可能用于放置"卡"像。

⑥ **大甬道** 我们并不知道这条巨大通道的用途是什么（大甬道长47米、高8.5米）。整条甬道侧面有两条一肘高（50厘米）的护道，将中间通道部分减少到仅有两肘宽（1米）。

⑦ **国王墓室** 国王墓室中放置着胡夫的石棺。国王墓室的前方是一个堆满石块的厅室，用作闸门，以阻止他人进入墓室。国王墓室采用红色花岗岩建造，东西长10.5米，南北长5.2米，高5.8米。

减压室 国王墓室上方共有五个小减压室，它们用于减轻胡夫墓室上方的压力。在最高的减压室内，发现了这位法老的名字（胡夫）。

金字塔修建在一处突出的岩石之上，极大地减少了建造金字塔所需的石块数量。

"强盗隧道"是一条长69厘米通道，自大甬道起点处垂直向下，米后抵达一处5.2米的洞穴。之，大约向下延伸30米后，连接下降通道。

斜顶墓室为自己的妻子修建了陵墓。

王后墓室为东西朝向，长5.7米、宽5.2米、高6.7米，位于金字塔南北轴线上，通过一条长38.7米、宽1米、高1.1米的通道方可到达。

在大甬道32.2米处，通道的地面逐渐下沉，最后一段高1.7米。据东京早稻田大学（l'université de Waseda, à Tokyo）的研究人员扫描后发现，还有另一条与该通道平行但目前尚未进入的通道，此外在通道正下方还有一个较小的装满沙子的墓室。在王后墓室东墙上，有一个高4.6米、底长1.5米的挑头壁龛；原本壁龛深1米，但盗墓贼在向前挖了5米后放弃了继续挖掘。

机器人的探查

墓室北墙和南墙有两条长方形甬道，这两条甬道水平延伸2米后以大约39°的角度向上升。几年前，人们凭借"乌普奥特"（Upuaut）和"金字塔漫游者"（Pyramid Rover）两款机器人得知南甬道约长65米，此前则一直认为其长度仅为8米。在南甬道的尽头是两块对齐的小石板，板上有金属把手，尽头与王后墓室最后一个减压室高度一致。这一发现推翻了之前认为金字塔修建曾有过三种不同设计的理论。如果当时的人们并没有考虑使用王后墓室，那么他们为什么会继续将通道一直修到这个位置呢？尽管20世纪的探索止步于一根铁棒之前，但是这两个机器人证明了北甬道尽头的高度和南甬道一致，而且北甬道的尽头也有一块类似的石板。

大甬道长47米、高8.5米，呈现拱顶结构；侧壁下部有一条高约60厘米、深50厘米的护道。因此，大甬道中部仅1米宽，护道中有约1.4米高的多个长方形小洞穴。最近，缪子研究探测到在大甬道正上方存在一个与大甬道体量一致的长30米的空腔，其所处高度与国王墓室一致。

国王墓室

大甬道的上端通向一个花岗岩修建的较小前厅（宽1.2米、高1.1米、长1.3米），前厅向墓室方向敞开。据推测，原有三块花岗岩石板封堵国王墓室。前厅连接着第二个前厅，两者除尺寸之外并无差异；第二个前厅的尺寸是前厅的2倍，与国王墓

附属金字塔

　　胡夫墓葬群包括位于大金字塔东墙前的多座附属金字塔,这几座附属金字塔从北至南被命名为 G1a 金字塔(高 30.2 米,底边长 49.5 米)、G1b 金字塔(高 30 米,底边长 49 米)和 G1c 金字塔(高 29.6 米,底边长 46 米)。这些附属金字塔除尺寸相近外,还具有相同的倾斜度,大约为 51°~52°;内部构造也十分接近,都由入口通道、门厅和墓室组成;而且靠着这些附属金字塔的东墙,都各有一座神庙。遗憾的是,没有任何记载可以让我们确切地知道这些金字塔究竟为谁而建。根据对法老年表的现有了解,我们推测这些附属金字塔用于埋葬王庭主要的女性成员。因此,我们认为 G1a 金字塔的墓主人是美丽特提丝(Mérititès,或海特菲莉斯一世[Hétephérès Ier]),G1b 金字塔的墓主人是海特菲莉斯一世(或美丽特提丝),G1c 金字塔的墓主人则是海努特森(Henoutsen)。然而,这三座金字塔并非胡夫金字塔的全部附属金字塔。20 世纪 80 年代中叶,在大金字塔(胡夫金字塔)东南角和 G1c 金字塔之间,人们发现还有一座地下卫星金字塔。这座卫星金字塔的尺寸更小(底边长 21.7 米,理论高度为 13.8 米),倾斜度为 52° 41′。这座卫星金字塔并没有作为埋葬地点而是具有象征意义,它可能是用作主金字塔的替代金字塔。

▶ **"金字塔的主宰"**
在第二十五王朝时期,人们在海努特森王后金字塔南部的土地上修建了一座献给女神伊西斯(Isis)的神庙(图中废墟)。伊西斯被称为"主母"或"生育女神",在吉萨被尊为"金字塔的主宰"(maîtresse des pyramides)。

室相连。国王墓室完全由花岗岩建造，东西长10.5米，南北长5.2米。墓室顶为平顶，由九块巨大的花岗岩石板建成，每块石板重达45吨，墓室顶高5.8米。墓室尽头，紧靠西墙附近放置着一口花岗岩法老石棺，南墙和北墙上各开有一条20厘米见方的通道，倾斜度为32°（北墙通道）和45°（南墙通道），通向金字塔外部。

国王墓室和王后墓室共有四条小通道——之前被错误地称为"通气道"——这四条小通道原本是封堵着的，分别指向天穹中的一颗星，从而推知这四条小通道应具有象征意义。王后墓室南通道指向天狼星，它是从地球上看天空中最亮的星星，每年天狼星升起则预示着尼罗河开始泛滥；北通道则指向小熊座。国王墓室中的南通道指向猎户座腰带（参宿一），而北墙则指向天龙座 α 星（Alpha Draconis），当时处于如今北极星的位置。

在国王墓室的上方，设有五个"减压室"，堆叠放置，高17米。在最上方双坡屋顶的减压室内，发现了用赭石颜料书写的名字——胡夫（Khoufou）。

金字塔神庙

紧邻金字塔的遗迹表明，环金字塔曾建有围墙，围墙标识出神圣场地的起点。靠围墙外部，沿金字塔东墙中轴有一座上庙，如今这座上庙已经几乎消失殆尽。这座长方形建筑，南北长52.5米，东西长39.6米，铺有巨大的玄武岩石板（仅存石板部分），四周围有回廊。回廊廊顶可沿东南角阶梯拾级而上，由三十四根花岗岩立柱制成，其中北侧五根，南侧五根，东侧十二根，西侧十二根，另有四根立柱立于四角。石板下方掘有水渠，用于排放祭祀时使用的液体。庭院西侧有两个4米深的连续凹陷处：第一个长27米，带有一排八根立柱；第二个仅14米长，带有一排四根立柱。为重现神庙内殿的真实面貌，专家们曾提出多个假设，如殿内有两道假门、五个壁龛，或者一个侧面带多个壁龛的假门……虽说所有这些假设都有逻辑上的支持，但我们目前仍然无法特别倾向于其中的某一种假说。

神庙过去用于每天三次的进献祭品仪式（日出时分、太阳行至天顶、日落时分），以保证过世的君主在冥界仍可衣食无忧。如今，抵达神庙东面中心点的入口步道在80米处几不可见，但它可能长达660米。整条步道有两处存在细微变化，形成其墙

体的石块在内侧饰有浮雕，其中有些石块后来用于阿蒙涅姆赫特一世（Amenemhat Ier，希腊名为"阿蒙内姆哈特一世"［Amménémès Ier］，第十二王朝）金字塔的修建，因此得以重见天日。

下庙也称河谷庙，遗迹位于如今的纳兹利特·艾尔·萨姆曼（Nazlet El-Samman）村。几年前，村民在铺设下水道时发现了下庙的遗迹。

距上庙北面和南面10米处，有多个与金字塔各面平行的坑穴，各长1.5米。距入口步道北侧10米处，也发现了与入口步道平行的发掘痕迹。此外，沿金字塔南面底边，另有两条与金字塔平行的沟渠。正是在此处，1954年发现了一艘部件零散的木船，之后又在1987年发现了第二艘。

▲农场工人　这幅胡夫的祭司伊梅里（Imery）马斯塔巴墓的壁画，展示了农场工人在土地上劳作和放牧的场景。这个墓穴的浮雕也被称为"百行墓"（la tombe des métiers），至今保存完好。

金字塔修建者

修建反映法老们巨大权力的金字塔,需要消耗巨量的人力、物力。如果说金字塔是建筑师的杰作,那么若没有上千名寂寂无名的工人,这些陵墓也无法建成。修建金字塔的工人们享有报酬,并居住在为他们建造的城中。

我们至少可以说,"修建金字塔绝非易事"。只要略加思考就可以想象,哪怕是修建古埃及王朝时期最小的乌纳斯(Hounas)金字塔,所需的工程量也令人叹为观止。乌纳斯金字塔高43米,相当于十四层楼高。尽管当人们谈到金字塔时不自觉地会想到胡夫金字塔,但实际上并不是所有的金字塔都一般无二,可以说有多少金字塔就有多少种建造金字塔的方法。尼特杰里赫特(Néterikhet)阶梯金字塔更常被称为"左塞尔(Djoser)金字塔",这座金字塔与卡夫拉金字塔或萨胡拉(Sahourê)金字塔在修建上方法悬殊,与中王国时期

▼ 参与修建金字塔者来自各行各业:采石工人、雕刻工人、木工、医生、水手……在这幅图中,泥瓦工正在制作黏土泥砖。下图为维齐尔(vizir,大臣,相当于宰相)拉赫米拉(Rekhmirê,第十八王朝)墓浅浮雕。

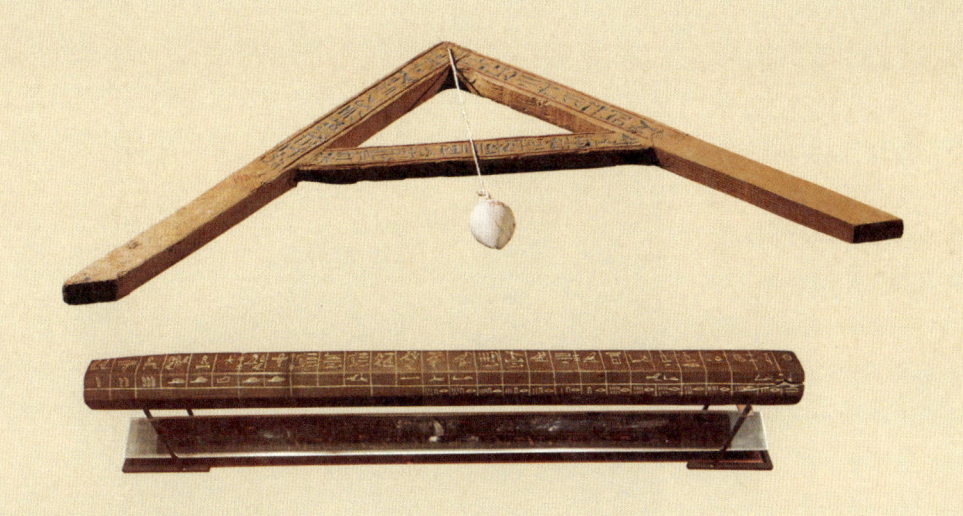

▲ **精准器** 上图为金字塔石块找平的铅垂线；下图为一王肘长度的木质肘尺，而肘是古埃及人一个主要的长度单位（52.4厘米）。

"波科克之误"

1737—1741年，理查德·波科克（Richard Pococke，又译理查德·波寇克）游历了整个近东地区。回国后，这位英国埃及学家出版了《东方见闻录》（Description of the East），在书中对塞加拉、美杜姆、代赫舒尔（Dahshour）和吉萨的金字塔进行了描述。尽管理查德·波科克还费心绘制了大金字塔图，但是他的绘图比例尺不甚正确，导致整座建筑过于窄小。这幅绘图可能抄袭了贝诺·德·梅莱特（Benoît de Maillet，又译伯努瓦·德·梅莱，法国外交官和自然历史学家）于1735年绘制的大金字塔图，其中的错误之处完全一样。

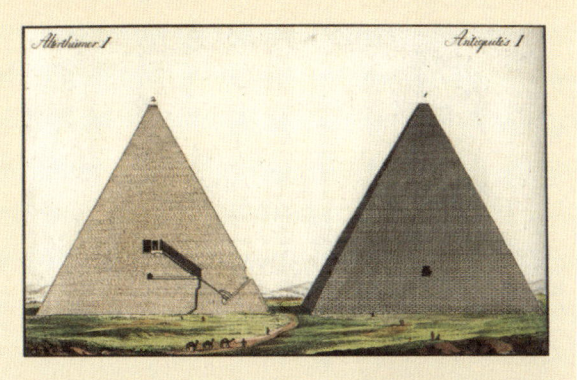

▶ 修建金字塔的人堪称一支大军，每天繁重的劳动令他们精疲力竭。然而，在吉萨的发掘工作表明，这些工人是自由身，收取劳动报酬。这幅由德国艺术家海因里希·洛伊特曼（Heinrich Leutemann）于1880年左右创作的版画，展现了修建金字塔的工人劳作的一天。

建筑大师赫米乌努

赫米乌努（Hémiounou）是内费马特（Nefermaât）之子、斯尼夫鲁（Snéfrou）之孙，也是胡夫的侄子。赫米乌努作为叔叔胡夫的维齐尔，还负责"监督国王的所有工程"（superviseur de tous les travaux du roi），即王室建筑。通过赫米乌努在吉萨的陵墓（G 4000）中出土的雕像，我们不仅了解了他的身份，而且能一睹他的尊容（左图为赫米乌努雕像的复制品）。这尊雕像为一座全身坐像，从雕像可以看出赫米乌努长着鹰嘴鼻，略显肥胖，但并不臃肿。他身强力壮，正襟危坐，面容威严，吸引着到访德国希尔德斯海姆（Hildesheim）普利萨尔兹（Pelizaeus）博物馆的游客驻足观赏。

的各金字塔的建造方法更是截然不同。左塞尔金字塔是第一座完全使用石头建造的金字塔，当时埃及人尚未能完全驾驭这种材料。从石块的大小就可以看出这一点，先使用的石块较小，仅一人即可搬动，越往上建石块就越大，竖立在60米高处的石块重达几百千克。然而相较而言，此举与将3吨的石块放置在143米的高度上的壮举相形见绌。卡夫拉金字塔使用的石块均量比大金字塔（胡夫金字塔）的石块更大，而大金字塔使用的石块平均重量至少半吨。但在修建第四王朝和第五王朝的金字塔时完全没有必要做如此努力，这些金字塔一般高50米，首先搭建碎石结构，然后在其上覆盖优质石灰石。至于第十二王朝的金字塔，与前两个时代（第四王朝和第五王朝）的全然不同，完全使用黏土建造，这又怎么说呢？

选择适宜的地点

在放置第一块石块之前，建造进程已经考虑了多个靠前

◀《莱因德纸草书》（*Le Papyrus Rhind*）是古埃及的一部数学概论，它证明了四千年前的古埃及人已经完全掌握了这门科学，而且他们在设计和建造金字塔时充分地运用了这门科学。

的建造步骤。新王甫一登基，首先就要在孟斐斯墓地选定自己的陵寝之址。这个问题解答起来绝非易事：孟斐斯墓地占地极大，实际从其最北端的阿布拉瓦须（Abou Roash）金字塔到最南端的美杜姆（Meidoum）金字塔（这是对古王国时期修建的金字塔而言，有些中王国时期的金字塔修建位置更靠南，即哈瓦拉[Hawara]金字塔和拉罕[El-Lahoun]金字塔），孟斐斯墓地延绵80公里，被分割为多个更小的墓地。值得注意的是，所有这些墓地全部位于尼罗河左岸，即西岸，这是埃及人认为与冥界有关的方位基点。因此，陵墓选址具有巨大的象征意义。

在第四王朝时期，为墓地选址似乎已经具有意识形态方面的意义，于是法老们挖空心思在他们上一任法老的墓地之外修建陵墓。因此，尽管外观相差不大，但是吉萨墓地早已大变。胡夫、卡夫拉和孟卡拉，他们本是父亲、儿子和孙子的关系，但是他们在王座传承上并没有按照这样的顺序：胡夫身后上位的是他的儿子杰德弗雷（Djedef-rê，雷吉德夫[Radjedef]，卡夫拉同父异母兄弟），之后则是卡夫拉的侄子巴卡（Baka）接过权柄。相反，第五王朝的大部分国王决定埋葬到同一座墓地，即位于塞加拉正北的阿布西尔（Abousir）墓地；第六王朝的君主也在此修建了自己的陵墓。有些法老出于意识形态和政治方面的考量改变了墓址，如塞汉赫特（Sekhemkhet）、乌瑟卡夫（Ouserkaf）、乌纳斯和提蒂（Téti）将自己的金字塔建在左塞尔阶梯金字塔周围。左塞尔法老是古王国时期的第一位法老，也是第三王朝时期的法老，开了修建阶梯式金字塔陵墓的先河。因其修建了这座阶梯式金字塔，左塞尔成为王朝更迭乱象时期的正统之源。实际上，每个王朝的第一位君主（乌瑟卡夫和提蒂）或最后一位君主（乌纳斯）都需要证明自己是更早先祖的血亲后代，以为自己的身份溯本正源。

位于阿布西尔墓地的金字塔在排布时，地形似乎也纳入了考量，其中有些金字塔的透视与更早时期的金字塔保持了一致。菱形金字塔（斯尼夫鲁金字塔）—佩皮二世（Pépi II）金字塔—阶梯金字塔（左塞尔金字塔）—线、谢普塞斯卡弗（Shepseskaf）—麦雷拉（Mérenrê）—乌纳斯—线以及杰德卡拉（Djedkarê）—佩皮一世—塞汉赫特（Sekhemkhet）—线都是如此。非但如此，塞汉赫特东北角和乌纳斯方尖锥（pyramidion）、阶梯金字塔（左塞尔金字塔）东南角，以及乌瑟卡夫金字塔东南角和提蒂金字塔西北角也位于同一线。这条线还将吉萨三大金字塔连至赫里奥波利斯（Héliopolis），阿布西尔的兰尼弗雷夫（Neferefrê）金字塔、内弗尔卡拉（Neferirkarê）金字塔和萨胡拉金字塔西北角的连线也同样指向赫里奥波利斯。

建筑师之功

在此期间，建筑师负责设计修改金字塔、金字塔庙（上庙和下庙）、入口步道以及内部墓室的平面图。根据可用的人力、物力，修建金字塔还要确定陵寝的规模以及采用哪些建造技术：经过处理的石块、泥水工程、砖块、阶梯金字塔、光滑表面，以及双斜坡等。之后，还要计算修建金字塔所需要的材料数量。建材通常在陵墓附近开采，而表面敷设的白石灰岩块则来自孟斐斯对面尼罗河东岸的图拉采石场。

再之后需要先铺平场地，确定金字塔各面的中心点对应的南北轴线和东西轴线，然后在土地上"弹线"（tendre la corde）标识出建筑物的位置。然而，完成这步工序绝非易事。这一步有时在准度方面要求极为苛刻，如大金字塔（胡夫金字塔）；而在另一些金字塔的修建过程中，这一步要反复多次，如佩皮一世金字塔。

在建筑师紧张筹备的同时，修建金字塔城的工作正在即将修建陵墓的位置附近如火如荼地进行，那些为法老修建永恒居所的自由人（工人）将通过自己的劳动和付出赚取报酬。

■ 吉萨

"胡夫之舟"

1954年，覆盖大金字塔（胡夫金字塔）各面地下部分的清障工作即将接近尾声。这项工作在第二次世界大战结束时开始，目的是更好地疏导来吉萨高原参观的游客。最终，就只剩下南面的清理工作了，而正是在这里出现了两个十分有趣的发现：第一个或多或少在人们的意料之中，因为在此处的胡夫丧葬建筑群围墙遗址已经发现了一些遗迹；这一次发现的墙体距离金字塔更近，其他三面墙体距离金字塔将近 24 米，而这一面墙距离金字塔仅有 5 米。

墙体修建在厚厚的一层尼罗河淤泥和瓦砾的混合物——"达卡"（dakka）之上，立刻吸引了负责发掘工作的建筑师卡迈尔·埃尔-马拉赫（Kamal el-Mallakh）的注意。这层"达卡"一经清出，就出现了

▶ "胡夫之舟"已经复原完成，在1985年为其修建的博物馆中展出。有些研究人员认为这些船与太阳每天的运行有关，而另一些专家则认为这些船是供法老游渡冥界之用。

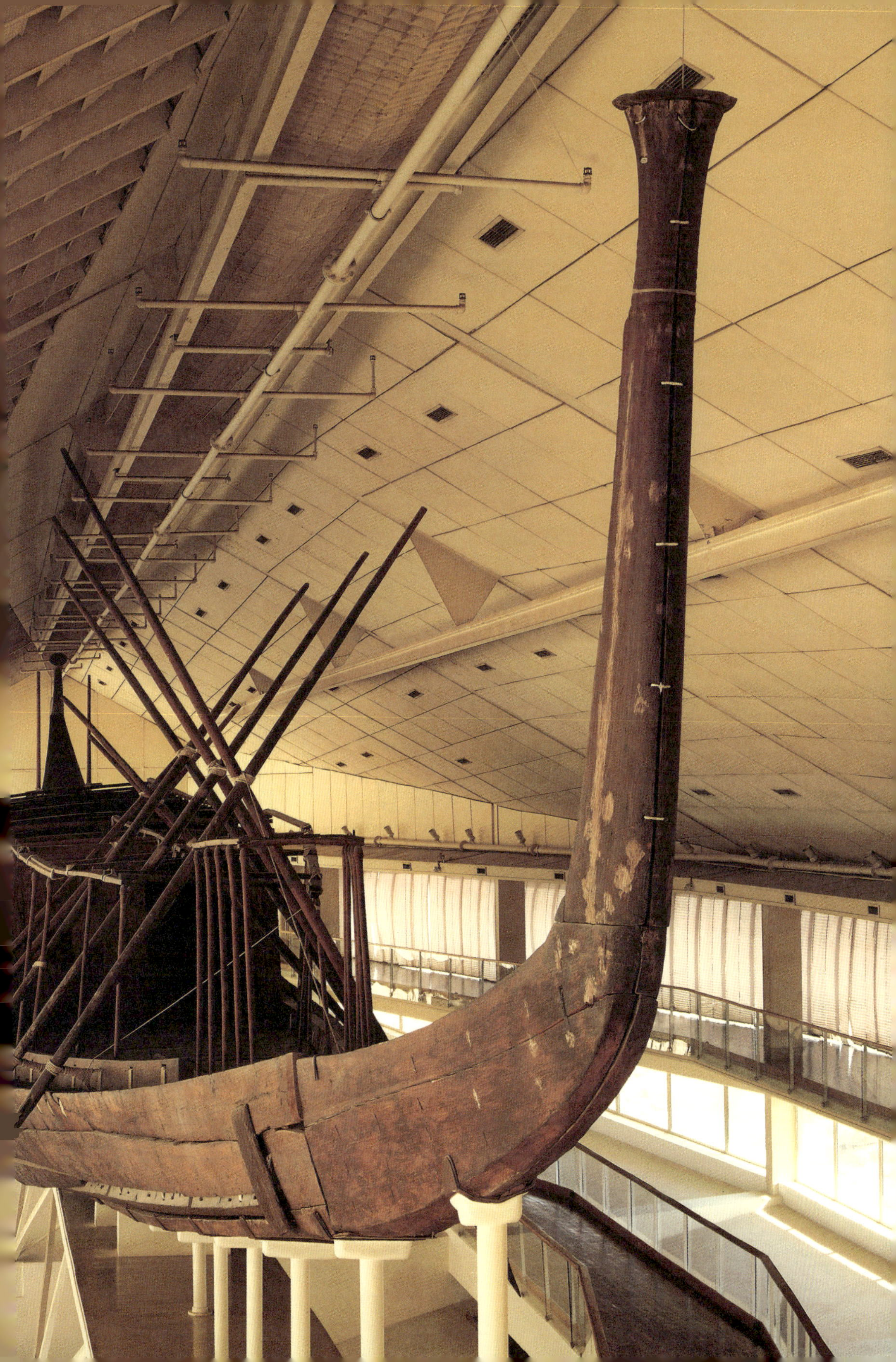

■ 吉萨

两组明显分隔开来的整块石板（西侧一组共有 40 块石板，东侧一组同样共有 40 块石板）。其中，一块石板的装饰框上带有胡夫（基奥普斯）的名字，它清楚地为这些重见天日的石板确定了年代，这些石板覆盖在金字塔修建时挖掘的两个深坑之上。

发掘工作十分困难，但在 1954 年 5 月 24 日考古学家终于得见搭在深坑边缘的石板下方究竟是何情形。他们用一面镜子照亮了深坑，看到里面似乎有一艘巨大的零件分散的木船，还有一些掉落的覆盖深坑的石灰石板，深坑内部似乎还保持着原样。这是一项重大的发现。由于这项发现十分重大，加之当时的埃及总统贾迈勒·阿卜杜勒·纳赛尔（Gamal Abdel Nasser）民族主义情绪高涨，因此最终决定这艘船的发掘工作和复原工作完全由埃及人负责。

船只尺寸

在开罗埃及博物馆首席复原师艾哈迈德·尤瑟夫·穆斯塔法（Ahmed Youssef Moustafa）的复原小组将 1224 块零件复原之后，可以精确地测量出船只的尺寸：最大吃水深度 1.5 米（A），长 43.5 米（B），宽将近 6 米（C）。

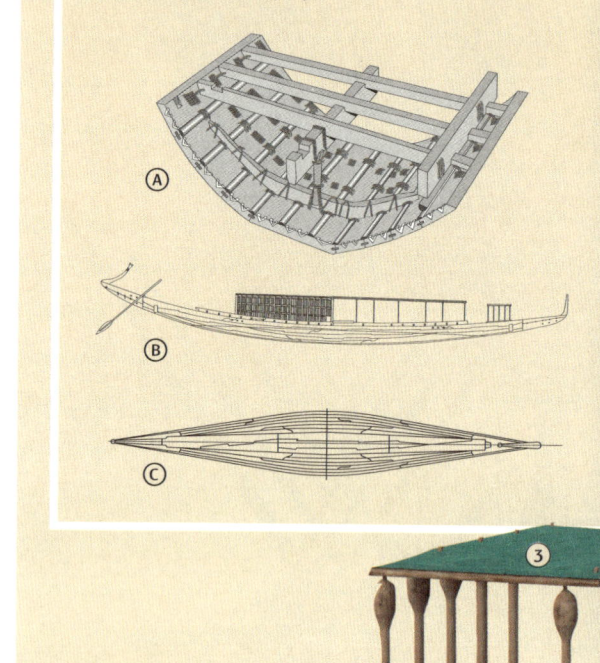

①**分散的零件** 船只可能先抵达胡夫下庙码头,之后通过仪式堤道来到上庙。完整的船只进入金字塔围墙内后,零件便被依次拆下,最终掩埋在大金字塔南面的深坑内。

②**纸莎草茎** 胡夫丧葬船的船首和船尾形状为经单线装饰的纸莎草茎,这艘法老船的样式仿照前王朝时期尼罗河水域行驶的纸莎草船只。

③**船舱** 最大的船舱长约9米,外观类似于甘蔗秆。这个最大的船舱可能用于安放法老的石棺,但我们对此并不确知。船首处还另有一个穹顶船舱,可能是船长发号施令的地方。

④**保留千年的木料** 船只设计于四千五百年前。建造时,埃及人使用了黎巴嫩雪松,这种木料的质量有口皆碑。目前,尚无证据显示船只是否绘有或饰有符号。船只的木板之间并非以钉子连接,而是用绳索固定。

⑤**船桨和舵** 十支桨(五支位于左舷,五支位于右舷)用于推动船只前行。除了桨手之外,还有一位领航员,他操纵着船尾的舵——两只桨。现在,我们知道这艘船的排水量为45吨。

■ 吉萨

埃及拼图

有分析认为，这艘船可能运载着法老经防腐处理的尸体直至下庙码头，之后在丧葬队伍的护卫下运送至法老的长眠之地——金字塔；但有些研究人员并不认同这一观点。关于船的象征意义，研究人员也存在意见分歧：有些人认为这些船只与太阳每天的运行有关，另一些则认为这些船只供君主游渡冥界之用。

"胡夫之舟"共有1224块大小不一的木质零件（10～23厘米不等），这些零件分十三层布置，由开罗埃及博物馆首席复原师艾哈迈德·尤瑟夫·穆斯塔法负责复原这个巨大的拼图。在将全部零件修复之后，他制作了零件的缩小版，尝试拼装整艘船只；尽管零件上标有"左舷船尾""右舷船尾""左舷船首"或"右舷船首"，降低了拼装难度，但他还是尝试了五次才将全部零件放置在正确的位置上。最终，这项复原工作花费了他十多年的时间。如今，这艘船放在为它修建的博物馆中展出，而博物馆就建在当时发现船只零件的深坑之上并于1985年向公众开放。

在此期间，第二个深坑中的船只仍在静静守候。直到1987年，早稻田大学的吉村作治（Sakuji Yoshimura）团队通过电磁扫描才确认了它的存在。几周后，美国国家地理学会（National Geographic Society）设法在不改变深坑空气条件的情况下对第二艘船进行拍摄，但并没有取得理想的结果，因为坑洞已经不再密闭。由于木质零件似乎状况不佳，埃及政府于2011年允许日本团队移除石板，并在船只上方搭建一座实验室帐篷，供研究团队在其中工作。船只零件约1200块，提取工作于2013年6月开始。待第二艘船拼接完成后，它将在大埃及博物馆（le Grand Musée Égyptien，又称吉萨博物馆）中展出，而这座吉萨附近的博物馆目前仍在修建中（已建成并于2023年开馆）。

卡夫拉金字塔

卡夫拉，埃及名为哈夫拉（Khâfrê），在其兄长雷吉德夫身故后即位，是胡夫和一位姓名早已湮没在历史浩浩烟海中的王后之子。与其之前的法老不同，卡夫拉金字塔墓葬群一直保存至今，包括金字塔、上庙、上升坡道以及下庙。在这里以及斯芬克斯神庙中，发现了许多属于卡夫拉的人像雕塑碎片，其中包括一座完整的片麻岩雕像——这尊雕像现于开罗博物馆展出，雕像中的卡夫拉端坐在荷鲁斯（Horus，守护神，王权的象征）王座之上，头戴涅姆斯（némès）头饰，鹰神保护着他的头部。卡夫拉的金字塔修建在高原地势较高之处，因此令人感觉到这座金字塔仿佛是吉萨最高的金字塔。这一选址很可能是有意为之，埃及人称之为"伟大的哈夫拉"（Khâfrê est grand）。卡夫拉金字塔底边长215米，高143.5米，倾斜角为53°10′。令人惊奇的是，卡夫拉金字塔上部的三分之一至今仍然保存着石灰石覆盖层，几乎原封未动；在覆盖层靠下的部分，第一排为花岗岩，现在仅剩下几块石块。

金字塔北面有两个排成一排的入口，偏离中轴线12米左右。第一个入口与地面齐平，开在金字塔围墙上。第二个入口位于第十级台阶。第一个入口连接着一条长34.5米的下降通道，通道尽头是石质闸门；闸门后又是一段长约16米的水平通道，之后通道向上倾斜，与第二个入口的水平部分相连。在水平通道的中点，有一段6.7米长的倾斜短通道通向一个附属墓室——这个墓室为双斜顶结构，长10.5米、宽3米、高2.5米。

第二个入口通道自第一个入口上方延伸，位于北面11.5米高处，穿过整个金字塔后到达高原岩石。在此处，第二个入口通道继续水平延伸32米，连接至墓室东北角。下降通道壁、地面和顶部以及水平通道的一部分覆盖着红色花岗岩，通道中还有一道石质闸门的遗存。

▌吉萨

双斜顶墓室顶部与金字塔外面倾斜角度一致。墓室东西长 14.5 米，南北长 5 米，高 7 米；墓顶之外其余部分在岩石中凿出。西墙附近有一座嵌入地面的光滑花岗岩石棺，仅有棺盖部分露出；石棺是在修建金字塔的过程中放置在墓室中的，法老的内脏可能被放置在墓室南侧的地面凹陷之中。北墙和南墙的上部设有 30 厘米深的长方形腔洞，可能是金字塔星星通道的起点。

卫星金字塔和神庙

两道平行的围墙围在陵墓之外，各自距离陵墓 10.5 米和 69.5 米。在这两道围墙之间，修建了一座被命名为 G2a 的卫星金字塔。这座建筑距离金字塔 28.5 米，位于南面轴线上，使用当地石灰石修建，现已几乎残迹无存；北面中部伸出多级台阶，通向一条通道和墓室。

上庙位于金字塔东面前方，是一座宽 56 米、长 111 米的东西朝向

▶ 卡夫拉金字塔顶部仍然保存着来自图拉的优质白石灰岩。在右图中，可以看到上庙的遗迹。

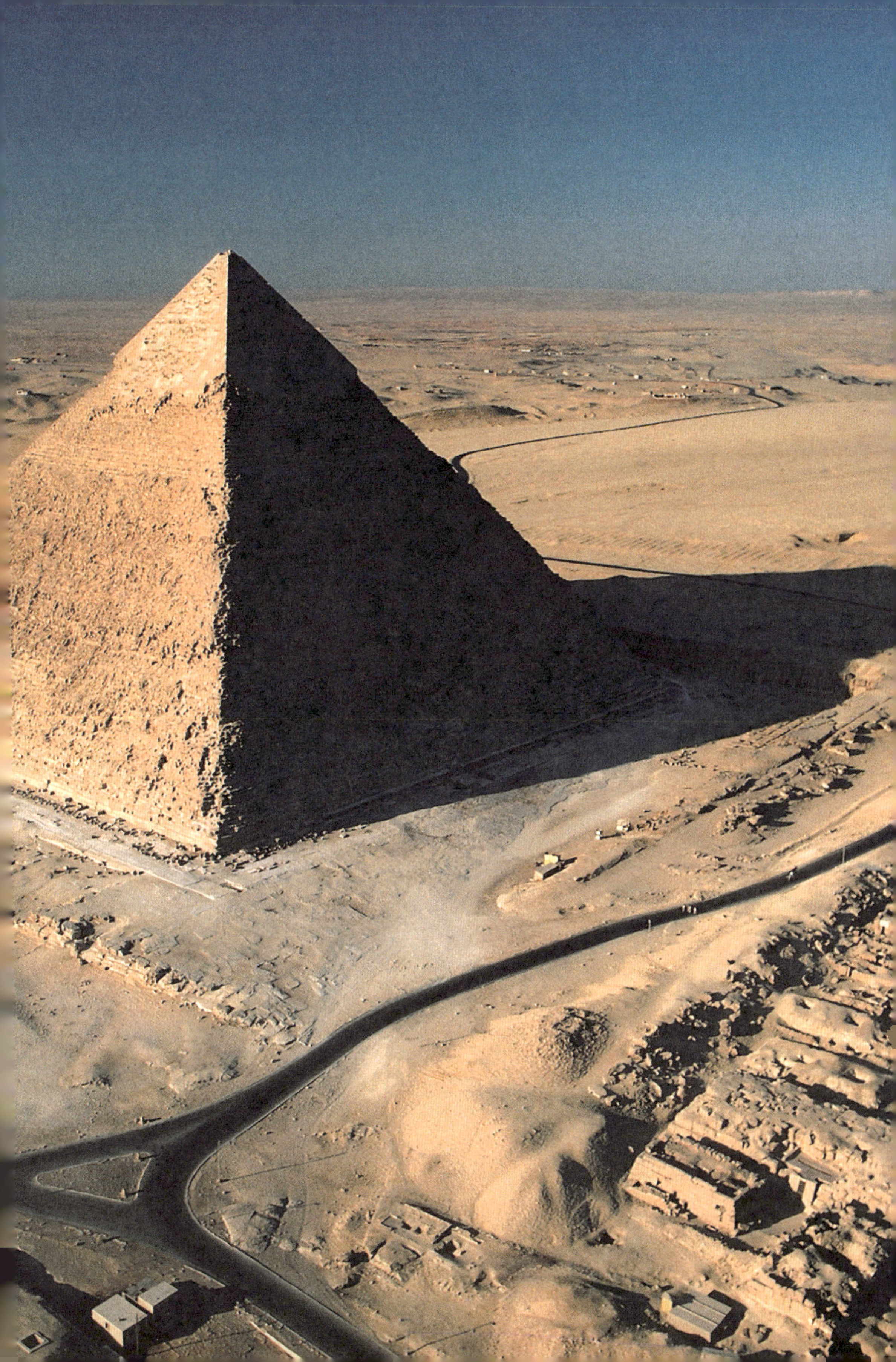

■ 吉萨

长方形建筑。上庙也用当地的石灰石修建，石块最重可达 135 吨，是保存最完好的古埃及神庙之一。其中，内墙覆盖图拉石灰石，外墙覆盖花岗岩石板，倾斜度为 81°50′；地面铺有大理石石板和其他材料；方柱为花岗岩材料，上面无任何装饰，支撑着石灰石屋顶。

入口步道沿一定的倾角连接至神庙南面的中间位置，之后通过一段狭窄的通道向神庙内部延伸。在狭窄通道尽头有两扇门：一扇朝南，通向两个地面铺有花岗岩的墓室；另一扇朝北，通向长方形厅。厅内有两根立柱，它们位于神庙的中心轴线上。厅的西北角通向四个朝向日出方向的墓室，墓室墙壁和地面覆盖着大理石。在最北侧的墓室入口正对面，有一条倾斜角为 22°的坡道，上铺大理石石板，通向屋顶。

两个柱厅和中庭

入口大厅西墙中间有一条通道通向一个柱厅，柱厅有三处逐渐收窄的凹陷，分别排列八根、四根和两根花岗岩立柱。这个柱厅与胡夫

胡夫丧葬庙对古埃及上庙结构的影响一直持续到第六王朝。胡夫丧葬庙呈长方形，主要包括以下结构：入口大厅、两间柱厅后的中庭、五个放置雕像的壁龛、仓库以及圣所。

① **比胡夫金字塔更高大？** 卡夫拉金字塔底边长 215 米，高 143.5 米，即比胡夫金字塔矮 3 米。然而，卡夫拉金字塔看起来更高大，因为它建在一块 10 米高的凸起的岩石之上。

② **两个入口** 两个入口通向卡夫拉陵墓：第一个入口与地面齐平，开在围墙之中；第二个入口在金字塔较高的第十个阶梯处。两个入口各通过一条通道向前延伸。

附属金字塔 这座金字塔被命名为 G2a，位于主金字塔南墙前方。它仅有一个墓室，高13米，可能用于放置法老的卡（ka）——法老的能量或活力的雕像。

非洲草原 在修建金字塔之前，吉萨高原本是热带草原，曾生活着各种热带草原动植物。在撒哈拉缓慢的干旱化过程中，热带草原生物群落围绕在这片大墓地四周——五千年前，此地仍有湖泊和河流，并非我们今天所看到的漠漠黄沙。

③ 墓室和石棺 墓室东西长4.5米，南北长5米，高7米。黑色花岗岩石棺仅有棺盖露出地面，其余部分嵌入地下，放置着法老的尸身，但尸身早已不见踪迹。

④ 神圣之地 丧葬庙，或上庙，位于金字塔东面前方，比胡夫金字塔的上庙规模更大。上庙和下庙由长494米的仪式步道连接，下庙也被称为"河谷庙"。

围墙由两道围绕金字塔修建的墙体构成：第一道墙距陵墓10.5米，第二道墙距陵墓69.5米。

吉萨

▼"G.贝尔佐尼的发现"1818年3月2日，乔瓦尼·贝尔佐尼（Giovanni Belzoni）在卡夫拉墓室中刻下了上述话语。这位意大利探险家在一道空空的拱顶下方发现了嵌入地下的石棺（如下图所示），而发现这座石棺的绘图（下图）正是他本人所绘。

上庙的柱厅十分类似，很可能拥有与之相似的用途。

第一个凹陷西墙的北端和南端有一个狭长的墓室，铺有花岗岩石板。最后一处凹陷通向一个东西朝向的长方形厅，两排各五根立柱支撑着屋顶；接下来是一个铺有大理石板的中庭，其宽度几乎与整个上庙的宽度一致，形状与斯芬克斯神庙中庭十分接近。中庭东面和西面共有五个入口，南面和北面共有三个入口，通过这些入口可以穿过中庭，进入围绕中庭的各个通道。卡夫拉十二尊雕像靠墙体部分竖立，只有在直角处没有放置雕像，沿两个短边各放置两尊雕像，沿两个长边各放置四尊雕像，这些雕像都被放置在地面中的长方形小洞中。中庭中心设有一个祭坛，下方有一条花岗岩铺就的沟渠穿过，极有可能用于排放祭祀时使用的液体。中庭相对于通道下沉5厘米，在南侧向一条通道倾斜，是为排放雨水而设计的。

墓室和仓库

墓室和将中庭连接至各通道入口的十六个门楣上饰有"圣书字"（hiéroglyphes，古埃及象形文字），其中提及了国王的姓名和头衔。中庭的雕像上立有两只代表奈库贝特（Nekhbet）女神的秃鹫，通道墙壁上的花岗岩勒脚（基座）上方饰有浅浮雕。如

威严的"活荷鲁斯"

1860年,法国埃及学家弗朗索瓦·奥古斯特·马里耶特(François Auguste Mariette)在金字塔下庙中发现了卡夫拉王座像。马里耶特原本是布洛涅叙尔梅尔(Boulogne-sur-Mer)中学的教师,同时也是一位兼职记者。这尊雕像被发现时地处墓葬入口晚些时代的坑穴中,与其他雕塑碎片混在一起,是墓葬入口的装饰。这尊杰出的法老坐像取材于非常坚硬的石块,确切地说是闪长岩块,来自埃及南部的采石场。雕像完美彰显了法老的威仪和身份。法老在木质王座上危坐,其原件应在木质部分覆有一层金。王座饰有狮爪,象征着保护动物。此外,王座侧面饰有"sema-taouy"图案,即上埃及和下埃及统一的纹饰,描绘了莲花和纸莎草在气管和心脏缠绕,其上还有圣书体书写的"统一"。卡夫拉的双手垂于腿上,左手放平,右手握拳。这位君王身着打褶缠腰布,没有系腰带,头上的涅姆斯王巾是一种横纹的头巾,象征着王权。还有另一个明显而清楚的特征,一只隼(鹰)藏在王巾后方,但从正面端详雕像看不到这只隼,它的双翼护卫着国王的头部。毫无疑问,这清楚地表明卡夫拉即荷鲁斯,而荷鲁斯是奥西里斯(Osiris)之子、"两地之国"王权的合法继承人。

▶ 对于历史学家而言,卡夫拉的生平和在位年代仍是一团迷雾。目前,掌握的信息不仅为数稀少,而且其中不乏矛盾之处。这尊著名的雕像是证明卡夫拉曾经存在的主要证据之一。
🏛 开罗埃及博物馆

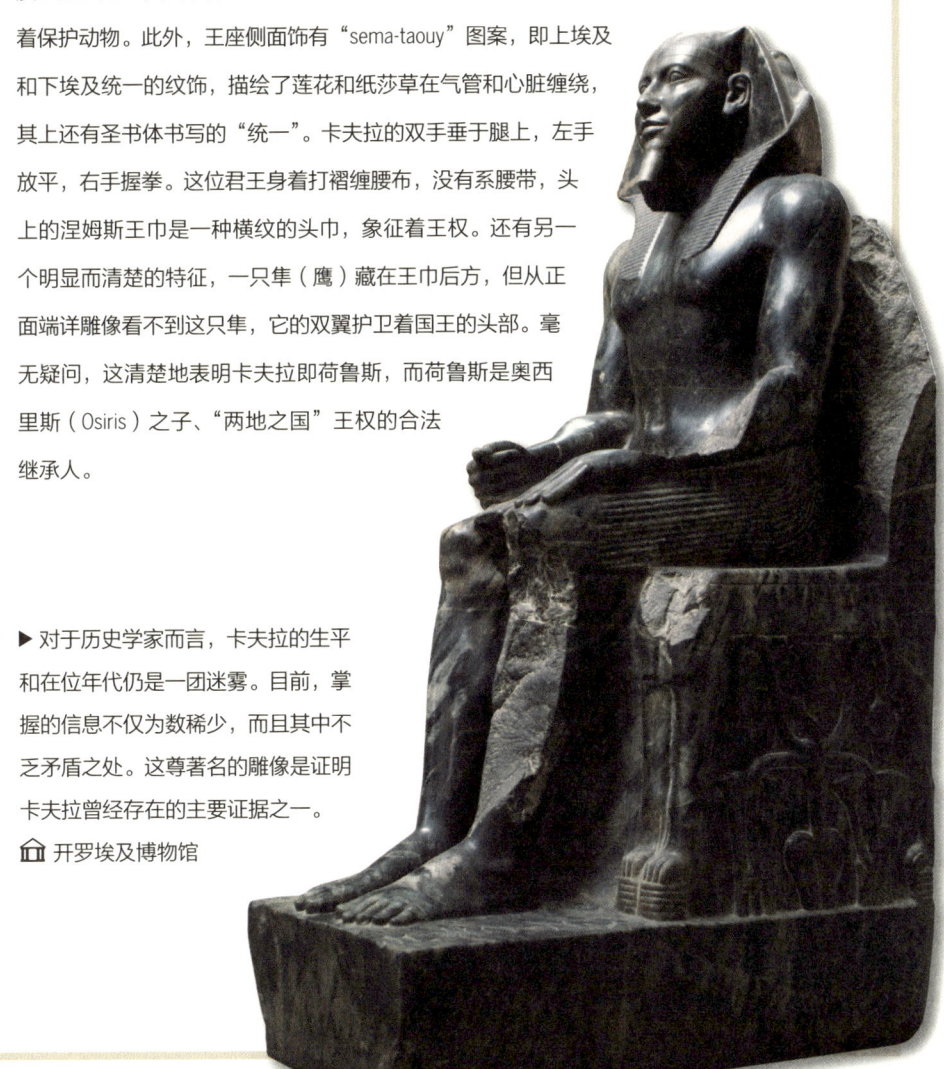

金字塔建筑的演变

据金字塔文记载，第一座金字塔，即塞加拉阶梯金字塔（左塞尔金字塔，第三王朝），是为了君主往生后用作阶梯使用，仅是法老通向天空的工具："向你致意，阿努比斯（Anubis）之女，天空凭窗者，阶梯之顶所立者托特（Thot）之妻：请为我开路，使我得过"（金字塔文304第468段）。在这一时期，星星崇拜远胜于太阳崇拜。在第三王朝末期和第四王朝初期，太阳崇拜逐渐占据重要地位，美杜姆阶梯金字塔就体现出这一点。美杜姆金字塔由一位不知名的法老修建，很可能是胡尼（Houni）。由阶梯金字塔转变为表面光滑的金字塔的法老是斯尼夫鲁，他改变了金字塔的外形，新样式的金字塔代表了使人上达天庭的阳光。斯尼夫鲁在代赫舒尔修建了偏长菱形的金字塔（双斜顶，即曲折金字塔）和红金字塔（表面光滑）。这两处使用的修建技术使我们得以一窥金字塔的演变：(1) 美杜姆

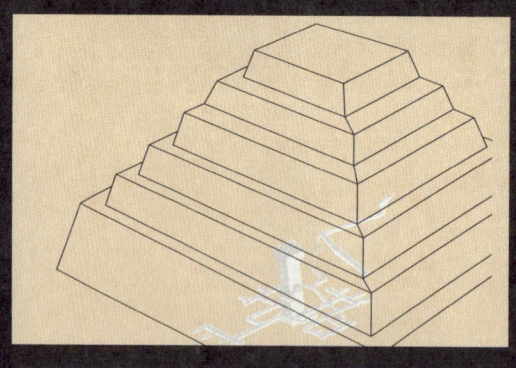

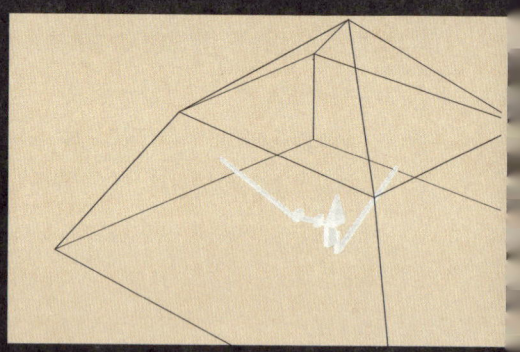

1 塞加拉阶梯金字塔 左塞尔修建了第一座金字塔。这座金字塔具有阶梯式的外观，使国王能够在这里直登天穹，与拱极星（aux étoiles circumpolaires，环极恒星）重聚，这些星星都与神灵有关。阶梯金字塔（左塞尔金字塔），位于第三王朝首位法老命人修建的丧葬建筑群的中央。

2 偏长菱形金字塔 在斯尼夫鲁统治时期，偏长菱形金字塔（曲折金字塔）标志着金字塔建筑的演变。靠下部分的墙体向内倾斜，和阶梯金字塔一致；而靠上部分的墙体则呈水平排布，与表面光滑金字塔（红金字塔）一致。这座金字塔包含两个独立的墓室。

阶梯金字塔（向内倾斜收缩的多层墙壁）；（2）偏长菱形金字塔靠下部分（多层倾斜墙体）；（3）美杜姆金字塔表面光滑（水平排列的多层墙体）；（4）偏长菱形金字塔靠上部分（水平排列的多层墙体）；（5）红金字塔，完全呈水平排列的多层墙体。吉萨的完美金字塔修建中展示出这项技术已经臻于完美，即胡夫金字塔、卡夫拉金字塔和孟卡拉金字塔。

▶ 德国东方学家阿塔纳斯·珂雪（Athanasius Kircher，1602—1680）绘制的巴别塔（Turris Babel）中的胡夫金字塔。不过，珂雪等艺术家从未到访过埃及，因此他们的作品很多纯凭想象。

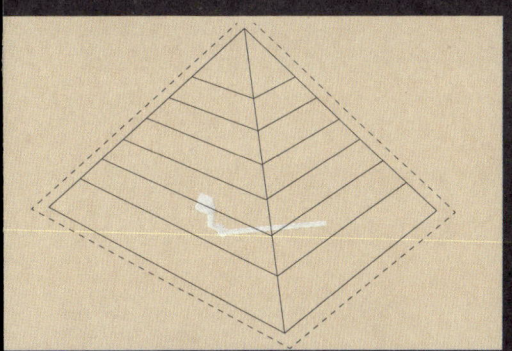

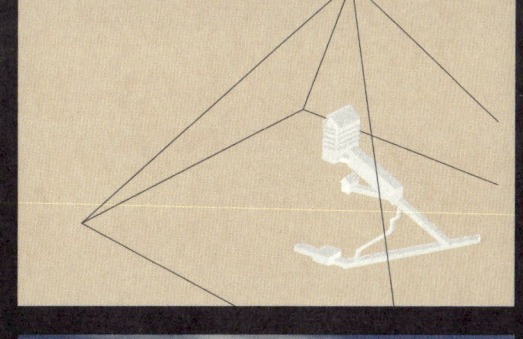

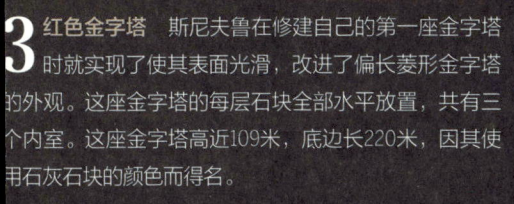

3 红色金字塔 斯尼夫鲁在修建自己的第一座金字塔时就实现了使其表面光滑，改进了偏长菱形金字塔的外观。这座金字塔的每层石块全部水平放置，共有三个内室。这座金字塔高近109米，底边长220米，因其使用石灰石块的颜色而得名。

4 吉萨的完美金字塔 胡夫是其父（斯尼夫鲁）合格的继承人，他继续发扬了红色金字塔的建筑形制，在吉萨高原参考表面光滑金字塔修建了比例震撼人心的建筑（胡夫金字塔），而这座金字塔后来影响了法老卡夫拉和孟卡拉的金字塔修建。

今，这些浅浮雕仅存三块，其中一块上雕有"亚洲囚徒"（prisonnier asiatique）。通道的西墙通向五个地面铺有大理石的墓室，墓室墙壁则使用了花岗岩，中间的墓室较其他四个墓室略大。

在这五个墓室的南面，通向中庭通道的尽头处；有一条通道在这五个墓室后侧穿过，通向神庙的其他地方。这条通道朝北，通向位于五个墓室正背面的另一组五个墓室，很有可能用于陈列祭祀神庙雕像时使用的物品。在这些墓室的南侧有一个入口，通向多个较小的房间，其中最后一个房间通向神庙外部。在五个仓库的背面，有一个大厅与之相连，在大厅西墙中间有一处壁龛，里面放置假门外形的石碑。在这个大厅的北侧，一个正方形的墓室与另一个较狭小的大厅相连，这个狭小的大厅与五个仓库平行。最后两个房间地面铺有大理石，墙壁为花岗岩。回到中庭，可以看到还有一个与围绕中庭通道的西侧深处的坡道颇为类似的大通道，连接至围绕金字塔的内庭。

这处葬祭庙被视为古埃及上庙建造的范本，其影响一直持续到第六王朝，主要包括五大主要结构：入口大厅、中庭、用于存放雕像的五个壁龛、仓库和圣殿。

历史学家认为，法老卡夫拉在位的最后时间约为公元前2518年—公元前2493年，使用五只丧葬船埋葬。五只丧葬船掩埋在金字塔东侧上庙四周，自东向西共分为两行，距神庙南面和北面约15米处。第五只丧葬船的埋藏地点与金字塔东面平行，与南侧一组靠西的丧葬船形成直角。当人们发现丧葬船坑洞时，里面早已空无一物。

大斯芬克斯像

斯芬克斯像是一座巨大的狮身人面雕像，矗立在大金字塔（胡夫金字塔）东南方向约 450 米处。如果仔细观察，我们可以感觉到，与身体相比，他的头相对较小。实际上，最近的一项研究表明斯芬克斯像身体的比例与真正的狮子十分接近，就像它的头部的比例与真人的比例相似一样。这表明埃及人为了创造尽可能写实的狮人组合，没有为了整体更加和谐而改变头的大小。

斯芬克斯像双眼凝望着正东方。在春分和秋分时，神庙东西轴线正落于其前方，稍微偏向一侧，与金字塔南面脚下的落日点对齐。毫无疑问，这并非巧合；这座雕像的修建具有十分明确的目的，并不只是为了善加利用修建吉萨金字塔后的剩余石块那么简单。斯芬克斯像前爪至尾尖长 72.5 米，头顶距地面高约 20 米。如今，斯芬克斯像看起来似乎"光秃无毛"，好像连皮肤都没有，但原本的斯芬克斯像肯定涂有石膏，甚至绘有某种颜色；但头上的涅姆斯王巾还有些许绘画的痕迹，清晰可见。

由于风蚀作用以及使用的岩块质量不佳，特别是各层石块的硬度不一，斯芬克斯像不断劣化，至今已经经历了两次大修。第一次大修发生在第二十六王朝（公元前 664 年—公元前 525 年），第二次大修则发生在希腊-罗马时期（公元前 332 年—公元 395 年）。建筑某些位置的石块清晰呈现修复的痕迹，这些石块是这两次修复时放置上去的。斯芬克斯像的最后一次抢救工作发生在 1926 年，此后人们对雕像进行了多次研究。1988 年，斯芬克斯像背部的一块石块掉落，再次引发了关于加固雕像避免出现新的损坏的研究。

半落黄沙中的雕像

除了埃及法老著名的横纹头饰外，斯芬克斯像的额头还佩戴了眼镜王蛇（uræus）。在他的头顶处有一个正方形的洞穴，可能用于放置王冠，但已经灌注了

■ 吉萨

现代水泥，王冠也已不可见。如今，斯芬克斯像的大部分已经陷落黄沙之中。由于斯芬克斯像修建在高处的岩石之间，几乎完全暴露在沙漠的茫茫风沙之中，如果沙子无法得到清理，那么斯芬克斯像很快将掩埋在黄沙之下。凭借图特摩斯四世（Thoutmôsis Ⅳ）在斯芬克斯像前爪之间竖立的石碑，我们现在确切地知道在第十八王朝时期，斯芬克斯像已经被风沙掩埋，只有头部还在地面之上。这位埃及国王（图特摩斯四世）原本无望继承王位，但在一次狩猎时，他在"地平线上的荷鲁斯神"——斯芬克斯像的阴影下小憩了片刻，斯芬克斯便在他的梦中现身，向他许诺如果能使其脱离黄沙，便保佑他登上埃及王座。最后，预言果然成真。在此之后，没有人再操心斯芬克斯像的命运，直至塞易斯王朝（la dynastie saïte）方才又对斯芬克斯像进行了几次修

▶ 金字塔守护者。大斯芬克斯像为狮身人面，坚忍地守护在吉萨高原上。这是其历经上千年的面貌，是人类文化遗产中最具代表性的图像。

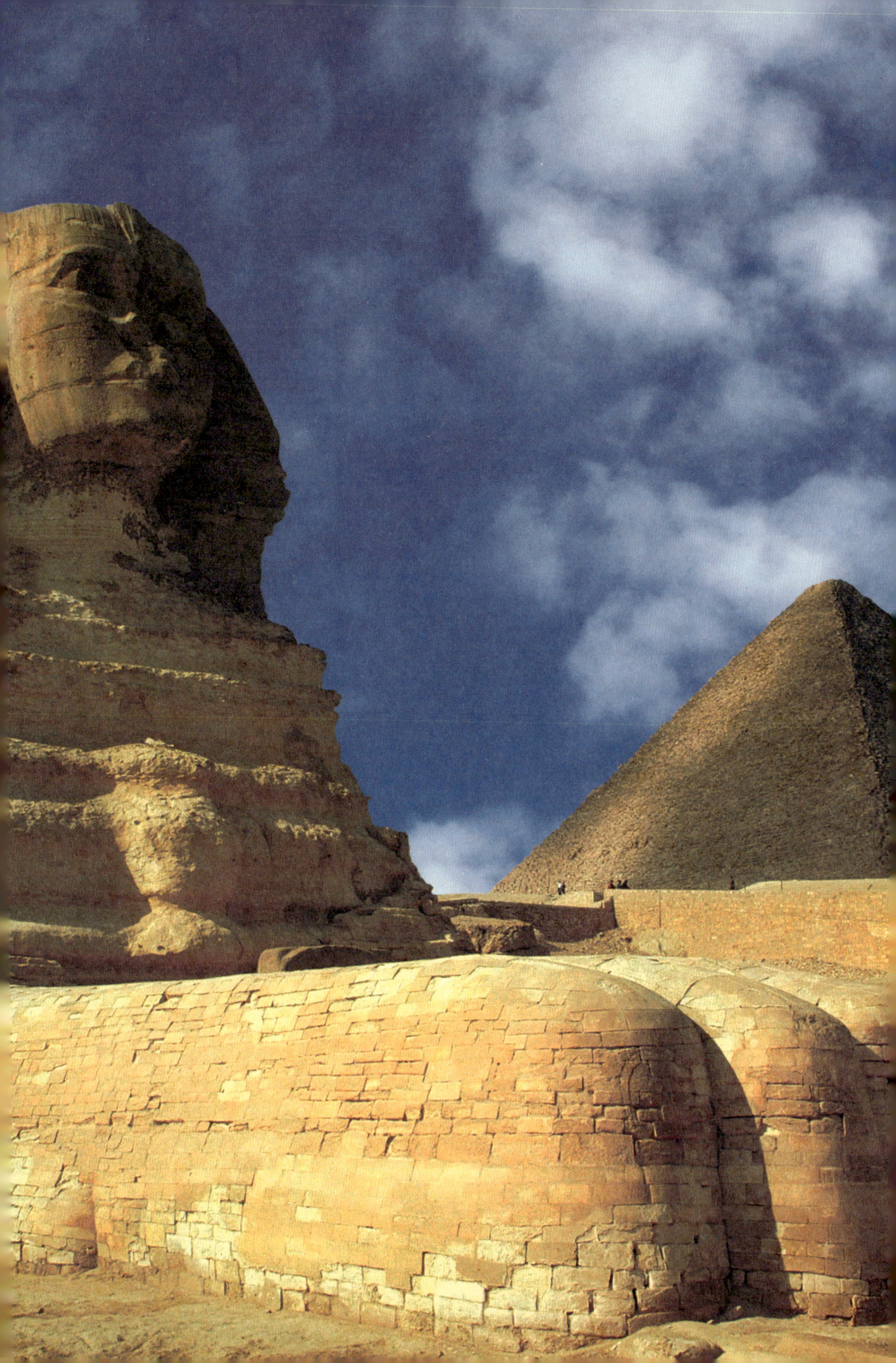

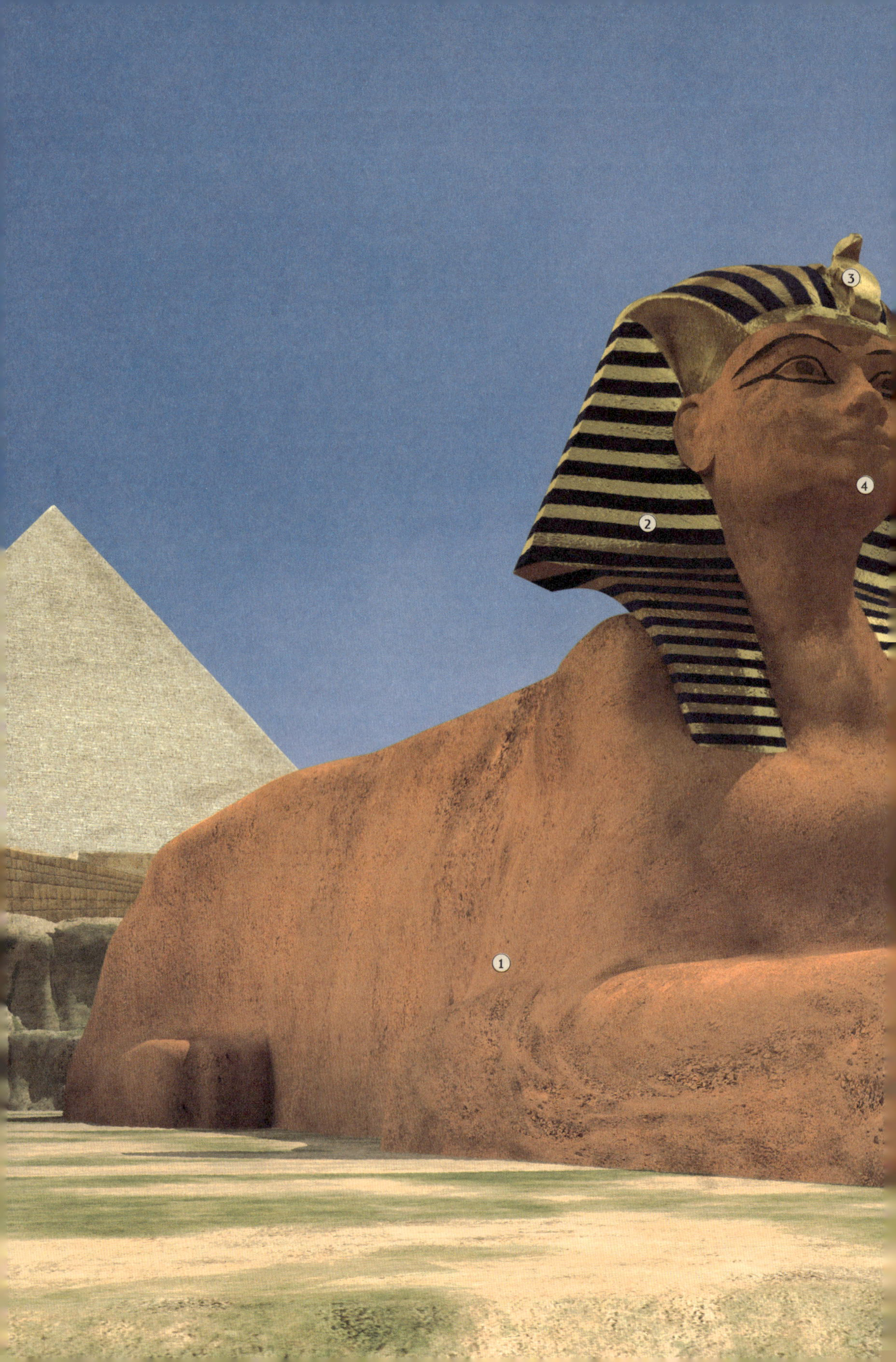
3
4
2
1

❶ **斯芬克斯之谜** 斯芬克斯是一个巨大的混合体：他拥有狮身人面，长72.5米，高20米。它的面部宽4.2米，为我们留下了一个谜团：我们不知道它到底代表着法老卡夫拉，还是他的父亲胡夫。

❷ **王巾** 斯芬克斯的头上佩戴着涅姆斯王巾。这个王巾取代了之前法老笨重的王冠，完全覆盖住头部，佩戴时使用头带固定。涅姆斯王巾外观独特，深色、浅色横纹相间，而图中为金色和青金石色相间。

❸ **蛇形饰物** 在涅姆斯王巾上方有一个蛇形饰物（uræus），是蛇女神瓦吉特（Ouadjet）的象征，而她原本是尼罗河三角洲布托（Bouto）当地的女神。瓦吉特和秃鹫女神涅赫贝特（Nekhbet）保护着法老，她们分别是下埃及和上埃及的神祇。

❹ **无假须** 斯芬克斯并没有礼仪须，这也是推测斯芬克斯使用的是胡夫面孔的线索之一。实际上，直到其继任者杰德弗雷统治时期，埃及法老才开始以佩戴假须形象示人。

斯芬克斯像是埃及第一座巨型雕像。在新王国时期之前从未有过如此规模的雕塑，它也是埃及历史上最大的动物雕像。

早在古代，斯芬克斯像就已经部分被黄沙掩埋，但这反而有利于雕像的保护。斯芬克斯像历经几个世纪的洗礼和人类的打扰——它的鼻子在阿拉伯时期遭到了故意损坏，从而导致了多次修复。

■ 吉萨

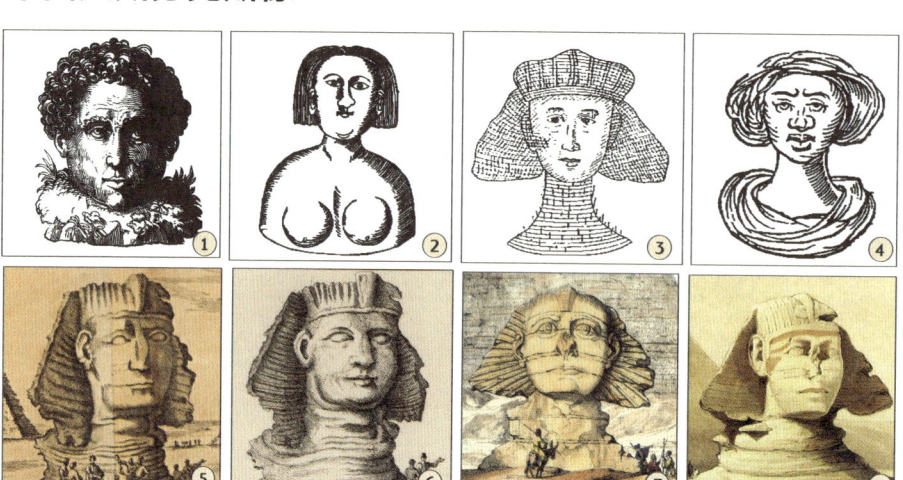

千面大斯芬克斯像

斯芬克斯像为艺术家们带来了源源不断的灵感。最早的复制品要追溯至16世纪，这些复制品给人留下了丰富的想象空间，如法国方济各会士、宇宙学家和探险家安德烈·泰维（André Thevet）绘制的浑圆超大的头颅①，或德国人约翰内斯·赫尔费里希（Johannes Helferich）毕加索风格十足的形象②。一个世纪后，巴尔塔萨·德·蒙科尼克斯（Balthazar de Monconyx）用一张网来表现斯芬克斯的头发③。至于法国探险家兼外交官德·拉布耶勒古兹（Boullaye-Le-Gouz，全名 F. de La Boullaye-Le Gouz），他选择了饱满的涂画头发和项链④。写实风格始于荷兰旅行家科内利斯·德·布吕因（Cornelis de Bruijn）⑤，并在18世纪的自然学家，如英国人理查德·波科克（Richard Pococke）⑥、丹麦人雷德里克·诺登（Frederik Norden）⑦和法国人安德烈·杜特雷（André Dutertre）⑧的临摹中得到发扬光大。

复。因此，在到访过吉萨的希腊−罗马古典时期的作家中，除了老普林尼（Pline l'Ancien）之外，竟无一人描绘过斯芬克斯像就不奇怪了。在尼禄（Néron）统治时期，埃及行省的罗马总督提贝里乌斯·克劳狄乌斯·巴比留斯（Tiberius Claudius Balbilus，又译提比略·克劳狄乌斯·巴庇留斯）下令将雕像从沙石中清理出来，并在

附近竖立了一个祭坛。

在雕刻之初，斯芬克斯像似乎并未佩戴假须——假须是更晚一些时期才添加上去的。1818年，GB.卡维格里亚（GB. Caviglia）在狮爪之间发现了一片长1米的碎片，现藏于大英博物馆。据推测，在斯芬克斯像正前方，曾竖立有一尊法老立像。斯芬克斯像的鼻子在阿拉伯时期的1380年被毁，但与流传的谣言不同，拿破仑的士兵并未损坏过斯芬克斯像。

一张神秘的脸孔

如今，我们并不确切地知道吉萨高原狮身人面像究竟用了谁的脸孔。考古学界曾有过两次争论，倾向于认为它的脸

▲ 自20世纪20年代起，大斯芬克斯像经历了多次修复。这幅照片展示了1925—1926年开展的修复工作，当时的修复目标包括从沙石中清出雕像的身体部分。

◀ 凯太普（Katep）和海特菲莉斯（Hétephérès）坐像是古王国时期最具代表性的雕塑之一。这尊雕像出土于吉萨，高47.5厘米。
🏠 伦敦大英博物馆

59

▎吉萨

应该是比照卡夫拉雕刻的。建筑物在位置上与卡夫拉下庙相近，而且卡夫拉上庙和斯芬克斯神庙之间存在诸多相似之处，它们可能是出自同一位建筑师之手。还有些人认为斯芬克斯面部和卡夫拉雕像面部的线条存在相似之处，这似乎并没有足够的证据令人信服。

德国埃及学家雷纳·斯塔德曼（Rainer Stadelmann）提出了另一种猜想。他认为，斯芬克斯像和其脚下的神庙都是胡夫命人修建的。根据雷纳·斯塔德曼的说法，斯芬克斯像和它脚下的神庙的修建是应胡夫的要求。卡夫拉金字塔入口步道的轮廓线经过改动，而这种偏斜是为了避开某个已经存在的建筑物，也就是斯芬克斯像。有研究表明，斯芬克斯像面孔的线条与胡夫时期的另外三个已知雕像（目前分别藏于开罗、布鲁克林[Brooklyn]和慕尼黑）的面孔线条最为相似，而且斯芬克斯像在雕刻时和这些雕像一样没有佩戴假须。为了更好地理解这一时间顺序，我们应该了解古王国时期首位以斯芬克斯自居的法老杰德弗雷——他是胡夫的长子和继任者。

修建斯芬克斯像究竟意义何在？关于这个问题，雷纳·斯塔德曼认为，胡夫命人修建这座雕像的目的是将自己表现为一只守护圣兽，展示古王国丧葬建筑群典型的形象——国王化身为斯芬克斯，将敌人撕得粉碎。这位后来担任开罗德国考古研究所所长的学者（雷纳·斯塔德曼）认为，斯芬克斯神庙并非为了将其作为神来崇拜而修建在其脚下，种种证据显示它应该是一个各种形式的太阳崇拜场所（日出时为凯普里[Khépri]，到天顶时为拉，日落时为阿吞[Atoum]），是太阳每天东升西落、具有象征意义的地平线。因此，胡夫命人修建了斯芬克斯像及其神庙，使像与庙合二为一。法老本人（胡夫）在此处化身为斯芬克斯像，象征性地守卫着被称为"胡夫地平线"（Akhet Khufu）的金字塔。

赫里奥波利斯和拉神神庙

表面光滑的金字塔代表着太阳的光线，它能使人上达苍穹。但是，金字塔也是献给赫里奥波利斯（Héliopolis）的巨大三维奔奔石（benben）。从这个意义上说，吉萨金字塔的特别之处在于其恢宏雄伟，而且位置上与宏大的拉神（太阳神）神庙近在咫尺。

拉神一直被认为是古埃及的主要神灵。即使是全能的阿蒙（Amon）神，在阿蒙神信仰最鼎盛的新王国时期，也只能和拉神融合为阿蒙–拉（Amon-Rê）神。遗憾的是，时至今日，宏伟的拉神神庙围墙几无所存，雄伟壮观的中心神庙也几乎荡然无存。如果说卡纳克阿蒙神庙略呈梯形，南北长分别为560米、500米，东西长486米，那么推测拉神神庙应呈长方形，东西长1100米，南北长475米。

这座神庙本位于赫里奥波利斯，古埃及人将这座城市称为"奥努"（Onou），而圣经中将这座城市称为"昂"（On）。如今，马塔雷亚（Matareya）是开罗北端的一个综合区，但这座城市早在法老时期就已经获得了独立。当时，马塔雷亚是尼罗河谷地区最古老的城市之一，距尼罗河东岸的孟斐斯北部25公里。考古学家在今天的泰勒埃尔希斯（Tell El-Hisn）发现了多处遗迹，主要包括雕像和方尖碑（obélisque）碎片，碎片上带有埃及自左塞尔（第三王朝）至第二十七王朝时期包括波斯埃及行省总督在内的历代法老名字。

吉萨连线

赫里奥波利斯太阳神庙是孟斐斯墓地金字塔的参照，自吉萨金字塔东南角至阿布西尔金字塔东北角的连线可以延长至赫里奥波利斯。为了更容易被看到，赫里奥波利斯太阳神庙修建在一座高大的土台之上。

显然，所有的埃及法老都想要在拉神神庙这座"华宫"上留下自己的印记，如同君主们在底比斯的阿蒙神殿围墙上留下印记一样，他们的愿望是如此迫切，以至于"两地之国"的新君加冕仪式都极有可能就在太阳神所居住的神殿之内举行。

▶ 在这块碎裂的页岩板上绘制着赫里奥波利斯太阳神庙的平面图。这块石板要追溯至塞索斯特利斯一世（Sésostris Ier，辛努塞尔特一世[Senusret I]）在位的第十二王朝时期，石板上还列明了神圣的围墙内包含的建筑清单。
🏠 都灵埃及博物馆

关于拉神神庙现有的唯一描述要追溯至第二十五王朝时期，描述的是皮安喜法老（Piankhy）或被称为皮耶（Peye）法老在攻占埃及后亲游神庙时的场景。在战胜了埃及第二十四王朝各小国国王之后，皮安喜来到了最神圣的神殿，在这里竖起一座石碑，以记录自己的功绩；这座石碑还描述了他在拉神神庙中的所见。拉神神庙外观奇特，结构与法老典型的神庙外观不甚相同：法老神庙包括塔门、柱廊、柱厅、圣殿以及殿前的船只停靠处；而赫里奥波利斯太阳神庙则不同，它呈现双重建筑，其中一部分献给拉神——这一部分朝东，自东入口进入，而另一部分则献给阿蒙神——这一部分朝西，自西入口进入。

神秘的奔奔石

很明显，拉神神庙的这一部分在古王国时期并不是献给阿蒙神的，直至中王国时期对阿蒙神崇拜的兴起，才开始重视阿蒙神崇拜。然而，拉神神庙确实可能具有

这种双重结构，西半部分是献给阿吞神和凯普里神（太阳神）的，他们是太阳神的另外两个神格（化身）。神秘的奔奔石——神庙中的圣物，就位于两座神庙之间的中心位置。关于这个作为太阳神化身的、献给赫里奥波利斯的石头究竟是什么，我们拥有的相关资料少之又少。一般而言，奔奔石大约呈锥体，极少量的奔奔石上还有浅浮雕或绘画。有人推测，奔奔石可能实际上是一颗金属流星，坠落时伴有耀眼的光芒和巨大的声响，这也解释了奔奔石和太阳神之间存在关联的原因。

与卡纳克阿蒙神庙类似，赫里奥波利斯神庙内并非只有一个主神神庙。在双重神庙的南部，

▲ 拉美西斯一世（Ramsès Ier）墓室中绘制的太阳神拉驾驶着太阳船与谨慎之神西雅（Sia）以及力量之神赫卡（Héka）驶过苍穹的场景。

▼ 法老左塞尔（第三王朝）时期的浅浮雕残片，出土于赫里奥波利斯左塞尔神庙。

可能还另有一座规模较小的神庙，那是献给女神哈托尔（Hathor，又译哈索尔）的。我们还知道，塞索斯特利斯一世（第十二王朝）在即位后的第三年曾命人修建了另一座献给拉-哈拉克提（Rê-Horakhty）神的神庙。如今，在围墙内的所有建筑中，仅存的遗迹只有神庙中央顶部的方尖碑。这座方尖碑高21米，重120千克，依然矗立在原本的位置上。

孟卡拉金字塔

米凯里诺斯（Mykérinos，孟卡拉的希腊名）是卡夫拉的儿子，古埃及称为孟卡拉（Menkaourê），他的金字塔是吉萨三大金字塔中最小的一座。孟卡拉金字塔的最初高度不超过 66 米，底边长 105 米，倾斜度为 51°。孟卡拉金字塔的特别之处在于表面与其他金字塔不同，靠下的十六级阶梯（约为其四分之一高度以下部分）使用红色花岗岩建成，而其余部分则使用了图拉石灰岩。金字塔北面有一个 12 世纪马穆鲁克（mamelouks，中世纪突厥人军事集团、阿拉伯哈里发的奴隶兵）凿开的深洞，之后在 19 世纪中叶时 R.W.H. 韦斯（R. W. H. Vyse）又继续深挖了这个洞。最终，盗洞抵达金字塔底部中心位置，在吉萨高原岩石前止步不前。

入口位于北面接近中线位置约 4 米高处，一条长 32 米的通道向下倾斜，通向一个带有装饰的花岗岩大厅，位于金字塔地下宫殿对面。三个花岗岩石块形成闸门封堵着通道，栓石之后是一条通道直抵前室，前室长 14 米、宽 3.8 米、高 4.8 米，开凿在金字塔地下深 6 米的岩石中。这间前室西面凿有一座壁龛，壁龛中有一个长方形的墓坑，人们在坑中发现了带有"孟卡拉"铭文的石棺。在墓室入口上方，另有一条长 6 米的通道。这条通道首先沿水平方向延伸，后斜向下，最后在金字塔砌体前戛然而止。目前，我们对这条通道的功能一无所知。

前室地面有一条坡道，东西向铺有花岗岩，通向一条水平走向的通道，而这条通道通向孟卡拉真正的墓室。

墓室完全使用花岗岩修造，南北长 6.6 米，东西长 3.4 米，高 3.4 米；双斜顶向下垂落，如同一个真正的拱顶。饰有宫殿正面的玄武岩石棺占据着墓室中心，而石棺确实美得不可方物，以至于在 1838 年被从金字塔中移出装在了驶往英国的"比阿特丽斯号"（Beatrice）上。遗憾的是，"比阿特丽斯号"在离开马耳他（Malte）

■ 吉萨

之后遭遇海难，长眠于西班牙海域的卡塔赫纳港（Carthagène）附近。

通向墓室坡道北墙的水平走向处有一个有六级台阶的楼梯，楼梯向下通向长方形的墓室。这个墓室的墙壁嵌有四个较深的仓库，里面可能放置着存有法老内脏的卡诺匹斯罐（canopes）；另外两个仓库可能用于存放法老的王冠，位于北面。

孟卡拉金字塔的内室结构虽说看似令人吃惊，但从某种角度来看，却堪称其祖父——胡夫陵墓内室的复制品。另外，孟卡拉之子谢普塞斯卡弗（Shepseskaf）的陵墓中出现了六个仓库，则以更加垂直的形式再现了仓库的结构。

建筑群中的神庙

孟卡拉上庙是由他的儿子谢普塞斯卡弗最终命人完工的，这座上庙设有一座与长方形中庭垂直的大

▶ "**神圣米凯里诺斯（孟卡拉）**" 这位法老将这座吉萨最小的金字塔命名为"神圣米凯里诺斯"。这处丧葬建筑群还包括三座卫星金字塔和一座上庙，右图为遗迹复原俯瞰图。

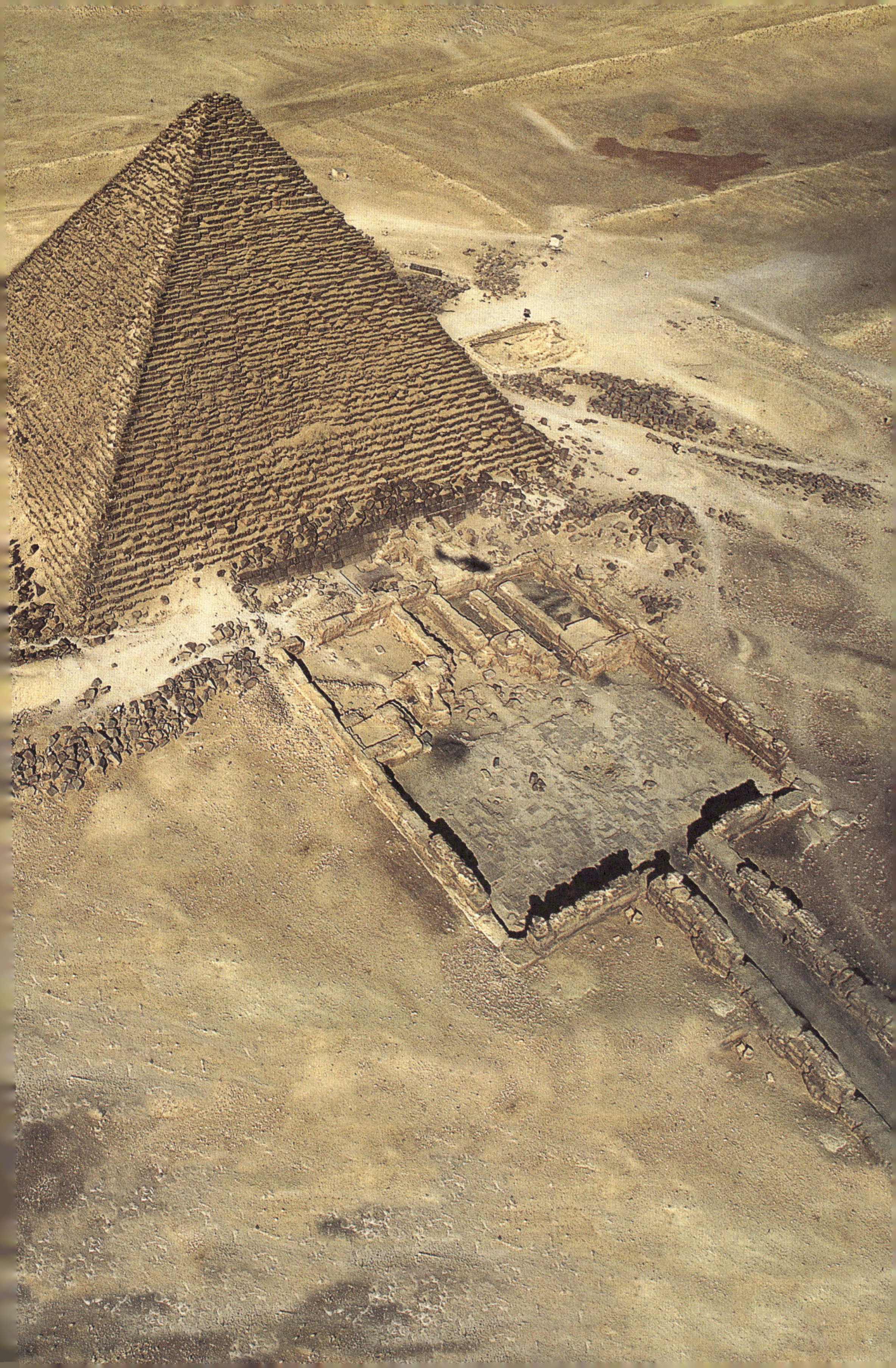

孟卡拉陵墓中修建的三座小金字塔，每座金字塔的东面都建有一座黏土神庙。

① **最小的金字塔** 孟卡拉金字塔是吉萨三大金字塔中最小的一座。它的高度"仅"有66米，使得它在两位"大姐姐"面前相形见绌：卡夫拉金字塔高143.5米，胡夫金字塔高146.6米。

② **墓室和石棺** 在墓室中心位置曾发现一口十分精美的石棺，石棺表面覆有装饰着宫殿正面的木质结构。有一条狭小通道，通向这处有拱形天花板和使用了花岗岩的墓室。

① 入口位于金字塔北面高 4 米处。入口连接长 32 米的通道，通道通向三块栓石封堵的墓室。

② 金字塔底部的十六级台阶使用红色花岗岩修建，其他部分则使用了图拉白石灰岩，形成了鲜明的对比。

③ 上庙　这座建筑具有一座巨大的中庭，设有立柱、宽敞的仓库和五个壁龛。原本这处建筑使用了本地石灰岩，之后覆盖了花岗岩，但是在最终完工阶段，剩余的部分使用了图拉采石场的白石灰岩。

④ 附属金字塔　在陵墓南部还有三座附属金字塔，只有最靠东面的附属金字塔具有光滑表面，另外两座金字塔为阶梯金字塔——很可能是两位王后的陵墓。

■ 吉萨

◀ 居中的法老完美的身材与底比斯"诺姆"娇小的身材形成对比，在法老右侧的女神哈托尔梳着牛角发型，同时三人组中的每位成员都左脚略微踏在前方。
🏛 开罗埃及博物馆

孟卡拉三人组雕像

　　这组雕像是金字塔丧葬建筑群神庙的主要装饰，在孟卡拉下庙中共出土了五组这样的雕像。这组法老三人组雕像使用硬砂岩雕刻而成，是法老神庙雕塑中的主要部分；其宽约45厘米，高90厘米，纵深50厘米，重约190千克。孟卡拉呈站姿，右侧是女神哈托尔，左侧是埃及的一个省的拟人形态——"诺姆"（nome）。在赫尔莫波利斯（Hermopolis）三人组雕像中，女神居中呈坐姿，国王在其左侧。其他的三人组雕像分别是豺（chacal）三人组、迪奥斯波里斯·帕尔瓦（Diospolis Parva）三人组和底比斯三人组。第五组雕像碎裂较为严重，已无法辨认其中的人物身份。第一组和最后一组现保存在波斯顿美术博物馆，而其他三组则保存在开罗埃及博物馆。根据莱斯纳（Reisner）的传统重建，有四十二组石质三人组雕像装饰着下庙，分别对应着埃及的四十二个省（上埃及二十二个省，下埃及二十个省）。然而，伍德（Wood）进行的新的修复结果显示只有八组雕像，而且位于神庙入口的仓库中，并不是放置在整个建筑中。另外，雕像还取代了兰尼弗雷夫神庙墙壁上的浅浮雕。

厅。在其后的第五王朝和第六王朝，孟卡拉上庙又加盖了一些墙体和内室。孟卡拉上庙最初的部分使用的是当地的石灰岩，外面覆盖着花岗岩，而谢普塞斯卡弗则使用了图拉石灰岩和黏土并最终完成了这座上庙。人们在建筑的西北角发现了一些石块，这些石块是整个吉萨高原上最重的建筑石块，每块的重量超过200吨。

这座上庙与胡夫上庙十分相似。然而，它的入口步道首先通向一个大厅，大厅朝向南北长45米的大中庭。在中庭的西墙处，出现了两个连续的凹室，其中第一个凹室有四根立柱，第二个凹室有两根立柱，而圣殿位于这些凹室后方。从第一个凹室的南端可以进入一片区域——我们对此还所知无几；而它的北端则连接一条通道，这条通道通向围绕金字塔的中庭。再向前一点，南墙中有一条通道

▲19世纪绘制的吉萨地形图，其俯瞰视角让我们能够准确地感受高原上这三座金字塔的大小、比例和分布情况。

▼孟卡拉玄武岩半身像，他的上埃及白冠（hedjet）使头雕显得十分狭长。
🏛 布鲁塞尔美术馆

| 吉萨

通向两个仓库，而在正对面的北墙有一条具有五个壁龛的通道。

入口步道是一条长608米的铺满石子的土台，谢普塞斯卡弗在土台上修建了高2米的墙。现在，我们无法知道入口步道是否曾有覆盖物或装饰物，但我们知道这条入口步道并没有以下庙为起点：在连接至下庙之前，这条步道已经经过神庙的西面和南面，最终在稍远一些的位置终止。

孟卡拉在去世时只完成了下庙的地基，地基呈四边形，边长约50米，使用的是当地的巨大石灰岩块。谢普塞斯卡弗使用黏土完成了建筑剩余的部分，但立柱底座和某些砌面以及门槛仍然使用了石灰岩。如今，神庙已经完全埋于黄沙之下，在乔治·安德鲁·莱斯纳（George Andrew Reisner，1867—1942，美国考古学家）完成发掘后就再无人问津了。这位埃及学家分区工作，每完成一个区域就再次使用干净的沙土将其覆盖，然后再开始下一个区域的工作。

入口位于东面的中心点。一条通道通向大厅，这个大厅几乎是正方形的，内有四根立柱。大厅西墙北端和靠南的位置各有一条通道，分别通向四个仓库。靠北的通道北端有一段楼梯，能够登上屋顶，而靠南的通道南端则与入口步道相连。

国王雕像

在大厅西墙中央，有一条通道通向神庙中庭，中庭东西长19米，南北长41米；墙壁装饰着宫殿正面图案。在沙石地面上，有一条铺有石板的路连接入口和中庭出口。在靠南几米处的位置，有一个石灰岩容器，用来收集不同仪式中使用的液体，之后再通过与道路相连的管道排出。石灰岩石板路到中庭西墙中央处止，这里有一处斜坡向上倾斜，直抵带有两个凹室的柱廊，其中第一个凹室有四根立柱，第二个凹室有两根立柱。孟卡拉的两座雕像似乎构成了从神庙内部进入的通道，通向一条南北走向的大通道，而在出口对面则通向一个较大的墓室。考虑到这个墓室的大小以及它位于建筑物的东侧，人们认为这个墓室可能是圣殿，是神庙的核心。

向北通过一条横向的通道来到一组仓库前，这十一个仓库位于通道的东侧

（五个）和西侧（六个）。向南有一条短通道通向更宽的通道，这条宽一些的通道到入口步道截止。西墙两端各通向一个墓室：在南侧，墓室呈细长形，坐北朝南；在北侧，墓室呈正方形，面积较小。另外的两个墓室位于通道东墙中，在这里发现了五组孟卡拉三人组雕像，当时这些雕像与其他雕像埋在一起。

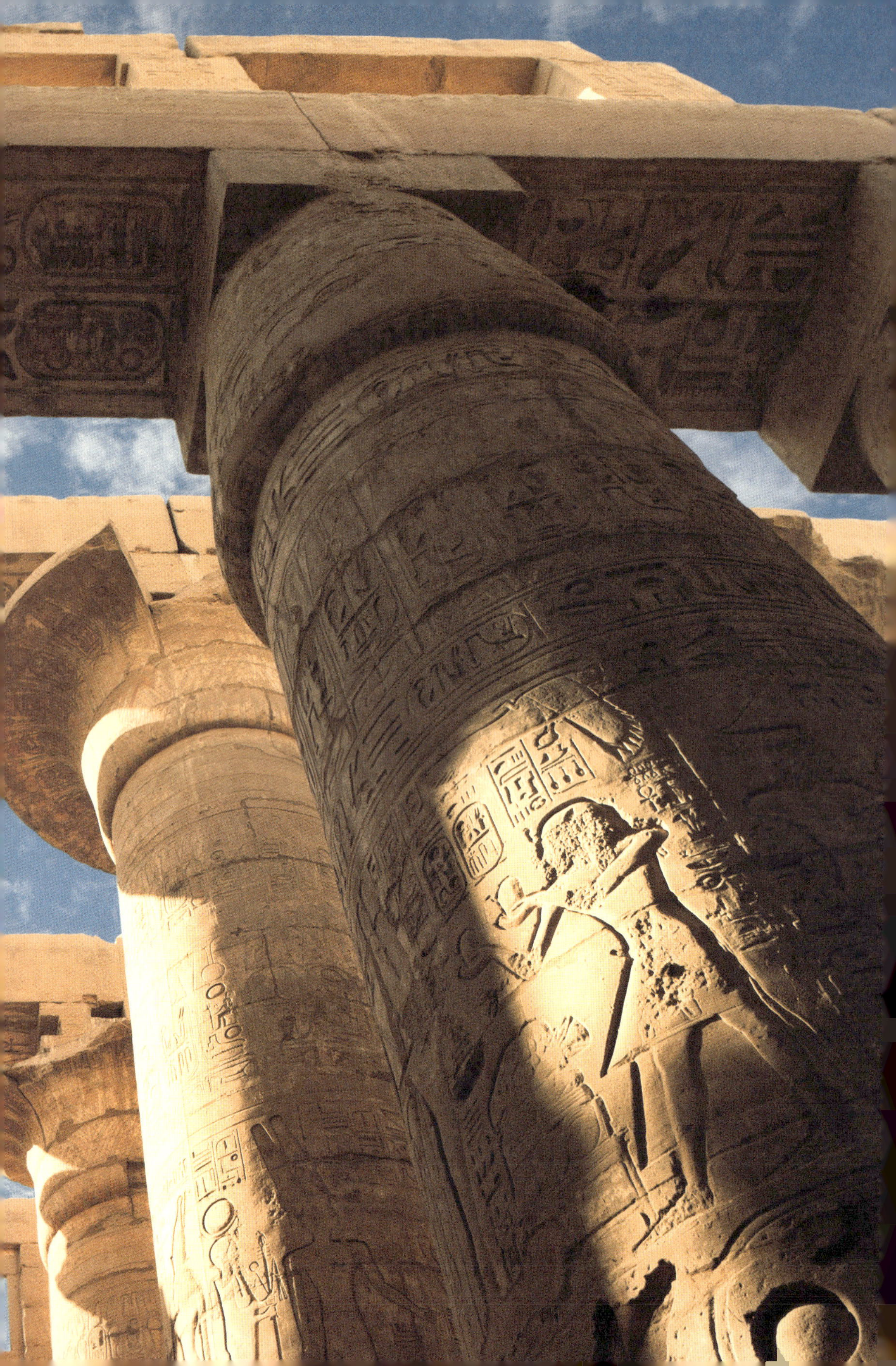

卡纳克和卢克索

随着第十二王朝君主开始尊崇阿蒙神,这位在此之前寂寂无名的神灵地位陡升。底比斯以其进献给这位神灵的两大宏伟建筑中心地区——卡纳克和卢克索,一举跃升为埃及新王国时期的首都。

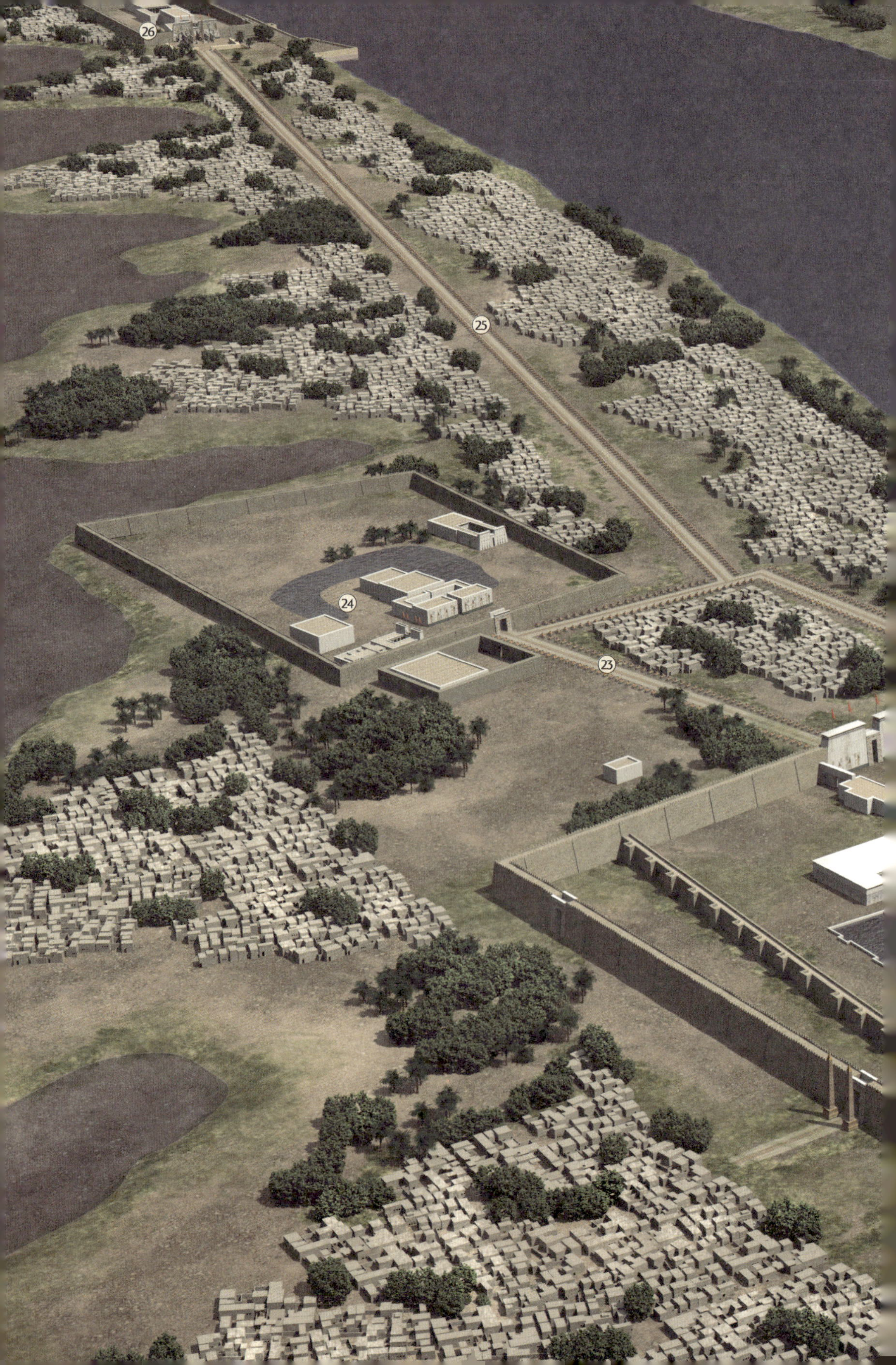
26
25
24
23

神庙之城

在尼罗河西岸，人们建造了雄伟的阿蒙神庙建筑群。自中王国时期起，阿蒙神就成为埃及众神的统帅。有一座城市（底比斯）因这位神灵逐渐兴盛，而这座城市最常被提及的就是卡纳克神庙（前景）和卢克索神庙（背景）。在这些神庙的庇护和尼罗河的福泽之下，居民们在这里修建了住宅区，为这块以神圣不朽为标志的土地带来了一丝人情味儿。

1. 阿蒙围墙
2. 大道和船坞
3. 阿蒙大神庙
4. 第一塔门
5. 拉美西斯三世（Ramsès III）神庙
6. 第二塔门
7. 柱厅
8. 第三塔门
9. 第四塔门
10. 方尖碑
11. 第五塔门
12. 第六塔门
13. 中王国时期中庭
14. 普塔（Ptah）神庙
15. 蒙图（Montou）神庙区
16. 第七塔门
17. 孔苏（Khonsou）神庙
18. 奥佩特（Opet）神庙
19. 第八塔门
20. 圣湖
21. 第九塔门
22. 第十塔门
23. 穆特（Mout）神道
24. 穆特神庙区
25. 斯芬克斯大道
26. 卢克索神庙

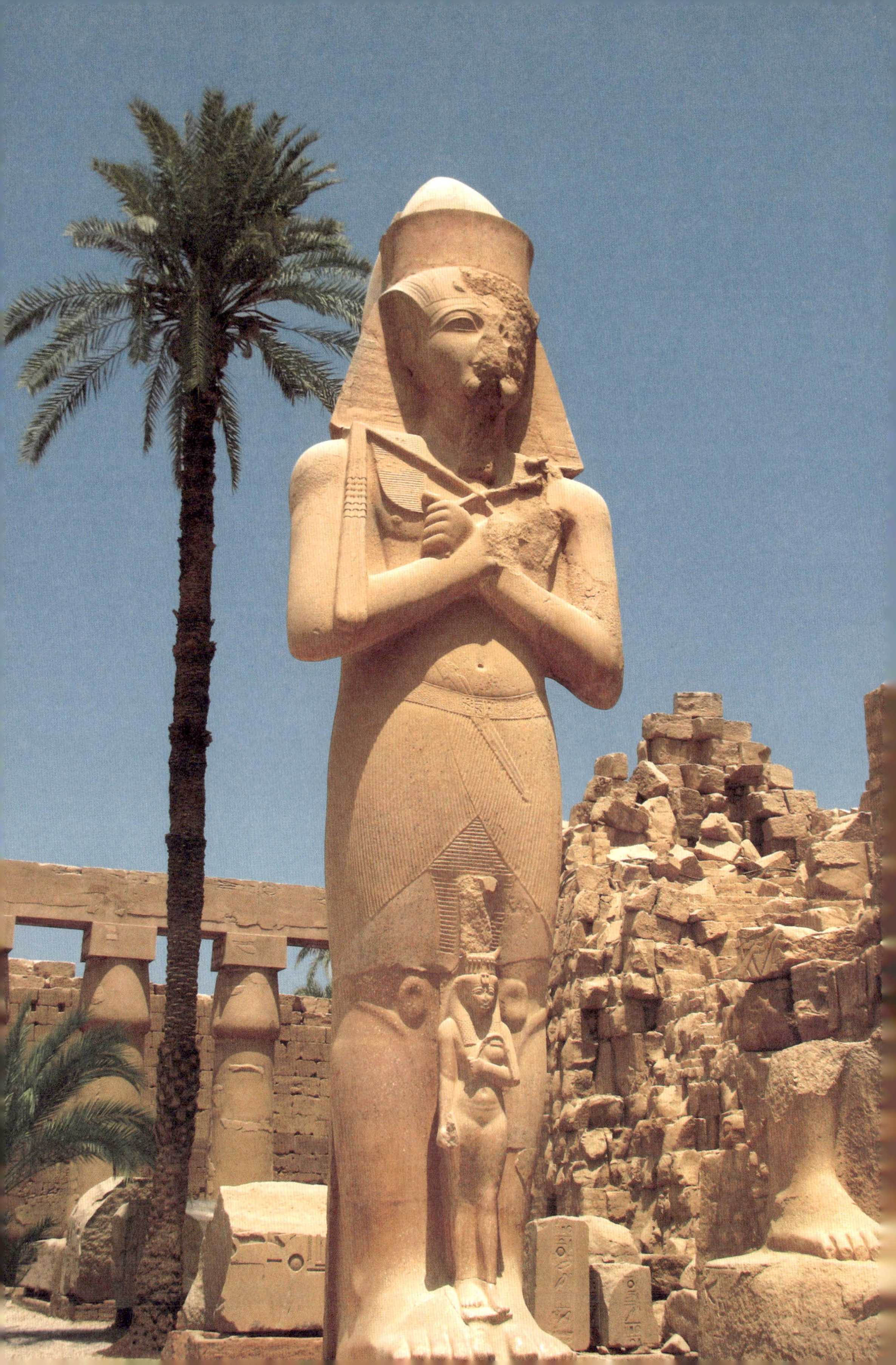

卡纳克：归于阿蒙神的无上荣光

建于底比斯古城之中的卡纳克阿蒙神庙（阿蒙大神庙）是法老时期最为恢宏的建筑群之一，它也是古代世界的一大奇迹。这个豪奢的建筑群由多座圣殿建筑构成，而历代统治者为求得这位底比斯的守护者、埃及的主宰、埃及的国神的青睐，数个世纪里不断对这些建筑进行修建、翻新和装点。神殿中的石块、所处的位置、精美的装饰以及镌刻的文字，无一不在向我们倾诉着法老时代的埃及历史。

早在自第十二王朝的第二位国王塞索斯特利斯一世开始的狂热建造伊始，阿蒙大神庙就已是埃及最大的神庙之一。这位法老命人用石灰石修建了最初的神庙。最早修建的建筑后期加建了圣殿和附属建筑，规模不断扩大，而修建时间也一直持续至罗马时期。历经两千年的修建、重建和扩建，规模宏大的神圣建筑区占地约 25 公顷，高 10.5 米、厚 8 米的围墙将整个建筑群保护在内，而阿蒙大神庙在很长时间里一直是其主要的建筑。随着塔门（神庙入口前的立面）、带有柱廊的中庭、方尖碑、斯芬克斯大道、圣船圣堂、多柱大厅以及圣湖等接连建成，阿蒙大神庙逐渐成为名副其实的建筑珍宝，也因此成为新王国时期埃及毫无争议的精神、政治和经济中心。

"隐秘者"阿蒙并不满足于壮观的居所。大神殿的侧面是献给女神穆特（Mout）和战神蒙图（Montou）的神庙区、献给阿蒙之子孔苏（Khonsou）的神庙，以及献给"建造之主"（maître bâtisseur）普塔（Ptah）神的一座较小的圣殿，这些建筑物都进一步丰富了卡纳克神庙的内部建筑。

■ 卡纳克和卢克索

阿蒙神庙

卡纳克阿蒙神庙是塞索斯特利斯一世法老命人修建的，原本的规模并不大，但经过之后的扩建逐渐成为规模极为宏大的建筑群。随着圣殿气势日渐恢宏，此处土地便专用于修建神庙，而神庙的围墙像一道城墙将整片区域变成了一座真正的城。阿蒙神庙这座标志性建筑煌煌烨烨，而女神穆特和战神蒙图规模较小的神庙区域也不遑多让，这三个区域共同构成了光辉夺目的圣地。在这里还修建了底比斯三柱神中神子孔苏的神庙——这座神庙位于卡纳克主区域中西南角的位置，此外还修建了一片圣湖和多座供祭司使用的建筑。

阿蒙神庙的主入口坐东朝西，

▶ **阿蒙神庙全景**　阿蒙神庙是卡纳克神庙区域内最重要的建筑，被称为 IPET-SOUT，意为"最受尊敬的地方"。

◀◀ 拉美西斯二世（Ramsès Ⅱ）和他的女儿宾塔娜特（Bentata，英语 Bintanath）的巨像，立于神庙第二塔门之前。

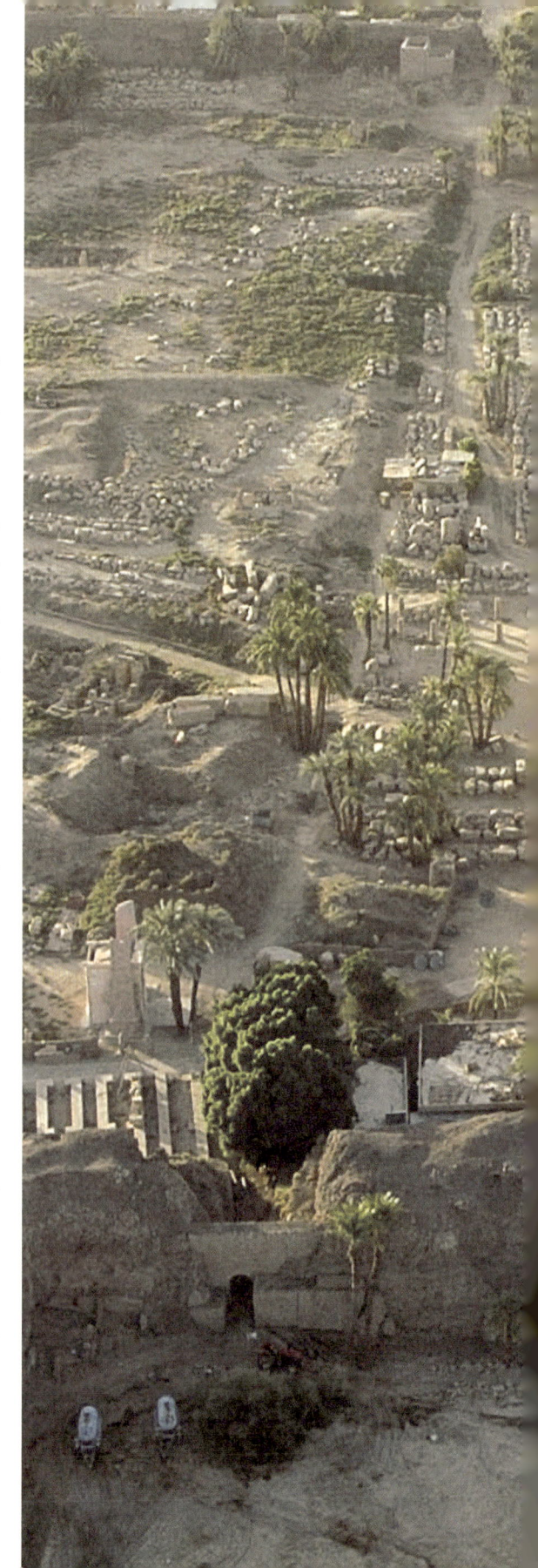

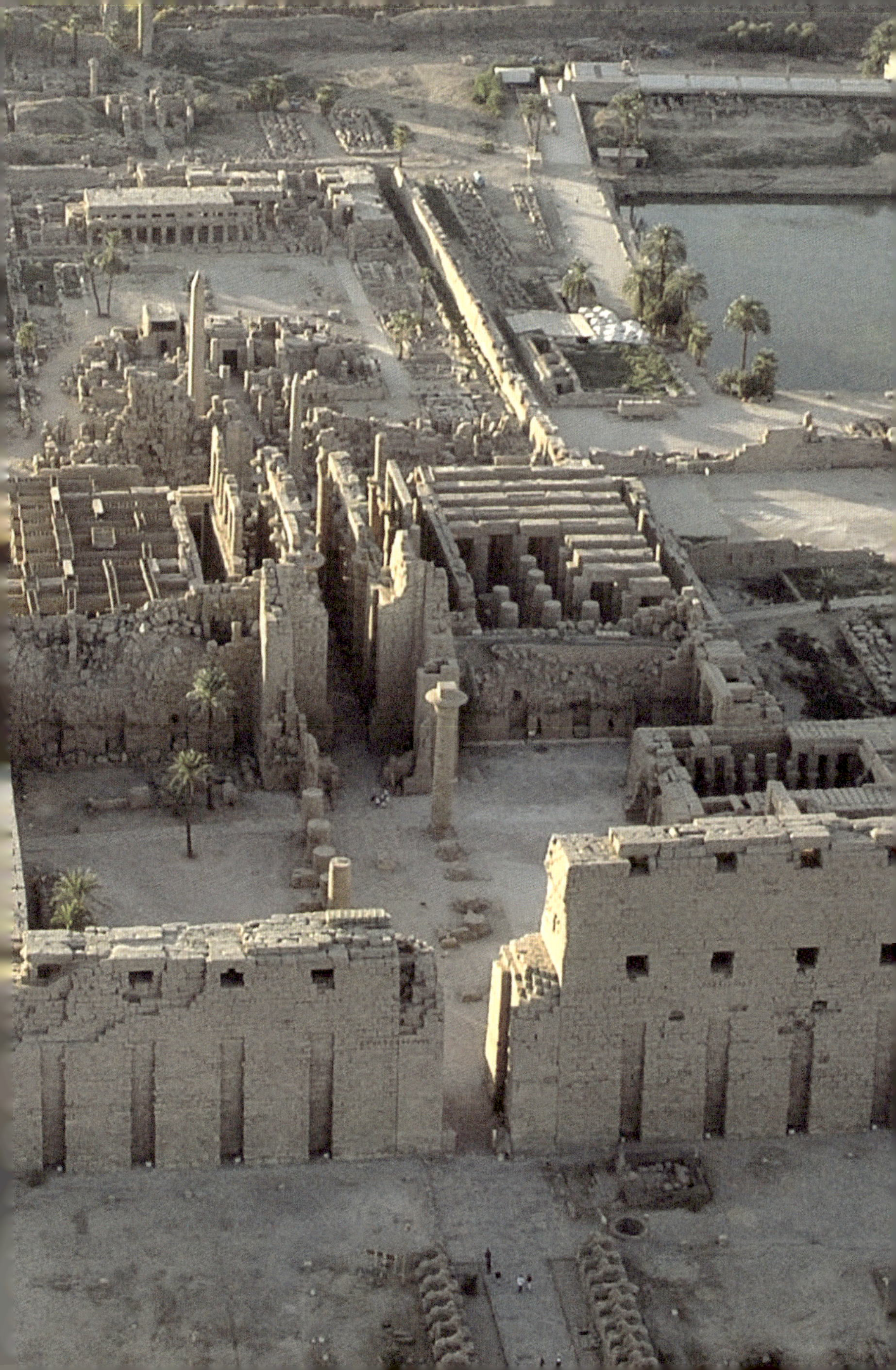

■ 卡纳克和卢克索

"隐秘者"的壮伟居所

阿蒙神庙是卡纳克神庙中显赫的建筑，是一系列接连不断的扩建、加建和重建的产物。

中庭，或称节庆庭，里面矗立着最早的两方尖碑，由图特摩斯一世（Thoutmosis I[er]）神庙内竖起。后来，此基础上修建了哈特普苏特（Hatchepsout）尖碑和图特摩斯三世（Thoutmosis III）方尖碑。

在第二塔门前矗立着一座拉美西斯二世的巨型雕像，雕像展示的是他和他的女儿宾塔娜特，而即使站在中庭内都可以看到这座雕像。

第二塔门是由霍伦海布（Horemheb）使用前期建筑回收的材料修建的，在第二塔门的入口两翼分列着两座拉美西斯二世坐像。

努比亚法老塔哈尔卡（Taharka）修建的亭包括两列立柱，每列五根，各高21米，其柱顶处为展开的纸莎草形状的柱头。

① 塞提一世（Sethi Ier）法老为底比斯三柱神（阿蒙、穆特、孔苏）的圣船修建了一座小神庙，这座神庙就位于第一塔门正后方。

第一塔门长113米，厚度达15米。这座塔很可能一直未能完工。

瓦吉特厅中有哈特谢普苏特女王进献的两座方尖碑，但后来遭到图特摩斯三世的"雪藏"。在很长一段时间里，这里都是塞德节（La fête-Sed，也称赫卜塞德节［la fête-Heb-Sed］）的庆祝地点。

图特摩斯三世修建的阿赫梅努（L'Akh-Ménou，门赫珀雷辉煌纪念碑。门赫珀雷是图特摩斯三世之子）是一间宽40米的大厅，由二十根帐篷形状的柱子支撑。它的顶部有蓝色彩绘，上面有星星装点。

植物园是这个大厅（阿赫梅努大厅）的附属建筑，而图特摩斯三世命人在此雕刻了具有异域风情的植物和动物图案的浅浮雕。

临时祭坛包括饰有奥西里斯柱（osiriaques）的中庭、多柱大厅和圣殿，这些建筑构成了拉美西斯三世圣船圣殿。

① **柱廊中庭** 第一塔门和第二塔门之间是神庙中庭，中庭的长宽分别为103米、82米，饰有二十六根立柱。柱廊在拉美西斯三世临时祭坛处断开。

② **多柱大厅** 多柱大厅是神庙中最令人感到震撼的区域之一。多柱大厅由一百三十四根纸莎草形状的立柱支撑，并绘有塞提一世和拉美西斯三世的作战场景。

③ **中王国中庭和圣殿** 此处为神庙最古老的部分，第一座献给阿蒙神的神庙就建立于此。这座神庙38米见方，高6米，包括饰有奥西里斯雕像的柱廊、中庭和圣殿。

83

■ 卡纳克和卢克索

在神殿中游览

阿蒙神庙最初的中心位于中王国中庭处。游览者由第一塔门进入后，便进入了神庙内部，"在历史中畅游"：游历从最后修建的建筑物开始，最后抵达最古老的建筑。

① 第一塔门
② 廊柱中庭
③ 拉美西斯三世神庙
④ 第二塔门
⑤ 多柱大厅
⑥ 第三塔门
⑦ 方尖碑
⑧ 第四塔门
⑨ 瓦吉特大厅
⑩ 圣船圣殿
⑪ 带有圣殿的中王国中庭
⑫ 阿赫梅努圣殿
⑬ 植物园

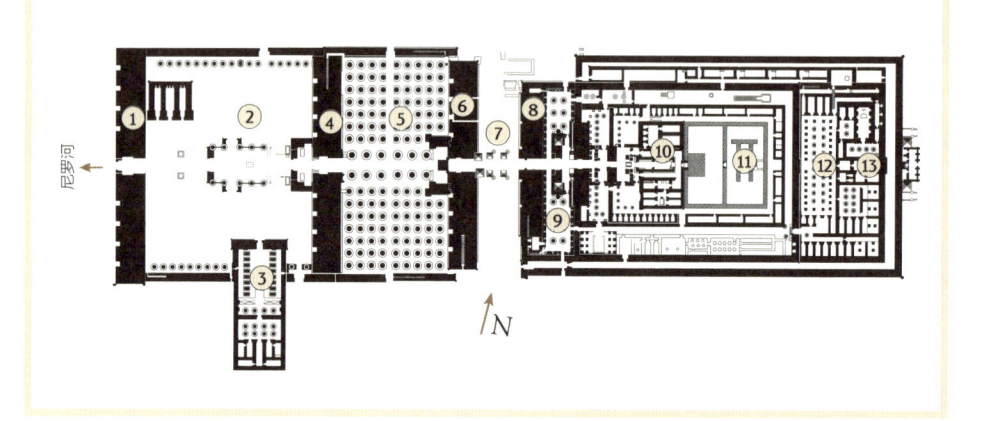

▼在诸多扩建神庙的法老之中，图特摩斯三世最为积极。他修建了卡纳克最靠东的圣殿，被称为阿赫梅努，还修建了第六塔门和第七塔门。

与河水呈垂直角度。科学家们认为，过去应有大批信徒从各地涌来会聚于此。在一些时期，河岸距离这片广阔的圣地很远，因为尼罗河河流改道的情况时有发生。在主入口处有一片很大的船坞，可供许多船只停泊。信徒们由此处船坞踏上圣地，首先映入眼帘的是一条石板大道，沿道路两侧放置着多座公羊首狮身斯芬克斯像守护，最靠前的几尊斯芬克斯像是第二十一王朝皮涅杰姆二世（Pinedjem Ⅱ）亲手所立。这条斯芬克斯大道（神道）一直延伸至距离神庙入口几米处，从这里可进入如今被称为"第一塔门"的建筑。第一塔门是内克塔内布一世（Nectanebo Ier，第三十王朝）修建的，他还命人

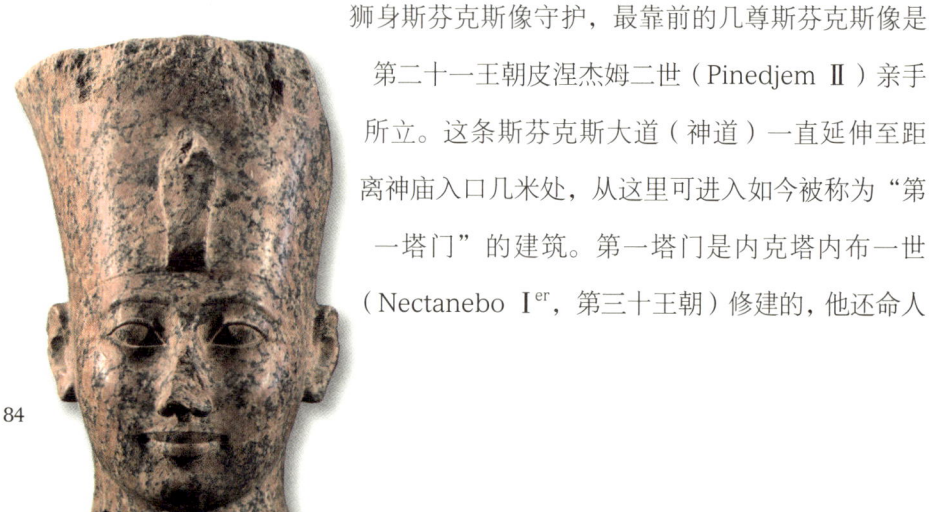

修建了神庙的大围墙。卡纳克神庙中塔门的意义举足轻重，无论是从建筑角度还是从象征意义而言都是如此。这些雄伟的立面建在两座巨大的梯形塔楼之间，将神庙与外界隔绝开来，使人不得进入。塔门外墙建有多个凹陷，用于容纳挂有阿蒙神旗帜的旗杆。塔门如此威严的外观和夺人的气势，势必令信徒们对"神之居所"心怀敬畏。

保护的象征

塔门连接着神庙外的混乱凡世和神庙内的井然秩序，具有驱邪（守护）的作用，避免外来的恶灵进入。塔门通常饰有法老英勇战斗、奋勇杀敌的场景，而其防御性更多是象征意义上的，远超过实际的守卫作用。

▲ 公羊首狮身斯芬克斯像是头部为公羊形象的斯芬克斯像，而公羊是阿蒙神的象征。这些斯芬克斯像分列神道两侧，而神道自尼罗河船坞一直延伸至阿蒙神庙第一塔门；斯芬克斯像的前爪之间守护着拉美西斯二世雕像，这一姿态象征着神灵赐予君主的保护。

从外观上看，塔门是用石头组成的象形文字——一道山谷分开两座山，山谷意味着"地平线"（akhet）；在两山之间，可以看到日出和日落。山谷象征着太阳沿着神庙东升西落，大祭司也通过从此处走到圣殿来模拟日行一日的轨迹。

阿蒙神庙长300米，在东西方向上包括六道相似的大门，南北向的有另外四道相似的大门。因此，伟大的阿蒙神得到了森严的守卫。

进入第一塔门后就来到了柱廊庭院。这是一座通向内部且极为宽敞的前厅，越向内走光线越暗——因为地面以不易觉察的方式逐渐升高，而屋顶同时相应走低。在埃及大部分的神庙中，中庭都代表着冥界，人类无权进入。中庭极为宽敞，长103米，宽82米，可以容纳无数信徒参加宗教节庆仪式——阿蒙神像将会在仪式中展出。中庭建有两个临时祭坛，用于祭祀底比斯三柱神的圣船；还有一座亭，护卫着第二塔门的入口和神庙最震撼人心的所在之———多柱大厅。

"立柱之森"

这个极为宽敞的多柱大厅因高20多米的石柱而略显阴暗，占据了整个大厅的是一百三十四根顶天立地的石柱，而石柱上的装饰十分繁复。横穿大厅的通道长约50米，仅可容纳少量信徒，而有幸穿过大厅的信徒在走出大厅时心中定是颇为慨叹的。走在这光影交织、摄人心魄的石柱丛林之间，越深入越光线晦暗，穿行之后令人不禁升起敬畏之心。

在多柱大厅东墙中间处有一道出口，内部中庭的入口也正在此处。这里被称为节庆厅，建在第三塔门和第四塔门之间的空地上。内部中庭的尽头有两个临时祭坛，用于祭祀阿蒙神圣船。此外还有六座方尖碑，由图特摩斯一世、哈特谢普苏特女王和图特摩斯三世竖立。然而，经过图特摩斯三世翻修后，这六座方尖碑仅有最靠东的四座得以保存。信徒继续沿神庙主轴线前行，最终会到达第四塔门和第五塔门之间的瓦吉特厅。瓦吉特厅进深将近14米，四周有立柱，这些立柱本为石质，后改换为镀金木柱。立柱形成柱廊，有多座图特摩斯一世雕像置于其中。有部分居中处

植物园中的动植物

　　图特摩斯三世是一位伟大的军事家，他开疆拓土并将王国的边境向叙利亚和巴勒斯坦推进，这是此前任何一位法老都未能完成的壮举。图特摩斯三世取得了十八场战役的胜利，凯旋后他带回了详尽的记述，之后又将这些记述复现在卡纳克神庙圣殿的墙壁之上。图特摩斯三世还收集了大量关于他曾征战过的地区的动植物信息，并将他的发现作为装饰大厅墙壁的灵感。这座被称为"植物园"的大厅，其南北长 15 米，东西长 6 米，坐落在阿赫梅努圣殿中。植物园中的大部分图案展现了尼罗河谷地区前所未见的动物和花卉，还有一些较为怪异的图案——在很长时间里人们都认为它们只是一些抽象图案，但其实它们是异域动物内脏和植物的内部结构——我们不知道为何这些细节引起了法老的注意。此外，图特摩斯三世还在这座特殊的"博物馆"里展现了出生时就存在缺陷的动物。

▲ **雕刻在石块上的异域动植物**　石块上雕刻的图案展示了古埃及人对统治动植物界的思考和研究，尤其是尼罗河谷生态系统之外的物种。植物园显露出法老想要"统治一切"的意志，而这只"每日产卵"的鸟（如图所示）就体现了这一点。

被围挡起来,哈特谢普苏特用粉红色花岗岩在里面竖起了两座方尖碑,方尖碑靠下的部分(在图特摩斯三世或哈特谢普苏特女王的命令之下)被围挡起来,而这两座方尖碑就充作入口大门之用。

通往圣殿

信徒从瓦吉特厅西门转出,穿过中王国中庭来到神庙中年代最为久远的部分,这里矗立着最早献给阿蒙神的圣殿。这座圣殿在塞索斯特利斯一世的号令之下修建,取代了另一座规模远小于此的圣殿。圣殿使用砂岩修造,边长38米,高6米,包括饰有靠立柱放置的奥西里斯雕像的柱廊、中庭以及圣殿,信徒沿神庙主轴线而行达此地。哈特谢普苏特女王将柱廊捣毁后修建了自己的圣殿,即玛阿特(Maât,又译玛特)宫。在公元4世纪时,中王国神庙仍矗立未倒,而此时的卢克索人却将其拆毁,用修建中王国神庙的石块重新建造他们想要的建筑。决定在阿蒙神圣殿之后修建一座新神庙的不是别人,正是图特摩斯三世。他将这座神殿简命名为"阿赫梅努",意为"其建筑中最辉煌者"或"献给活灵之纪念碑"。考古学家发现了一道中门,通向一个宽40米的大厅,大厅饰有二十根帐篷桩形状的立柱,棚顶绘有蓝色背景,其上点缀着点点黄星。在这个厅西墙的南侧,信徒穿过一道门进入另一个有八根立柱的厅,这个厅还有一系列献给神灵索纳克、敏(Min)和法老自己的房间。信徒向北前行来到植物园,植物园中装饰着具有异域风情的动植物浮雕,在其之后是阿赫梅努圣殿。信徒从神庙正面西南处的大门进入,穿过前厅向南前行便来到九个房间,向北则是祭拜祖先的小厅——小厅中陈列了图特摩斯三世之前的六十四位法老的丰功伟绩。

阿蒙神庙并非只有在东西轴方向上不断得到扩建。实际上,哈特谢普苏特女王在南北轴上大做文章,她命人在节庆厅中庭的南出口对面修建了一座新的塔门,即现在的第八塔门。当时,引领阿蒙神圣船和雕像的游行队伍就从此处出发,一直抵达阿蒙神的妻子——女神穆特的神庙区域。

之后,在公元前15世纪,法老图特摩斯三世下令在第八塔门和节庆厅中庭入

▲ 拉美西斯三世神庙临时祭坛的奥西里斯柱坐落在卡纳克阿蒙神庙圣殿中,而神庙中庭的立柱展现的是国王本人。

口之间修建了一道新的塔门,这里正是著名的卡纳克雕像藏身之地。很有可能,这两座塔门取代了更古老的用原白土修建的塔门,但这两座塔门并非阿蒙神庙中最后修建的建筑。实际上,阿蒙霍特普三世(Amenhotep Ⅲ)在公元前19世纪修建了一系列塔门的第一座,而这一系列塔门的最后一座则是由第十八王朝的霍伦海布(Horemheb)修建的。此外,霍伦海布还在第十塔门和第八塔门之间加建了第九塔门。

消失的阿吞神庙

霍伦海布为填充第九塔门,使用了塔拉塔特(tala-tates)。这些标准化尺寸的石灰石块规格统一(52厘米×26厘米×26厘米),原本是法老埃赫那吞(Akhenaton,

又译阿肯那顿，阿蒙霍特普四世［Amenhotep Ⅳ］）为修建献给阿吞神的神庙所使用的建筑材料。霍伦海布此举就是要彻底抹掉前任法老留下的阿玛纳异端（hérésie amarnienne）印记，同时节省珍贵的建筑材料。阿吞神庙被拆毁得如此彻底，以至于如今阿吞神庙的痕迹几乎完全不复存在。阿吞神庙原本建造于阿蒙神庙区域外部东侧百余米处，似乎这座献给太阳神灵的圣殿是一处内庭，上有屋顶覆盖。内庭前方则是方柱柱廊，间次摆放着埃赫那吞和纳芙蒂蒂（Néfertiti，又译奈菲尔提提）的雕像。由于一直没有对这一部分进行发掘，因此我们对其结构不甚了解。

祭司权力崛起

管理宏大的阿蒙神庙者是大祭司，他是唯一有权进入圣殿并为神灵洗礼和献祭之人。实际上，从理论上来说，真正唯一被允许这样做的人是法老本人。作为君主的法老必须每日在全国所有的神庙中献祭两次。很显然，法老不可能无处不在，因此他将自己的权力交给祭司。祭司们在新王国时期全职负责这些行政职务，而此前都是由每三个月轮换的官员负责。

埃及主要神庙的大祭司由法老直接任命，这些人的职责就是保护大地上神性永存。这一职务除精神层面之外，还具有另外的务实意义：由于卡纳克阿蒙神庙或孟斐斯拉神神庙等众多神庙能够收到大量财产并获得免税，因此大祭司必须是法老完全信赖的心腹。

阿蒙神庙最终成为国家主要的经济中心。大祭司的头衔是"阿蒙神的第一仆人"，他在第二仆人、第三仆人甚至是第四仆人的协助之下负责管理全部行政事务。还有中间一级的职务，被称为"神的父亲"，他可以获得所有"经过净化的祭司"（ouab，意译净化祭司）的协助，而这些净化祭司主要负责不甚重要的工作。诵经祭司则在仪式中负责诵读纸莎草圣书。阿蒙神庙的经济实力在第二十王朝末期达到了惊人的规模，以至于圣殿管理已经成为僧侣政治——圣殿的大祭司在埃及拥有独立的总督身份。

然而，祭司仍须听命于法老，法老竭力在"神之居所"留下自己的印记，并争先恐后地对"神之居所"大兴美化装点之业。这一切为专家和历史学家提供了极大便利，他们通过清理神庙不断地修建、翻新和重建而展示出的不同演变便可以追溯埃及的历史。

"神之居所"奠基仪式

埃及神庙是神灵在大地上的居所,神庙的修建必须遵循具有一定的象征意义的仪式要求,而法老必须积极参与仪式。石头是绝佳的建材,因为石料经久不烂,正适合用于修建注定永垂不朽的建筑。

神庙无比重要,因此奠基仪式需要整整十个步骤,每个步骤都应由法老完成,至少象征性地由法老亲自完成。第一步是重中之重。在这一步,需要按照既定的方位拉线,以确定建筑的平面。一般来说,建筑都与尼罗河垂直,使建筑物的长边沿东西轴线布置。

第二步则要抛撒石膏,净化预先围定的土地。直到第三步仪式结束后,方可开始挖土,而在这一步骤要挖出地基的第一道地沟。之后则是第四步,即用沙石填充地沟,确保墙体坚固稳定。

在进行第五步时,尽管建筑完全使用石料修建,但第一块砖却是用原白土模制的,目的是提醒人们过去的埃及修建者使用的建材终会腐烂。第六步也十分重要,在这一步工人们会在未来建筑物四角的地基位置挖出对应的地基部分,并将带有法老姓名以及神庙供奉神灵名字的建筑工具(锄、雕刻刀和锤等)置于其中。直到第七步,才能开始真正的修建工作。之后的第八步,需要对整个建筑物彻底净化,使其配得上相应的神灵。到此时,仪式几乎接近尾声,只需要再将神庙献给神灵(第九步);然后在最后一步,也就是第十步向神献祭,以启动埃及神庙玛阿特(maât,秩序)的生成。

计算女神

在拉线仪式上,法老总会和女神塞莎特(Seshat)一起出现,而女神塞莎特被尊为书写和写作之神,是图书馆的守护者。神庙是神在人间的客栈,是神在大地上的居所,因此有必要采取一切预防措施使"神之居所"尽善尽美,而负责这项工作的便是女神塞莎特。在上图所示的浮雕中,女神塞莎特的头上饰有一个奇怪的符号,这个符号可能是一种用于测量和定位的工具。

河流与星星的语言

所有的古埃及神庙中轴线都与尼罗河垂直或平行。埃及人还在神庙中加入了指向北斗七星（Meskhetiu）的方向，即太阳轨迹中的一点或最亮的两颗星星——天狼星（Sirius）和老人星（Canopus）中的一颗。在高台上进行测量以及关于时间的计算交由祭司负责，如公元前14世纪的阿尼恩（Anen），他是阿蒙霍特普三世的占星师和大臣（如左侧雕像所示）。

神灵之香

古埃及人认为神灵银骨金身，散发着令人无法抗拒的甜香味。因此，在与神有关的仪式中，祭司焚香的目的与其说是使室内溢满香气，不如说是为了进一步加强神存于世间的实体感。这是一名叫内希（Nekhy）的祭司（如右侧雕像所示），他负责管理卡纳克宏大建筑群中阿蒙神庙内燃烧乳香的火盆。

奠基物

神庙奠基仪式中有一个步骤是在建筑物各角埋入奠基物（如下图所示的物品或首饰），但如今我们对这些奠基物的用途并没有确切的了解，它们有可能用于进一步守护神庙。类似的护身符则埋在中庭、圣殿，以及游行道路的各角落处。

■ 卡纳克和卢克索

拉美西斯三世神庙

拉美西斯三世神庙的临时祭坛几乎一直掩埋在黄沙之中，直至1896年方才重见天日，因此成为阿蒙神庙区域保存最完好的建筑之一。这座建筑由第二十王朝的首位法老（塞特纳赫特［Sethnakht］）修建，其统治期自公元前1198年一直持续到公元前1166年——在这段时期，神庙西侧止于如今的第二塔门处，第二塔门由法老霍伦海布修建。拉美西斯三世希望以这座新的建筑为阿蒙神居所入口处的圣船献上一座临时祭坛。

拉美西斯三世神庙的临时祭坛与塔门南侧平行，距离塔门端部较中心处更近。几年后，法老舍松契（Sheshonq）决定为阿蒙神庙再添一座新塔门，他用围墙将这座新塔门和霍伦海布修建的塔门连接起来，

▶ **拉美西斯三世临时祭坛** 这座祭坛修建在阿蒙神庙第一中庭中，具有埃及神庙的外形，尽管这并非"神之居所"，但其中却放置着多只圣船。

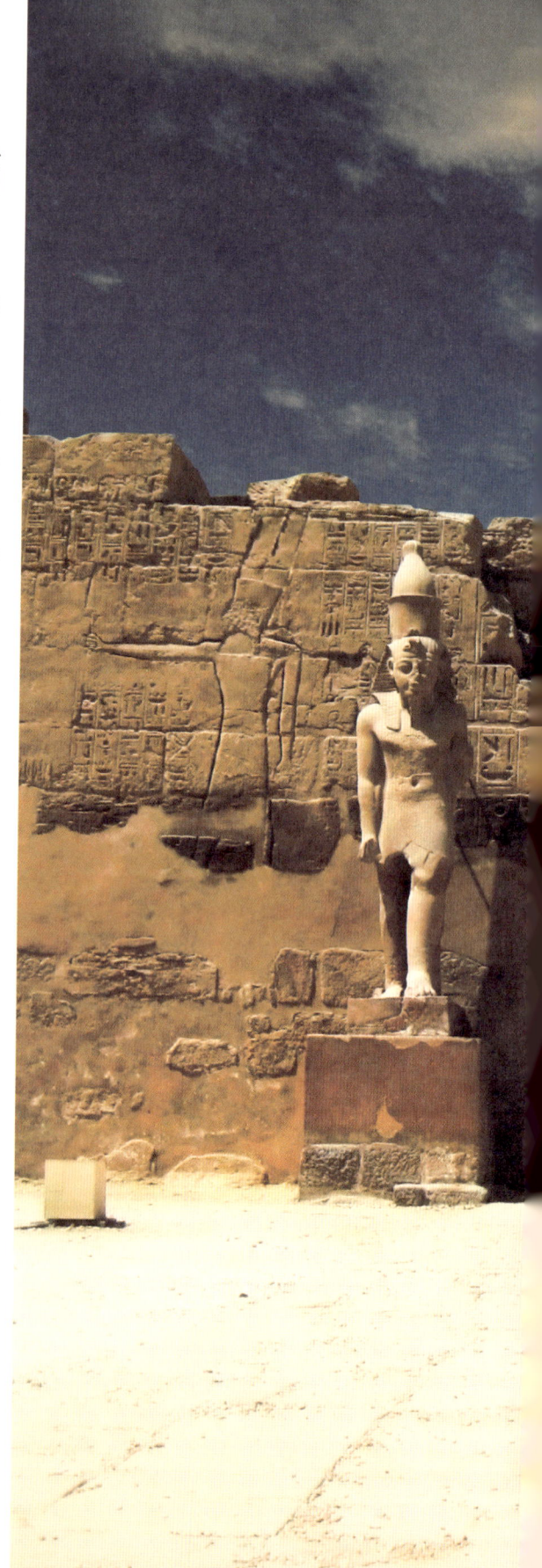

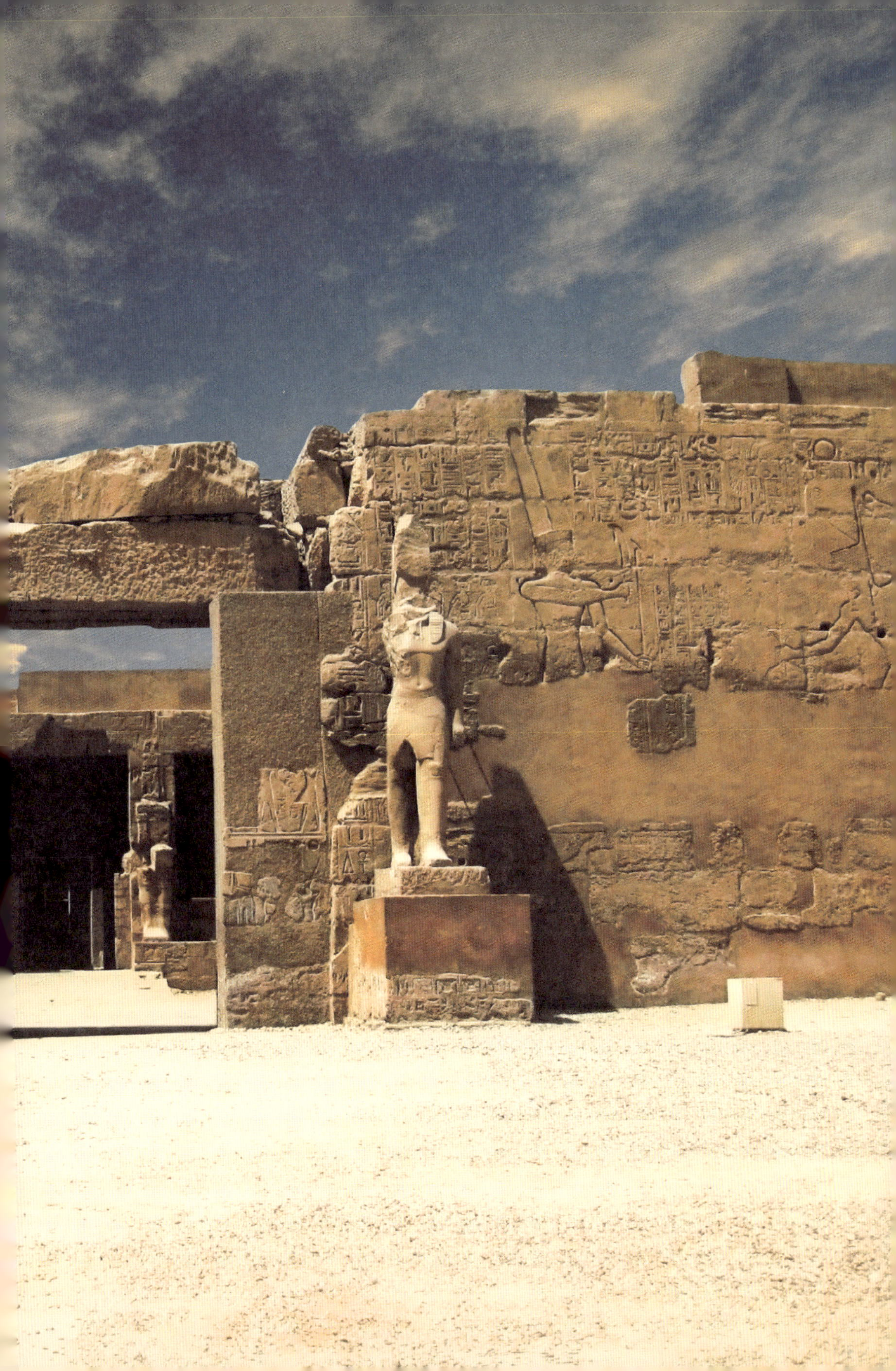

■ 卡纳克和卢克索

将拉美西斯三世神庙的三分之一留在了中庭之内。

在经济大繁荣时期，拉美西斯三世神庙很有可能遭到损毁，后又被一座新的神庙所取代。实际上，这也是许多圣船临时祭坛的命运。塞索斯特利斯一世的白色圣堂原为庆祝塞德节所建，呈华盖样式，但这座白色圣堂也同样被阿蒙涅姆赫特三世（Amenemhat Ⅲ）或阿蒙涅姆赫特四世（Amenemhat Ⅳ）改为临时祭坛，之后又被捣毁，建材再次充作填塞阿蒙霍特普三世的第三塔门之用。哈特谢普苏特的红色圣堂也难逃此命运，这座红色圣堂位于女王为阿蒙神修建的圣殿内部，而这座圣殿后来被她的侄子图特摩斯三世所毁，其建材用于修建大门。在几十年的时间里，被拆毁的石块一直被弃于野外，直到阿蒙霍特普三世用来填塞他修建的塔门时，这些石块才再次得到使用。卡纳克最后一座塔门修

❶ **附属建筑物** 圣船神庙的临时祭坛修建在阿蒙神庙第二塔门南端处，具有神庙的结构。

❷ **雕像** 神庙的入口两侧分列两尊拉美西斯三世巨像，这两尊高6米的巨像是在红色花岗岩中雕刻而成并放置在雕像底座上。

大门现已不复存在，原本应由洋槐木制成，上面覆盖着多片黄铜叶片。

临时祭坛的大门上饰有人像的门洞，是法老拉美西斯三世为阿蒙神放置祭品的地方。

塔门高14米，上面饰有浮雕，展现了法老正在痛击亚洲和努比亚外敌的场景。多座塔门上都展现了这一场景。

阿蒙神双手持双羽；在其右侧的浮雕展现了拉美西斯三世正在痛击利比亚和努比亚战俘的场景，而阿蒙神正目睹着这一幕的发生。

卡纳克圣湖

卡纳克神庙区域中最引人注目的当属圣湖。圣湖长 123 米、宽 83 米，坐落在阿蒙神庙南侧。圣湖并不具有任何雨水收集系统，而是从含水层汲水，并对使用的水进行过滤。不幸的是，圣湖的水并非活水，而是一潭死水——在阳光和藻类的共同作用下，寄生虫在里面大量繁殖，最终污染了水体。因此，今天强烈建议人们不要进入圣湖中沐浴，以免感染埃及人长久以来一直颇受滋扰的寄生虫相关疾病，即裂体吸虫病或血吸虫病。另外，还有另一个面积更小、形似半月的小湖位于附近的穆特区域。

卡纳克圣湖似乎是在修建中王国时期最早的阿蒙神居所时为配合神庙而设计。图特摩斯三世开掘了另一片圣湖，后经过塔哈尔卡改建——改建的圣湖便是如今游览卡纳克神庙时可以欣赏到的这片圣湖。在圣湖北部，有一座塔哈尔卡建筑物和一个尼罗河丈量仪；在其南部，则是多个仓库和鸟屋；西侧是一座献给托特的圣堂；东侧则是供祭司使用的行政建筑。

水和创世起源

靠近阿蒙神庙的这片广阔水域并非饮用水源，而是充当仪式的要素。日出时分，祭司们会全部浸没于水中进行净化，之后他们才有资格进入"神之居所"。古希腊历史学家希罗多德还进一步明确，祭司们每日必须在上午和下午各完成两次净化。根据仪式，船只三五成群

地在静谧的水面上航行，仪式常带有宗教庆典活动。阿蒙神的圣鹅也可以随时在这片水域畅游，而这再自然不过了。要知道，对于古埃及人而言，一切都始于水中。因此，阿蒙圣湖也代表着遍布埃及的水系。

根据埃及的传统，名为"努恩"（Noun）的混沌之水即孕育万物的原始海洋，它的存在要早于创世之初。有一天，一座原始山丘从水中升起，与之同时升起的还有造物主，即创世神。然而，关于创世的讲述，各神庙各持己见。这一解释在古埃及人看来十分容易理解——对于古埃及人而言，在标志着新年伊始的涨潮过后，国家便重新焕发生机。涨潮时，大水覆盖了整个国境，只有一些土丘上的村庄逃过一劫。三个月之后，尼罗河水退去，山峦、丘陵重新显露在河道之上，一切又恢复了勃勃生机。这创世奇迹永恒不灭、周而复始，而湖水则象征着饱含生命力的水世界。

池塘中的圣甲虫像

这尊圣甲虫像在阿蒙霍特普三世的命令下修建，放置在圣湖湖畔的雕像座上。圣甲虫是一种护身符。圣甲虫是凯普里神，即早上太阳的化身，如今吸引着成千上万来到卡纳克参观的游客。

建于第三中间期，它标志着法老的经济权力走向衰弱。这座临时祭坛现在还留在原地，打破了新中庭的对称。

不是神庙的神庙

拉美西斯三世神庙的临时祭坛与孔苏神庙宽度一致，它们都由同一位君主修建。但拉美西斯三世神庙的临时祭坛在长度（60.6米）上与孔苏神庙有所差异，较之短了10米。尽管拉美西斯三世神庙的临时祭坛原本用于放置"神灵之船"，但它却拥有真正神庙的结构，并以一道高14米的塔门作为起点。两尊法老（拉美西斯三世）立像分列建筑物入口两侧，在当时以两道饰有黄铜叶片的洋槐木双门封闭了入口。

然而，这里缺少了一个重要的元素——并没有容纳旗杆的凹陷，而一般而言传统埃及神庙正面都有旗杆凹陷。这一缺失表明，尽管这座建筑的外观看起来与神庙甚为相似，但它并非"神之居所"。

在塔门西端一角，神庙的外墙上展示了法老（拉美西斯三世）击溃来自亚洲和努比亚地区的外敌，并在阿蒙神面前将其屠戮的多幅场景。在其身后，则可进入一座廊柱中庭。中庭几乎占据了神庙一半的面积，每个侧边各有八根立柱，每根立柱前方都矗立着一尊拉美西斯三世的奥西里斯造型雕像。中庭有一道斜坡通向门廊，门廊由四根立柱和奥西里斯像构成，奥西里斯像之间由半高的墙体相连，雕像身后矗立着四根立柱；另一道斜坡通向多柱大厅，多柱大厅深9米，由八根立柱支撑。

这表明了其不是一座神庙而是一个用于容纳圣船的临时祭坛的决定性证据，是圣殿的位置由三个用于放置船只的圣堂所取代。居中的圣堂最大，是献给阿蒙神的，并在尽头处有两个小室。在左侧，信徒可以看到一座献给"穆特之船"的圣堂；在右侧，则是献给"孔苏之船"的圣堂，这两个圣堂都仅有一个房间。

多柱大厅

在埃及的所有神庙中,卡纳克多柱大厅中的立柱高度最高,且数量最多。然而,这间多柱大厅与其他传统设计的大厅并无区别。想要进入大厅,需要穿过廊柱中庭,中庭之前则是一道塔门。在多柱大厅身后,则是多间房间和仓库,通向圣殿。多柱大厅修建的意义在于,它们的呈现需符合技术和意识形态的双重标准。

从技术方面来看,石质门楣无法跨越巨大的空间而不断裂。因此,古埃及人不得不增加支撑点的数量,换言之,他们需要增加立柱的数量,才能撑起一座宽敞且透光的大厅。卡纳克多柱大厅占地超过半公顷,因此一共设计了一百三十四根以上的砂岩柱。

从意识形态方面来看,埃及神庙是用石头表现的法老宇宙观,因此反映了古埃及人关于世界和世界构成的思考。其中,屋顶即代表着苍穹,蓝色背景上浮现出黄色五芒星的点点星光;但天空无法浮动,因此需要支撑点将其撑起,以与大地分离。古埃及人想象共有四根坚固的擎天柱,而卡纳克神庙内阿蒙霍特普三世的一段文字也验证了这一认知:"其柱直冲云霄,宛如擎天四柱。"因此,多柱大厅的立柱也代表着天穹的擎天元素。

然而,这并非埃及学者提出的唯一的寓意解读。在多柱大厅中,游客实际上可以看到两种类型截然不同的、高度也不甚相同的立柱。在神庙反映完美世界的愿景中,我们完全可以想象建筑师的任性,或者将其想象为对原始山丘上植被的展现,这些植被从"努恩"之水中浮现,因此是生命和世界秩序的象征,是造物主(创世者)的杰作——这也是立柱以植物为形并令人联想到纸莎草的原因。在卡纳克神庙中,立柱的排列同样极为精确。在与神庙中轴线重合的中央通道两侧,六根高 22.4 米的立柱在柱头处支撑着巨大的呈展开状态的纸莎草。在这两列立柱后方,各有六十一根立柱形成两组,经沿南北轴方向设置的通道分隔开来,这条通道则通向一

卡纳克和卢克索

扇侧门。这些立柱共计一百二十二根,是高度最低的立柱,它们"不过"——如果我们可以这样说的话——高 15 米,柱身周长 8.4 米。这些立柱的柱头都呈闭合的纸莎草形态。

为了对这些立柱之间的高度和柱头的差异进行确切的解读,需要记住一点,那就是通道设置在神庙的主轴上,代表了太阳在苍穹中的运行轨迹。因此,从逻辑上来说,此处的植被能够更多地获得拉神(太阳神)广赐人间的能量,因而要比其他位置的植被更早萌发和开花——这些植被以高度最高且柱头为展开的纸莎草形态的立柱予以体现。立柱的高度差异造成了奇特的光影效果,令人联想到太阳的运行轨迹。阳光透过巨大的石栏照射在大厅之内,白天光线沿中央通道形成 8 米的高差,而其他位置都保持在阴影之中。这种光线的差异在正午时分

▶ 拿破仑的士兵在看到多柱大厅令人震撼的立柱时惊诧不已。据编年史记载,他们不禁面对立柱立正站好,不由自主地高举自己手中的武器,以示尊重和敬意。

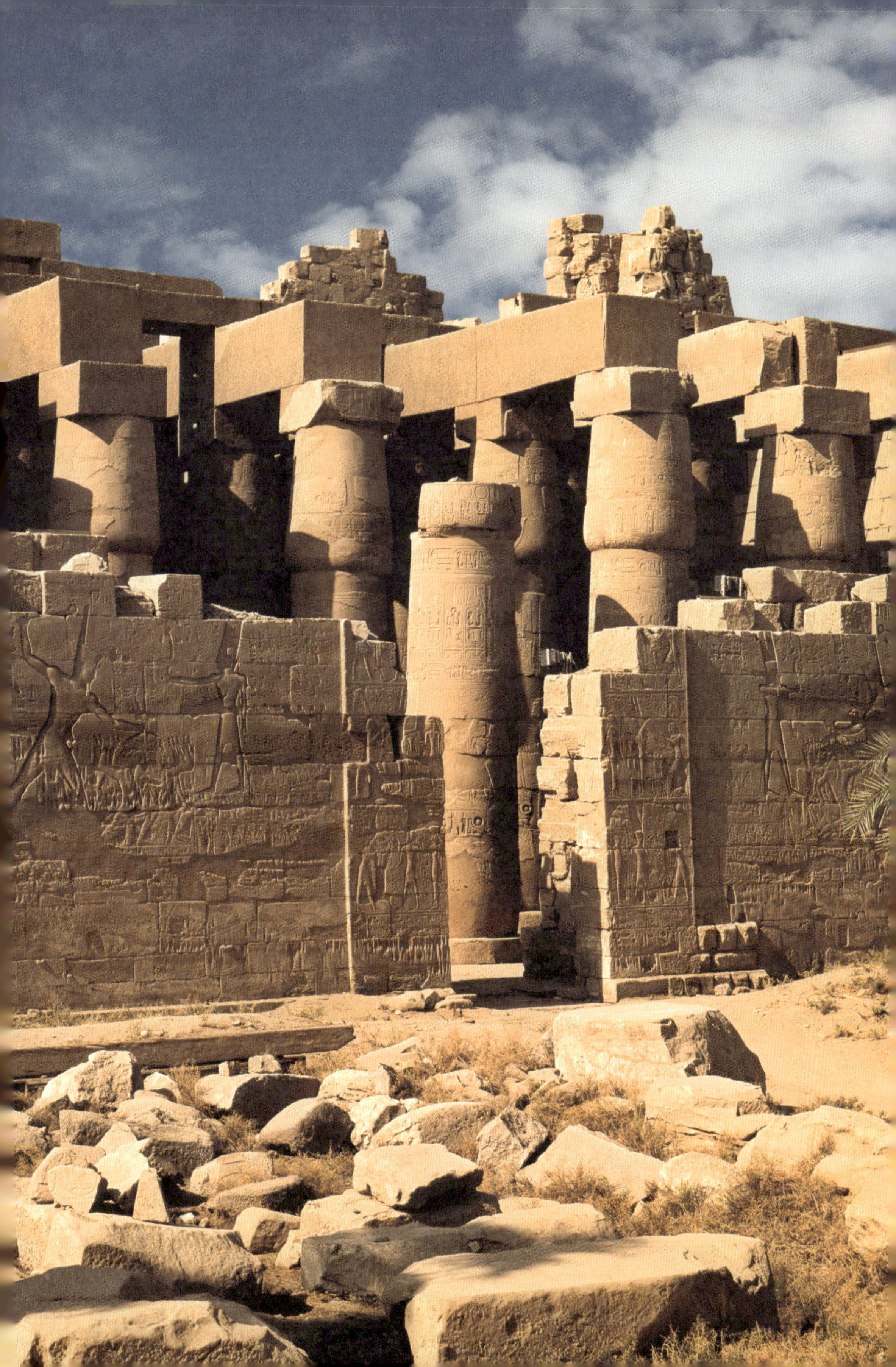

卡纳克和卢克索

① **立柱** 一百三十四根立柱支撑着多柱大厅，其中十二根立柱分列中央通道两侧（每侧六根立柱）。

② **石栏** 立柱高低错落有致，因此在墙体靠上的部分留有开口，使光线得以照耀在大厅之内。

③ **屋顶** 屋顶隐喻天穹，覆盖整个大厅（长103米，深52米）。

④ **中央通道** 中央通道的立柱高度最高，撑起整个高24米的大厅屋顶。

中央通道的十二根立柱呈现展开的纸莎草形状，较其他立柱更高，其高22.4米，柱身周长超过10米。这十二根立柱代表了擎天之柱。

中央通道巨柱的柱头呈纸莎草样式，直径不小于5.2米。柱身饰有植物图样，令人联想到创世之初的场景。

立柱饰有神庙奠基和为阿蒙神献祭的场景，在王名圈（cartouches）中镌刻着国王的名字。

在侧面通道，一百二十二根立柱形成两组结构，每组六十一根，高度为15米。与中央通道的立柱不同，这些立柱的柱头呈闭合的纸莎草样式。

④

■ 卡纳克和卢克索

大厅的肖像

拉美西斯二世（Ramsès Ⅱ）决定在巨大的多柱大厅南侧外墙上重现他在加德什（Qadesh）战役中大败赫梯人（Hittites）联盟的场景。在这些浮雕完成之前，法老又下令将他在叙利亚和巴勒斯坦征战十五年间的战役历史也雕刻在这些浅浮雕上，然而这段历史却非常波澜壮阔，导致最终空间不足以展现全部内容，因而不得不将剩余内容雕刻在第七塔门的西墙上。因此，大厅东墙的北半部分设计为巨大的图像展示区域，同样也展示了塞提一世举行日常仪式的场景，而西墙的南半部分则展现了君王举行神庙奠基仪式的场景。大厅北侧外墙上同样饰有关于战斗场景的浮雕，而在这些浮雕中可以看到塞提一世与来自巴勒斯坦的贝都因人（Bédouins）和赫梯人的战斗。

▲塞提一世在挥师叙利亚和巴勒斯坦时英勇作战，这是多柱大厅北外墙浮雕。

▼**塞提一世半身像** 在塞提一世长达十五年的统治期间，他命人修建了大厅的墙体和立柱。
🏛 罗马乔万尼·巴拉科（Giovanni Barracco）博物馆

得到消减，其时拉神展示出全部的力量，光线透过大厅屋顶颇为罕见的天窗使大厅更加明亮，同时仍然保持其他位置隐没在阴影之中。

关于大厅的年代，有些研究人员认为是霍伦海布首先开始修建的，并为大厅修建了面向墙体排布、具有纸莎草形态的立柱柱廊。但由于没有确切证据支持这一观点，因此人们普遍认为是塞提一世下令修建了这个大厅，并将其作为阿蒙大圣殿的居所。

▲ 柱顶盘下楣、立柱和柱头是多柱大厅修建的组成部分，上面装饰有象形文字和著名的包含法老拉美西斯二世名字的王名圈。

神崇拜：阿蒙神荣耀庇护下的底比斯

鉴于我们看到的卡纳克神庙无比豪奢，因此很难想见古埃及众神最初尚于微时的景象。在阿蒙神的起源地底比斯地区，早在第一中间期和中王国时期，阿蒙神为能够分得战神蒙图独占的关注，不得不使出浑身解数。

与古埃及所有神灵的起源一样，阿蒙神的起源至今仍然晦暗不明。然而，赫尔莫波利斯和底比斯地区似乎自很久之前就已经相信阿蒙神的存在。在《金字塔文》（*Textes des pyramides*）中，阿蒙神作为原始神灵的地位得到认可，因而表明他是一位古老的神灵。因此，阿蒙神似乎一直都是赫尔莫波利斯神学所确立的四对创世神之一。阿蒙神的配偶是女神阿梅梅特（Amemet），但这个名字不过是他在赫尔莫波利斯的名字的女性版本；而在底比斯，他的妻子是女神穆特，并与女神穆特育有一子，即孔苏。

阿蒙意为"隐秘者"或"秘密"。对阿蒙神的崇拜在中王国时期即第二十王朝初期得以发展，这一时期底比斯王朝在经历了第一中间期后控制了整个埃及——在第一中间期，中央政权在古埃及彻底缺位。在和平时期，随着城市地位日益提升，阿蒙神开始引起关注，而与此同时对战神蒙图的崇拜逐渐衰落。

神之子

阿蒙神之所以能够轻松跻身王朝崇拜的神灵，可能是由于在阿蒙神身上存在诸说混合的倾向。祭司们很容易将阿蒙神与法老相关的最伟大的神灵联系起来，如拉神、敏神以及其他一些神灵。作为"隐秘者"，阿蒙神自有其优势，祭司们因此能够根据自己的需求找到阿蒙神与相关的神灵之间千丝万缕的联系。有一首献给阿蒙神的赞美诗，描述了阿蒙神能够

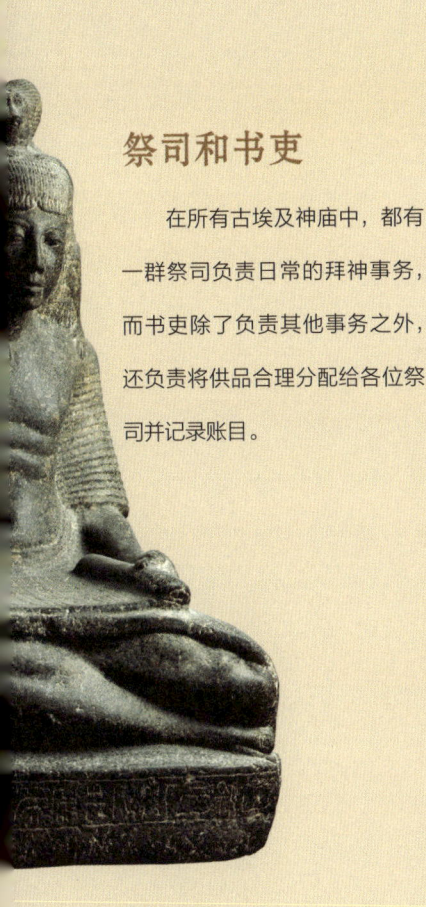

祭司和书吏

在所有古埃及神庙中，都有一群祭司负责日常的拜神事务，而书吏除了负责其他事务之外，还负责将供品合理分配给各位祭司并记录账目。

圣鹅

鹅与公羊一样，是阿蒙神的代表动物之一。根据传说，有一只鹅在原始山丘上下了一颗蛋，太阳神（拉）从这颗蛋中破壳而出。后来，圣鹅与阿蒙神联系起来，有时阿蒙神也被称为"伟大的呱呱神"（le grand glousseur）。

神圣的合法性

阿蒙神之手放在哈特谢普苏特女王的肩上，女王呈跪姿并穿着男子服饰，展示出男性的形象（如左图所示）。这一场景雕刻在方尖锥上，即方尖碑的顶部，展示出女王希望以神的担保确认其合法地位。

公羊头

古埃及雕刻艺术中共有两种不同的公羊雕像。在第一种雕像中，羊角沿水平方向呈卷曲状，代表了克奴姆（Khnoum）神；而在另一种雕像中，羊角更为孔武有力，无卷曲，盘在羊耳之后。

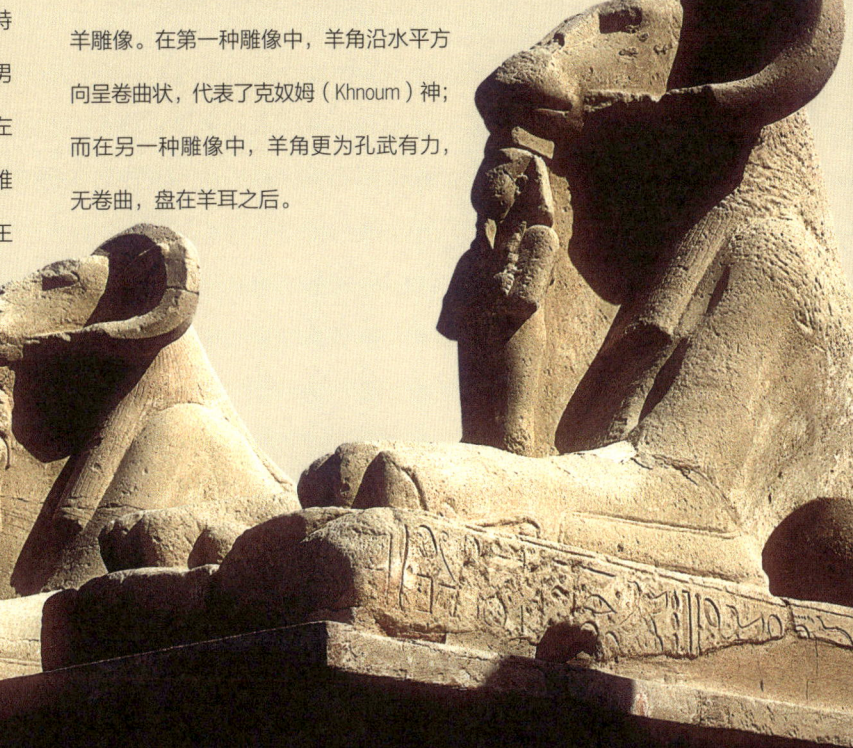

幻化为许多神灵的强大神力，诗中称："阿蒙神将自己的名字隐去；显示出拉神的面容和普塔的躯干。"在解释阿蒙神如何创世的问题上同样也是如此，关于这一问题的解答完全是将科普特人（Coptes）、赫里奥波利斯人、孟斐斯人和赫尔莫波利斯人的宇宙论杂糅在一起后的提炼。当时，古埃及在东地中海地区的势力越来越强大，而这位新神（阿蒙神）能力强大、可塑性强，还可以借用其他神灵最突出的优点，因此这位神灵可能是埃及最为需要的神灵。

此外，人们还将两种动物与阿蒙神联系起来——尼罗河鹅和长角的公羊，但前者最终在后者面前黯然失色，公羊成为阿蒙神主要的示人形象，而我们在通往卡纳克阿蒙神庙的斯芬克斯大道两侧的雕像中就可以看到这一点。古埃及人崇拜的并非动物本身，而是他们在这些动物身上发现了某位特定神灵才有的行为或特征，如阿蒙神就具有公羊强大的生殖能力。尽管如此，阿蒙神从未使用过这种动物的头当作自己的头，而是在勃起时展示了这种动物的生殖能力。

关于阿蒙神对君主制度的认同，人们想象出一个场景：阿蒙神以在位法老的形象来到人间，并以法老的形象进入王后的寝宫与之结合，然后王后生下的孩子日后便成为"两地之国"的君主。第一位利用这套说辞为自己的统治寻求正统性的法老是哈特谢普苏特女王，后来她的继任者阿蒙霍特普三世同样效仿了这一说法。在代尔巴哈里（Deir el-Bahari）神庙和卢克索神庙中，都对这种奇特的交合场景有所展示。

节庆中庭方尖碑

图特摩斯一世（Thoutmosis Ier）是第一位在卡纳克神庙区域内修建巨大方尖碑的法老，他在阿蒙神庙第四塔门前修建了两座方尖碑。之后，图特摩斯一世的儿子图特摩斯二世（Thoutmosis II）修建了第三塔门，将其父的两座方尖碑围在了节庆中庭之中。图特摩斯二世又在阿斯旺（Assouan）修建了两座新的方尖碑，高度分别为27米和28米，并想要凑成一套。然而，不幸的是，图特摩斯二世在其父身故后即位未久便英年早逝，使他的这一计划受到阻碍。图特摩斯二世死后，他的妻子、也是他同父异母的妹妹哈特谢普苏特（图特摩斯三世的姑母）成为摄政女王，她下令修建完成阿斯旺的两座方尖碑，并将这两座方尖碑运送至卡纳克。此后又过了二十多年，在这四座方尖碑的基础上又竖立了两座新的方尖碑，这两座新的方尖碑高30米，由图特摩斯三世下令修建，并被放置在图特摩斯一世和哈特谢普苏特女王的方尖碑之间。六座方尖碑的花岗岩尖刺刺向天空，这一布置使中庭变成了一座小小的石柱森林；在其两翼还建有两座圣堂，分别是塞索斯特利斯一世修建的白色圣堂和阿蒙霍特普一世修建的石灰石圣堂。

然而，这些君主是如何想到修建并竖起这些方尖碑的呢？这些花岗岩尖刺般的建筑物究竟有何作用和意义？没有人知道答案。也许方尖碑代表了一缕阳光，或象征着伊乌努（Iounou）——古埃及文中的"柱石"。无论怎样，方尖碑与太阳神以及太阳神崇拜之间的关联是毫无争议的，因此在古埃及主要神庙的塔门前都立有方尖碑。

然而，如此强大的象征性宗教标志建筑，并没有保护方尖碑免受王朝政权纷争而产生的不良影响。哈特谢普苏特女王竖立的方尖碑就是一个绝佳的例子。哈特谢普苏特在丈夫（图特摩斯二世）死后成功摄政，这位埃及女王毫不犹豫地取得了法老头衔，并废黜了自己的侄子（图特摩斯三世）直接亲政。但是，图特摩斯三世最后还是登上了王位，他决定诅咒其姑母的所有记忆（damnatio memoriae，"记忆

▎卡纳克和卢克索

的诅咒")——在已有文献中彻底清除哈特谢普苏特的名字和相关记载，包括在卡纳克神庙中留下的痕迹。因此，哈特谢普苏特下令修建的方尖碑在其侄子图特摩斯三世疯狂的记忆清除之下，未能逃脱被清算的命运。

"幽灵"建筑

哈特谢普苏特在从图特摩斯二世手中继承的两座方尖碑的基础之上，又在瓦吉特厅第四塔门和第五塔门之间增建了两座新的方尖碑。这两座方尖碑以花岗岩制成，高近30米，表面饰有女王（哈特谢普苏特）像，多为神灵献祭的场景。这两座方尖碑提升了大厅的气势，但同时使空间变得更加局促（宽75米×深14米）；此处空间在第十八王朝地位颇高，曾用于举行君主加冕仪式以及赫卜塞德节（塞德节）活动。赫卜塞德节用于纪念法老统治三十

▶ **气势恢宏** 这些石碑的表面镌刻着纪念性文字和法老的名字，而图特摩斯一世方尖碑和哈特谢普苏特方尖碑是卡纳克神庙中仅存的仍保持矗立的方尖碑。

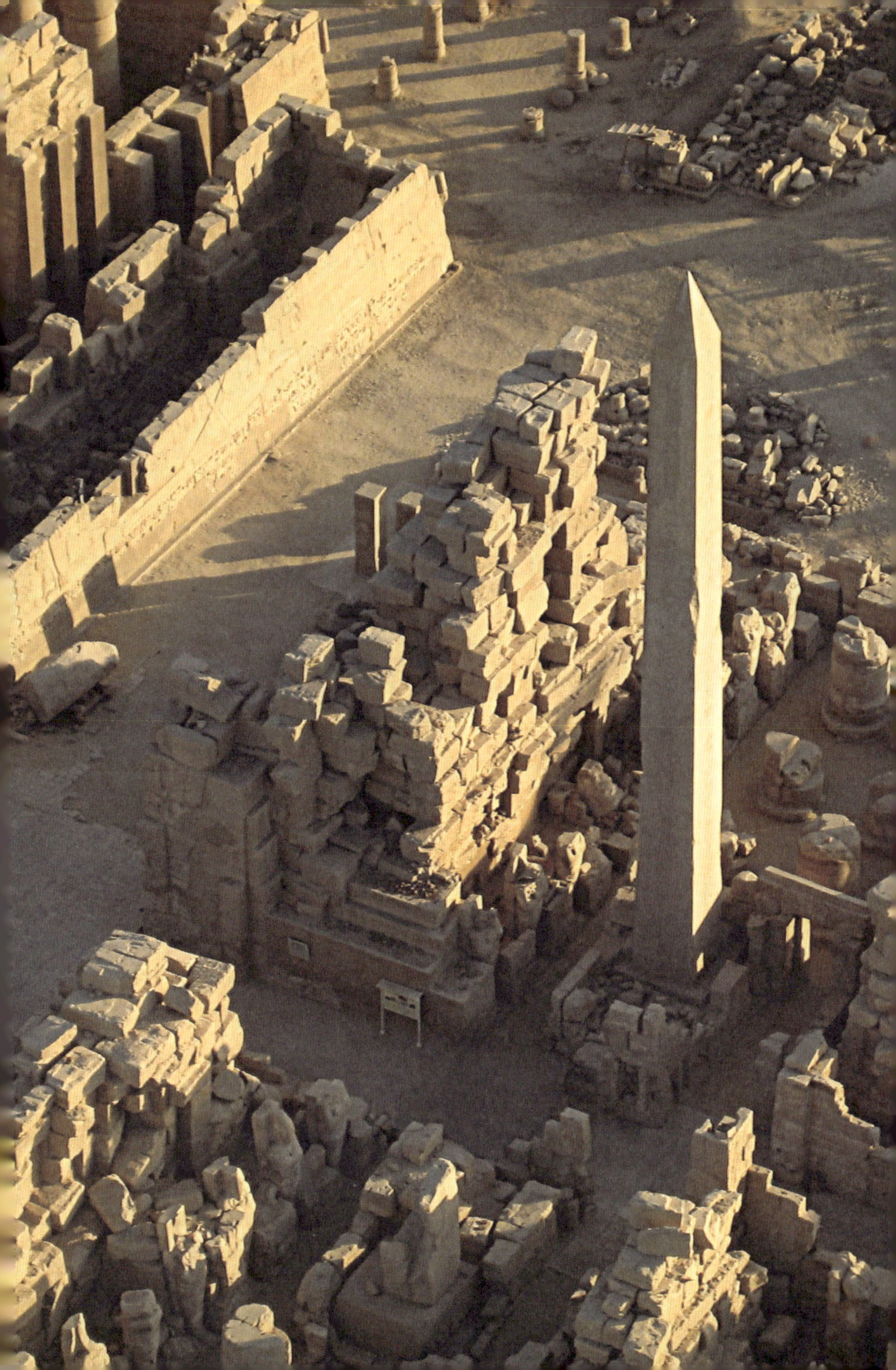

■ 卡纳克和卢克索

周年,他在此时将会还年驻色、重返青春,重新恢复作为玛阿特(秩序和公正)在人间的统治者的全部力量。图特摩斯三世没有任何犹豫,直接将瓦吉特厅中的方尖碑嵌入塔门之中而将其彻底遮掩;他让这些方尖碑彻底沦为"幽灵"建筑,隐藏在神庙之中不复为人所见,但仍然保持了方尖碑的方尖锥超出屋顶之上。此外,其中一座方尖碑遗址保留在原有的位置上。

以上是传统的观点。但最新的年代测定显示,掩藏这些方尖碑的人有可能是哈特谢普苏特女王本人。另外,今天的人们仍然可以看到封闭神庙东面的两座女王方尖碑。

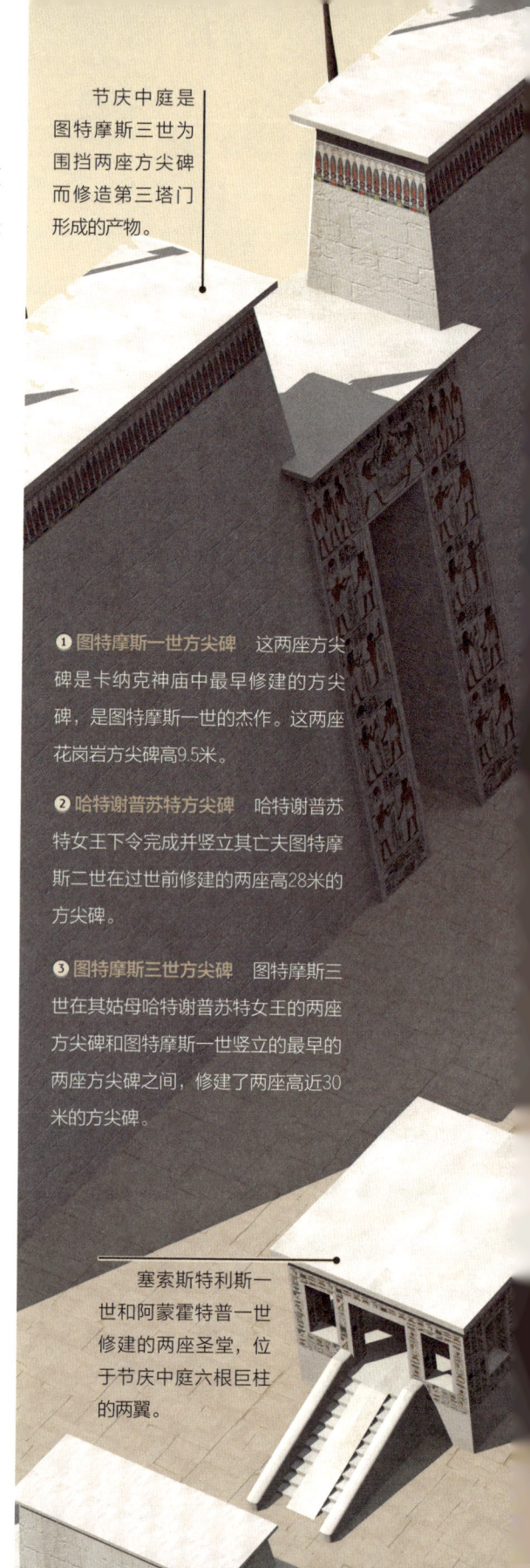

节庆中庭是图特摩斯三世为围挡两座方尖碑而修造第三塔门形成的产物。

❶ **图特摩斯一世方尖碑** 这两座方尖碑是卡纳克神庙中最早修建的方尖碑,是图特摩斯一世的杰作。这两座花岗岩方尖碑高9.5米。

❷ **哈特谢普苏特方尖碑** 哈特谢普苏特女王下令完成并竖立其亡夫图特摩斯二世在过世前修建的两座高28米的方尖碑。

❸ **图特摩斯三世方尖碑** 图特摩斯三世在其姑母哈特谢普苏特女王的两座方尖碑和图特摩斯一世竖立的最早的两座方尖碑之间,修建了两座高近30米的方尖碑。

塞索斯特利斯一世和阿蒙霍特普一世修建的两座圣堂,位于节庆中庭六根巨柱的两翼。

方尖碑的顶端是一个向上收于顶点的四棱锥，这一结构被称为"方尖锥"。

方尖碑使用的大部分花岗岩石料来自阿斯旺附近的象岛采石场。

图特摩斯三世很有可能下令将其姑母哈特谢普苏特女王在瓦吉特厅修建的两座方尖碑用塔门围挡起来，并在塔门上加盖了屋顶。

塔门：进入"神之居所"的入口

古埃及的神灵们都在人间拥有居所，即用石头修建的神庙，神庙中放置着他们的雕像。在古王国时期和中王国时期，神庙建筑形态各不相同，但是古埃及在新王国时期成为东地中海一大强国，因此自新王国时期起这些神圣的建筑开始采取相似的形制，一般都包括入口塔门、柱廊中庭、多柱大厅和圣殿。某些建筑结构可能会并排重复，如阿蒙大神庙（卡纳克阿蒙神庙）中的建筑即是如此，这些共同的结构没有任何改变。按照这种结构修建的神庙是与外部混乱隔绝的理想世界的象征，而塔门的作用正是守卫入口。

古埃及神庙的塔门还具有多种功能。它是一个象形文字的符号象征，即在山谷之间的"地平线"，太阳日复一日从这里东升西落，因此塔门自然成为进入神灵世界的门户，尤其用于将外部世界的混乱抵挡在神灵世界之外。塔门正面装饰着君王抵抗埃及外敌（混乱）的场景，因此塔门也用来守护尼罗河谷中的玛阿特（秩序），而法老拥有特殊的身份——他是唯一有权在人界和神界建立联系的人。

卡纳克恢宏的阿蒙神庙第一塔
现状。尽管历经数个世纪的风
雨打，入口大门以及梯形的墙
大部分结构仍然完好，最具有
特色的部分就是入口前分列两侧
的公羊首狮身人面像。

卡纳克阿蒙神庙第二塔门正面
图案，而这一图案同样出现在孔
苏神庙的一侧墙体上。这幅图案
汇集了古埃及塔门所有的典型特
征：两道梯形墙体由中间的入口
大门分开，墙体上嵌有代表神灵
的旗帜木杆。在塔门的门楣以及
两道墙体之间，则是一个装饰性
同时起到守护作用的要素，令
联想到秃鹫女神涅赫贝特（Ne-
hbet），她的两爪之间抱持着两
标志"shen"，这是代表永恒
的符号。

战争方面的丰功伟绩

法老克敌制胜的形象在塔门的装饰图
案中反复出现，这些墙体就是用来为法老
歌功颂德并大肆宣传的。它们放大了君王
的形象，大肆夸大法老在战争中的作用：在
史诗般的战斗中，君王登上战车直冲敌阵；
或表现他们参与了具有历史意义的战斗场
景，如已经成为传奇的卡叠什（Qadesh）战
役。法老还会出现在"屠杀敌俘"的场景中，
其典型形象是法老向前跨步，右臂挥舞着
狼牙棒，正欲挥向头发被抓住的一干敌人，
就像图特摩斯三世下令修建的第七塔门上
雕刻的浮雕图案（如左图所示）。

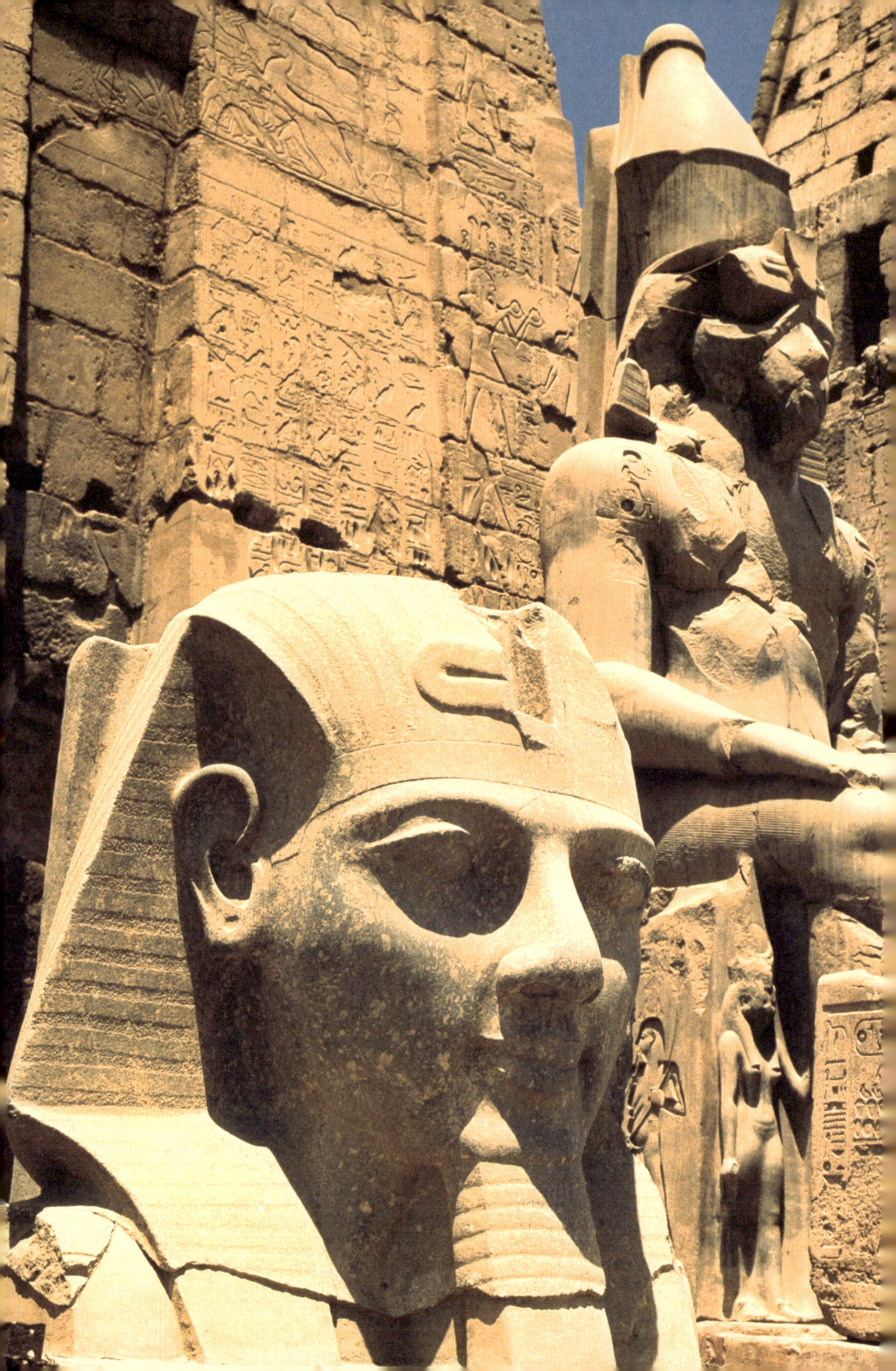

卢克索"南宫"

新王国时期被称为"南宫"的卢克索神庙位于底比斯城南部，与首都底比斯另一座壮观的神庙阿蒙圣殿交相辉映。这两座神庙由一条神道（斯芬克斯大道）将之连在一起，神道两侧分列着两排壮丽的狮身人面斯芬克斯像。

卢克索神庙是奥佩特节（Opet）的中心。奥佩特节这一古埃及历法上非常重要的宗教节日，每年在两次洪水泛滥时举行庆祝活动。奥佩特节最重要的时刻便是神圣游行活动，游行队伍从阿蒙神庙出发，以卢克索神庙为终点。阿蒙、穆特和孔苏即底比斯三柱神，他们在信徒们的欢呼声中从卡纳克圣殿中各自的圣堂中被请出，然后在两大神庙之间3000米的神道上供信徒瞻仰。

卢克索神庙的历史很可能要追溯至中王国时期。在这一时期，阿蒙神的地位日益提升，尽管阿蒙神庙在哈特谢普苏特女王统治时期才拥有现在我们看到的样式，而这是因为女王拆除了之前最早的神庙。但为神庙带来最大变化的是阿蒙霍特普三世，他命人修建了圣殿以及与之相连的房间，还修建了雄伟的游行柱廊以及恢宏的柱廊中庭——中庭立柱拔地参天，为纸莎草样式。这些建筑都是阿蒙霍特普三世的建筑师、也是他信任的心腹海普（Hapou）之子阿蒙霍特普（Amenhotep）负责修建的。

最后一批建筑是法老中最著名的拉美西斯二世的杰作。他在柱廊处又加建了第二中庭，完成了其中的装饰，并修建了一道新的塔门将神庙北部封闭起来。他在入口塔门的正面装饰了许多展现他眼中的最重要的丰功伟绩，即他在卡叠什战役中大胜赫梯人的场景。神庙入口处放置了两尊巨大的双子方尖碑和多座巨像，其中有两座巨像为拉美西斯二世坐像。

■ 卡纳克和卢克索

斯芬克斯大道

这条长3000米、宽70余米的神道两侧分列着约1400尊半人半狮斯芬克斯像，简直令人无法想象。考古学家在发掘时仅清理出约650尊斯芬克斯像，但已经发现的雕像数量足以令人们想象这条连接卡纳克阿蒙神庙和卢克索神庙的大道在修建时的恢宏气度。

早在第十八王朝之初，这条神道很可能是一条水渠，在涨水时期水渠中有水。然而，古埃及历法中没有闰年，到了新王国晚期节日与涨水季节不再吻合。因此，在节庆时期，神灵的船只便无法从这条干涸的水渠中通行。由于这个原因，这条水渠在阿蒙霍特普三世时期被改造成一条大道，并在大道两旁摆放了斯芬克斯像。

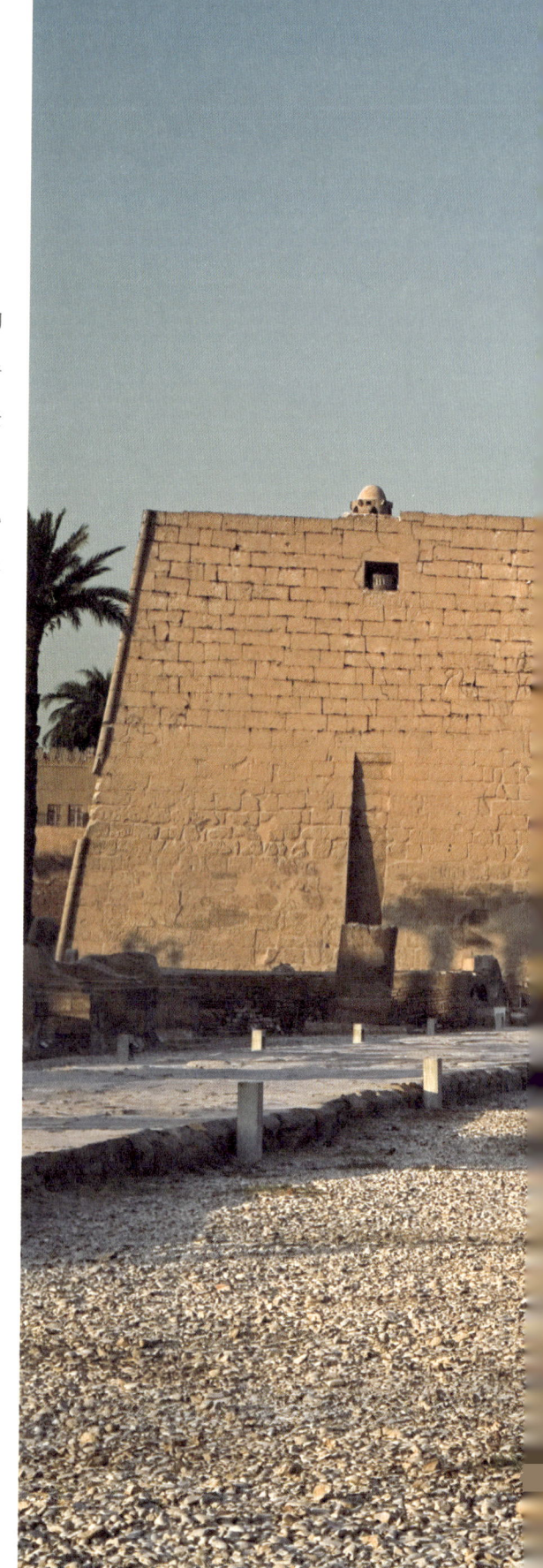

▶ 内克塔内布一世（Nectanebo Ier），或许也可能是阿蒙霍特普三世，决定将卡纳克阿蒙神庙和卢克索神庙用斯芬克斯大道连在一起。

◀◀ 卢克索神庙入口处拉美西斯二世法老（第十九王朝）坐像局部。

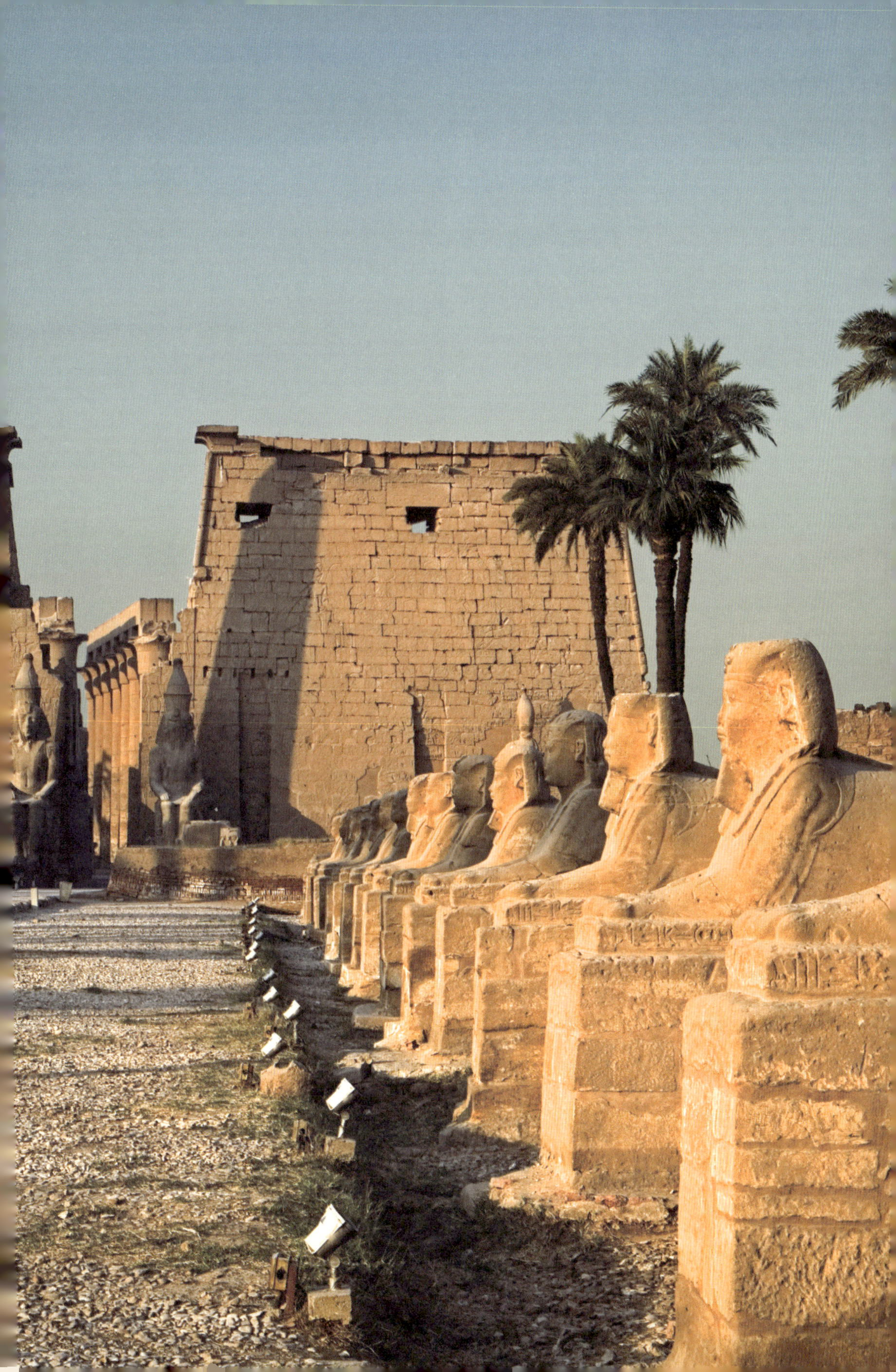

■ 卡纳克和卢克索

第三十王朝时期，内克塔内布一世下令修建了如今我们看到的大道，而斯芬克斯像的面部特征正是来自这位法老。斯芬克斯大道分为四个不同的部分：第一部分以卡纳克第十塔门为起点，朝穆特神庙区入口处向南延伸 100 余米；第二部分以第一部分的终点为起点，向西延伸至穆特神庙区正面；第三部分在穆特神庙区正面从孔苏神庙进入；而第四部分则从第二部分和第三部分的连接点开始，在抵达卢克索神庙入口塔门之前，走向经过两次细微的改变。

神庙无论是放置神像的"神之居所"，还是纪念亡故的君王的建筑，都需要设有多个确定方位并具有守护作用的入口。因此，为了强调其神圣性质，沿着通向金字塔的步道多修建了一条由墙体限定并覆盖顶部的路，表示与外界隔绝。这些墙体饰有各式各样具有历史意义和意识形态方面意义的图样，同时在这些墙体上也能够发现令可能到来的意图不轨的访客感到恐怖的图案，如斯芬克斯形象的国王碾碎埃及外

②

夏巴卡（Chabaka，第二十五王朝）法老在卢克索神庙中庭中修建了带有两列立柱的亭，两列立柱分列建筑物两侧。

狮身人面像是具有狮身和人首的斯芬克斯像，这使它们不同于连接阿蒙神庙区和卡纳克穆特神庙区之间神道上的狮身羊面像（公羊首）。

❶ **斯芬克斯像** 斯芬克斯大道两侧摆放了将近 1400 尊巨像。

❷ **步道** 斯芬克斯大道宽 76 米，是一条以卡纳克阿蒙神庙为起点和卢克索拉美西斯二世塔门为终点的近 3000 米的石板路。

❸ **塔门** 两座塔楼形成卢克索塔门，其上装饰拉美西斯二世参战的卡叠什战役的诸多场景。

斯芬克斯像头戴涅姆斯头饰，但与沉重的王冠相比，这种头饰是法老们更为偏爱的一种轻柔的彩色织物头巾。涅姆斯头饰末端是一条眼镜蛇，象征着埃及王权。

这些斯芬克斯像上的人首展示了内克塔内布一世的面部特征，是他下令修建了这条壮观的神道。

在极大的石质基座上，每一面都雕刻着法老们的诸多头衔。

敌的场景。在中王国时期，这些步道的顶棚不复存在，浮雕也替换为沿路放置的国王雕像。在新王国时期，自建筑第一塔门起至神庙入口止的卢克索大道两侧放置着一系列标准的斯芬克斯像。

狮子和公羊

在卢克索和卡纳克，埃及斯芬克斯像的样式为狮身公羊首，这种斯芬克斯像被称为"狮身羊面像"；或具有人首，这种斯芬克斯像被称为"狮身人面像"。如果说公羊象征着阿蒙神，那么狮子和权力的相互关联则拥有悠久的历史。自前王朝时期，猫科动物的力量和凶猛就已经是君王的特征，象征着君王捍卫玛阿特（秩序和平衡）的能力。在第四王朝时期，这些元素结合起来形成吉萨斯芬克斯像的特征——狮身修长，头部则为法老的头像。尽管在埃及狮身人面的组合最为常见，但是这种组合并非是唯一的组合。根据与狮子有关的神性，有的斯芬克斯像还具有公羊首或隼（鹰）首；在卡纳克还能看到将狮子的力量与公羊的繁殖力结合起来的组合。

"sphinx"（斯芬克斯）一词似乎来自希腊语的埃及表达变形，即 shesep ankh，意为"活雕像"。

流落巴黎的方尖碑

拿破仑挥师埃及使欧洲人对法老文明稔熟于心。因此,古老的欧洲大陆上兴起了研究古埃及的风潮。他们将卢克索神庙两座方尖碑中的一座运到巴黎的故事,为我们展示了19世纪西方人对于与金字塔修建者有关的一切到了何等狂热的地步,而在古埃及人眼中国王已然与神灵无异。

总督梅赫迈特-阿里(Méhémet-Ali,又译穆罕默德·阿里[Mohamed Ali])是现代埃及的缔造者,他雄心勃勃、大刀阔斧地在埃及推进改革,大力发展国家实力。当时,埃及是土耳其奥斯曼帝国的一部分,与其他地区相比过于落后。为了现代化宏图能够一一变为现实,梅赫迈特-阿里邀请多位西方技术人员前往埃及,包括许多法国官员和工程师,这些人员在埃及现代化的进程中发挥了不容小觑的作用。作为感谢,这位埃及总督于1829年将两座亚历山大方尖碑赠送给法国。法国人民对此感到极为高兴,但著名的"埃及学之父"让-弗朗索瓦·商博良(Jean-François Champollion,1790—1832)以更容易运输为由,成功地说服梅赫迈特-阿里把这两座方尖碑换成了卢克索神庙塔门前矗立的两座方尖碑。

法国人很快意识到这项工作所要面对的困难和可能支出的巨额费用,于是表示一座方尖碑就已经令其感到满足。即便如此,为了运输方尖碑仍然需要建造一艘特殊的船只——"卢克索号"(Louxor)。这艘船的最大吃水深度不能超过2米,否则无法在尼罗河中航行,且宽度不得超过9米,否则在回程时也无法通过塞纳河(Seine)上无数桥梁中最狭窄的桥洞。

此后,法国经历了轰轰烈烈的革命,先是推翻了国王查理十世(Charles X,1757—1836)的统治,随之而来的是波旁王朝最后一任国王(路易十六[Louis XVI],1754—1793)逊位并让位给奥尔良(Orléans)公爵路易-菲利普(Louis-Philippe)。但这一切都丝毫没有影响到运送方尖碑的宏大计划,执行这一任务的技术难题交由工程师让-巴蒂斯特·阿波利奈尔·勒巴斯(Jean-Baptiste Apollinaire Lebas)负责解决。

1831年4月15日，"卢克索号"向埃及出发，船上船员共计121人。次月，即5月3日，"卢克索号"抵达亚历山大城（Alexandrie）；6月21日，"卢克索号"抵达罗塞塔（Rosette），在这里等待河水涨水，之后溯尼罗河而上。在此期间，勒巴斯率一队技术人员来到卢克索，他们到了现场才发现西侧的方尖碑高23米，但其上有一道8米的裂痕，因此不得不重新审视原本计划的放倒方尖碑的方案。为了避免产生张力，这位法国工程师决定在这块单体石碑外加套木框；与此同时，当地劳工在方尖碑与河岸之间挖掘了一条长400米的拖道。

土方工程

"卢克索号"于8月14日停靠在卢克索城。工程立即如火如荼地开展起来——包括购买和拆除基座附近修建的房屋，为远征队员修建住处并保护船只。"卢克索号"拆除桅杆后，放置在沙土和帆布为原料的保护壳中，并每天淋水两次以保护船只免受埃及酷暑摧残。到了9月，埃及霍乱流行，船医贾斯汀·帕斯卡·昂热兰（Justin Pascal Angelin）负责治疗远征队员中的不幸染病者。在此期间，木质框架的修建工作一直没有停止，最终于10月1日完工。

10月30日，终于将方尖碑放倒——这一工作动用了200名埃及劳力，并使用了与可折叠木框相连接的滑轮和绳索系统，以保证巨石被缓慢放倒。最初计划实施得很顺利，方尖碑逐渐被放倒，但到了马上大功告成的时候地面固定装置中保持绳索的部分在重压之下折断了。面对这一突如其来的灾难，众人感到惊慌失措。幸运的是，木质框架完成了它的使命，巨大的石碑最终毫发

▲ 法国考古学家、现代埃及学先驱商博良与埃及人谈判将卢克索方尖碑而不是亚历山大方尖碑运送至巴黎。

▶ 苏格兰景观艺术家大卫·罗伯茨（David Roberts）以令人心碎的笔触描绘了法国人运走方尖碑后卢克索神庙入口处空无一物的巨大哀伤。

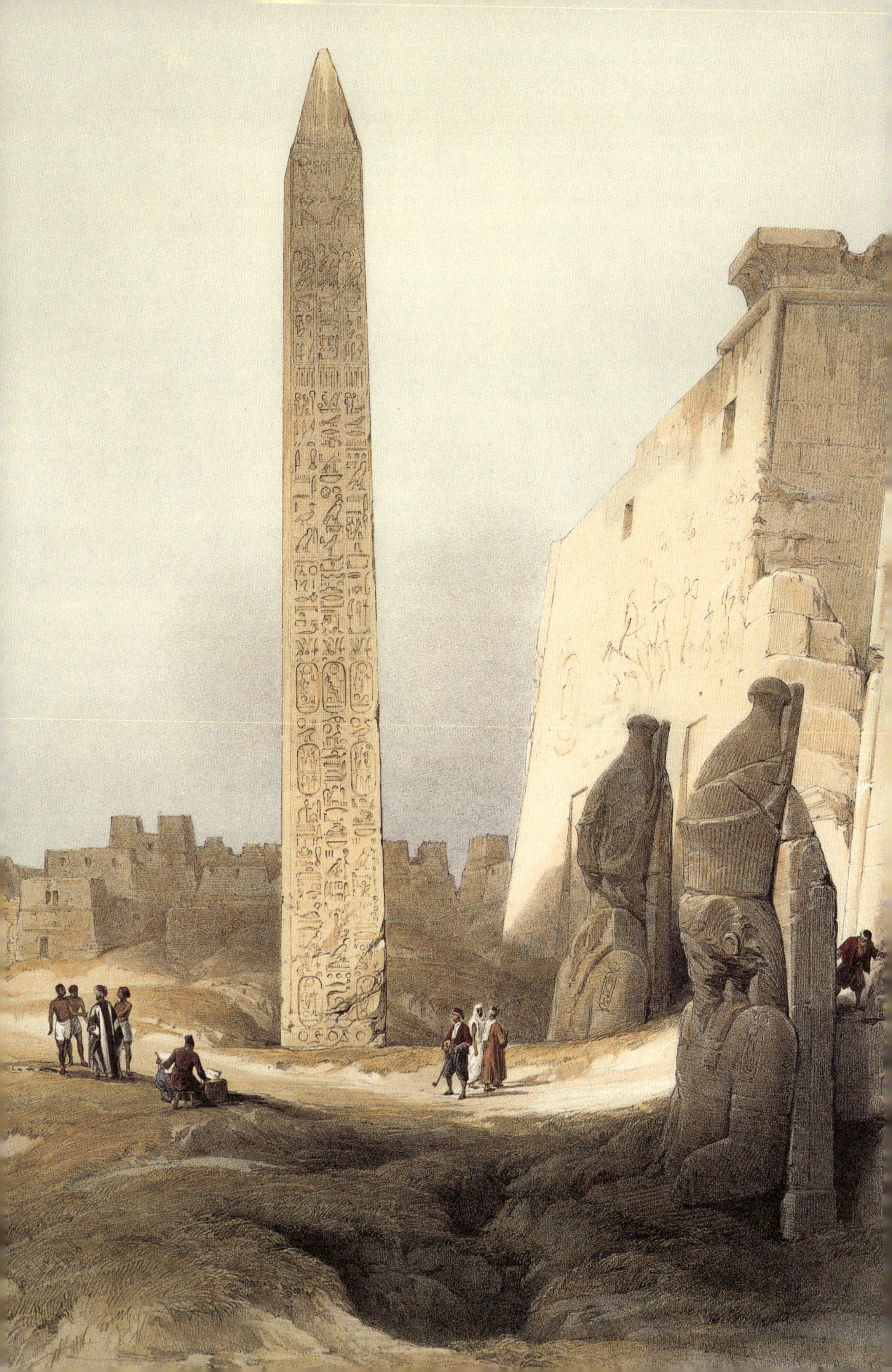

书中讲述的冒险经历

法国建筑师、哲学家雅克·约瑟夫·商博良-菲雅克（Jacques Joseph Champollion-Figeac）是大名鼎鼎的让-弗朗索瓦·商博良（Jean-François Champollion）的兄弟，他在一本小册子中充分描述了关于方尖碑的历险之旅，而让-弗朗索瓦·商博良又进一步扩展了这一主题。商博良兄弟中名气较小的这位——雅克·约瑟夫·商博良-菲雅克，提议将方尖碑献给在遥远的国度"为法国的荣耀而牺牲的孩子们"。

巨石的奇幻之旅

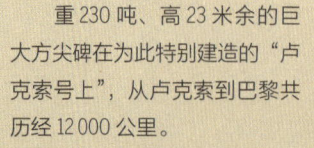

重 230 吨、高 23 米余的巨大方尖碑在为此特别建造的"卢克索号上"，从卢克索到巴黎共历经 12 000 公里。

1831年
"卢克索号"于 8 月 14 日到达卢克索城，此行的目的是将神庙的方尖碑放倒后运回巴黎。

1832—1833年
技术上的困难不仅在何放倒方尖碑，还在于如何除此之外等在前方的还有匚上许多意想不到的突发事件

◀ 巴黎人从四面八方赶来见证这非同一般的特殊事件，在他们惊奇的目光中，包裹在巨大脚手架（échafaudage）中的巨石（方尖碑）竖立在了巴黎的协和广场（Place de la Concorde）上。

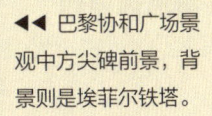

◀◀ 巴黎协和广场景观中方尖碑前景，背景则是埃菲尔铁塔。

◀ 工程师勒巴斯率领的远征队在当地雇用了400名埃及工人，他们参与了将卢克索方尖碑放倒并装船的工作。

—1834年
1833年12月3日，"卢克索"抵达巴黎，然而方尖碑却因卸方面遇到的困难，直到次年30日才最终从船上卸下。

1835年
政府决定在协和广场上矗立一座高9米的台座，用作方尖碑的基台。

1836年
五年之后的10月25日，在历经长途跋涉和诸多工作之后，卢克索方尖碑在人群的惊叹声中竖立起来。

129

无损。遗憾的是，方尖碑没有放倒在预定的位置上，因此又花费了两个星期才将方尖碑放置在拖板箱上，最终将其拖到"卢克索号"上。

拖动方尖碑的系统十分简单：利用绞盘进行牵引，每前进 7 米便将后面的拖板箱移至前方，即从方尖碑的基座移向尖端，之后再重复这一过程。为了将方尖碑挪至船上，人们将船首锯掉，终于在 12 月 19 日完成了装船。方尖碑放置在船上后，人们发现吃水深度比预想的多了 20 厘米，但由于还要再过七个月才到尼罗河涨水期而对此并无丝毫影响……利用这段时间，远征队员们研究了当地的植物、动物和建筑，多个法国团队来到了位于努比亚的尼罗河第二瀑布处，而勒巴斯团队一直深入到阿布辛贝地区。不幸的是，卢克索暴发了痢疾，根据记录显示当时队员中有半数因此染病，3 名水手殒命他乡，而整支队伍的死亡人数达到 12 人。

值得的等待

"卢克索号"在最后装载了装饰方尖碑基座的狒狒雕像后，于 1832 年 8 月 25 日顺尼罗河而下。这艘法国船只于 10 月 2 日抵达罗塞塔，计划在此处过冬。然而，到 12 月末，洋流形成了一条令人意想不到的通道直通亚历山大城，因此"卢克索号"得以继续进发，于 1833 年 1 月 1 日抵达亚历山大城。为了避开地中海冬季波涛汹涌的海面和暴风雨，"卢克索号"一直等到 4 月 1 日才再度出发。在法国舰队第一艘蒸汽船"斯芬克斯号"（Sphinx）的牵引下，"卢克索号"在船长雷蒙德·让-巴蒂斯特·德·弗尼纳克·圣莫尔（Raymond Jean-Baptiste de Verninac Saint-Maur）的指挥下启程向法国进发。在多次停留后——包括在土伦（Toulon）和拉科鲁尼亚（La Corogne）停留，"卢克索号"终于在 8 月 12 日抵达瑟堡（Cherbourg）。船只在瑟堡等待塞纳河涨水并拆卸桅杆后，于 12 月 3 日抵达首都巴黎。然而，直到 1834 年 8 月 10 日，人们才卸下船上的方尖碑。在此期间，围绕着这座方尖碑最终的摆放位置，巴黎人民展开了激烈的讨论：究竟是放置在协和广场、荣军院（Invalides，又名"巴黎伤残老军人院"）、卢浮宫，还是巴士底狱？路易-菲利普做出了最终决定，方尖碑将被放置在协和广场上。1835 年，协和广场上出现了一只9米高的巨大花岗岩基座，用于安放法老石碑（方尖碑）。随后，一台蒸汽机的牵引力未能将方尖碑竖起，最终还是几百名炮兵操纵着类似于在卢克索使用的系统将方尖碑再次竖立起来，其间一个提升设备不堪重负而断裂并导致1人死亡、10多人受伤。第二天，人们才得以继续竖立方尖碑的工作。

雷蒙德·让-巴蒂斯特·阿波利奈尔·勒巴斯对此感到自责，他做出了一个英勇的举动——置身于还未竖起的方尖碑下，决心如果计算错误便慷慨赴死。1836年10月25日，经过三个多小时之后，方尖碑终于被放置在基座之上，而勒巴斯也安全无虞。

■ 卡纳克和卢克索

卢克索神庙

根据目前在建筑物不同位置发现的第十八王朝的下楣碎片，我们推测卢克索神庙的历史很可能要追溯至中王国时期。这座最初规模较小的神庙已被拆毁，或在很大程度上被哈特谢普苏特女王翻修后用作他用。图特摩斯三世和阿蒙霍特普二世后来修建的建筑与最初的神庙同病相连，我们现在只能通过这些建筑被拆毁并重新用于建造新建筑的石块上的王名圈才知道它们曾经存在过。拉美西斯二世中庭的圣船临时祭坛是卢克索唯一还能或多或少看到的遗迹。如今，我们所看到的神庙实际上是阿蒙霍特普三世以及他的建筑师——海普之子阿蒙霍特普修建的。

阿蒙霍特普负责国王所有的建造工程。他成功修建了其主"两地之

▶ **卢克索神庙夜景** 卢克索神庙修建在尼罗河畔，面积比卡纳克神庙更小（自拉美西斯二世塔门至后墙长近260米），每年都会迎接阿蒙神的到访。

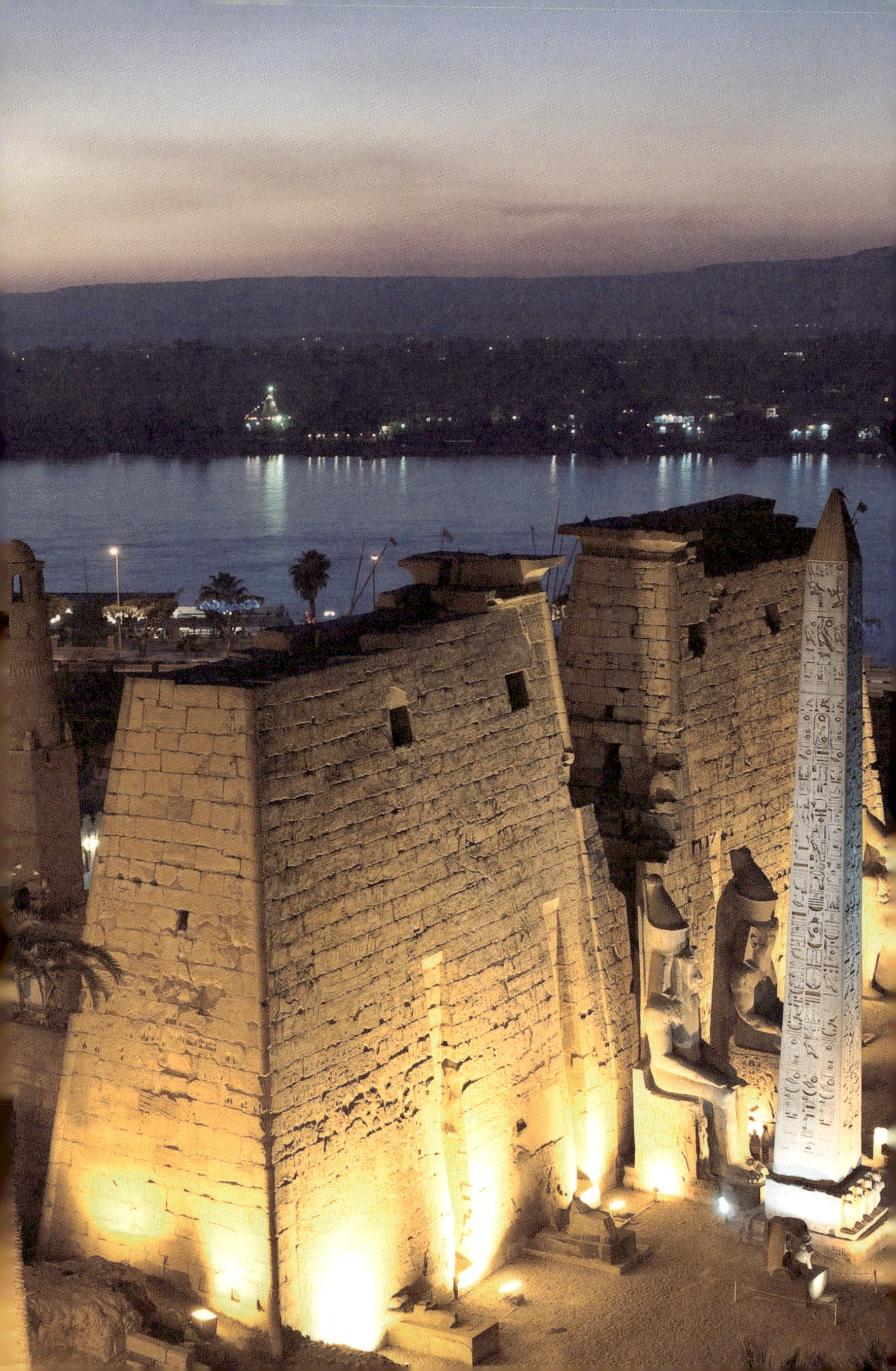

■ 卡纳克和卢克索

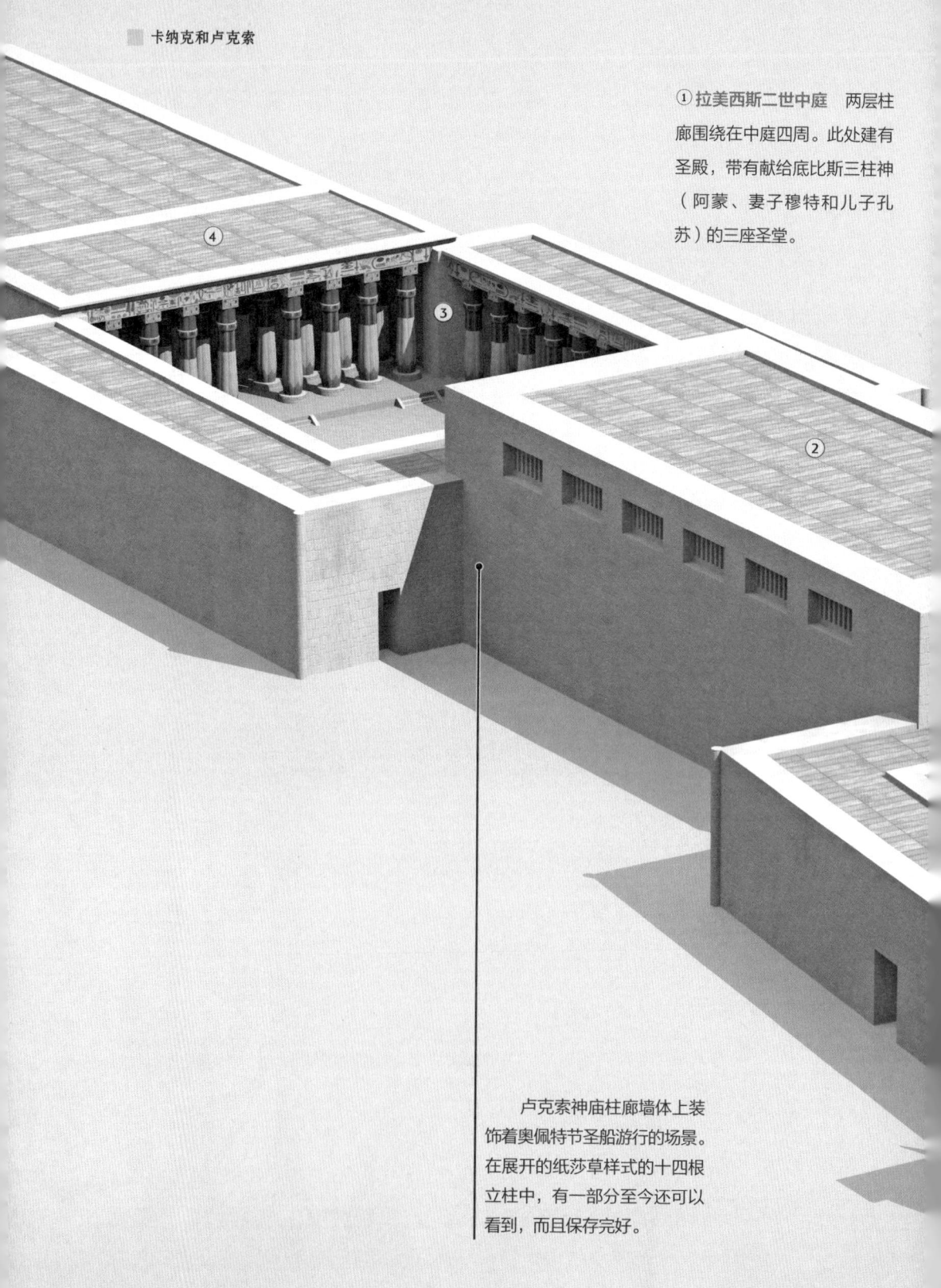

① **拉美西斯二世中庭** 两层柱廊围绕在中庭四周。此处建有圣殿,带有献给底比斯三柱神(阿蒙、妻子穆特和儿子孔苏)的三座圣堂。

卢克索神庙柱廊墙体上装饰着奥佩特节圣船游行的场景。在展开的纸莎草样式的十四根立柱中,有一部分至今还可以看到,而且保存完好。

134

② **游行柱廊** 游行柱廊中共有十四根立柱分两列布置，立柱上饰有阿蒙霍特普三世、霍伦海布、塞提一世和拉美西斯二世的王名圈。

③ **阿蒙霍特普三世中庭** 这位法老修建了与中庭比邻的新大厅，由此完成了对中庭的装饰。此处柱廊中庭宽51米，深45米。

④ **多柱大厅** 多柱大厅共有三十二根立柱支撑，是神庙内部的第一大厅。多柱大厅通向前厅、献祭大厅、"出生厅"（玛米西）和圣殿。

立柱入口两翼置有两尊拉美西斯二世巨型坐像，其右腿处倚靠着他的妻子尼斐尔泰丽（Néfertari，又译奈菲尔塔利）。

拉美西斯二世中庭朝向相对于神庙内部主轴向东偏移若干度。

拉美西斯二世廊柱中庭中共有七十四根纸莎草样式的立柱，在其上能够看到法老与多位神灵比肩而立。

塔门上饰有多幅卡叠什战役场景，两座方尖碑和两尊坐像守护在入口两侧。

135

国君王"（阿蒙霍特普三世）想要的建筑中的大部分，因此他作为国王的建筑师当之无愧。他的效率惊人，又对法老一片赤诚，因此在他死后阿蒙霍特普三世甚至命人在卡纳克西岸为他修建了一座葬祭庙。

卢克索神庙中被拆除的部分修建在石基之上，这座石基代表着创世时的原始山丘。原本这一处应建有圣殿，圣殿两翼则兼有多室，前方是一座横向大厅，厅中分列十二根立柱，再靠前则是圣船临时祭坛，从此处可进入第二前厅，之后向西是在"出生厅"。第二前厅饰有四根立柱，前方则是第一前厅，或国王圣厅，此处立柱则有八根之多。参观者可从神庙已经被拆除部分前面的多柱大厅进入这个被称为"罗马圣殿"的第一前厅——之所以有此称呼，是因为墙上罗马皇帝的画像覆盖在法老的画像之上。

藏宝处

参观者从阿蒙霍特普三世气度恢宏的柱廊中庭进入多柱大厅。此处共有两列六十四根高可参天的立柱，立柱柱头呈闭合的纸莎草样式，高度超过三层楼高，围住中庭四周除南面之外的部分。

这一中庭存放着名副其实的考古珍宝，直到1989年才被世人发现。这里所说的珍宝是二十六尊法老雕像，现在这些雕像在卢克索博物馆中展出，其雕刻十分精美，保存极其完好。罗马时代，神庙的祭司们将这些雕像埋藏在此处，用于放置卢克索城帝国崇拜的其他雕像。

在奥佩特节期间，底比斯三柱神的圣船游行路线绘制在中庭墙体上。在西北侧，绘制了圣船向卢克索进发；在东南侧，绘制了圣船回到卡纳克的场景。

阿蒙霍特普三世及其建筑师更青睐的计划是在神庙的北侧修建一座中央柱廊，使其成为廊柱庭院的一部分，并直抵塔门。然而，阿蒙霍特普三世似乎没有等到立柱地基修建完成便溘然离世了。柱头呈展开的纸莎草样式的十四根立柱支撑着21

特殊的偏移

卢克索神庙与卡纳克阿蒙神庙关联紧密，都是献给同一位神灵的。在这座神庙中，阿蒙神像具有敏神阳亢（具有勃起的阴茎）的特征，神庙的结构与新王国时期按照孔苏神庙确定的形制修建的埃及神庙一致。这座神庙的轮廓线相对于主轴发生偏移，却使其具有特殊的个性。

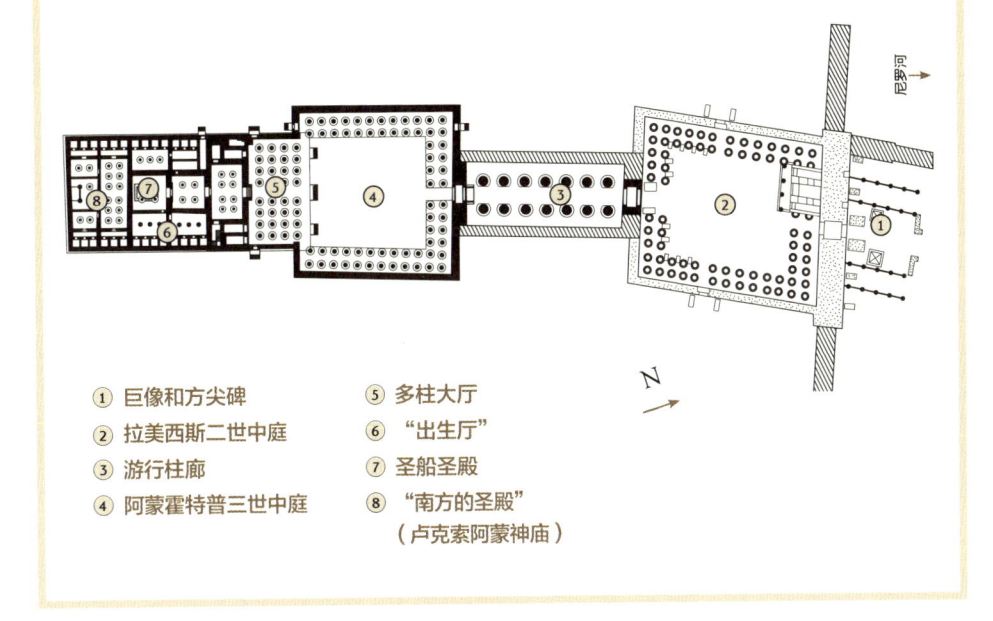

① 巨像和方尖碑
② 拉美西斯二世中庭
③ 游行柱廊
④ 阿蒙霍特普三世中庭
⑤ 多柱大厅
⑥ "出生厅"
⑦ 圣船圣殿
⑧ "南方的圣殿"（卢克索阿蒙神庙）

米高的封闭结构，光线透过墙体高处的石栏洒落地面。最终，这座建筑极有可能是图坦卡蒙完成了续建。然而，与这位在位期极短的国王开工的许多献给阿蒙神的工程一样，他的杰作被继任者阿伊（Ay）及其后的霍伦海布窃取。

拉美西斯二世在几十年后完成了神庙的修建，这座建筑终于达到了目前我们看到的260米的长度。这位卡叠什战役的获胜者对神庙进行了第一次测量，拉美西斯二世还在巨大的坐像上刻下了自己的名字，而这些坐像原本是阿蒙霍特普三世用于装饰他计划修建的塔门。这道塔门最终成为带有巨大柱廊中庭的墙体的一部分，而这座柱廊中庭深 57 米、宽 51 米。柱廊包围着拉美西斯二世中庭，由七十四根柱头为闭合的纸莎草形状的立柱构成，并分列两列。

拉美西斯二世的解决方案

中庭的修建确实让拉美西斯二世费尽心思，因为这座中庭会将原来哈特谢普苏特和图特摩斯三世修建的底比斯三柱神圣船临时祭坛封闭起来。解决方案便是将临时祭坛拆毁，按照法老（拉美西斯二世）的喜好重新修建中庭，再重建临时祭坛。不过，施工的工人建造得似乎十分潦草，从中庭西北角石块都没有对齐就可以感觉得到。几尊拉美西斯二世的单体立像与神殿入口塔门处的雕像十分相似，但这次是从阿蒙霍特普三世那里偷来放置在东南角处的。

拉美西斯二世中庭原本的朝向相对于神庙内主轴向东偏斜几度，这确实令人吃惊不小。这一偏移尽管并不多，但从阿蒙霍特普三世立柱的布置中可以明显感知出来。鉴于卢克索神庙和卡纳克神庙区之间存在着象征性的连接和实际连接二者的神道，当时的建造者很有可能希望神庙的正面更偏向东方。由此推测，这种解决方案可能出于不可抗力的原因，毕竟每年河道都会发生很大变化。除非在拉美西斯二世统治时期，这一区域附近的河岸区面积并不够完成法老预想的扩建。

无论出于何种原因，拉美西斯二世的修建是对卢克索神庙最后的贡献，他的继任者不过是雕刻自己的王名圈或在空闲的位置上增加一些浮雕而已。塞提二世（Sethi Ⅱ）用为自己歌功颂德的场景覆盖了拉美西斯二世的浮雕。拉美西斯三世则在神庙后侧增加了装饰，而夏巴卡在塔门的门洞上增加了装饰，切比库（Chebitkou）在神殿外部增加了装饰。内克塔内布一世的行动更为果断，他用一道原白土砖墙围在塔门前方拉美西斯二世石板路两侧，并在连接卡纳克神庙和卢克索神庙的步道两侧摆放了大约 1400 尊具有法老面孔的狮身人面像。

尽管亚历山大大帝（Alexandre le Grand）下令重建圣船圣殿，然而在神庙中留下

最终印记的却是罗马人，当时埃及沦为罗马帝国的一个行省。三个世纪之后，随着异教崇拜遭到禁止，务实的罗马人占用了这座雄伟的石头建筑，并在它周围为驻扎在底比斯的军团修建了一座营地。圣殿一直保存至公元 6 世纪，关于圣殿的记忆不仅存在于其周围的砖石道路中，而且还蕴含在这座城市的现代名称中——卢克索来自阿拉伯语 al-Uqsûr，意思是"要塞"。

▲ 阿蒙霍特普三世柱廊中庭，其中立柱的柱头形状为闭合的纸莎草花。

▶ 头戴上埃及白冠的阿蒙霍特普三世。
🏛 埃及卢克索博物馆

■ 卡纳克和卢克索

卢克索神庙塔门

卢克索塔门修建于拉美西斯二世时期，规模非凡，堪称一块奢侈而气度夺人的公告牌。卢克索塔门分两部分用凹雕讲述了卡叠什战役的历史，如今这些凹雕因时光的流逝而变得斑驳。靠右侧的是第一部分，尚能辨认拉美西斯二世坐在军帐之中——他正在审问两名赫梯细作；而同一场景的另一侧，赫梯人已经发起进攻。在靠左侧的图案中，可以看到埃及人在法老的率领下激烈反攻，而法老本人登上战车碾压了一众惊慌失措的士兵，以一己之力使联军溃不成军；在法老的威逼之下，敌人只能泅渡奥伦提斯河（Oronte）躲进城市要塞。

这一事件发生在拉美西斯二世即位后的第五年，当时这位年轻的法老出征时信心满满，亲率四个军

▶ **拉美西斯二世作战英姿** 对抗赫梯人传奇般的卡叠什战役，被镌刻在卢克索塔门令人震撼的浮雕上。拉美西斯二世在位六十五年，是在位时间最长的埃及君主之一。

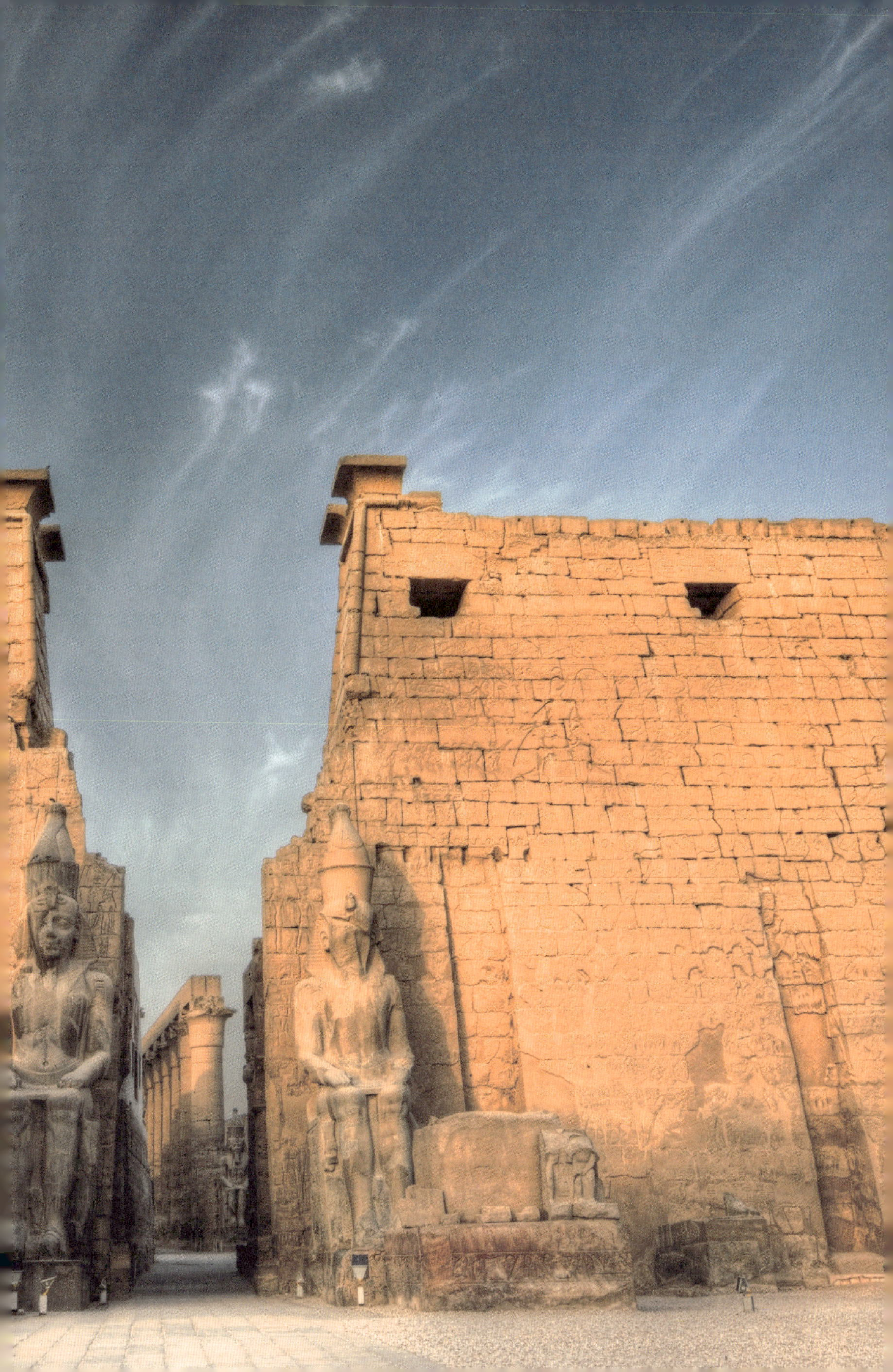

■ 卡纳克和卢克索

❶ **塔门** 在拉美西斯二世的命令下修建，立面由两座巨大的梯形塔楼（65米×24米）构成。

雕刻在方尖碑上的象形文字包括国王称号，即法老的所有头衔。

❷ **方尖碑** 两座红色花岗岩方尖碑的高度略有差别：右侧方尖碑（如今放置在巴黎）高22.8米，左侧方尖碑（一直放置在卢克索）高25米。

❸ **法老坐像** 这些坐像是法老拉美西斯二世端坐王座的雕像，在其脚边是比例小一些的王后尼斐尔泰丽和一位公主——王后和公主的雕像高15米。

❹ **浮雕** 浮雕表现了卡叠什战役的场景，共雕刻在两面墙上。原本为彩绘浮雕，但现在颜色已经荡然无存。

方尖锥——小型石质金字塔——表面覆金，放置在每一座方尖碑上。

在塔门旗杆上随风飘荡的神旗是神灵的标志。

狒狒祈祷像环布着方尖碑的底座，守卫在法老巨型坐像前。

团与赫梯人对战，即塞特（Seth）、普塔（Ptah）、拉和阿蒙四个军团共计20000人，对抗赫梯国王率领的叙利亚联军。阿蒙军团最靠前，远远瞥见奥伦提斯河弯道上的城墙时便仓促发起进攻。这时，拉军团稍稍落后，而普塔军团和塞特军团还远远地隐蔽在拉布维（Labwi）森林。就在一切似乎都已就绪的时候，一直潜伏在卡叠什城后方的敌人突然出现，从侧翼袭击了拉军团。这次袭击完全出乎拉军团的意料，导致拉军团朝向埃及一方的阵营溃退。

赫梯人对法老（拉美西斯二世）的士兵发起了猛攻，而法老却被自己的士兵们抛下。眼看就要在敌人凶狠的重击之下失去意识，拉美西斯二世向阿蒙神求救，恳求神灵赐予他战斗的力量。这位英勇无比的君主就这样拖住了赫梯人，直至埃及援兵赶到，最终打退了赫梯人的进攻。第二天，双方对战，未分胜负。不过，拉美西斯二世可不允许这样的事实有损他英勇的"姿态"。因此，拉美西斯二世将这段历史雕刻在卢克索神庙、拉美塞姆（Ramesseum）神庙和阿布辛贝神庙内。

除了为拉美西斯二世歌功颂德的记述之外，在神庙的入口处还有两座红色花岗岩方尖碑着实令人惊叹。其中，一座于1831年被赠送给法国，另一座一直保留在原地的基座上，多个狒狒祈祷像守卫着这座方尖碑。在方尖碑之后是两尊高7米的拉美西斯二世坐像，雕像分列入口两侧。其他四尊国王立像分列塔门两侧，每侧各两尊，与坐像一起守卫着塔门，由此完成了拉美西斯二世在卢克索神庙的守护大业。

奥佩特节：既是宗教节日也是世俗节日

在古老的底比斯城，三柱神雕像平时矗立在各自的圣船中，只在两大仪式时才会被移出神庙，这两大仪式就是河谷美节（la Belle Fête de la vallée）和奥佩特节。人们只有在两大仪式期间有机会得见神像，平时神像都在各自的神殿中秘不示人。

在奥佩特节期间，底比斯三柱神的神灵雕像——父亲阿蒙、母亲穆特和儿子孔苏——被移出各自的神殿，沿河道或斯芬克斯大道从卡纳克阿蒙神殿区运送至附近的卢克索神庙。

与面向所有亡者的节日——河谷美节一样，奥佩特节是埃及历法上主要的庆祝活动之一，城内的所有居民对参与相关活动抱有极大热情。护送三位神灵至卢克索神庙的游行在每个自然年的 2 月举行，而神像返回的日期则要更晚。在哈特谢普苏特女王执政时期，神像在卢克索停留了十一天。到了拉美西斯二世统治时期，神像在卢克索的停留时间达到了二十七天。

证明奥佩特节存在的最早文献要追溯至第十八王朝时期。因此，奥佩特节可能设立于新王国时期，目的是庆祝埃及法老与君主制之神阿蒙神之间紧密的联系。国王亲自来到卢克索，在这里获得神灵的支持，这似乎可以从反复多次的小规模加冕仪式中得到证实。

奥佩特节是每年庆祝一次的小规模塞德节。塞德节也被称为"三十年节"（jubilé royal），用于庆祝君主在位年满三十周年，以使其恢复青春活力。

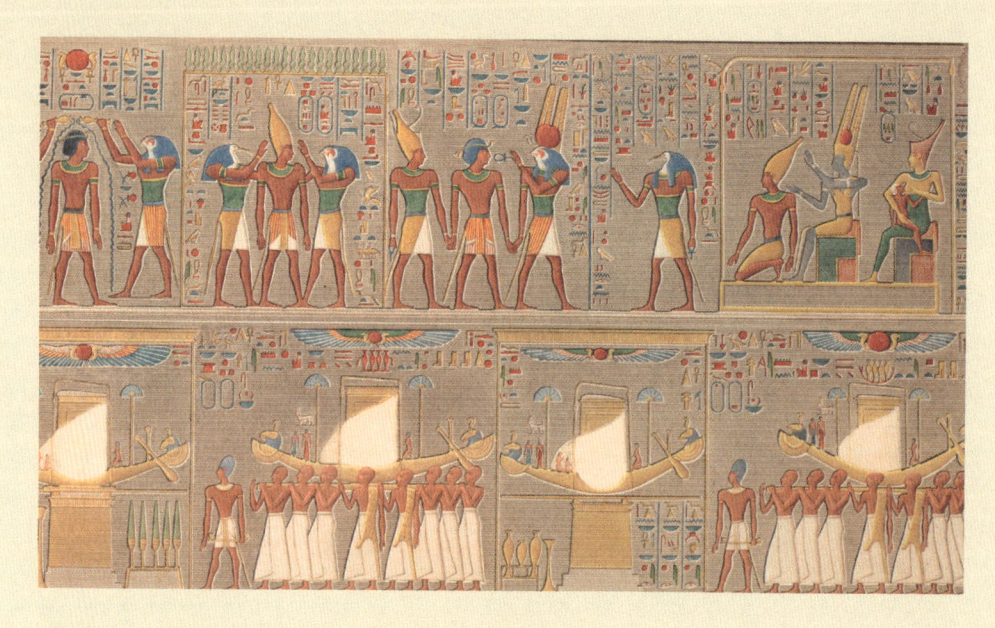

游行

1798 年，在拿破仑赴埃及传奇般的远征期间，许多学者和艺术家随拿破仑一同前往埃及，他们对埃及的文化、宗教和艺术等诸多方面抱有极大的兴趣。这些人中大部分所做的研究都不厌其详而具有不同侧重（感谢这一点）地再现了盛大的奥佩特节游行。

阿蒙、穆特和孔苏

在古埃及，3 表示复数，而 9 则是复数中的复数，也就代表着无穷。因此，神灵合为三柱神（三位神灵）和九柱神（九位神灵）。如果说最著名的九柱神要数赫里奥波利斯九柱神（阿吞、休［Shou］、泰芙努特［Tefnout］、盖布［Geb］、努特［Nout］、奥西里斯、伊西斯、塞特和奈芙蒂斯［Nephtys］），那么当人们谈论三柱神的时候，立刻跃入脑海的便是底比斯三柱神——阿蒙神、他的妻子穆特和儿子孔苏。

圣船

土地因每年尼罗河的泛滥而淹没在水下，又因泛滥重获新生。在这样的环境中，船只是存活不可或缺的工具，同时也是身份地位的象征（平民使用的是纸莎草船，而贵族使用的则是木船）。神灵雕像已无法免俗，被放置在饰有人像的木船上，游行时由人抬着这艘木船。

献祭

由于亡者的"卡"（生命力）同样需要进食方可在冥界不致殒灭，因此神灵也需要大量食物，否则将会惩罚那些不再有资格享有神灵恩泽的人类。因此，神灵每日两次享用向其进献的祭品，否则就如同图坦卡蒙修复石碑上的悲惨记述一样——神灵将会背弃埃及，对这片土地上的人民降下无情责罚。

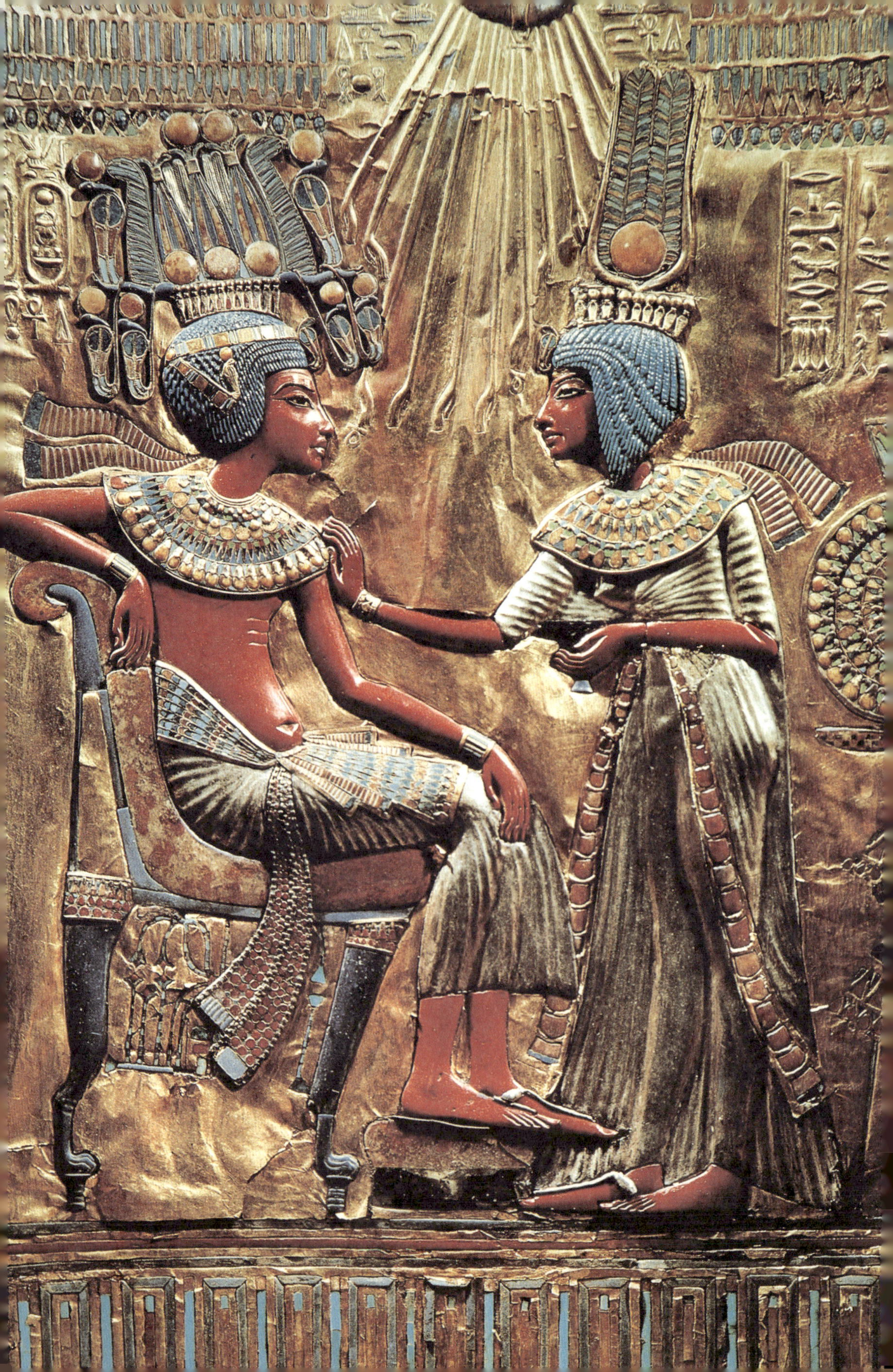

帝后谷

在第十八王朝和第十九王朝时，埃及进入了黄金时期。成为传奇的法老们，如图特摩斯三世、图坦卡蒙和塞提二世都埋葬在帝王谷（Vallée des Rois）中修建的豪华陵墓之中。在王后谷（Vallée des Reines）中，拉美西斯二世的妻子尼斐尔泰丽的陵墓因极其精美而显得与众不同。

帝王谷：新王国时期的大型墓葬建筑群

在底比斯城西侧，一片荒凉而与世隔绝的小山谷中有一座天然的号角山（"山峰"）金字塔，这里成为埋葬新王国时期大部分法老遗骨的巨大墓葬建筑群。为了骗过贪得无厌的盗墓贼，法老们在帝王谷中开凿了几十座陵墓，然而考古学家在多个世纪之后发现这些陵墓中仅有极少几座未经劫掠。为了将这些陵墓予以分类，使用KV（"帝王谷"[King's Valley，英语]）和陵墓被发现的时间序号对其标注。如今，人们共发现了六十四座陵墓，倒数第二座被发现的第十八王朝陵墓便是图坦卡蒙陵墓。

① 拉美西斯十世（KV 18）
② 塞提一世（KV 17）
③ 拉美西斯一世（KV 16）
④ 埃赫那吞（KV 55）
⑤ 拉美西斯二世（KV 7）
⑥ 麦伦普塔赫（Merenptah）（KV 8）
⑦ 拉美西斯六世（KV 9）
⑧ 图坦卡蒙（KV 62）
⑨ 阿门梅斯（Amenmes）（KV 10）
⑩ 拉美西斯三世（KV 11）
⑪ 霍伦海布（KV 57）
⑫ 阿蒙霍特普二世（KV 35）
⑬ 塞斯纳克特（Sethnakht）（KV 14）
⑭ 图特摩斯一世（KV 38）
⑮ 图特摩斯三世（KV 34）
⑯ 图坦卡蒙葬礼宴会遗迹（KV 54）

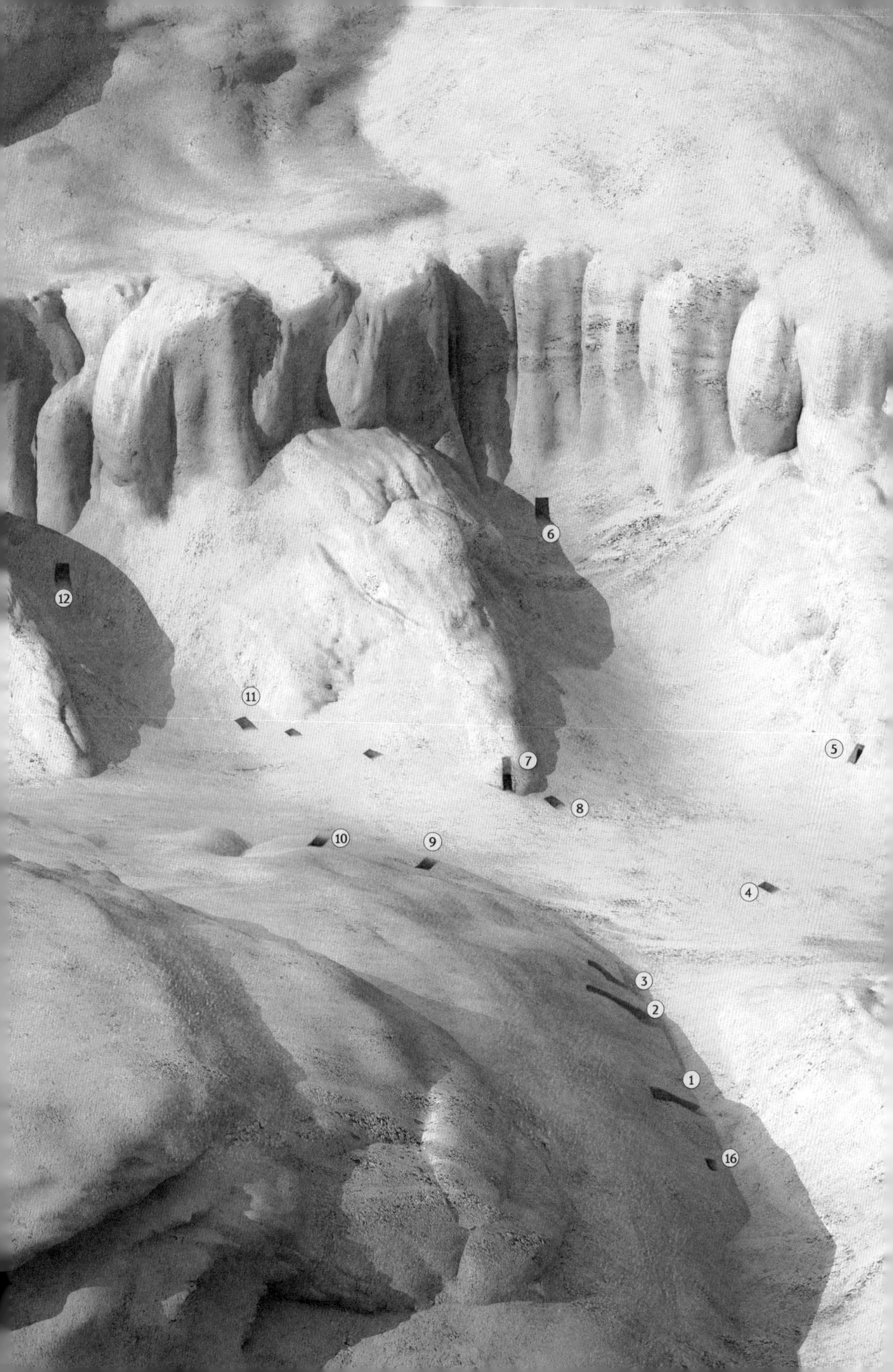
6
12
11
7
5
8
10
9
4
3
2
1
16

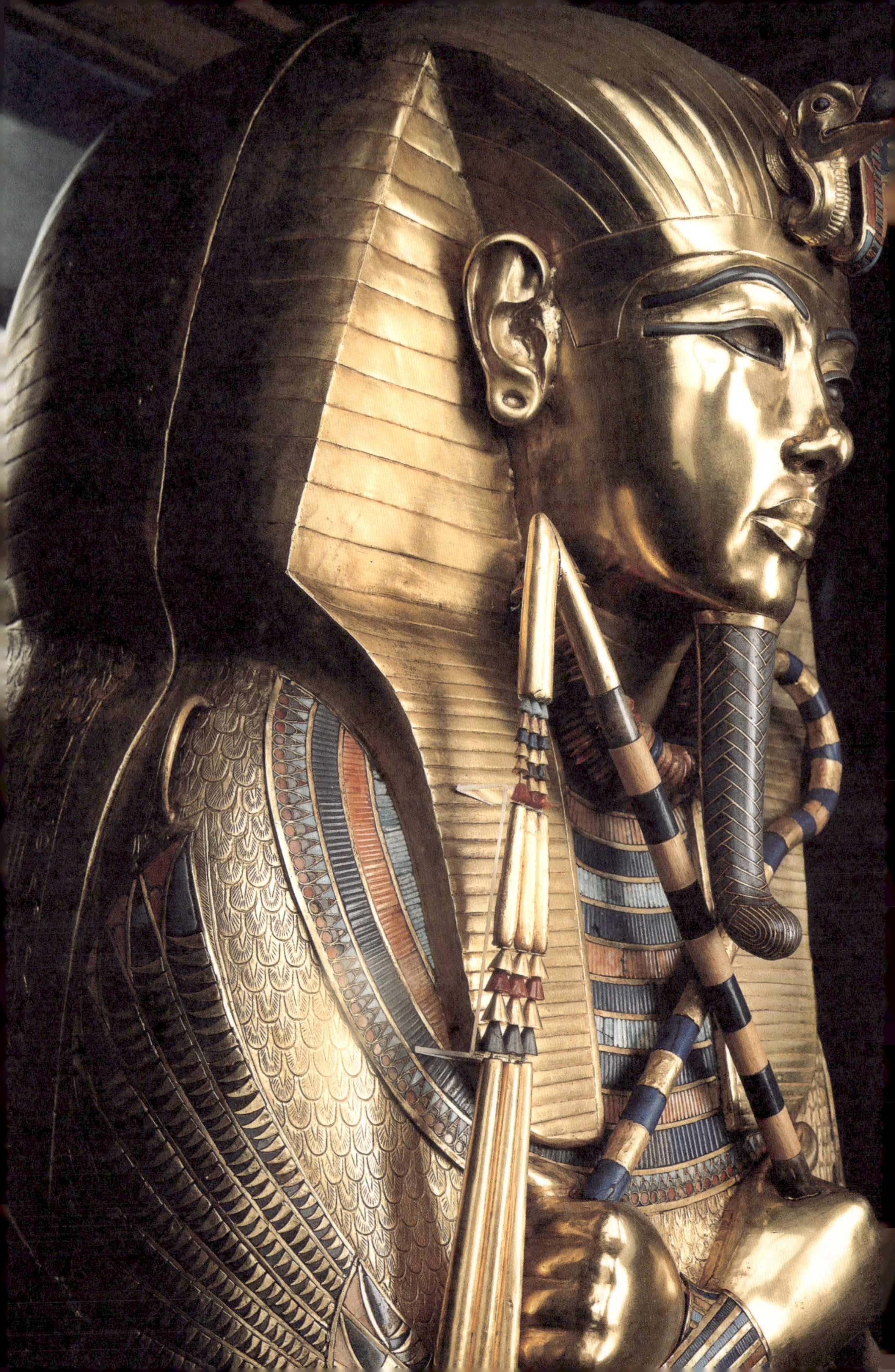

图坦卡蒙陵墓

在古埃及的历史长河中，图坦卡蒙并没有什么重大的影响。在将图坦卡蒙的生平与其他第十八王朝的法老相比之后，便可以真切地感受到这一点，毕竟第十八王朝标志着"两地之国"走向辉煌的开端。

这位法老与图特摩斯三世或哈特谢普苏特女王相比，几乎没有什么显赫的成就。那么，是什么使他最终成为全球瞩目的人物，甚至每次举办与其相关的展览时都能吸引几百万观众，而且新闻报道也对他神秘的死因穷根究底？

这个问题的答案就藏在图坦卡蒙陵墓令人炫目的珍宝之中，而这座陵墓正位于帝王谷的王室墓地中。1922年11月4日，人们发现了图坦卡蒙的陵墓。这一天，百折不挠的英国埃及学家霍华德·卡特（Howard Carter，1874—1939）发现了一级台阶，而这级台阶正是通向一座小型地下陵墓的前一级台阶，后来证实这座陵墓正是长久以来一直未能发现的神秘的图坦卡蒙陵墓。几天之后，霍华德·卡特和资助探险活动的英国人卡纳冯勋爵（Lord Carnarvon）一起进入了这座陵墓。他们的身影隐没在一片黑暗之中，逼仄的通道和难忍的闷热使人十分不舒服，然而两人想到他们即将目睹举世无双、无与伦比的大发现便觉得心潮澎湃，随后他们走进了陵墓的前室。当时，卡纳冯勋爵费力地跟在霍华德·卡特身后，语气有些不耐烦地问道："你看到什么了？"霍华德·卡特用几个字道尽了呈现在他们眼前的景象，答道："我看到了稀世之珍！"

随着发掘工作的展开和详尽记录，霍华德·卡特所说的"稀世之珍"和许多其他珍宝在随后的十年间逐渐展现在世人面前。图坦卡蒙墓葬无比奢华，随葬品多达5398件——这就是图坦卡蒙法老成为举世瞩目的焦点的原因。

■ 帝后谷

法老地下陵墓

图坦卡蒙陵墓（KV62）的发现无疑是考古界最激动人心的事件之一，因为图坦卡蒙是法老文明中一位标志性的人物，在象征意义、历史意义和考古意义方面能够出其右者唯有金字塔。图坦卡蒙陵墓由英国考古学家霍华德·卡特于1922年发现，这次发现在考古界产生了深远的影响，同时也震动了整个世界。然而，这一考古发现引发的反响与陵墓不大的规模形成了反差，这座陵墓的规模与墓主作为第十八王朝的法老身份并不相符。图坦卡蒙的陵墓是一座地下陵墓，包括入口楼梯、入口通道、前室、耳室（"耳房"）、墓室和第二耳室（"珍宝厅"）。在十六级向下的台阶尽头便是入口通道，入口通道高2米、长8米左右，但由于台阶倾角较大，因

▶ 这座陵墓的规模很小，让人们认为它本应是一位大臣的陵墓，但因为君主过早离世而被紧急改为埋葬君主遗骸的陵墓。

◀◀ 纯金打造的不可思议的人形棺，棺内放置着图坦卡蒙的木乃伊。

十六级台阶和长约8米的通道将陵墓入口与地下入口分隔开来。

KV62是帝王谷中图坦卡蒙陵墓的代号。字母KV对应墓地名称的英文（King's Valley），而数字62则是帝王谷中陵墓发现的序号：这座陵墓是倒数第二座被发现的陵墓。

地下陵墓最高处有3.7米，内部最大宽度为8米，进深30.80米，总面积为277平方米。

两个新墓室？ 2016年，经有机物和金属雷达分析显示，紧邻墓室还有两个凿空的空间。人们猜测可能是两个秘密墓室，里面有王室家族成员的墓，可能是一位女性成员。是娜芙蒂蒂吗？

放置着法老木乃伊的棺椁是目……中的唯一保存之物，而棺椁……华德·卡特发现之前装满了各……（发现后全部转移至博物馆）。

■ 帝后谷

黑暗中的珍宝和深埋地下流光溢彩的宝藏

1922 年，图坦卡蒙陵墓中数之不尽的珍宝得以重见天日。这一事件震惊了全世界，从没有一个面积如此有限的空间（仅仅 110 平方米）却汇集了如此之多无与伦比的财富。

① **前室** 殡葬床、拆卸的战车、法老半身人像、装饰丰满的箱子以及国王黄金王座，不过是这间房间里发现的无与伦比的珍宝中的一部分。两个代表着法老"卡"（生命力）的人像守住墓室入口。

② **耳室** 房间里放置着大量随葬品，但大部分已经损坏（罐、小雕像、家具……），而这些随葬品原本放置在陵墓中的其他房间内。耳室还用于放置国王在冥界的食物：人们在这里发现了葡萄酒和粮食，以及油和香料。

③ **墓室** 墓室中放置了四具带有装饰的包金外椁，外椁守护着石棺。石棺中是三具流光溢彩的棺材，饰有半宝石的华丽黄金面具覆盖在法老的脸上。

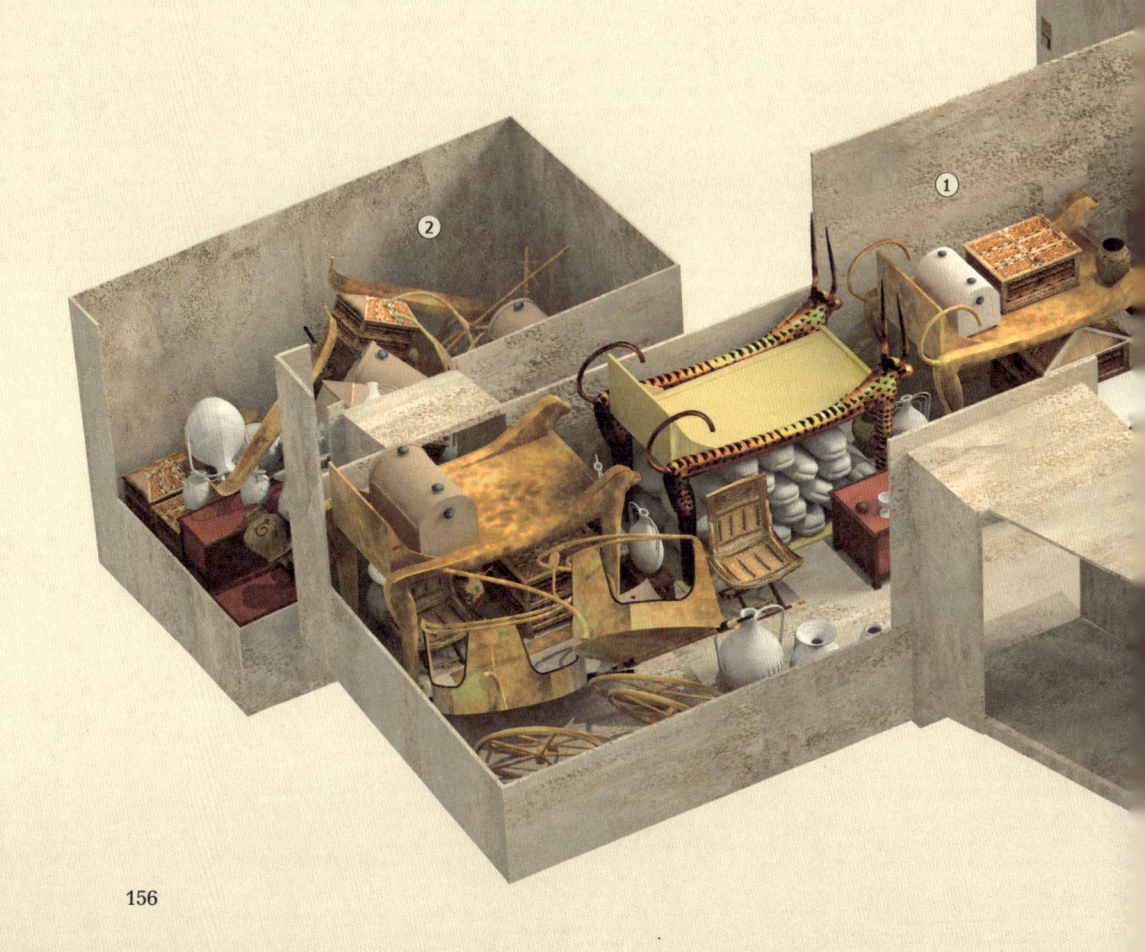

④ 壁画　墓室是唯一饰有装饰的房间：在墓室内，绘制着代表法老的巨大人像和一些神灵。在西墙上，十二只狒狒代表着《阿姆杜阿特之书》（Livre de l'Amdouat）中夜晚的十二小时。

⑤ "珍宝厅"　霍华德·卡特称这间房间为"珍宝厅"，其长4.7米、宽3.8米，里面放置着一具贴有金箔的外椁，以及存储保存法老内脏的礼葬瓮的箱子。

⑥ 较小规模　被人称为"少年法老"的图坦卡蒙的陵墓规格并不大。陵墓包括耳室、前室、墓室和"珍宝厅"，通过一条长约8米的倾斜通道进入地下陵墓。

此入口通道距离地面足有 7 米。细致的考古工作者确认在陵墓第一次遭到劫掠之前，入口通道原本用于放置部分随葬品。之后，陵墓被盗的情况被人察觉，便再次使用石灰石碎块填充了入口通道，而通道的两个入口也再次被封闭。但这种努力完全是徒劳的，陵墓后来再度遭人盗取。

入口通道后便是前室，这是一座南北朝向的长方形大厅，宽 3.5 米，长 7.8 米。毫无疑问，盗墓贼曾来过这里：在发现时，整个前室一片狼藉，许多随葬品已不在原位。当盗墓贼第一次进入陵墓时，他们在前室匆匆翻找容易运走的物品。诚然，官员们很快发现了盗墓事件而修复了陵墓，但是他们的工作敷衍了事，随意搬动前室和耳室通道中放置的随葬品，甚至在匆忙间将前室和耳室中的随葬品堆在一处。

墓室珍宝

耳室位于前室西墙南端，是一间长 4.3 米、宽 2.6 米、高 2.5 米的房间。耳室与前室平行，地面比前室深 1 米，一道石块垒成的墙将狭窄的入口封堵起来。此外，整个北墙都以石块垒成，并使用支柱加固。在这道北墙的中间部分，开有一个宽 1.6 米、高 1.8 米的入口，入口通向墓室。墓室为东西朝向，长 6.4 米，宽约 4 米。与耳室一样，墓室较前室地面深 90 厘米。这是整座陵墓中唯一带有装饰的房间：在黄色背景上，绘制着后阿玛纳（post-Amarnay）风格的巨大人像。墓室中放置着图坦卡蒙的棺椁，棺椁由多个木质圣堂和一座华盖守护着。

入口通向陵墓的最后一个房间，霍华德·卡特称之为"珍宝厅"。这个"珍宝厅"位于墓室东墙北端，是一个南北朝向、几近正方形的房间。它长 4.7 米、宽 3.8 米，里面放置了数量惊人的珍贵神器，其中外椁尤其光彩夺目，放置着国王礼葬瓮的箱子。

卡特漫游"奇境之墓"

霍华德·卡特实现了人类历史上最伟大的考古发现之一——发掘图坦卡蒙陵墓，这一发现使三千三百多年前埋葬在帝王谷一座小型陵墓中的稀世珍宝重见天日。自此以后，这位英国埃及学家的名字就与图坦卡蒙紧紧地联系在一起了。

霍华德·卡特出生于1874年，其父是一位颇有名气的动物画家，他遗传了父亲的艺术天赋。1891年，霍华德·卡特年满十七岁，他作为著名的考古学家珀西·纽伯里（Percy Newberry）的助手第一次来到埃及，当时纽伯里正负责位于开罗南部270公里的贝尼哈桑（Beni-Hassan）墓穴的发掘工作。两人合作十分愉快，珀西·纽伯里非常欣赏霍华德·卡特绘制的陵墓装饰复写，对这位年轻人不吝溢美之词。

一年后，费林德斯·皮特里（Flinders Petrie）聘用霍华德·卡特参与了阿玛纳（Amarna）的发掘工作。费林德斯·皮特里被认为是科学考古的创始人，然而他却认为继续培养这位年轻人意义不大，因为他觉得霍华德·卡特更醉心于绘画而非考古。费林德斯·皮特里的轻率判断并没有使霍华德·卡特感到气馁，反而推动着他更坚定地走在考古这条路上。在其后的几年时间里，霍华德·卡特一直在代尔巴哈里跟随着瑞士埃及学家爱德华·纳维尔里（Édouard Naville），最终这份坚守收获了成果——霍华德·卡特于1899年被任命为上埃及文物局总督察。

霍华德·卡特在文物局的工作十分称职，他发现了新的陵墓，使多名盗墓贼落网，守护了法老的遗产。1904年，霍华德·卡特被调动到下埃及地区，他在这里仍然坚守岗位，认真履责。然而，在1905年的一天，几名喝醉的法国人试图不付费进入塞加拉陵墓，与陵墓的阿拉伯守卫发生口角并双方动了手。霍华德·卡特只能为这一外交事件担责，最终丢掉了工作。当时，埃及是英国的"保护国"，然而文物局局长却是地道的法国人；而且其时殖民主义思想深入人心，争端的原因究竟为何已不重要，重要的是必须严惩这些胆大包天竟敢攻击欧洲人的非洲人——非洲人胆敢袭击欧洲人，这在当时是不可想象的。

霍华德·卡特不满地为自己手下的守卫据理力争，拒绝道歉，并提交了辞呈。在之后的三年里，霍华德·卡特不得不以绘制水彩画和素描维持生计，偶尔也依靠在卢克索文物市场做点本钱不大的小生意度日。

卡特偶遇卡纳冯

1909 年，生于 1866 年的英国贵族卡纳冯勋爵登场了。在一场车祸之后，卡纳冯的医生建议他到埃及过冬疗养，他听从了医生的建议……直到他在埃及感到百无聊赖，便决定和当时的其他贵族一样资助挖掘工作。经过一年的休整，卡纳冯想聘请一位考古专家——文物局局长加斯顿·马斯佩罗（Gaston Maspero，1846—1916）向卡纳冯推荐了霍华德·卡特。两人一见如故，自此合作了近十五年的时间。

▲资助人卡纳冯勋爵和他的女儿伊芙琳（Evelyn）女士以及霍华德·卡特，站在通向KV62图坦卡蒙陵墓的台阶前。这张照片拍摄于伟大发现的几日之后。

▶霍华德·卡特和他的主要助手阿瑟·卡伦德（Arthur Callender）以及一位埃及工人，他们激动不已地望向放置着法老木乃伊的外椁内部。这是这一考古发现中最具有代表性的照片之一。

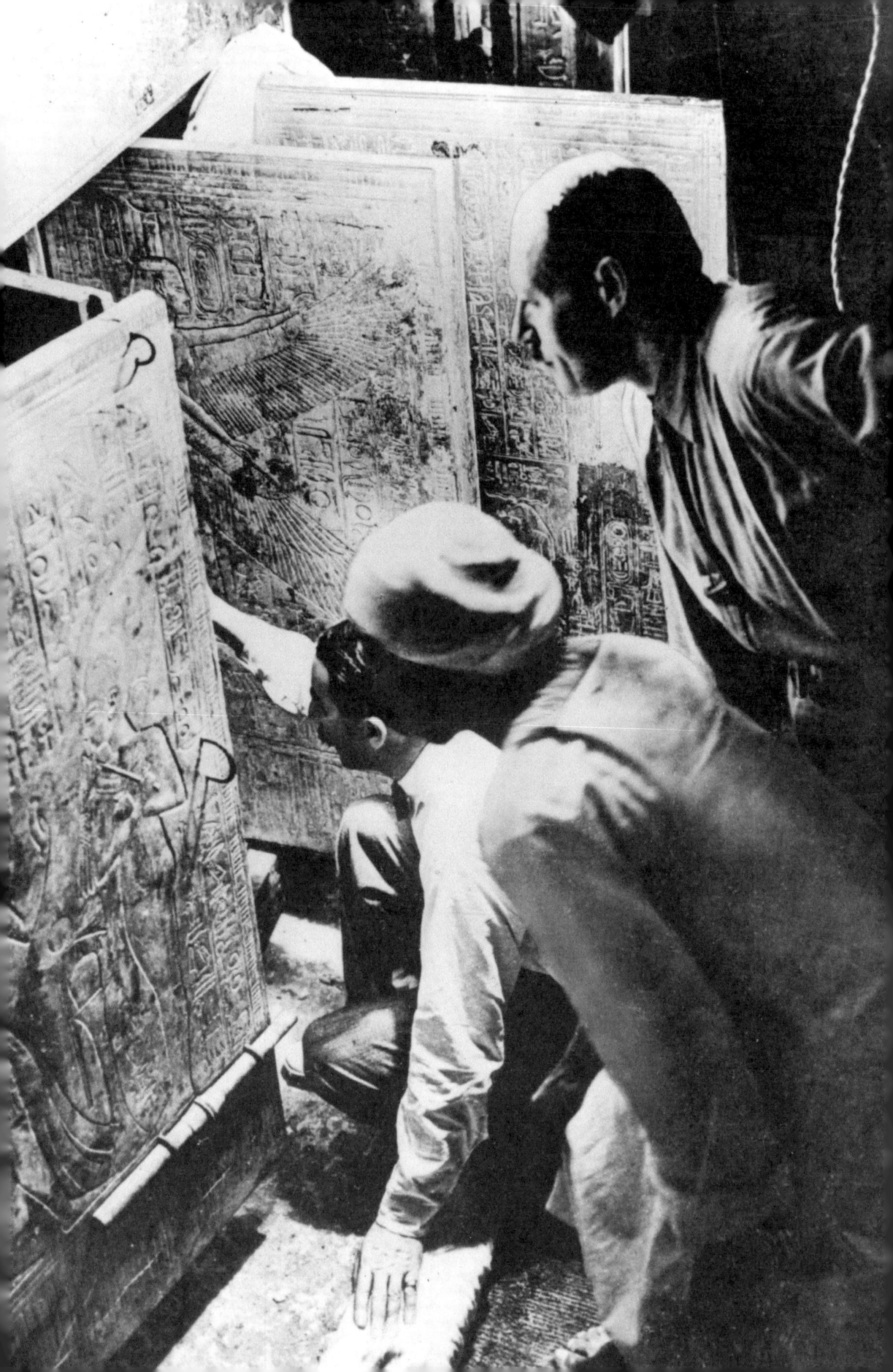

▲ 霍华德·卡特和阿瑟·卡伦德站在前室物品清单前方（左图）；还是卡特和卡伦德，脸上带着不可思议的神情，他们见证了奇迹——"珍宝厅"内部（右图）。

▼ 霍华德·卡特团队的摄影师哈利·伯顿（Harry Burton）用这台相机记录了地下宫殿十年发掘和清点工作。

卡纳冯勋爵的考古奇遇始于一张许可证，持有这张许可证者有权在底比斯西岸的古尔纳墓地进行发掘。霍华德·卡特和卡纳冯勋爵在古尔纳墓地的发现颇丰，包括精美的泰提基（Tétiki）墓和其他中王国时期和新王国时期的陵墓。1912年，两位合伙人没有放弃底比斯许可的同时，动身前往尼罗河三角洲地区的萨哈（Sakha），但由于这一地区到处都是眼镜蛇和角蝰蛇，他们在两周之后被迫无功而返。次年，他们又在三角洲地区的埃尔-巴拉蒙（El-Bala moun）进行发掘，同样一无所获。

幸运的是，1914年，持有底比斯王室墓地发掘许可证的美国富翁西奥多·戴维斯（Theodore Davis）决定出让其在帝王谷的发掘业务，因为他认为经过十二年的发掘，帝王古陵墓已经没有什么价值了。但霍华

▲ 考古学家霍华德·卡特和一位埃及工头清除棺材上部早已发黑的松香残留物。

▶ 在霍华德·卡特专心的注视之下，工人们在士兵的护送下搬运着一个箱子，而这个箱子里面装满了从陵墓中出土的文物。

德·卡特对此持有不同意见，因为图坦卡蒙陵墓（一些文献提及过这座陵墓切实存在）一直还没有找到，而他决心要找到它。与此同时，爱德华·R.艾尔顿（Edward R. Ayrton）在1907年发现了KV52陵墓（放置阿蒙霍特普二世陪葬动物的墓穴），这是一条长1.9米×宽1.2米的井，深1.5米，里面装的是图坦卡蒙葬礼宴会的遗存（泡碱袋、罐和花环等）。因此，霍华德·卡特坚信这位神秘法老的陵墓一定距此不远。

梦想成真

随着第一次世界大战的爆发，霍华德·卡特不得不推迟他的计划：为了找到这座神秘的陵墓，他直到1917年才发掘到帝王谷的基石。最初的发现令人沮丧，导致卡纳冯勋爵在努力了四年之后打算放弃继续寻找，但在霍华德·卡特的说服下，他决定资助最后一次发掘。1922年11月22日，发掘队发现了一级台阶，而这级台阶似乎是通向一座陵墓最贴近地面的入口。次日，这位埃及学家（霍华德·卡特）的预感得到证实：他的所在之处正对着一面墙的上半部分，在这面墙上雕刻着许多几不可辨的铭文。霍华德·卡特把这个消息告诉了卡纳冯勋爵，随即他和女儿伊芙琳女士从英国出发，于11月23日抵达埃及。第二天，人们将台阶清扫干净，他们三个人一起站在当时还封堵着的入口前，但整个入口已经清理完毕能够看到它的全貌，而入口处的灰泥层上雕刻的铭文赫然是图坦卡蒙的名字。

入口墙体拆除之后，发现一条石灰石碎块封堵的狭小甬道。在古埃及时期，有人利用这条甬道打通了一条秘密通道，而这条秘密通道后来又被封堵起来。这会是一座已经被洗劫一空的陵墓吗？11月26日约16时，发现了第二个密封的入口，这时所有的担心全部烟消云散。霍华德·卡特在第二个入口处钻了一个小洞，发现这堵墙后是一间不大的房间，里面堆满了各种各样的宝物，其中很多物品金光闪闪。霍华德·卡特的夙愿终于成真——这座陵墓尽管在法老下葬后不久便遭到两次盗劫，但几乎完好无损。极为幸运的是，在这座陵墓第二次被盗时，盗墓贼受到了惊吓，他们几乎没有毁坏陵墓，也几乎没有拿走陵墓中的随葬品。图坦卡蒙的陵墓随葬品数量惊人，霍华德·卡特及其团队用了将近十年的时间（直至1932年）才将陵墓清空并全部复原。

随着前室中堆放的杂物得到逐步清理，霍华德·卡特和他的同伴确认，此前来过的盗墓贼几乎没有损坏这个房间的任何东西……几十年后，我们从许多文件中得以证实这一点，尤其是卡纳冯勋爵写给著名的埃及学家加德纳（Gardiner）的信和伊芙琳女士写给霍华德·卡特的信都提到了这件事，而且默文·赫伯特（Mervyn Herbert，卡纳冯勋爵同父异母的兄弟）的日记中也有所提及。1922年11月28日晚上，也就是正式开启陵墓的前夜，霍华德·卡特小心翼翼地重新打开了之前盗墓贼在通往陵墓地宫入口墙上凿开的开口（后又重新封堵）进入了墓室，跟在其身后的就是卡纳冯勋爵和他的女儿伊芙琳女士。他们发现了陵墓，这样做也无可厚非，而且霍华德·卡特想要保证在如此重要的时刻不要遗漏任何信息。

认输的卡特

图坦卡蒙的陵墓重见天日的消息不胫而走，全世界为之陷入狂热。人们对这座陵墓无比好奇，记者们蜂拥而至，卡纳冯勋爵不得不采取措施。后来的事实证明，这一措施导致工作效率十分低下：卡纳冯勋爵独家授权《泰晤士报》（The Times）发布所有发现，使《泰晤士报》成为所有其他媒体的信息来源。这一决定不仅惹恼了其他报社的记者，同样也使埃及特使和记者大为光火，他们不得不巧妙地重复《泰晤士报》的内容，写成专栏寄给埃及国内的报社。霍华德·卡特和卡纳冯勋爵最后也产生了意见分歧，同时其指挥下的发掘工作进行得缓慢而艰苦，因此随着发掘工作的开展两人之间的关系越发紧张。遗憾的是，卡纳冯勋爵未能看到发掘工作大功告成的那一天。1923年4月5日，卡纳冯勋爵因败血症死于开罗的一家酒店中，而败血症则是他被蚊子叮咬后在搔痒时不慎刮伤皮肤所致。

霍华德·卡特没法做到圆滑得滴水不漏，而且所有人都想从中分一杯羹，尤其是埃及人——他们迫切地希望知道陵墓是否完好，如果确实完好，那么埃及博物馆很可能决定将陵墓中的全部物品归为己有，而不是按照当时的惯例与发现者平分发掘出的所有文物。政客们则火上浇油，以至于霍华德·卡特大发雷霆，并且将他的威胁化为实际行动——他重新封闭陵墓并放弃发掘。

十年发掘

霍华德·卡特的行为违反了与文物局缔结的协议，导致（具有民族主义倾向的）埃及政府撤销了他的发掘许可证。这位考古学家在离开埃及后忙于巡回讲座，直到英国驻埃及军队总司令被暗杀后才回到埃及，而这一事件也是英国政府（原文用"Sa Majesté"代指）重新接管埃及的借口。此时，埃及政府中的民族主义者全部遭到排挤，卡纳冯勋爵的遗孀获得了一张新的发掘许可证。然而，授予《泰晤士报》的独家媒体权就此终止，之后的发现也不再与其共享：图坦卡蒙的宝藏将全部留在埃及，而唯一的补偿措施就是向卡纳冯勋爵的遗孀补偿已过世丈夫在考古发掘时的支出。

后续的工作量堪称浩繁，各方的期待如此之高，

◀一些日报和杂志用了很大篇幅聚焦图坦卡蒙陵墓的考古进展，它的发现被认为是近几个世纪以来最重大的考古发现。英国日报《泰晤士报》（左图）发布了多篇关于发掘的附照片报道。

◀ 一位埃及劳工费力地搬运着图坦卡蒙的木质半身像，而这座半身像可能是当时用于试穿和调整法老衣物的模特。

▶ 工人和阿瑟·卡伦德从陵墓深处运出的放置着瓮、小雕像以及其他物品的木箱（上图）；一群好奇的人密密匝匝地围绕在陵墓四周想要了解最新的发现，这让霍华德·卡特极为恼火（中图）；无数隐藏在黑暗之中超过三千年的"少年法老"（图坦卡蒙）的珍宝重见天日（下图）。

版

图坦卡蒙的陵墓一经发现便引起了世界报刊的极大兴趣，他们立刻将其作为头闻进行报道。通信记者和特使蜂拥而至，来到帝王谷中霍华德·卡特已经开始发图坦卡蒙陵墓处。不过，媒体的报道并有引起争议。20世纪20年代，大众媒刚刚起步，卡纳冯勋爵与伦敦人的日报吾士报》签订了5000英镑的独家协议，还获得了这家英国报社在全球其他地区文章相关总收入的75%。不用说，这位贵族做出的决定激起了其他报社的愤怒，觉得遭到了轻视。

以至于没有任何一位埃及学家想要接手霍华德·卡特的工作，而他却坚定且一如往常地埋首于繁重的工作中。1929年，陵墓中所有物品全部清出，但直至1932年才全部修复完毕。1930年，图坦卡蒙陵墓宝藏文献出版了第三卷。这一卷本应是陵墓内物品的初步清点，然而竟然成了最终版本，因为霍华德·卡特于1939年辞世，最终未能完成关于陵墓极其珍贵墓葬详细研究的六卷内容的写作计划。时至今日，关于图坦卡蒙陵墓及随葬品的研究和出版工作仍在继续。

▶ 阿努比斯神的威严雕像守卫在"珍宝厅"的入口处，以豺狼的形象卧在贴金木轿之上。右图的背景则是装有礼葬瓮的外椁。

十年辛苦终将宝物运出

霍华德·卡特及其伟大的团队（包括摄影师和化学家）花费了整整十年时间，才将地下陵墓中的宝物运出并完成保护和清点分类。

1917年
获得资助
霍华德·卡特说服卡纳冯勋爵提供寻找图坦卡蒙陵墓的相关费用。

1922年
11月26日
霍华德·卡特和卡纳冯勋爵及女儿伊芙琳女士探访其在二十二天前发现的陵墓的前室和"珍宝厅"。

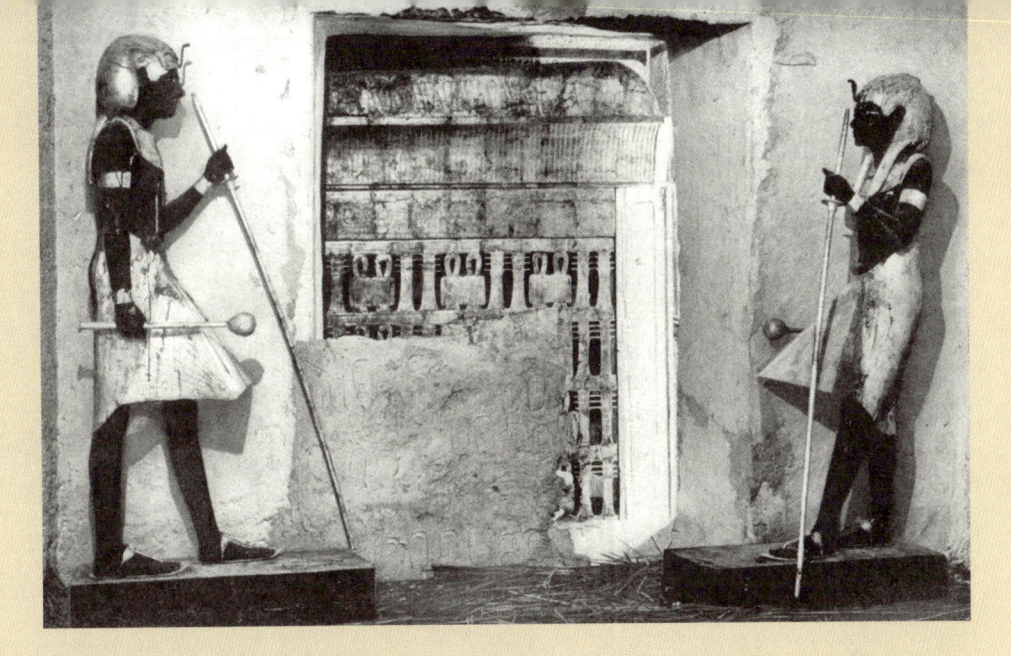

▲ 两个威仪的卫兵是法老"卡"（生命力）的化身，他们看守在墓室入口处。木质入口覆盖着一层薄薄的银片，后面便是葬礼外椁。

◀ 前室用于放置各类物品，包括拆卸的战车以及动物外形精美豪华的殡葬床。

1923年
卡纳冯勋爵去世
　　4月5日，卡纳冯勋爵在开罗去世。霍华德·卡特出版了图坦卡蒙陵墓三卷文献中的第一卷。

1925年
重获许可
　　尽管之前发生过种种不快，埃及政府仍然准许霍华德·卡特继续发掘工作。

1932年
十年坚守
　　发掘清点工作持续了整整十年。霍华德·卡特回到英国，并于1939年溘然长逝。

■ 帝后谷

墓室

图坦卡蒙的墓室是占地不大的陵墓中最为豪华的一间。墓室是盗墓贼劫掠最少、停留时间最短的一个房间，究其原因大抵是里面的物品想要运送到地面十分不易。墓室的大部分空间放置了一系列木质套装的外椁，外椁中放置着法老石棺，石棺中包含套装的三个人形棺。实际上，墓室也是地下陵墓中唯一一间墙壁带有装饰的房间。

在十五位聚集在前室的人员的注视下，图坦卡蒙的墓室缓缓开启，其中包括文物局局长皮埃尔·拉科（Pierre Lacau）。前室除了两尊守卫雕像之外几乎空无一物，它们在"模拟"陵墓开启时得到了精心的保护：所谓模拟陵墓开启，就是在陵墓被发现的几天后，霍华德·卡特、卡纳冯勋爵及女儿伊芙琳女士通过"强

▶ 放置着图坦卡蒙木乃伊的墓室现状：图坦卡蒙长眠在使用石英石修复的石棺中，用厚玻璃保护着。

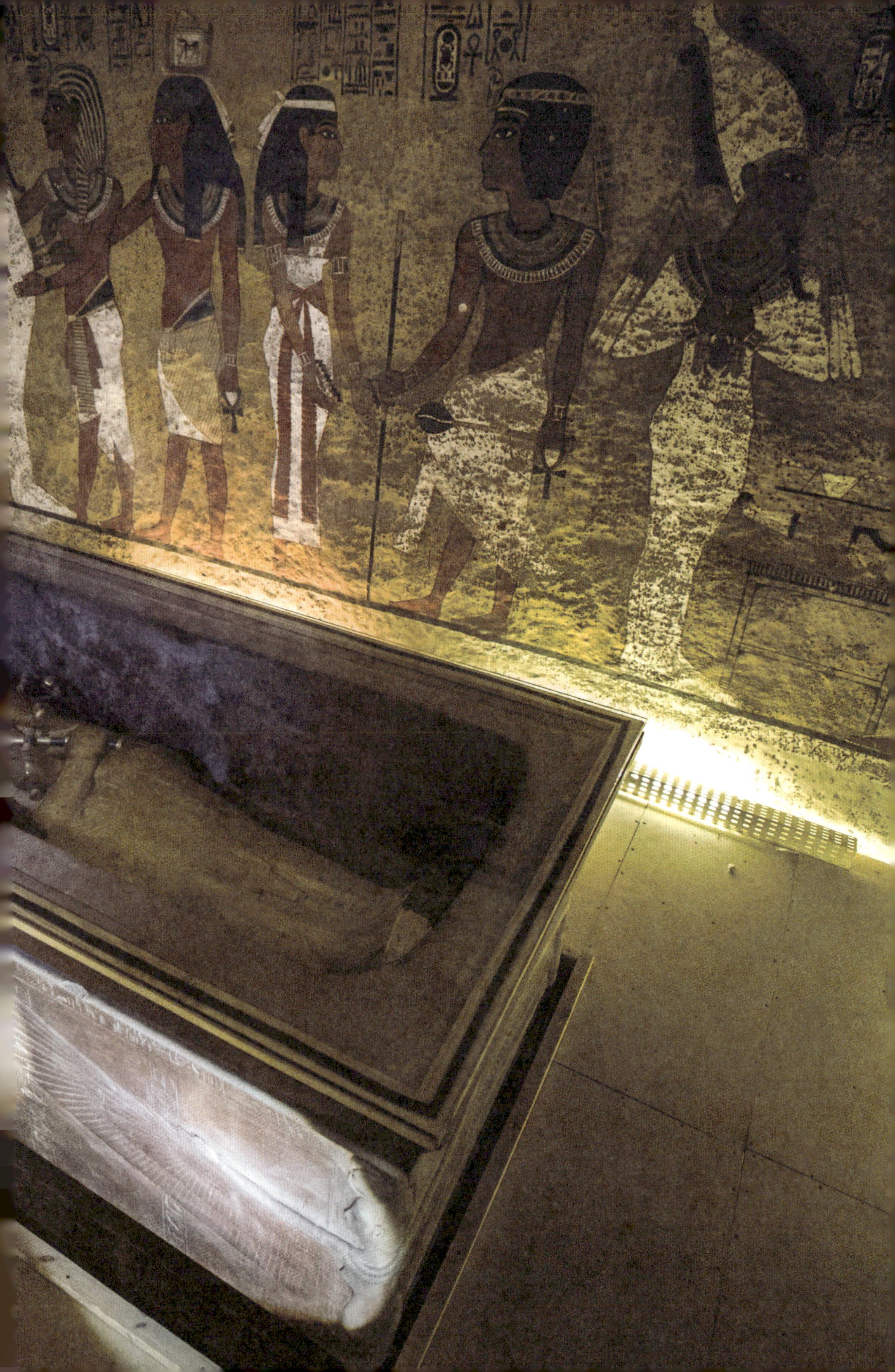

> 帝后谷

盗隧道"已经首次秘密地进入了墓室。他们这样做不仅是为了满足好奇心,更重要的是为了确认陵墓是否完好无损或几乎完好无损。无论如何,霍华德·卡特演了一出好戏,并没有人怀疑;只是在摄影师哈利·伯顿拍摄的照片中,一个抵靠墙体放置的巨大圆形篮子和一堆稻草的位置有些奇怪,这会令人有所疑虑。

陵墓的墙体与最后一个贴金外椁之间的距离仅仅几十厘米。但就在这个狭小的空间中,祭司们放置了许多物品:小雕像、花束、陶罐和席子,而靠北墙处放置着十一根木桨。外椁的门朝向东方,目的是迎接初升太阳的曙光。第一外椁具有向下倾斜的双斜顶,令人想到塞德节上的一种亭子。第一外椁没有密封:在里面的一个角落放置了一张弓和一些箭,在另一个角落则放置了一些木棍,这些物品都位于亚麻布柱头前面,柱头上装饰着铜星,悬挂在一个组装得不是很好的木架上。在第一外椁后方是上埃及神殿(per-ur)样式的第二外椁,这一外椁上着锁,用一根捆绑十分巧妙的

保护石棺的镀金外椁

四个木制贴金外椁以及亚麻"罩"保护着石棺,石棺中是法老的遗骸。这些贴金外椁的拱门全都朝向东方,以迎来东升旭日的曙光。

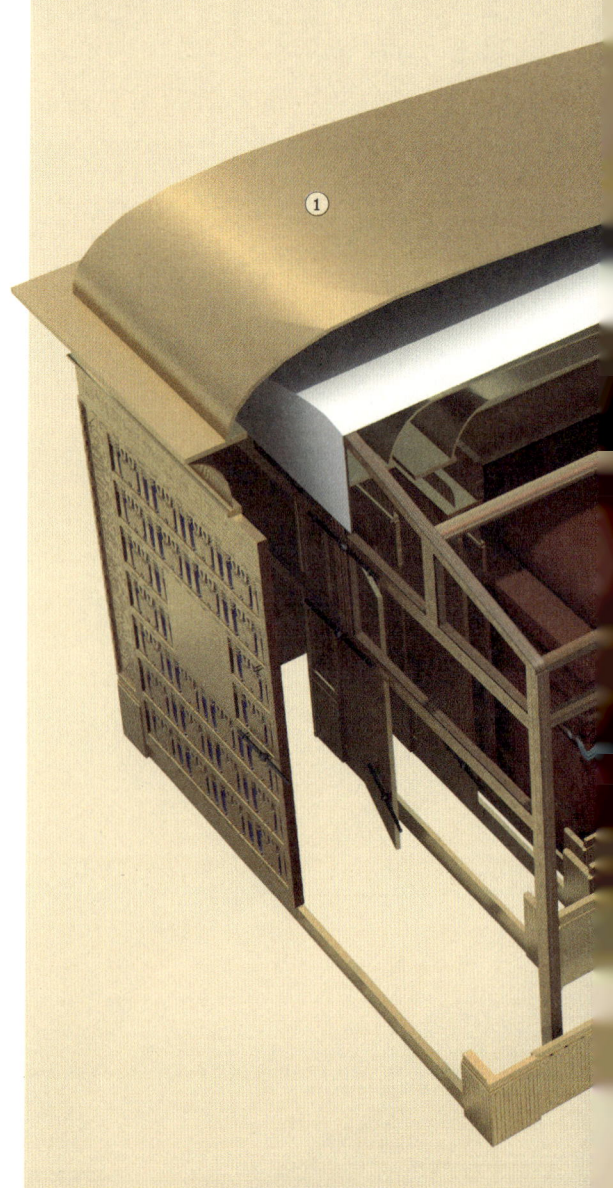

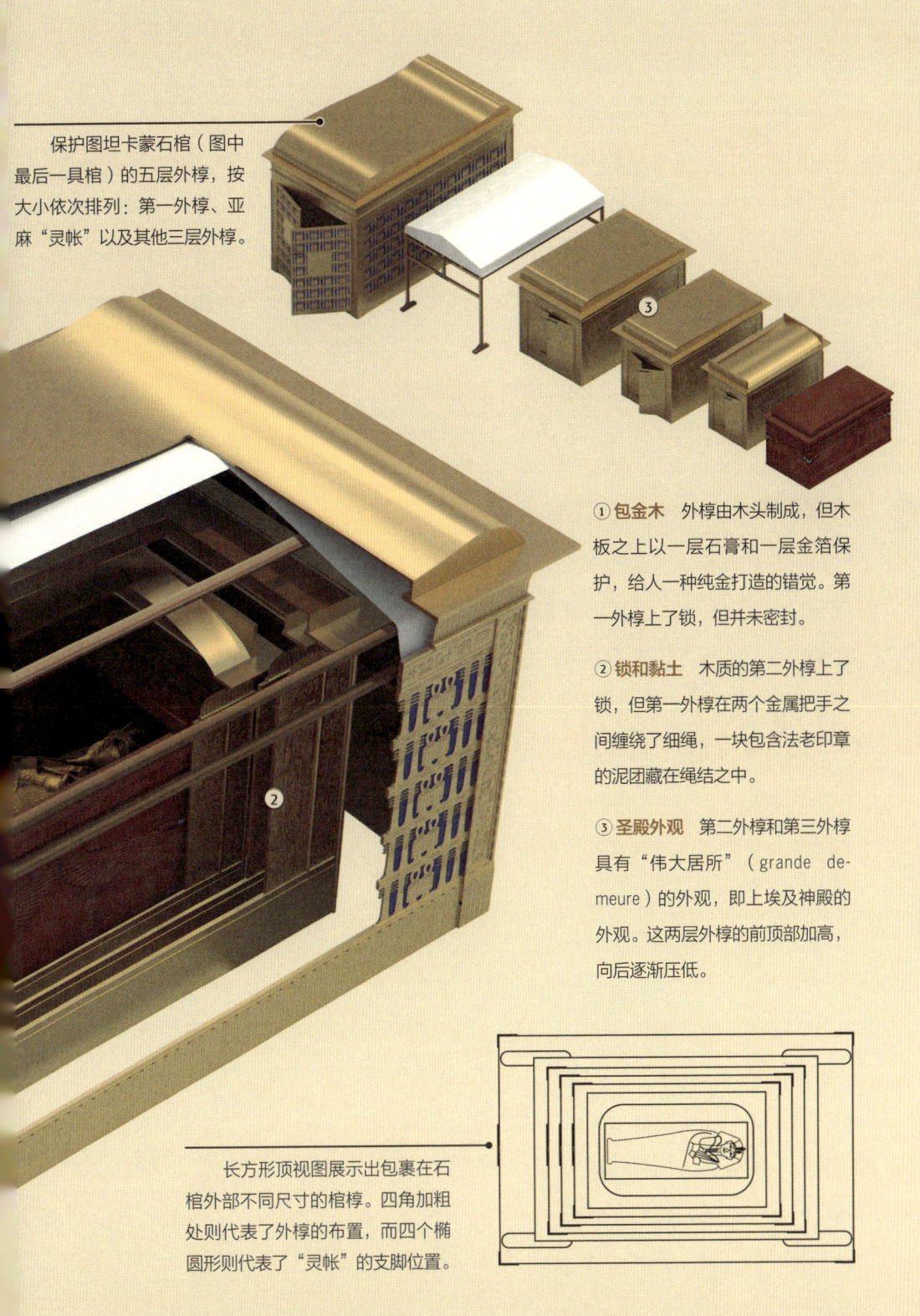

保护图坦卡蒙石棺（图中最后一具棺）的五层外椁，按大小依次排列：第一外椁、亚麻"灵帐"以及其他三层外椁。

① **包金木** 外椁由木头制成，但木板之上以一层石膏和一层金箔保护，给人一种纯金打造的错觉。第一外椁上了锁，但并未密封。

② **锁和黏土** 木质的第二外椁上了锁，但第一外椁在两个金属把手之间缠绕了细绳，一块包含法老印章的泥团藏在绳结之中。

③ **圣殿外观** 第二外椁和第三外椁具有"伟大居所"（grande demeure）的外观，即上埃及神殿的外观。这两层外椁的前顶部加高，向后逐渐压低。

长方形顶视图展示出包裹在石棺外部不同尺寸的棺椁。四角加粗处则代表了外椁的布置，而四个椭圆形则代表了"灵帐"的支脚位置。

▎帝后谷

细绳予以加固。第二外椁里面放置了第三外椁，这一外椁也同样采取上埃及神殿样式，其中靠北的部分正对着一个拱门，这意味着围绕第四外椁北侧、南侧和西侧的部分也带有拱门及相关结构。第四外椁则采取下埃及神殿（per-nu）样式，这最后一层外椁内放置着图坦卡蒙的石英石石棺。

仓促下葬

所有外椁都由厚厚的雪松木板制成，并配以橡木、青铜和荆棘灌木的榫头。木板外部覆有石膏和一层金箔，其上装饰的雕刻美轮美奂，展现的场景与陵墓其他位置零星出现的图案相得益彰。墓室的墙壁上绘制着多位神灵，以及《金字塔铭文》（Textes des Pyramides）、《亡灵书》（Livre des morts）、《天牛之书》（Livre de la vache céleste）和《阿姆杜阿特之书》（Livre de l'Amdouat）的节选。为了研究内棺，霍华德·卡特不得不将外椁拆开，这时他发现外椁的组装十分潦草，一些难以嵌入的零件被强行拼装。葬礼的准备工作也毫不细致，

三具无比精美奢华的人形棺护佑法老永恒安息

开启第四外椁后，图坦卡蒙石棺和人形棺出现在世人眼前。三具人形棺套叠放置在石英石石棺里，石棺四角均装饰着带翼的女神像。

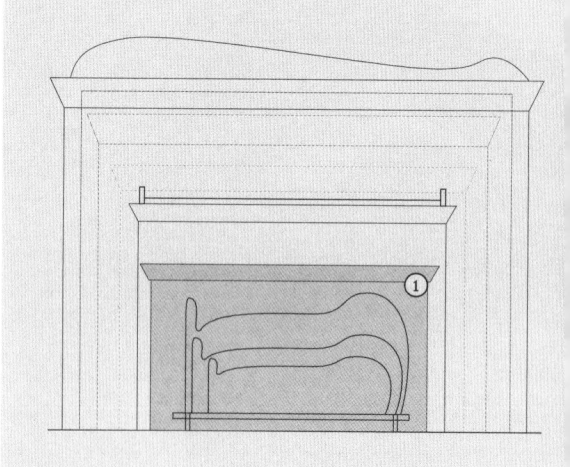

① "俄罗斯套娃" 三具人形棺放置在石棺内不太高的灵柩台上，灵柩台四个支脚为狮子造型。人形棺类似于俄罗斯套娃一般放置，第一具人形棺中放置着第二具，第二具中则是第三具。

② 法老面具 法老木乃伊的头部罩着重达11千克的纯金面具，面具上镶嵌着多彩玻璃和半宝石。法老面具是图坦卡蒙珍宝中最非凡的一件。

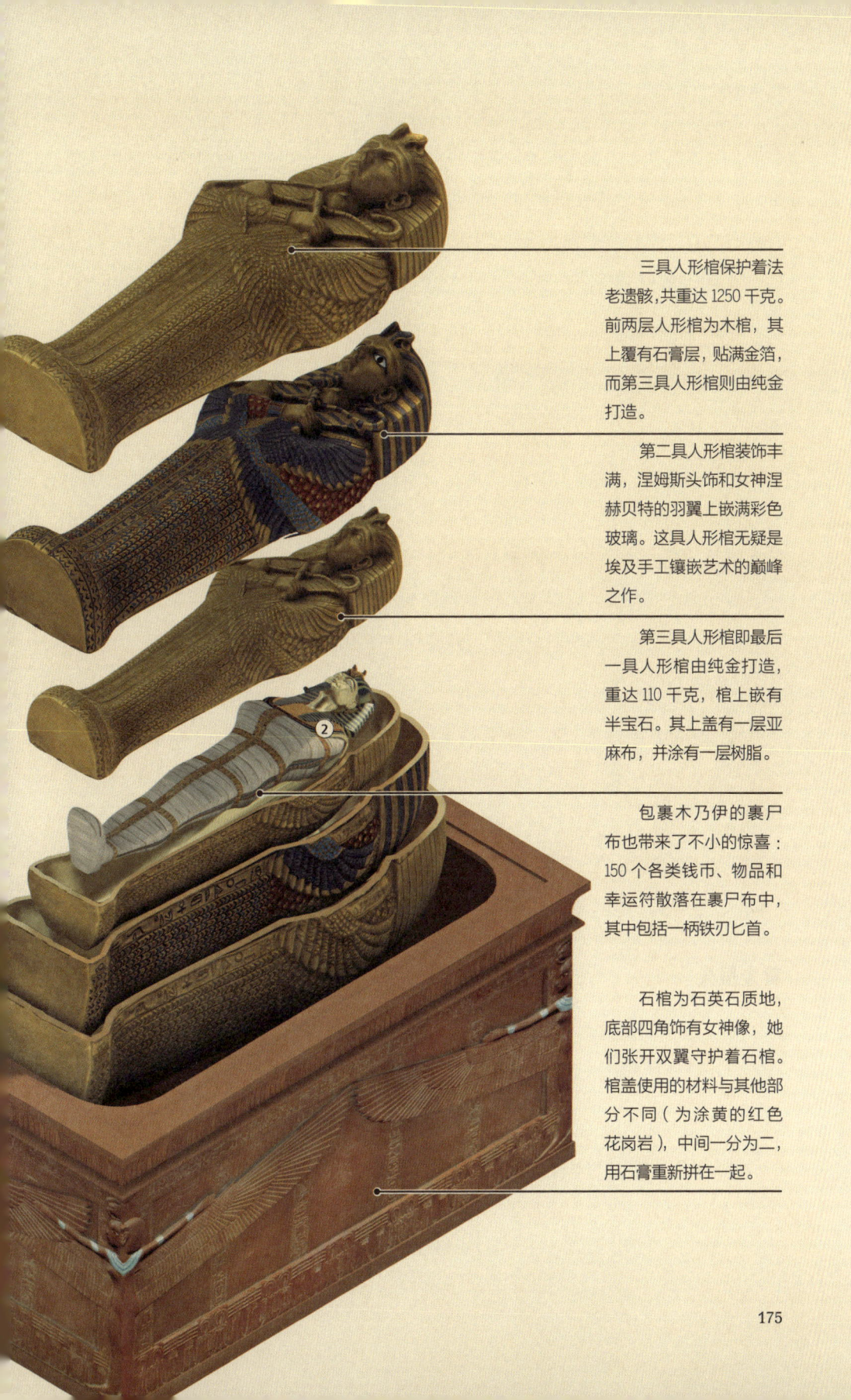

三具人形棺保护着法老遗骸，共重达1250千克。前两层人形棺为木棺，其上覆有石膏层，贴满金箔，而第三具人形棺则由纯金打造。

第二具人形棺装饰丰满，涅姆斯头饰和女神涅赫贝特的羽翼上嵌满彩色玻璃。这具人形棺无疑是埃及手工镶嵌艺术的巅峰之作。

第三具人形棺即最后一具人形棺由纯金打造，重达110千克，棺上嵌有半宝石。其上盖有一层亚麻布，并涂有一层树脂。

包裹木乃伊的裹尸布也带来了不小的惊喜：150个各类钱币、物品和幸运符散落在裹尸布中，其中包括一柄铁刃匕首。

石棺为石英石质地，底部四角饰有女神像，她们张开双翼守护着石棺。棺盖使用的材料与其他部分不同（为涂黄的红色花岗岩），中间一分为二，用石膏重新拼在一起。

石英石石棺也证实了这一点：石棺棺盖从中间裂开一分为二，而且棺盖与石棺其他部分的材料也不尽相同，实际上棺盖是用红色花岗岩制成的，在其上刷上了黄色颜料以假乱真。女神伊西斯、奈芙蒂斯、奈特（Neith）和塞尔凯特（Serket）分立石棺四个内角保护着石棺，装饰石棺的文字进一步加持保护。

打开石棺棺盖之后（并不容易，因为石棺棺盖已经碎裂，并曾用石膏砂浆进行修复），霍华德·卡特发现里面竟然是一具闪闪发光的人形棺，两层亚麻布保护着下面的棺椁。这具人形棺是木棺，上面包有金箔，棺上撒满镶嵌其上的彩色玻璃和半宝石。

这具人形棺具有一定的厚度，因为在其内部还放置着另外两具人形棺。霍华德·卡特又发现了仓促下葬的新迹象：棺的支脚不得不借助锛子削短，石棺底部还可以看到留下的碎屑。这具人形棺呈羽饰棺风格（rishi），棺上竖起的翅膀好似从背后将死者和女神伊西斯以及奈芙蒂斯像拥在怀中。棺盖带有四个银把手，用以将人形棺放入石棺之中。

考古学家移开棺盖之后，发现里面还有一具人形棺，上面盖着一层亚麻布。尽管第二具人形棺和第一具人形棺使用了相同的材料，但这一次主要凸显的并非黄金，而是半宝石和彩色玻璃交错拼接的羽翼图案。这具人形棺上拥抱法老的是秃鹫女神涅赫贝特（Nekhbet）。与第一具人形棺一样，法老头戴涅姆斯头饰，双手交叉叠放于胸前，手持弯钩和连枷权杖。

黄金恒久

第二具人形棺上没有把手，使用十二根银钉将其固定，事实证明这些银钉极难拆除。在第二具人形棺下，掩藏着的是法老艺术最精美的珍宝之一：一具纯金打造的重达 110 千克的人形棺，其上点缀着精美的半宝石和彩色玻璃。在这具人形棺之上覆盖着一层亚麻布，亚麻布上还有一层入葬时倾倒其上的松脂。人形棺上部和其他两具人形棺十分类似（法老同样头戴涅姆斯头饰，在靠前的部分带有眼镜蛇和秃鹫，双手交叉叠放于胸前，手持弯钩和连枷），上面的法老半身像置于涅赫贝特和瓦吉特女神双翼之间,伊西斯和奈芙蒂斯女神则守护着法老的双腿。

陵墓中金色背景上绘制的装饰是比例巨大的人像,这些人像的绘画风格更接近于阿玛纳风格而非孟斐斯经典风格。在东墙上,绘制着十二名王公贵族,他们身着白袍,拉着拖板,拖板上放置着图坦卡蒙的棺椁。北墙上则绘制着阿伊(图坦卡蒙的继任者),他身着殡葬祭司的豹皮为奥西里斯形象的法老举行"开口仪式",然后在冥界的法老以人形的形象受到欢迎,首先接引的是女神努特,之后是奥西里斯欢迎法老及卡来到他的王国。在西墙上绘制着十二只狒狒,它们代表着《阿姆杜阿特之书》中夜晚的十二小时,第十二只狒狒为凯普里(Khepri,圣甲虫)的形象。南墙上的哈托尔和阿努比斯接引法老来到冥界,而女神则将象征着生命标志的"安卡"(ankh)献给他。在负责尸体防腐保存的香料神灵身后,伊西斯和三个小神灵将法老接引至冥界。

与传说不同,图坦卡蒙陵墓的发现并没有引来法老的"怒火":探险队员中没有一位死于无法解释的奇怪原因,甚至连卡纳冯勋爵的死因也十分清楚——他只是不幸死于蚊子叮咬感染,仅此而已。传闻中所说的"在开罗太阳落山的那一刻,他命丧九泉",以及"在英国,他的狗在这时发出绝望的惨叫",不过是卡纳冯勋爵的儿子且也是其继承人编造的故事,此人在多年后承认了这一点。

不存在的"诅咒"

没有人受到埃及"秘闻"汇编集提到的所谓"诅咒"的影响,也没有一个人像书中所说因"诅咒"而死去。例如,霍华德·卡特的助手亚瑟·梅斯(Arthur Mace,纽约大都会艺术博物馆派出)并非死于"诅咒",而是死于在埃及经年累月的发掘过程中吸入灰尘后患上的矽肺病。其实,只要列出发现图坦卡蒙陵墓十年后仍然活着的埃及学者名单,就会发现这些所谓"诅咒"受害者根本不存在。陵墓于1922年11月24—26日开启,当时共有6人在场,其中只有1人在随后的十年里去世;内室在1923年2月17日开启,当时有22人在场,其中6人在随后的十年里去世;1924年2月12日,同样有22人见证了石棺开启,其中只有2人在随后的十

帝后谷

传奇面具

可以肯定的是，在图坦卡蒙陵墓的所有宝藏中，没有一件能够像覆盖在他面部和胸前的黄金面具一样，能在人们的集体想象中留下如此深刻的印象。这张纯金打造的面具上镶嵌着彩色玻璃、红玉髓、青金石、石英石和黑曜石，重 10.50 千克，高 54 厘米。然而，值得说明的是，这张面具实际上是由多个部件组装在一起的。中间的部件是法老的面部，使用两层叠置的金箔捶打而成，且金箔厚度十分均匀（1.5 毫米和 3 毫米）。眼白使用透明石英石表现，眼睛内部和眼角处则略微发红，而这种现实主义的笔触是埃及雕塑中典型的表现手法，也让人想到埃及人因阳光和灰尘而罹患的眼部疾病；最后，黑曜石表现出法老的虹膜和瞳孔。眼睛的轮廓由镶嵌的青金石予以表现，眉毛也使用了相同的材料。在面具下巴下方加上了一根用釉陶嵌金的辫状假胡须。耳朵也是后加上去的，耳垂上打有耳洞（当时王宫中的男性流行佩戴耳环），在发现时耳洞

▲ 这张面具显然是法老理想化的面孔：面具展现出一位容光焕发的君主，尽管这张面具最重要的用途是将法老描绘成一位具有黄金肤色的神祇。面具按照阿玛纳晚期风格雕饰而成。
🏛 开罗埃及博物馆

年里死亡；最后，共有 10 人在 1925 年 11 月 11 日有幸见证了去除木乃伊裹尸布的全过程，其中无一人在随后的十年里死亡。很明显，法老并没有要特别报复某个人的想法。可以肯定，这些人的死亡绝非因为所谓"法老诅咒"，而是因为这些人年岁已大，或身体状况不佳，这些都可以通过科学完美解释其缘由。

据传，在 44 位参加陵墓发掘和研究的西方人中，有 25 人因此"诅咒"而死亡。流行病学家 M.R. 尼尔森（M.R. Nelson）决定对相关情况进行分析，以解开是否因为"诅咒"而引发了致命的流行病之谜。M.R. 尼尔森的研究结果一目了然：

中塞有黄金盘。面具上的君主佩戴着涅姆斯头饰，即埃及王室蓝色横条纹头饰，头饰由两片镶嵌着深蓝色玻璃的独立部件（正面和背面）组成，并与脸部组装在一起。代表女神涅赫贝特的秃鹫头和女神瓦吉特的眼镜蛇装饰在正面居中的位置以及法老的额部。这两位女神分别是上埃及和下埃及的守护神；她们全部使用纯金雕刻而成，其上镶嵌着精美装饰。涅姆斯的尖端在背面收为一束形成一条长马尾，其下是与背面部件成一体的未经装饰表面，从肩部一直延伸到后背中段；其表面雕刻《亡灵书》第151b章的内容，将面具的每个部件寓意与特定的神灵联系起来。这些神灵负责守护国王在冥界安全无虞。面具的最后一个部件是正面的纯金长项链，其上渐次镶嵌着多个红色和蓝色宝石同心项圈，由隼头形状的侧面装饰将项圈收束在肩头。面具设计的尺寸大于法老的上半身，以便能够毫不费力地将面具套在法老身上；为此，祭司们在图坦卡蒙头骨上方放置了一个布制的尖锥，用来固定面具，保持不动。

受到所谓"法老诅咒"的人员平均死亡年龄为七十岁，而在"法老诅咒"中幸存的人员平均死亡年龄为七十三岁。此外，在遭到"诅咒"之后的人员平均继续存活了二十年零八个月，而其他人员平均在二十八年零九个月之后过世，可以看到二者之间的差异并不明显。因此，只能得出唯一一个结论即根本就没有什么诅咒。否则，如何解释霍华德·卡特直到1939年才寿终正寝？还有伊芙琳女士，也就是唯一一位参与陵墓发掘的每个步骤者，她一直活到了1980年八十岁生日之前！

▲ 雕刻在面具背面的铭文包含一段经文，将法老的感觉器官和多位神灵联系起来。这段经文就是将死亡面具戴在死者脸上时诵读的。

图坦卡蒙木乃伊之谜

自从 1922 年发现图坦卡蒙木乃伊以来，人们对图坦卡蒙的死因提出了无数猜想。对遗骸的断层扫描检查和基因研究表明，某些"异想天开"的解释并不合理，其研究揭示了许多细节，明确了法老的死亡年龄、相貌及其父母的身份。

图坦卡蒙地下陵墓最重要的珍宝之一，就是沉睡在第三具人形棺中的法老本人——他头戴黄金面具，身体已经木乃伊化并涂有树脂。树脂变硬之后，使木乃伊和人形棺连在一起，导致研究者在第一次医学检查时没能将身体从黄金棺中移出。1923 年 11 月 11 日，开始进行尸体解剖，持续了整整五天。实施尸体解剖的是开罗大学的解剖学教授道格拉斯·德里（Douglas Derry），霍华德·卡特和萨利赫·贝·哈姆迪（Saleh Bey Hamdi）博士也参与其中。为了方便工作，法老的遗骸被移到塞提三世（Seti Ⅲ）的墓中，那里比逼仄的 KV62 墓（图坦卡蒙墓）宽敞许多。

很快，他们发现树脂已经严重损坏了包裹法老的布料，要接触到尸体就必须将布料剪开。道格拉斯·德里和霍华德·卡特接下了这个艰巨的任务：他们从法老的足部开始将布料剪至头部，发现裹尸布中包裹着 143 件极具艺术价值和仪式价值的物品，包括一柄铁刃匕首、项链、护身符和各种珠宝。事实证明，想要将这些物品取出也绝非易事，因为法老的身体已经与人形棺内壁紧紧粘在一起。因此，道格拉斯·德里及其团队决定肢解木乃伊以便将物品取出，之后便用锤子和凿子将木乃伊一分为二。由于木乃伊的颈部和头部完全粘在面具里，他们只能使用加热的刀片探进干燥的树脂层中将其分离。然后，他们使用一个装满沙子的较浅木托当作床垫，重新拼合法老遗骸并拍照，之后又将法老的遗骸送回 KV62 墓，并放回石英石石棺内。1968 年，研究人员对法老的木乃伊进行了第二次医学检查，这次主持检查的是来自利物浦大学的 R. G. 哈里森（R. G. Harrison）教授及其团队。在这次检查中，X 射线图片证实了道格拉斯·德里在将近半个世纪之前得出的结论：图坦卡蒙过世时年纪在十八岁至二十岁之间，身高将近 1.7 米，身体特征与 KV55 墓中埋葬的埃赫那吞木乃伊的特征极为接近。然而，在第二次检查时，他们发现这位法老的一根脚趾不翼而飞，而道格拉斯·德里和霍华德·卡特曾见到的包裹在裹尸布中垂直放置的阴茎也同样不见踪影。十年后，在 J. E. 哈里斯（J. E. Harris）指导下完成了一项 X 射线分析，发现法老的头骨中存在一片碎片，这激起了更多的遐想和猜测。团队借此机会分析了图坦卡蒙的血型，发现他与 KV55 墓（埃赫那吞墓）中的 A2MN 木乃伊血型一致。

2005 年，时任埃及文物高级委员会主任的扎西·哈瓦斯（Zahi Hawass）同意以 CT 扫描的方式对图坦卡蒙木乃伊进行扫描。这项技术可对整个木乃伊的身体部分拍摄数千张横截面 X 光片，之后将其处理为专家可以随意操作的三维模型，使他们能够层层"剥开"木乃伊——裹尸布、肉和骨等。其中，对于一颗智齿的分析证实图坦卡蒙死于十九岁。研究人员还发现法老的上颚上有一条细小的裂缝，牙齿存在轻微的深覆合；除此之外，年轻法老的身体状态良好。左侧股骨下部存在另一条裂缝，这在学者之间引发了分歧：一部分学者认为这处裂缝发生在图坦卡蒙临死之前，而另一部分学者则认为这处裂缝是在图坦卡蒙死亡之后产生的。法老的阴茎和失踪的骸骨被发现埋藏在沙土之中的容器内。2008 年和 2009 年，研究人员第四次、也是迄今为止最后一次对木乃伊进行分析，目的是获得真实可靠的 DNA 样本。这

◀ 覆盖在图坦卡蒙遗骸之上的树脂层和香膏历经三十三个世纪后，使图坦卡蒙已经木乃伊化的面部黑如焦木，并使其看起来形容枯槁。

次分析发现图坦卡蒙的脊柱有轻微的偏斜，显示出法老的左脚畸形，并发现了疟疾抗体，但这可能仅表明图坦卡蒙体内存在对疟疾的免疫力而并非他的死因。

这次扫描也成功制作出图坦卡蒙头骨精准的塑料复制品。法国法医、人类学家让-诺埃勒·维涅亚勒（Jean-Noël Vignalle）认为图坦卡蒙属于高加索人种，并利用这个复制品确定了面部肌肉和肌腱的位置，以及主要部位的皮肤厚度。在这些信息的基础上，古生物雕塑家伊丽莎白·戴涅斯（Élisabeth Daynès）凭借现存法老木雕中的细节完成了人物"装扮"，打造出栩栩如生且十分可信的半身像。

最令人感到惊讶的是，研究人员将同样的数据分别发送给纽约大学人类学教授苏珊·安东（Susan Antón）和纽约市法医科学部的布拉德利·亚当斯（Bradley Adams），他们都不约而同地认定样本数据来自一名北非人。随后，他们的测量结果和结论被发送给耶鲁大学皮博迪（Peabody）博物馆的法医艺术家迈克尔·安德森（Michael Anderson）。在不知道样本是谁的情况下，迈克尔·安德森利用这些数据重建了面部，得出了与法国团队极为接近的结果，从而验证了两组专家的工作成果。

图坦卡蒙家族

对于为分析图坦卡蒙木乃伊而提取DNA这一点，科学界一直存在争论。学术界分为两个阵营：一个阵营认为提取程序可靠，因此得出的结果可信；而另一个阵营则认为这种程序并不准确，因为木乃伊的细胞DNA已经遭到破坏，这些细胞变得无法提取。然而，如果我们承认DNA分析结果是正确的，那么这些结果使我们重建了图坦卡蒙的家谱，而这一家谱为我们带来许多意想不到的线索。

首先需要明确的是，研究人员已经对尤亚（Youya）和图雅（Touya）的木乃伊进行了DNA分析。他们是埃赫那吞（阿蒙霍特普四世）的祖父母，而木乃伊发现于完整的陵墓中，因此他们的身份是确定无误的，也为学者们提供了一个参考锚点。同时，人们也从KV35墓（阿蒙霍特普二世墓）、KV55墓（埃赫那吞墓）以及王室墓地的其他陵墓中发现的木乃伊中提取了组织样本。

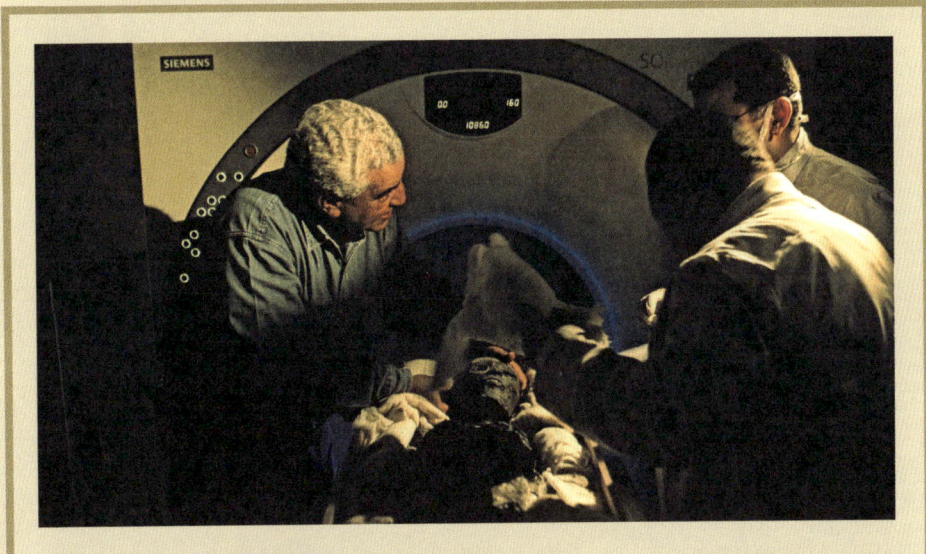

图坦卡蒙的死因是什么？

2005 年，研究人员对图坦卡蒙的木乃伊进行了 CT 扫描，排除了关于法老死因的诸多猜测（如法老遭到暗杀以及出现意外等）。在经由美国国家地理学会捐赠的技术设备所获得的 1700 张图片中，有几张图片显示法老颅骨底部的孔洞并非由钝器打击造成，而是在木乃伊化的过程中形成的。因此，扫描结果排除了某些认为图坦卡蒙的头骨创伤源于遭到谋杀的观点。计算机图像还显示，在法老的左膝关节存在一处骨折，可能是在他十九岁去世前不久造成的。有些人以此为依据，认为图坦卡蒙由于骨折引发了感染，继而导致全身性的败血症，而这正是图坦卡蒙最后的死因。但是，这种解释无法说服那些认为此处损伤系道格拉斯·德里和霍华德·卡特在第一次检查时移动木乃伊所致的人。

◀ 扫描结果确认，脊柱的过度弯曲不是病理原因造成的。

▲ 扎西·哈瓦斯和他的同事们，拍摄于将图坦卡蒙木乃伊送入扫描仪之前。

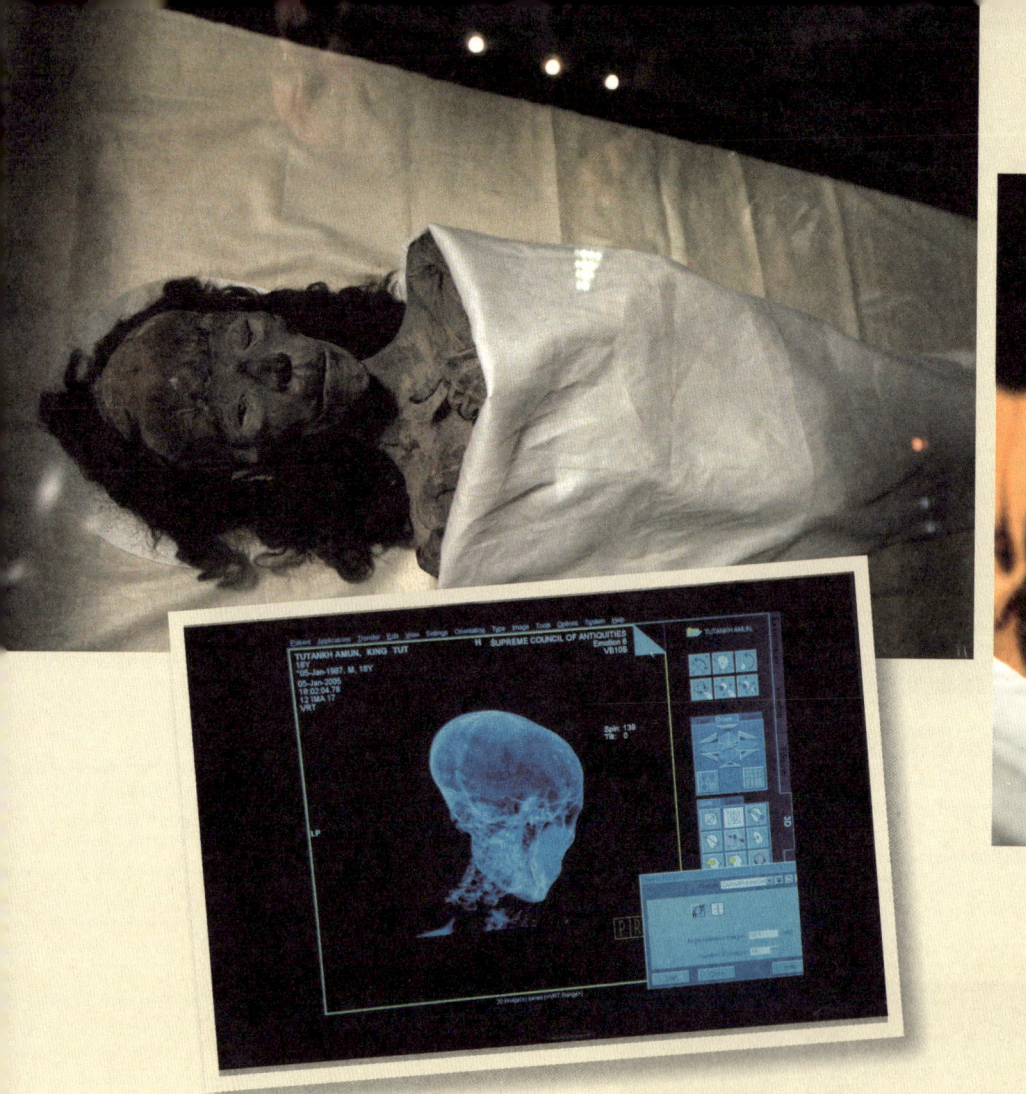

▲ 没有证据表明法老（图坦卡蒙）是因为头部受到猛烈击打而遭到杀害，对他的头骨进行的CT扫描（电子计算机断层扫描）排除了这种可能性。

▲▲ 通过DNA分析，可以确认法老（图坦卡蒙）的祖母泰伊王后（左上图）为阿蒙霍特普三世的妻子、尤亚和图雅的女儿。分析结果还显示，图坦卡蒙的父亲是埃赫那吞（阿蒙霍特普四世），右上图为埃赫那吞木乃伊的面部。

结果，令人十分惊讶。完成的分析显示，在KV55墓中发现的木乃伊是图坦卡蒙的父亲、有"异端法老"之称的埃赫那吞。另一个关键线索是在图坦卡蒙陵墓中的一个圣物盒中发现的——这个线索是一绺头发，根据铭文可知这绺头发与图坦卡蒙的祖母泰伊（Tii）有关，而事实证明这绺头发与KV35墓中"老妇人"的头发一致。由于这具木乃伊与尤亚木乃伊的DNA有一半是相同的，而另一半与图雅木乃伊的DNA相同，因此可以知道她就是泰伊王后，即埃赫

那吞之父阿蒙霍特普三世的妻子,也就是图坦卡蒙的祖母。图坦卡蒙的母亲则令人大吃一惊,因为研究表明他的母亲是同样埋葬在KV35墓中的"年轻女士"。奇怪的是,这具无名木乃伊是埃赫那吞同父同母的妹妹,因此既不可能是基娅(Kiya),也不可能是纳芙蒂蒂。这是古埃及为数不多的已经获得证实的王室乱伦事件之一。

对图坦卡蒙陵墓中发现的两个胎儿木乃伊的DNA研究表明,这两个胎儿是其出生就死去的孩子。第一具木乃伊317a的DNA遭到严重污染,使得研究结果令人心存怀疑;但第二具木乃伊317b的DNA并未遭到污染,因此可以确认法老(图坦卡蒙)的两个死婴都与父亲葬在一起,其母亲则是在无名墓室KV21墓中发现的两具女性木乃伊之一。

▲ 扎西·哈瓦斯监督着从KV62墓转移木乃伊的准备工作,转移的目的是对木乃伊进行各种检查。

▼ 2005年的CT扫描提供的数据非常精确,以至于人们可以重建图坦卡蒙的头部。

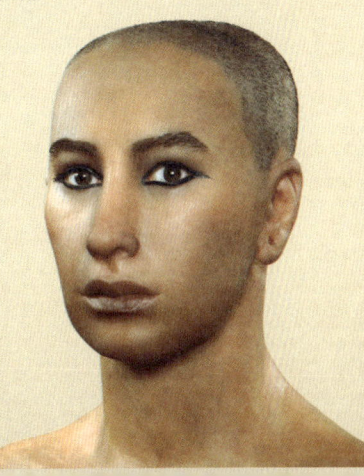

■ 帝后谷

前室中的宝藏

图坦卡蒙下葬时，前室很可能与霍华德·卡特和卡纳冯勋爵在近百年前发现时的情形大相径庭。厅内丰厚的随葬品（600～700件，分为157套）的摆放很可能符合法老陵寝的规制，而不是后来看到的杂乱堆放的状态。此外，地面肯定是清洁干净的，而不是四处都看得到盗墓贼偷盗的容器和原有泥封散落的痕迹，间杂着各类花朵装饰和花篮上掉落的植物碎屑、瓦砾、陶器碎片以及印有阿玛纳时期所有法老名字的容器碎片。

霍华德·卡特用提灯照向前室，他被一片金灿灿的亮光闪耀得惊呆了，等缓过神来才看到前室真正的样子：这个房间里面堆放着各式各样的物品，宛如一个摆放凌乱的杂货铺，有裁缝使用的假人模特，还有许多张殡葬床、多辆战车和数不

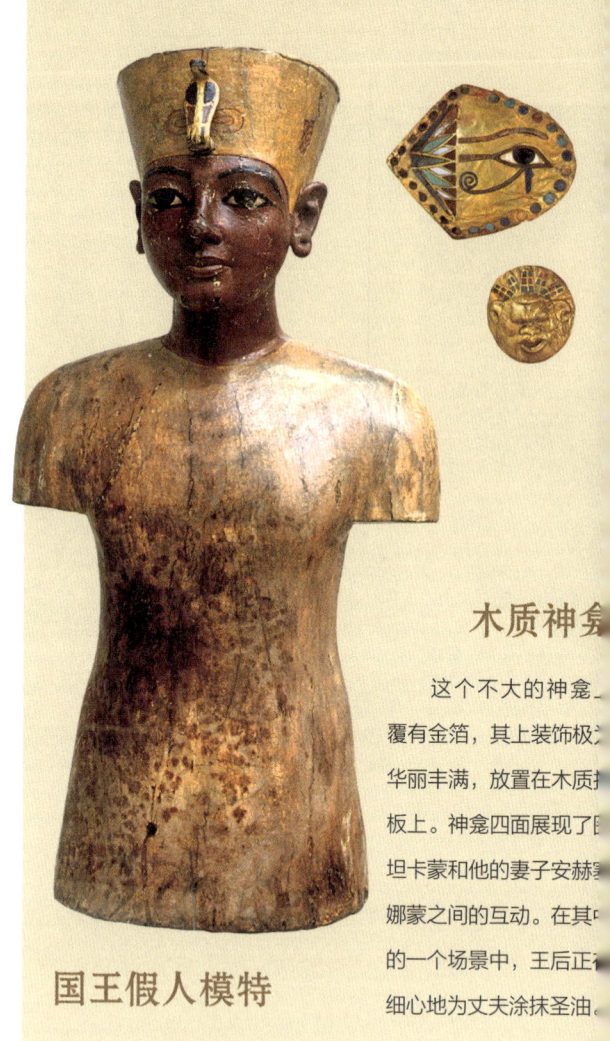

▶ 这些前室中发掘出来的珍宝，包括家具、内有珠宝外有装饰的箱匣、织物、衣物、鞋履以及众多个人用品。

国王假人模特

这座半身像没有手臂和腿，可能是用作为法老服饰进行调整的假人模特。假人模特为木质，其上涂有薄薄一层石膏。他的面部呈现出"少年法老"的相貌特征，头顶王冠上饰有竖起的圣蛇——代表了女神瓦吉特。这是现存为数不多的图坦卡蒙法老人像之一。

木质神龛

这个不大的神龛¼覆有金箔，其上装饰极¼华丽丰满，放置在木质¼板上。神龛四面展现了图坦卡蒙和他的妻子安赫¼娜蒙之间的互动。在其¼的一个场景中，王后正¼细心地为丈夫涂抹圣油

护眼

金色的护眼本用于王室战车的马匹。在这些饰物上，绘制了用于辟邪的护身符——瓦吉特之眼或荷鲁斯之眼。下方的圆盘展现了贝斯（Bès）神的保护形象，可能是这些战车的装饰品。

拖鞋

这些做工精美的拖鞋摆放在地面上，或者原本保存在箱匣之中。这双皮拖鞋上绘制了两个被俘的敌人，其中一人是努比亚人（Nubien），另一人则是长满胡须的亚洲人。在他们的脚下和头顶上有四张弓，它们象征着埃及的宿敌。

黄金王座

这件家具凭借靠背华美的装饰而显得超群绝伦，靠背金色底色上的国王和王后极为引人注目：他们的服饰使用银片拼接，身体则使用玻璃釉片描摹，两人沐浴在太阳盘的耀眼光辉之中。这些人物形象表情凝重，面孔和头颅偏长，是阿玛纳风格的体现。

便携箱

这件旅行箱使用雪松木制成，其上饰有大理石和乌木金银丝镶嵌纹饰，发现于一张殡葬床下。箱内放置着花瓶、刀具和鸵鸟羽毛等物品，而箱体侧面雕饰有"开口仪式"的相关铭文，正面则展示了法老向奥西里斯进献供品的场景。

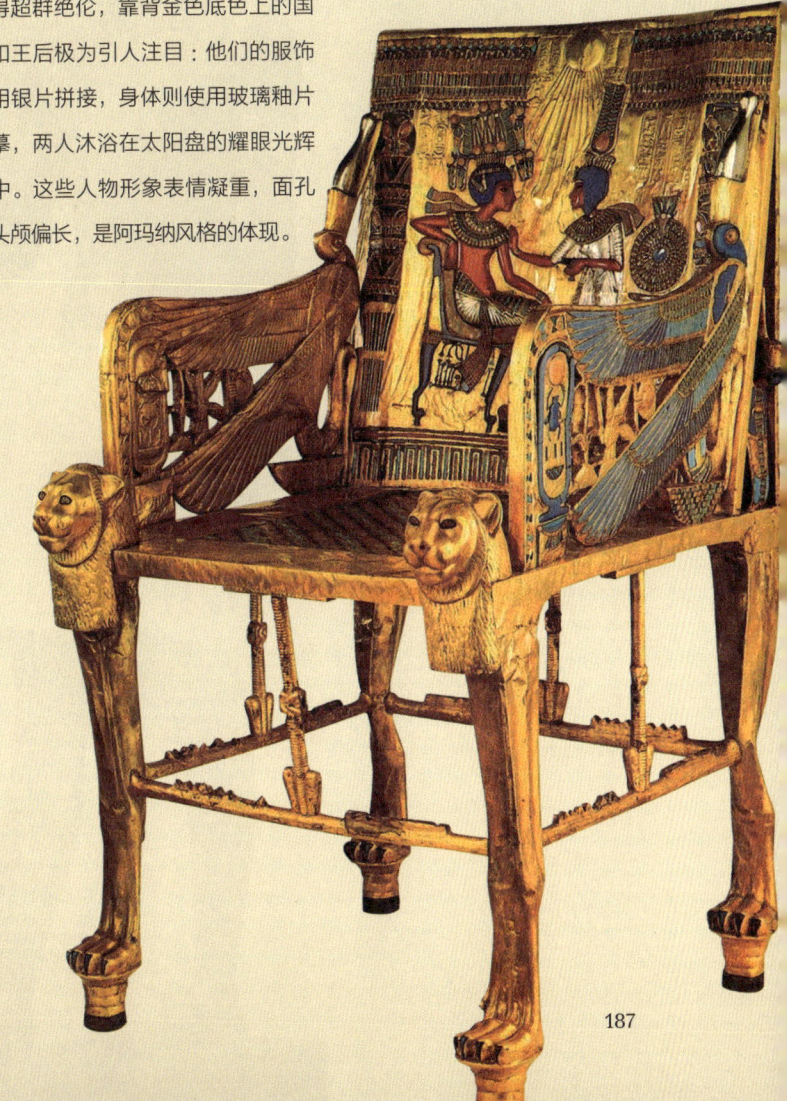

● 帝后谷

清的大小箱匣。然而，仔细观察就会发现这些凌乱的物品中有某种相互关联的逻辑，而且可以看到前室中放置的物品上都带有埋葬在隔壁房间中法老的名字——图坦卡蒙。

房间里的物品可以分为三大类，在这些物品之间似乎留出了一条通道。霍华德·卡特和卡纳冯勋爵在入口刚刚清理干净不久后就进入了这个房间，首先看到的是整面西墙，居中的是三张并排放置的床：中间一张为天牛造型，右侧的是狮子造型，而左侧的则是女神阿密特（Ammit）造型。

在第一张殡葬床两个支脚之间的地面上，有盛满供奉食物的匣子，食物堆积成山，另有一张较小的殡葬床摆放在第一张殡葬床上。在第二张殡葬床和床脚之间则摆满了匣子，里面堆满了各色物品。第三张殡葬床下只有一只匣子，床上则放置了一只箱子，而这只箱子遮挡了通向耳室的入口。

墓室守护者

两尊威仪的王室雕像（下图为其中一尊）是法老"卡"（生命力）的化身，守卫着墓室入口。这两尊雕像为木质人形雕像（涂覆着黑色树脂和金箔），高度为1.92米，以步行姿态彼此相对。

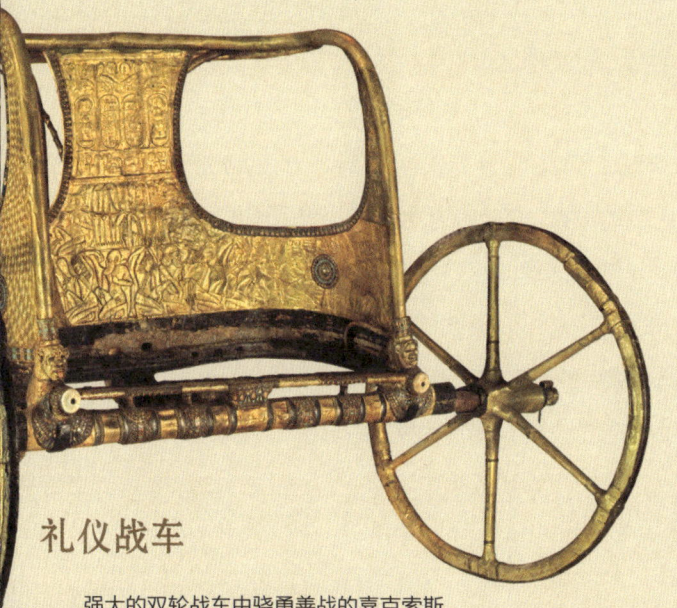

折叠凳

这张优雅的黑漆木凳上嵌有大理石,仿照猎豹的皮肤纹路,造型上带有下垂的尾部。在陵墓中的众多家具中,发现了十二张这种折叠凳。这张折叠凳位于前室,放置在多张殡葬椅对面。

礼仪战车

强大的双轮战车由骁勇善战的喜克索斯人引入埃及,后来成为骇人的战争武器。除了战场,它们还用于王室狩猎和巡游等场合。陵墓中共有六辆礼仪战车,其中四辆放置在前室,两辆放置在"珍宝厅"。

殡葬床

霍华德·卡特在前室中发现了三张与木乃伊化仪式有关的床,床上饰有女神阿密特、牛头女神梅赫图雷特(Mehetouret,下图)和狮头女神伊西斯·梅赫特(Isis-Mehet)。这些用单线条勾勒装饰的丧葬用床为木制,其上涂覆石膏,并使用黄金和玻璃浆予以绘制装饰。

木箱

这只精工细作嵌有纹饰的木箱是法老军事成就的赞美诗,其上展示的场景细节极为丰富,逼真得令人叹为观止。这些场景凸显了图坦卡蒙在战车上的形象,只见他手中持弓,率领军队直冲努比亚敌阵(黑色人物)。在霍华德·卡特看来,这件彩绘木箱是陵墓中最精美的宝物之一。

> 帝后谷

靠南墙和东墙大门靠左的位置，散落着拆开的四架战车的部件（车轮、车架以及更多的车轮）。东墙大门靠右侧的位置则是一只方解石容器，另有几根倚靠墙体放置的大树枝。然而，最惹人注目的是北墙，这里放置着两尊用黄金装饰（裙、头饰、项链、手环）的黑色人形雕像——两尊人像面对面放置，分立房间的两个角落，表情淡然自若。我们并不清楚这两尊人像是否原本就在这里，他们似乎守卫着一堵空墙（除了一些芦苇、陶制品和一只镶嵌精美的箱子），墙上有一个较大的长方形斑点，似乎表明这里曾有通向陵墓其他房间的入口，但后来被封堵了。实际上，墓室正在这堵墙之后。

清点宝藏

霍华德·卡特开始投入到宝藏的清点工作中，他首先在塞提二世墓（KV15 墓）中搭建了一个文物修复工坊；此外他在墓中为摄影师哈利·伯顿搭建了一间暗房，用来冲洗在整个发掘过程中拍摄的 2000 多张照片。清空前室用了整整两年时间，从最开始就一直遵循着精细的规约：对文物或文物组进行编号，在原地拍照，拍照时带有或不带有参考编号，在带有编号的卡片上记录细节，在总参考平面图上标识位置，将文物转移到 KV15 墓中进行进一步处理（如果文物十分易碎，那么首先要使用石蜡进行加固，但不损毁文物，之后再转移文物）。现在，这种方法已经成为每个考古学家的常规操作了。

礼葬瓮神龛

死亡后的尸体在分解细胞的酶和细菌产生的酶的双重作用下会逐渐腐烂。埃及人很早就意识到，摘除胃部和其他内脏后——如肠、肝和肺——就可以抑制自溶（腐烂过程）。然而，由于这些脏器是死者身体的一部分，而且死者在永久安眠中应当保持完整，因此必须将脏器保存起来。为此，埃及人想到单独对脏器进行防腐处理，并将其放置在尸身附近，每个脏器都被放置在被称为"卡诺匹斯罐"（vase canope）的容器中。这一名称源自早期埃及学家的误解，当时他们看到这种罐子的罐盖呈人头造型，便认为这是希腊国王墨涅劳斯（Ménélas）的领路人卡诺匹斯（Canope）的形象，因为他在尼罗河三角洲被制成花瓶的样式深得埃及人喜爱。礼葬瓮可能保存在特殊的箱子之中，一般而言箱中分为四格，用于放置成套的内脏木乃伊，但不包含中间层。最令人惊叹的礼葬瓮之一就是在图坦卡蒙陵墓"珍宝厅"中发现的：在华盖之下的贴金神龛中，保存着一个礼葬瓮箱——这组物品整体放置在一个托板上；木质华盖为埃及圣殿造型，其上覆有石膏和一层金箔，顶部是眼镜蛇造型的装饰框缘，眼镜蛇的头上饰有太阳盘，而华盖的立柱则雕刻着浮雕——上面有法老的称号。四位内脏守护女神雕像呈站立状，放置在华盖各边下方。女神高举双臂望向神龛，位于西侧的是女神伊西斯，位于东侧的是女神奈芙蒂斯，而女神奈特和女神塞尔凯特则分别位于北侧和南侧。

神龛上饰有浅浮雕，展示了每一位保护礼葬瓮的女神，她们分别看向与各自相关的脏器罐四位守护神相应的方位。这四位守护神是荷鲁斯的四个儿子：肠由隼头凯布山纳夫（Kébehsénouf）守护，受到女神塞尔凯特的保护；胃由豺狼头多姆泰夫（Douamoutef）守护，受到女神奈特的保护；肝由人头艾姆谢特（Amset）守护，受到女神伊西斯的保护；最后，肺由狒狒头哈碧（Hâpi）守护，受到女神奈芙蒂斯的保护。

■ 帝后谷

令人惊喜的礼葬瓮箱

神龛中放置着礼葬瓮箱，箱子放置在木质托板上，上面盖着一层亚麻布。礼葬瓮箱由一整块半透明的方解石制成，呈埃及神殿形状，正面和背面各有一个带翅膀的太阳盘装饰，箱盖正面饰有女神玛阿特（Maât，古埃及真理、正义和公平的化身，覆盖了宇宙秩序、社会关系、社会道德、个人修养等领域，有秩序、和谐、正义、公正、真理等内涵）跪像——女神双翼大张。四角处装饰着礼葬瓮守护女神，而中央部分则装饰着多列文字。

箱内还隐藏着一个惊喜。在新王国时期，在礼葬瓮上放置一个呈相关守护神形象的盖子是一种非常常见的做法。此处，守护神的形象是头戴涅姆斯头饰（正面竖有眼镜蛇和秃鹫）的图坦卡蒙法老本人，眼睛四周和眉毛经黑色线条勾勒加以强调，嘴唇则涂成红色。四个罐

▶ 礼葬瓮神龛　"珍宝厅"也被称为"礼葬瓮室"，因为"珍宝厅"中最为夺目的是保护方解石容器的神龛（左图）——容器中放置着法老的脏器（右图）。

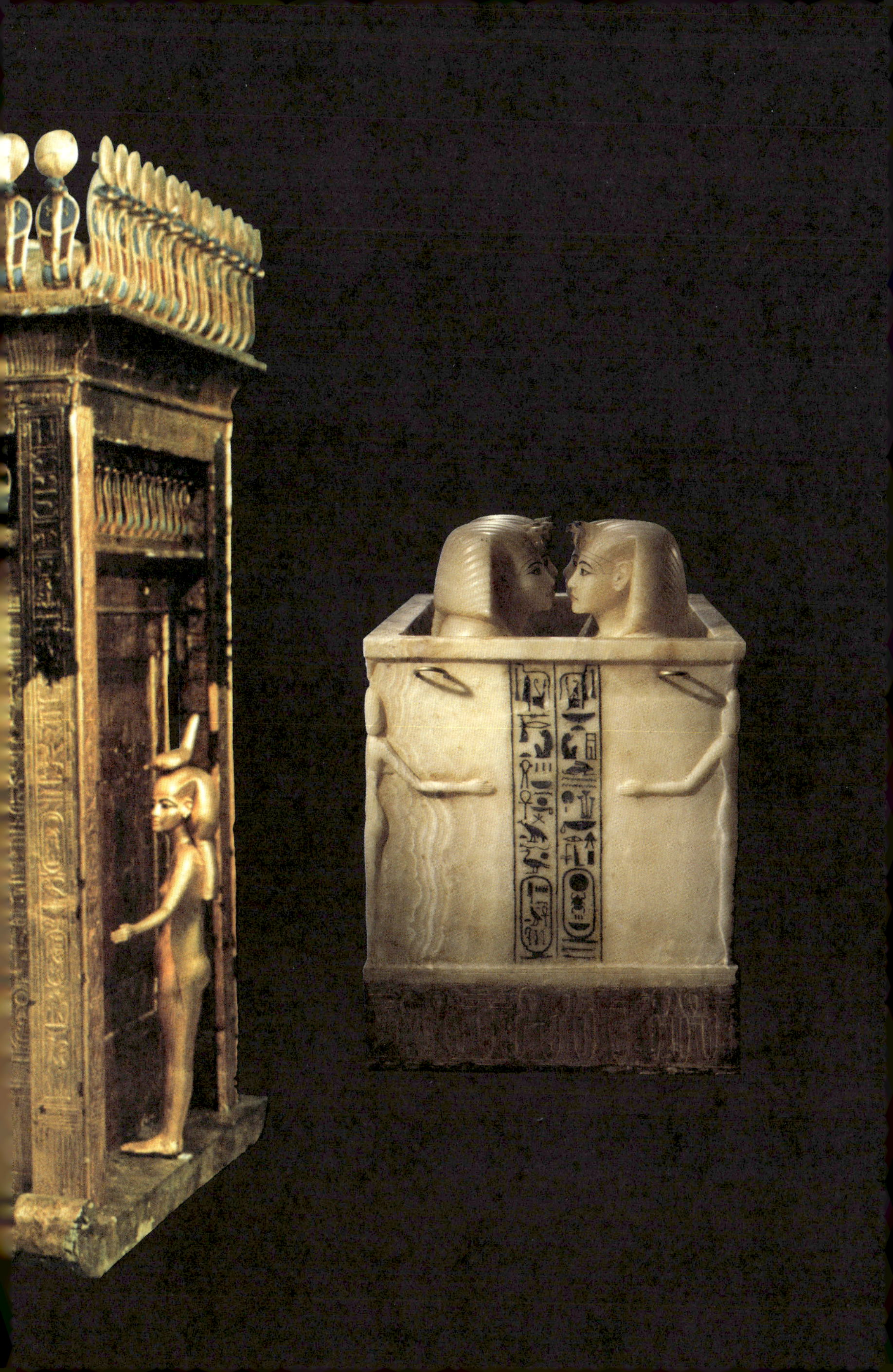

■ 帝后谷

盖向内凝望,两两相对。这些人头造型的罐盖覆盖在圆柱形的腔体上,每个圆柱形的内腔中都容纳着放置在微型棺中的内脏,而被发现时微型棺外包裹着亚麻布并涂有树脂。四具微型棺均为黄金打造,其上嵌有玻璃和红玉髓,样式令人想起法老的第二具人形棺。在罐盖内部,隐藏着女神努特像,而礼葬瓮箱内部则写满丧葬文。礼葬瓮箱原本计划给神秘的安卡-凯普鲁雷(Ânkh-Khéperourê)使用,然而他的名字被抹去后替换为图坦卡蒙。

保护礼葬瓮神龛的华盖高近2米,呈上埃及传统神龛形态,令人想起上埃及所处南部地区的神庙。

包含礼葬瓮的箱子放置在贴金木托板上,其上覆盖着亚麻布。礼葬瓮箱各侧面上雕刻着多列文字,正面共有六列,其他三面各有两列。

神龛内放置着方解石箱,神龛为木制贴金材质,以灰泥粉饰,其上还饰有玻釉和透明珐琅彩,箱内则放置着法老的礼葬瓮。

女神伊西斯(头戴王冠)守护着礼葬瓮神龛的西面,而其他三面的守护女神则是(右侧)塞尔凯特、奈芙蒂斯和奈特。

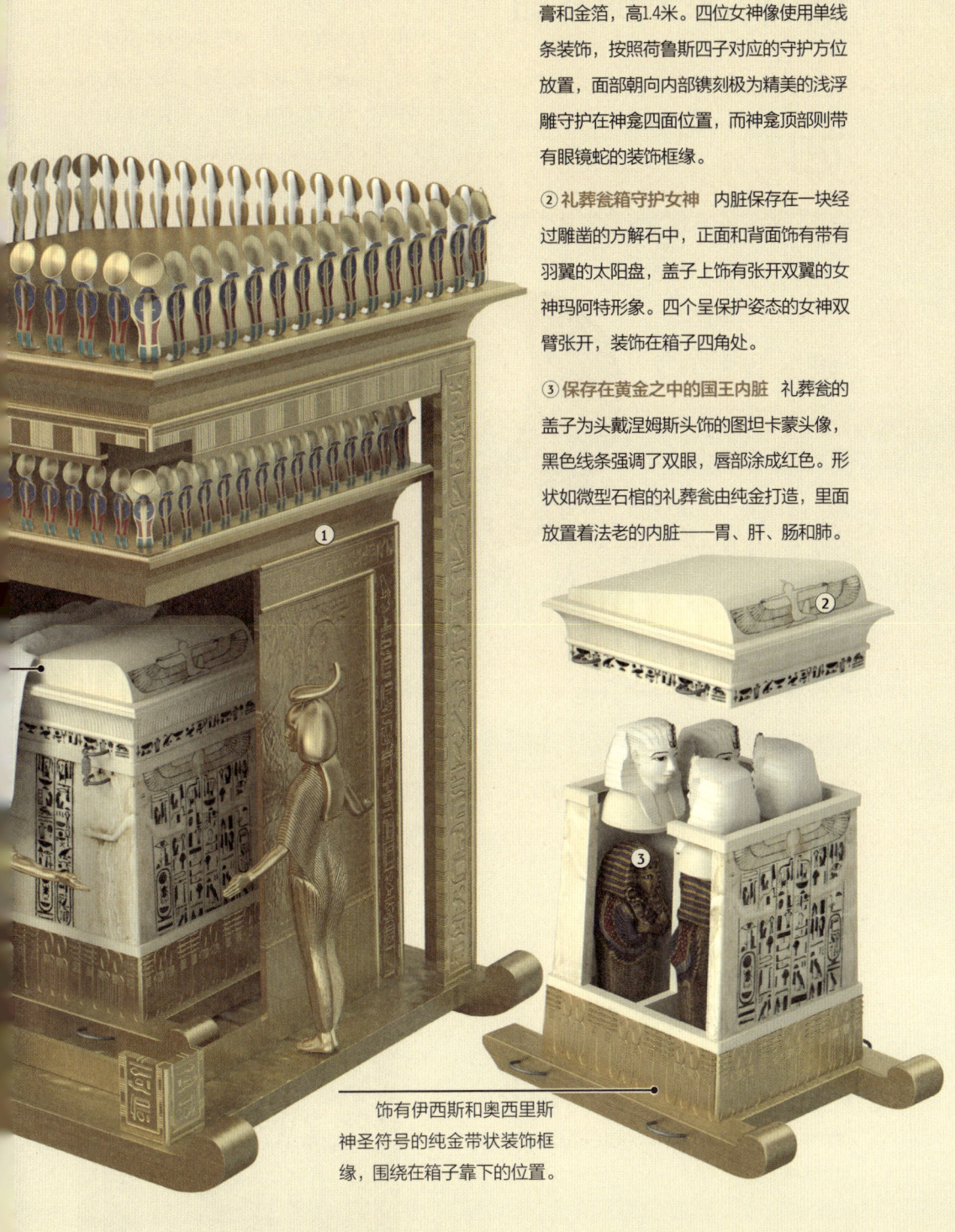

① **祭坛或贴金神龛** 神龛为木质，覆有石膏和金箔，高1.4米。四位女神像使用单线条装饰，按照荷鲁斯四子对应的守护方位放置，面部朝向内部镌刻极为精美的浅浮雕守护在神龛四面位置，而神龛顶部则带有眼镜蛇的装饰框缘。

② **礼葬瓮箱守护女神** 内脏保存在一块经过雕凿的方解石中，正面和背面饰有带有羽翼的太阳盘，盖子上饰有张开双翼的女神玛阿特形象。四个呈保护姿态的女神双臂张开，装饰在箱子四角处。

③ **保存在黄金之中的国王内脏** 礼葬瓮的盖子为头戴涅姆斯头饰的图坦卡蒙头像，黑色线条强调了双眼，唇部涂成红色。形状如微型石棺的礼葬瓮由纯金打造，里面放置着法老的内脏——胃、肝、肠和肺。

饰有伊西斯和奥西里斯神圣符号的纯金带状装饰框缘，围绕在箱子靠下的位置。

195

■ 帝后谷

图坦卡蒙的随葬品

如果说考古学家早已在尼罗河谷中发现过从未被盗的陵墓，那么这些没有遭到洗劫的陵墓没有一座是新王国时期的王陵。图坦卡蒙陵墓也不例外，因为它曾两次遭到劫掠。幸运的是，由于种种偶然因素，这座地下陵墓中的珍宝一直保存至今，是如今现存的唯一一个新王国时期法老的陵墓。此外，陵墓中所有的珍宝都没有被发掘陵墓的考古学家瓜分，因此如今我们能够有幸在开罗埃及博物馆中一睹它们的全貌，实际上，这些珍宝是关于古埃及最丰富、最详尽的博物馆藏品。

在帝王谷发掘的其他陵墓中，一般只留下为数不多的小雕像，以及数量极为稀少的其他随葬品。由

▶ 图坦卡蒙的珍宝保存于开罗埃及博物馆，这些珍宝的艺术价值、实际价值和历史价值可谓登峰造极。

带有圣甲虫像的胸饰

这件首饰由金、银、宝石和玻璃釉制作而成，结合了诸多具有象征意义的要素。居中的是一只圣甲虫像，代表着初升的太阳，它长有羽翼、尖爪和隼尾。在其身侧，两条眼镜蛇各托起一轮太阳盘。胸饰下部饰有莲花和纸莎草花，上部则是太阳船和荷鲁斯之眼的造型。

木乃伊的项链

图坦卡蒙的木乃伊佩戴着这条项链。代表上埃及的秃鹫女神涅赫贝特是守护法老的神灵之一。项链为黄金、彩色玻璃和黑曜石制成，由250颗珠子穿成，爪子各抓着一个"shen"，即象征着无限的圆环，而这个圆环无始无终，因此代表着永恒。

花园中的曼德拉草

这块彩绘大理石板是一个箱子的箱盖，展现了图坦卡蒙和他的妻子安赫塞娜蒙在花园中的场景。下部带状装饰框缘中有两位年轻女子正在割曼德拉草，而这种植物在古埃及是极为常见的药用植物。

黄金和半宝石

宝石胸饰是制作最为精美的饰品（如上图所示）。以有翅圣甲虫为形象的凯普里神居于中央，在他身边的是生育女神伊西斯（右侧）和死亡女神奈芙蒂斯（左侧）。胸饰使用的黄金、半宝石和点缀其间的玻璃相得益彰，使整件珠宝十分灵动。

守护神阿努比斯

珍宝和礼葬瓮的守护者卧在贴金木质轿子之上。守护神阿努比斯姿态高傲、神态自若，警戒着所有打扰法老永久安眠的不速之客。

通往冥界之路

国王可以乘船顺着冥界的水路，最终来到圣地"神之居所"。船首和船尾各有一顶华盖，船只有栏杆、帆和桨，是法老通往冥界的主要工具。

帝后谷

镂空黄金牌

这件黄金首饰表现了图坦卡蒙在战车上大败敌人的场景。两位长有羽翼的女神（眼镜蛇女神瓦吉特和秃鹫女神涅赫贝特）守护着法老以避免他遭遇不测，而在法老马蹄下的混乱之军四下逃散或就此殒命。这件首饰可能是马鞍肚带扣、腰带扣或军腰带扣。

黑豹背上的图坦卡蒙

图坦卡蒙法老像傲然立于黑豹的背上，左手举起一根权杖，右手握麈（nejef）。整尊雕像为木质，其外镶有黄金，按照阿玛纳时期典型风格制作：面部勾线、头颅略长、面部表情沉静以及胸部具有女性特征。这尊雕像在2011年开罗埃及博物馆遇袭时损毁。

珠串胸饰

这件珠串胸饰用多颗珐琅细珠串制而成，造型为多层圆弧形。珐琅在古埃及广泛使用，以砂浆或石英颗粒为原料，烧制后呈现出美丽的玻璃外观。

棋盘

塞尼特（senet）是古埃及民间流行的一种棋，共有三十个格。上图为木质棋盘，其上嵌有黄金和大理石。图坦卡蒙地下陵墓中发现的多个箱子中放有多副棋具，这些棋具供法老在冥界消磨时光。

带有船体的家具

船首和船尾为羚羊造型的仪式船放置在这件家具上，整件家具由埃及方解石雕凿而成。一位身材矮小的裸体女性人物在船尾领航，而另一位女性人物坐在船首，手中持着一朵莲花。

■ 帝后谷

愿望杯

这只方解石酒杯呈半开的莲花造型。酒杯上雕饰了十分雅致的图案，还有图坦卡蒙的名字和头衔。莲花是重生和重返青春的象征，是古埃及颇为常见的装饰图案。在图坦卡蒙的地下陵墓中，共发现了近八十支酒杯。如今，我们可以在霍华德·卡特的墓碑上读到酒杯上装饰铭文的英文译句。

乌什布蒂

这些神奇的人俑负责完成法老在冥界的职责。在二十四只镀金木箱中，放置了国王在冥界的四百一十三个"替身"。侧面的乌什布蒂为头戴蓝冠的法老形象，手中持有象征着法老身份的鞭或麈与钩（heqat）。

装饰精美的扇子

这把扇子饰有四十八根鸵鸟羽毛，正反面均有狩猎场景。在展示的场景（侧面）中，法老站在战车上，准备用弓箭结束一只受伤鸵鸟的性命；背面则展示了仆从搬运战利品的场景。

饰有女神努特的胸饰

女神努特张开双翼，将君主的王名圈——尼布赫佩鲁尔·图坦卡蒙（Nebkhéperourê Toutankhamon）收拢于两翼之间。青金石（用于表现神灵头发的材料）在这只精美的雕刻胸饰中十分显眼。女神的头部和脚部同样使用了这一华丽的材料，而女神脖颈上佩戴的项链则由青金石、黄金和红玉髓镶嵌而成，长有羽翼的双臂还使用了玻璃釉。

镂空箱

掀开这只镂空箱的箱盖，发现里面放置的是法老书写时必备的文具，并分别放置在十六个格子之中。两个橘黄色的按钮缠绕细绳便可将箱子关严。这只精美的木箱上饰有象形文字。在十个花篮饰（共计）中，每个都带有"安卡"标志，周围则是两根权杖（权力[pouvoir]）图案，旨在祝愿法老拥有"无上生命和权力"。

▨ 帝后谷

于客观现实，我们无法进行比较，但一位在位近十年且不到二十岁就撒手人寰的法老，在他的陵墓中竟然藏有如此之多的宝物，那么可以想见图特摩斯三世或拉美西斯二世这样的法老陵墓中的随葬品将会多么震撼人心。盗墓贼从陵墓中偷走了随葬品，这不仅使珍宝陨灭，更是使知识湮灭于浩瀚的历史之中。这些看似微不足道，但如果 KV62 墓的盗墓贼没有打开箱匣，将里面放置的物品散落一地的话，那么我们就很有可能知道其中的一个箱子里放置的加德特木（qedet）是什么，或者其中一个乌什布蒂（ouchebtis，替身俑）的梅里木（mery）是什么，而现在我们只能凭空想象陵墓的恢宏气度。如果新王国时期的某一位法老醉心文学，并将自己的藏书尽数埋入地下，在箱匣中装满他喜欢的作品，那又将是怎样一番景象？究竟有多少前所未闻的关于法老的记述可能永远佚失了？如果这些作品中包括《都灵纸莎草王表》（*Canon royal de Turin*）全本呢？这本书记载了所有法老的在位年代。

旅行不可或缺之物

仅举几个例子便可以了解盗墓对墓葬的影响有多么巨大。在陵墓被发现的时候，许多箱子上都带有僧侣体的铭文："属于法老墓葬游行的金指环"、"国王幼年时期的衣服"或"国王的鞋履。生命、健康、活力！"等。然而，所有物品或消失或已被变换了位置。最后一只箱子里是法老的鞋子，还有一个贴金木质头靠和一件衣服。毫无疑问，盗墓贼第一次进入陵墓的时候，带走的是油、香脂和布料（这些物品在古代是货真价实的奢侈品，尤其是法老专供的布料织造工匠织出的布料）以及容易搬运和藏匿的小珠宝。第二次进入陵墓的盗墓贼受到了惊吓，不得不放弃偷盗的贼赃。

图坦卡蒙的随葬品种类繁多，包括珠宝、项链、日常用品、扇子、武器、玻璃制品、头靠和乌什布蒂等，而珠宝胸饰堪称古埃及金银手工艺人的巅峰之作。在这些装饰法老上半身的首饰中，黄金占有重要的地位，此外也有玻璃釉和青金石等其他材料。我们可以说，胸饰和珠串项链是古埃及最典型的首饰。

然而，不要忘记，还有织物（古埃及人用织物布料包裹覆盖各种物品，使它们具有神性，图坦卡蒙的陵墓就证明了这一点）和服装。织物和服装都是法老生前使用过的，包括手套（27副）、奢华的服装（有些装饰具有叙利亚风格）、内衣（简单的三角形织物上系有一条缠腰带）以及93双鞋子（有些为纸莎草鞋，为日常使用；有些是更为考究的皮质鞋子；还有一些是黄金或者木嵌金的鞋子，用于仪式）。此外还有不少乐器，手臂造型（手部举起）的大理石响板，几个形似球拍的打击乐器，以及两把小号——其中一把为银质，另一把为铜制。有趣的是，在1939年英国BBC电台（英国广播公司）的一档节目中，一位军乐手使用现代的吹口当场演奏了这两把小号。

陵墓中还放置了大量食物，供法老的"卡"（生命力）在冥界食用。鉴于死者身份特殊，食物种类极为丰富，包括谷物（小麦和大麦）、多种面包、熟肉（装在木制圆箱中）、成辫的洋葱、小扁豆、鹰嘴豆、小豌豆、刺柏果、芫荽、芝麻、孜然、蜂蜜、枣和瓶装酒等不一而足。为了保证法老在冥界万物齐备，随葬品中还包括刮脸匣、小药箱，甚至还有一个用于生火的"打火机"——图坦卡蒙的随葬品里也有这类不太起眼儿的小物件。

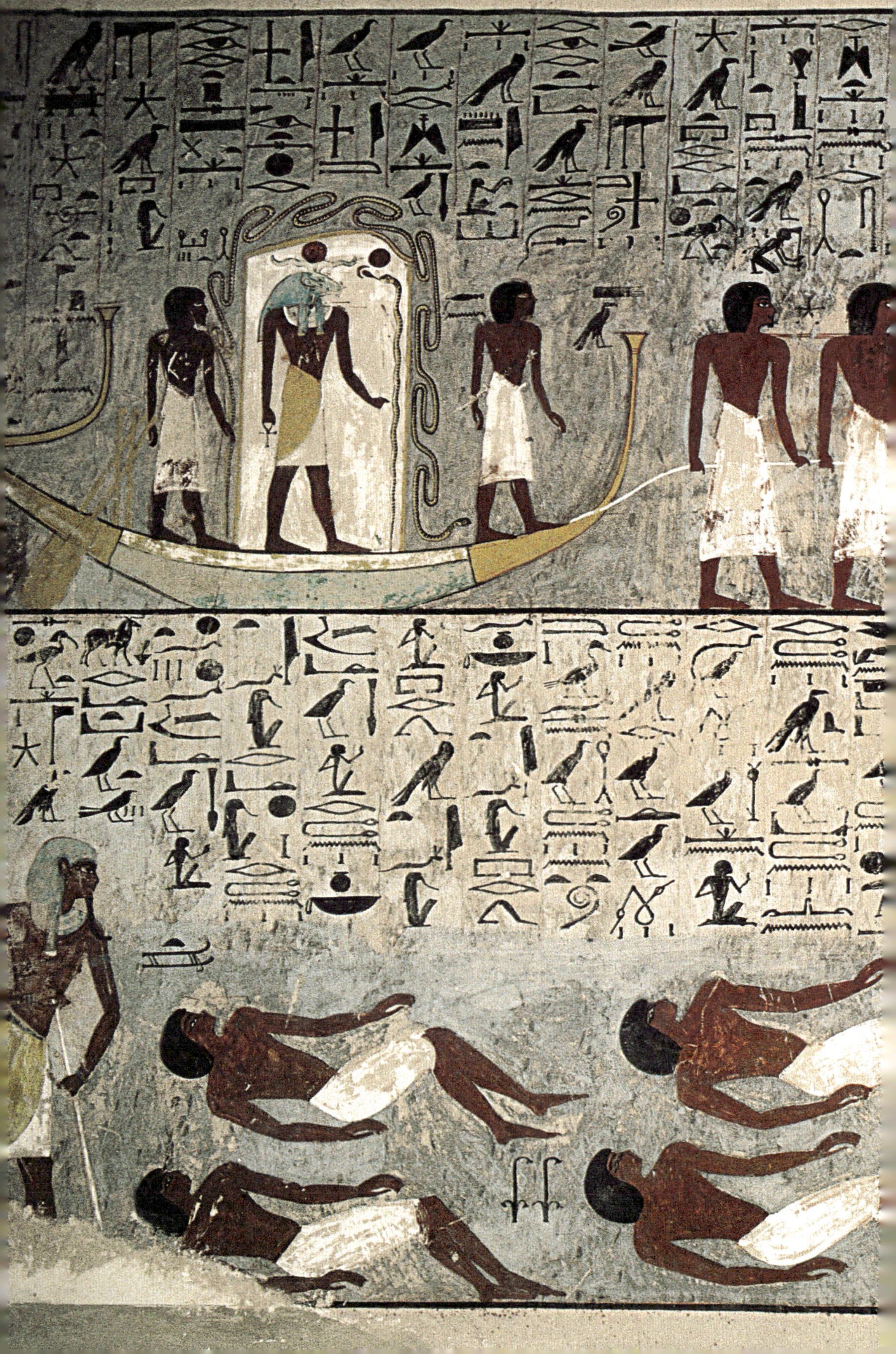

第十八王朝陵墓

在古埃及历史最初的一千年中（古王国和中王国时期），法老们都埋葬在石头金字塔内，后来则葬于砖石堆砌的金字塔中，并在金字塔两翼修建神庙用于举行亡故法老的祭拜仪式。然而，这些建筑太过招摇，从很远之处都能清楚看到，法老的陵墓中埋藏的大量宝藏也显而易见。自法老时代伊始，盗墓简直就成了古埃及人最喜欢的消磨时间的方式，因此在第一中间期和第二中间期金字塔便遭到了洗劫。正是基于这个原因，第十八王朝的法老在建立新帝国时就决定加强陵寝的安全，他们采用的方法便是将陵墓和葬祭庙分开，而且不再采用金字塔造型。自此之后，法老选择在河床（wadi）的岩石中开凿陵墓并远避尘世，这一陵墓区因此得名"帝王谷"（Vallée des Rois）；而"百万年神庙"（temples des millions d'années）则修建在距帝王谷几公里之外的沙漠边缘地带。

虽然此后法老抛弃了修建金字塔，但这并不意味着放弃了法老陵墓本身应具有的象征和意识形态意义：新的王室墓地位于号角山（Al-Qurn，"顶峰"）脚下，这是底比斯的一座山峰，拥有天然的金字塔造型。

显然，第十八王朝的法老希望尽可能地隐藏陵墓位置，这一点在河床选定的挖掘陵墓的地点——陵墓位于悬崖高处，靠近峡谷和干涸的瀑布处——就能看到：石块垒成的墙体上覆有石膏，通向陵墓的入口，而这处墙体在降雨过后被水流夹带石块和泥浆完美地隐藏起来，因此屏蔽了不止一位可能到访的盗墓贼。

■ 帝后谷

图特摩斯三世陵墓

在修建未来成为帝王谷的墓地时，就尤其注意让"两地之国"的法老们的陵墓尽可能不要引起日后那些无药可救的盗墓贼的觊觎。好大喜功的法老图特摩斯三世的陵墓隐蔽性最强：陵墓的入口位于一座悬崖的峡谷中，每次降雨都会在这个位置形成一条瀑布，自然地将入口隐藏起来。然而，为了对水流稍作限制（瀑布的源头来自地表几千平方米的水域）并防止陵墓被淹，人们在陵墓入口上方修建了五个小型水坝，使水流向入口西侧流去。

陵墓位于号角山的正下方，自河谷入口处看号角山宛如一座自然形成的金字塔，而葬礼游行的队伍要经过号角山的北侧。图特摩斯三

▶图特摩斯三世陵墓是一座挖掘的地下陵墓，是第一座与葬祭庙分开的陵墓。这是一种新王国时期特有的、新的丧葬建筑。

◀◀《门之书》残片，装饰着霍伦海布墓室墙壁的局部。

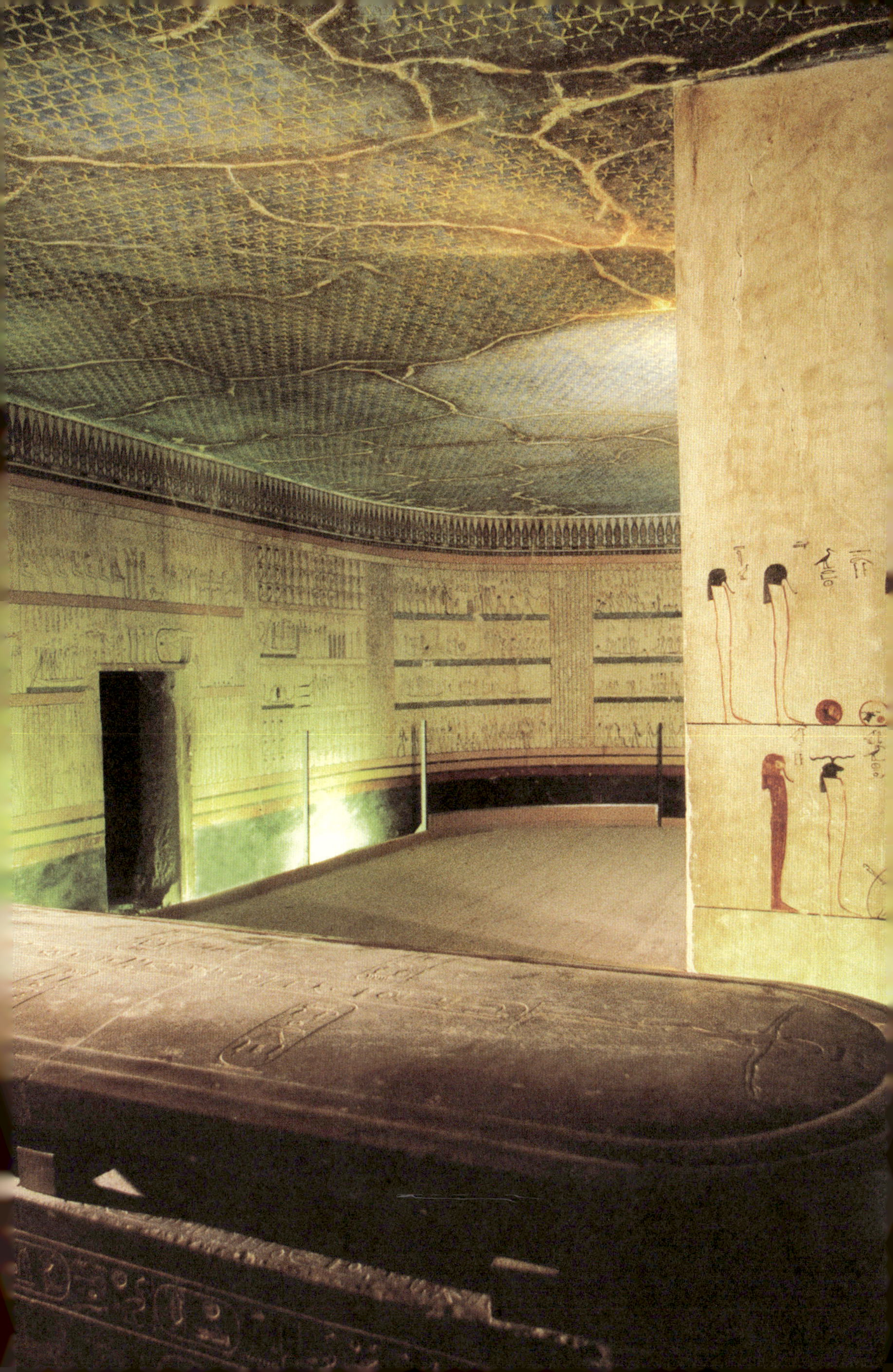

▎帝后谷

世的陵墓符合第十八王朝王陵的两大标准：位置隐蔽，受到金字塔形状的福荫。

KV34 墓就是图特摩斯三世的陵墓，由法国人维克多·罗莱（Victor Loret）团队发现，他当时身任埃及文物局局长一职。1898 年，考古学家们在帝王谷的东南角开始勘察，成功发掘时局长因故不在，但勘察则是在局长的指挥下完成的。维克多·罗莱回到现场后开始陵墓内部的发掘，工作有条不紊地进行着，工人们也都十分用心。尽管河谷中前几座发掘出的陵墓墓主身份存疑，但是图特摩斯三世的身份十分确定，因为他的名字出现在石棺之上，而且在墓中的其他两个房间也有所体现。

发掘完成后，通过细致的研究，人们重建了从陵墓修建到下葬后封堵入口的完整过程。研究显示，首先挖掘的是陵墓，之后修建工作便中断了——这一停顿可能是由于哈特谢普苏特女王登基后下令工人先修建她的陵墓所致。之后墙体涂白，然后又涂刷了房顶和中楣。等到为

太阳穿行于冥界

图特摩斯三世陵墓的墓室设计主题为装饰华丽的纸莎草：描写太阳在夜晚的十二小时旅程的《阿姆杜阿特之书》，完整地雕刻在墓室中。

① **象形文字之"毯"** 在墓室墙壁上能够看到使用草书体象形文字雕刻的《阿姆杜阿特之书》全文，这部书中有一部分内容雕刻在图特摩斯一世陵墓中。象形文字中的形象呈直线型，线条极为精简。

② **墙上的装饰框缘和装饰雕刻** 墙上以王名圈的形式装饰着典型的纸莎草秸秆装饰框，装饰框突出的颜色与稻草黄色的墙体对比强烈。红黑色的精简图像雕刻在墙上，似乎形成了一株巨大的纸莎草。

③ **石棺** 石棺由红色石英石打造，表面光滑发亮，但局部遭到了古代盗墓贼损坏。石棺呈长方形，四角为圆形，使人联想到法老的王名圈。

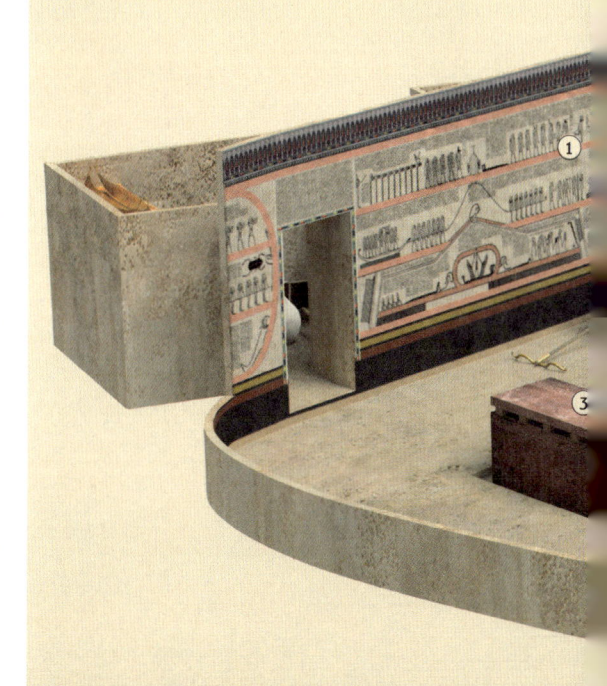

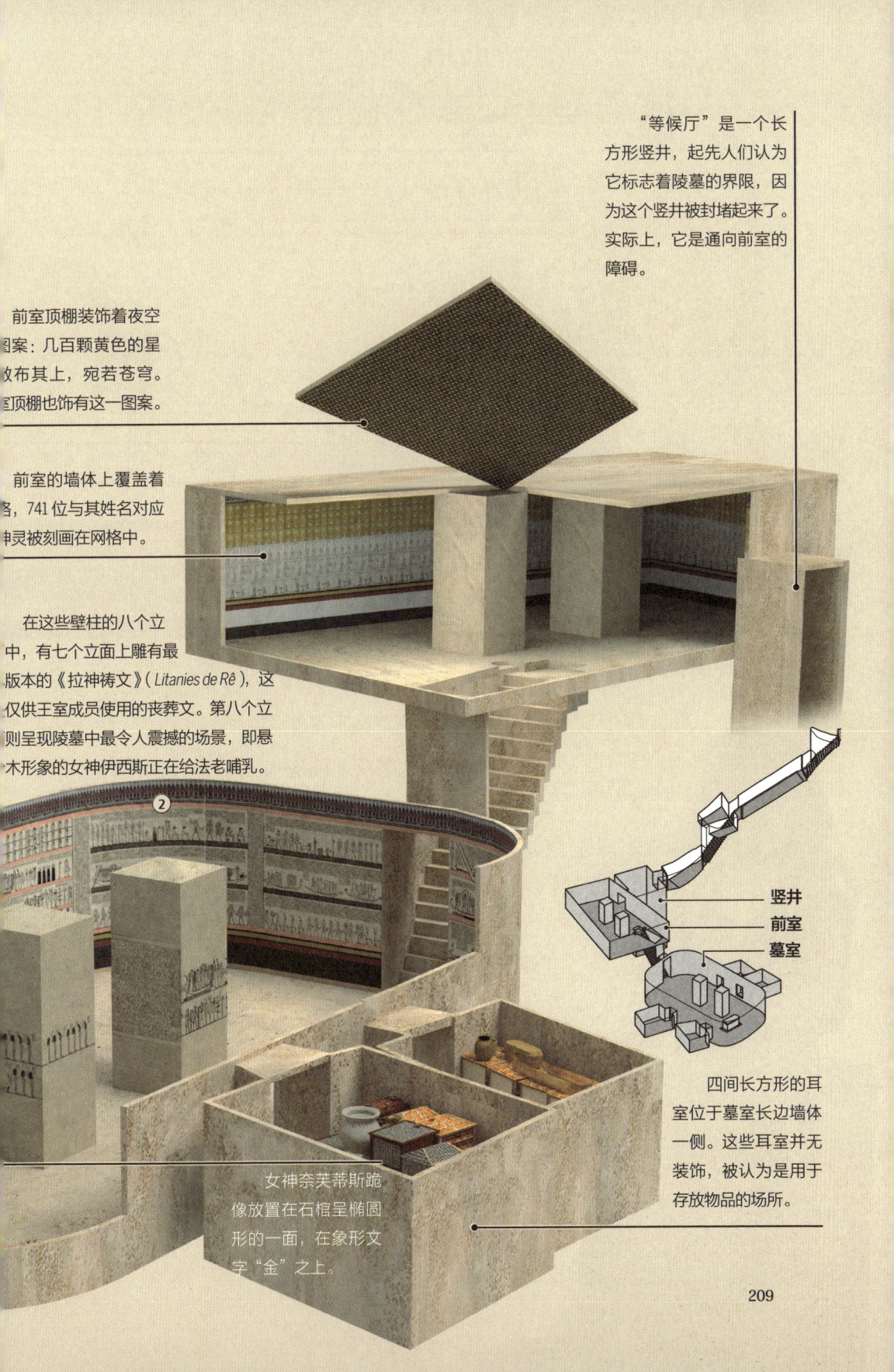

"等候厅"是一个长方形竖井，起先人们认为它标志着陵墓的界限，因为这个竖井被封堵起来了。实际上，它是通向前室的障碍。

前室顶棚装饰着夜空图案：几百颗黄色的星布其上，宛若苍穹。顶棚也饰有这一图案。

前室的墙体上覆盖着⋯，741 位与其姓名对应⋯神灵被刻画在网格中。

在这些壁柱的八个立⋯中，有七个立面上雕有最⋯版本的《拉神祷文》(Litanies de Rê)，这⋯仅供王室成员使用的丧葬文。第八个立⋯则呈现陵墓中最令人震撼的场景，即悬⋯木形象的女神伊西斯正在给法老哺乳。

女神奈芙蒂斯跪像放置在石棺呈椭圆形的一面，在象形文字"金"之上。

竖井
前室
墓室

四间长方形的耳室位于墓室长边墙体一侧。这些耳室并无装饰，被认为是用于存放物品的场所。

209

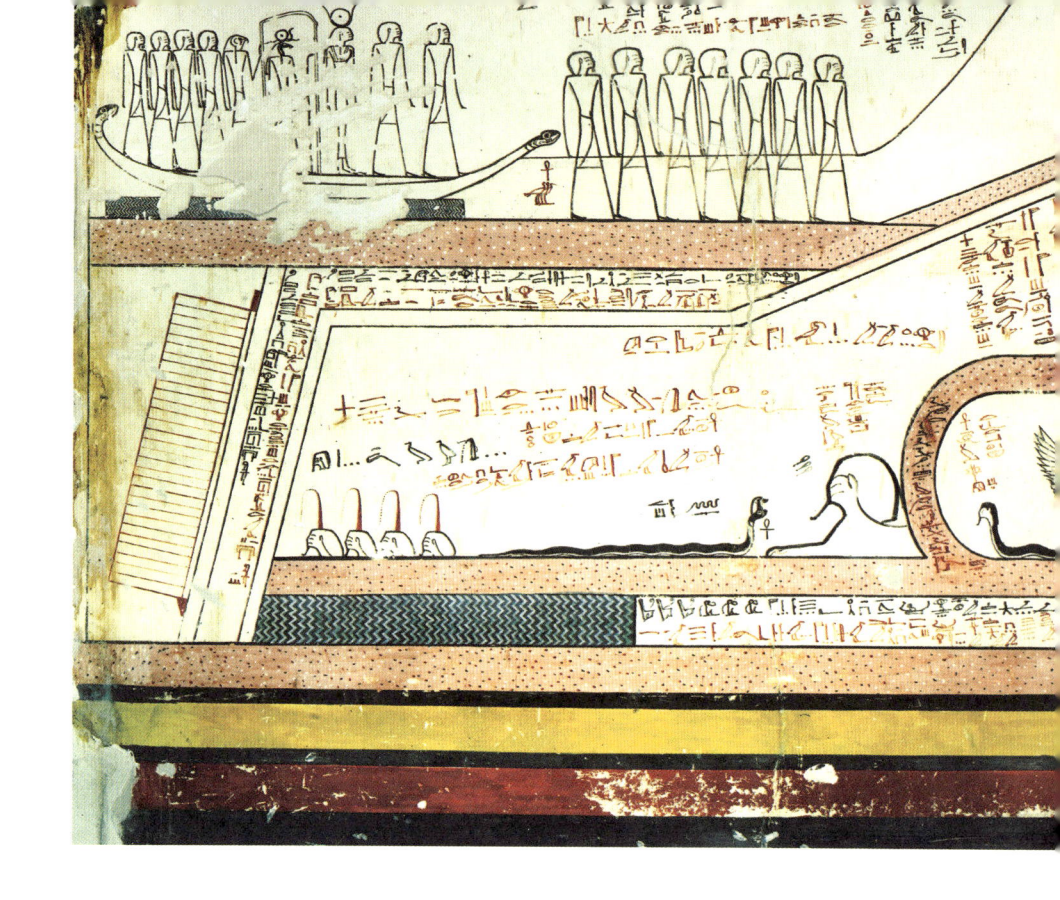

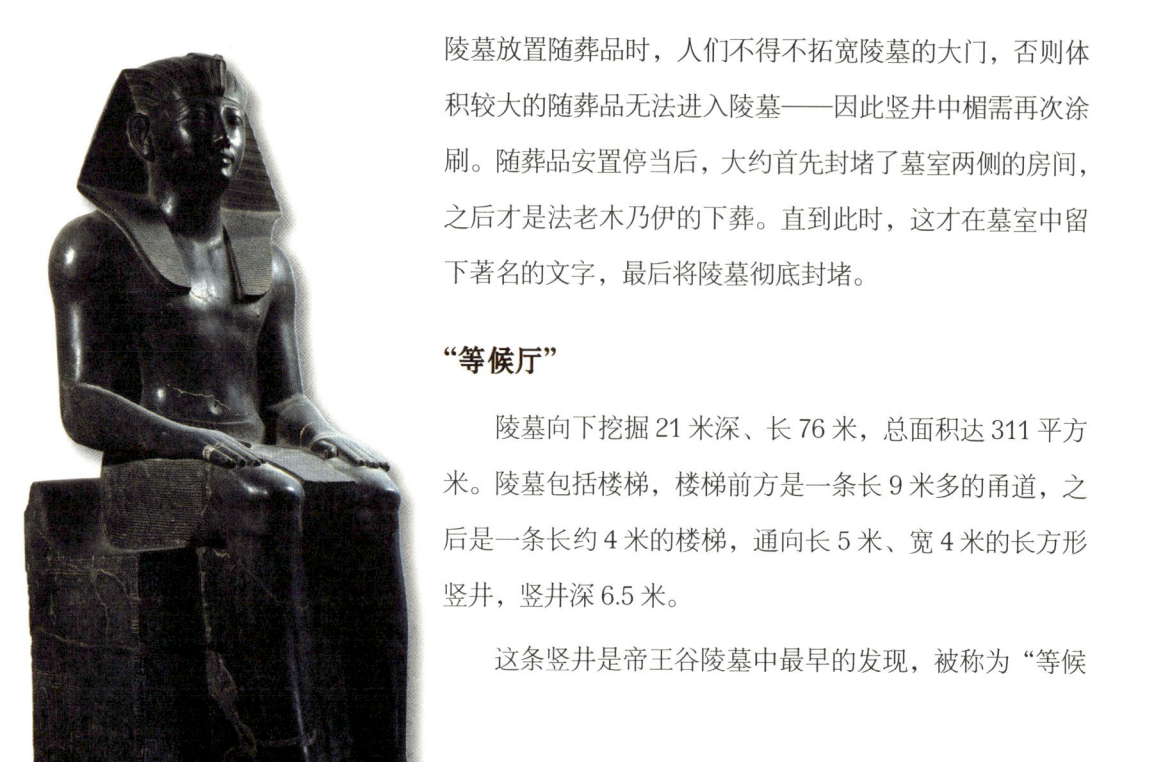

陵墓放置随葬品时，人们不得不拓宽陵墓的大门，否则体积较大的随葬品无法进入陵墓——因此竖井中楣需再次涂刷。随葬品安置停当后，大约首先封堵了墓室两侧的房间，之后才是法老木乃伊的下葬。直到此时，这才在墓室中留下著名的文字，最后将陵墓彻底封堵。

"等候厅"

陵墓向下挖掘21米深、长76米，总面积达311平方米。陵墓包括楼梯，楼梯前方是一条长9米多的甬道，之后是一条长约4米的楼梯，通向长5米、宽4米的长方形竖井，竖井深6.5米。

这条竖井是帝王谷陵墓中最早的发现，被称为"等候

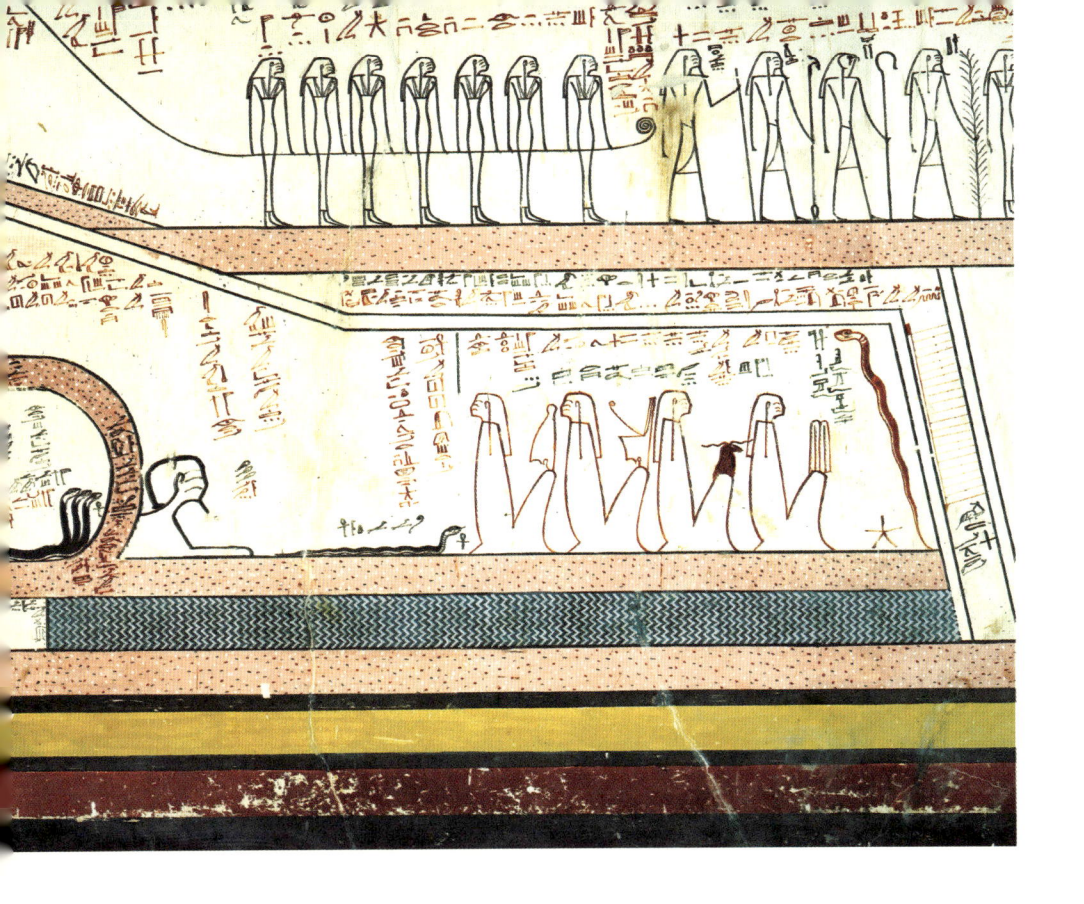

厅"（salle d'attente），但实际上我们对它的功能一无所知。有些人认为这些竖井是用于泄洪的，另一些人则认为是困住盗墓贼的陷阱，还有人认为这些竖井具有宗教象征意义。有的竖井上有装饰（如第 208—209 页图中的中楣具有纸莎草秸秆装饰框 [kheker]，顶棚点缀着星星），有的通向其他的墓室。如今，大部分专家认为每座陵墓中竖井的作用各不相同。

陵墓似乎在此处到达尽头，因为竖井的后墙被完全堵死（在多座陵墓中发现了相关遗迹），给人感觉后面再无一物。这种障眼法却并没有骗过盗墓贼：在这堵墙后面还有一间"前室"，那是一间长 11 米的梯形房间，两个短边分别为 5 米和 7.5 米，厅内有两列呈正方形横截面并沿厅

▲ 这两段铭文展示了《阿姆杜阿特之书》中描述的第五小时的场景：上部，太阳船向索凯利斯（Sokaris）洞窟驶去，七位神灵驾驶着太阳船；下部，展示了土丘内部的场景，太阳船就系在这一土丘之上。

◀ 帝王谷在图特摩斯三世统治时期成为王室墓地。这尊图特摩斯三世人像由闪长岩制成，展示出他作为第十八王朝伟大法老的气度。
🏛 都灵埃及博物馆

主轴方向布置的立柱。这些立柱的立面上都画有网格，这表示原本打算对这些立柱进行装饰，但最终计划搁置了。相反，棚顶上装饰着许多星星，而墙壁上则划分了741个长方形格子，每个格子里写着冥界居民（神灵）的名字并绘制了他们的形象。冥界的展示与墓室相连，走过通向墓室的楼梯即来到此处，而墓穴墙壁装饰的图案于此不同——选自《阿姆杜阿特之书》中的场景，即冥界的景象。

"密室之书"

放置图特摩斯三世遗骸的房间长15米、宽8.5米，房间四角呈圆形，使房间的平面图呈法老王名圈形状。四个四边形的房间以木门封闭，用作储存物品的空间，它们大约长3米、宽2.5米（两个位于左墙侧面，两个位于右墙侧面）。两个立柱支撑着房间的顶部，其连线与中轴相比略向左偏斜。房间顶部饰有黄色的星星，作为天穹（与前室一致）。相反，墙体非常光滑，具有浅色背景，似乎是模仿莎草纸表面的颜色。这种感觉通过其上线条简洁的插画以及草书体象形文字进一步增强，令人想起丧葬纸——莎草纸。这些场景出现在《阿姆杜阿特之书》中，展示了太阳在阿姆杜阿特（Amdouat）如何度过夜晚的十二小时。房间西墙展示了前四小时的场景（进门后的身后；第四小时的图案框住了房间的入口）；南墙上展示了第五小时和第六小时的场景（进门后的右手边，在石棺尾部正后方）；而第七小时和第八小时的场景装饰在北墙上；最后，第九小时至第十二小时的场景绘制在东墙上。这些场景展示了太阳的运行路线图，场景的布局和围绕石棺流畅的装饰线条使这间房间成为冥界的密室。

《阿姆杜阿特之书》并不是墓室中唯一的丧葬文。两个中央立柱共有八个立面，其中七个立面雕饰着《拉神祷文》最早的版本。这一丧葬文描绘了太阳重生的神圣奥秘。第八个立面上展示了名为伊西斯的树神为法老哺乳的场景，而伊西斯正是图特摩斯三世母亲的名字。

墓室的最后一个元素是石棺，这具石棺由红色石英石打造，其前端两角为圆形——如同王名圈，这与石棺所在房间的形状相似。石棺长2.35米，宽0.85米，高近 1 米，装饰石棺的雕刻（努特和丧葬男性神灵保护着死者，还有女神伊西斯和奈芙蒂斯）被涂成红色加以强调。但石棺遭到了盗墓者的洗劫，因为 1898 年维克多·罗莱进入墓室时发现，棺盖掉落在地面上，已经碎裂。木乃伊发现于代尔麦地那（Deir el-Medineh）；而陵墓的随葬品也所剩无几，不知餍足的盗墓贼早已将陵墓洗劫一空，甚至将镀金雕像摔碎后随手扔到墙角，掉落的金箔痕迹默默诉说着这一切。

■ 帝后谷

阿伊法老的地下陵墓

阿伊是阿玛纳时期最重要的历史人物之一，因为他是备受喜爱的异姓王之一。一方面，阿伊是王后纳芙蒂蒂的父亲；另一方面，即便没有这层关系，阿伊的政治手腕也高超到足以服众。除此之外，阿伊懂得隐忍乃长久之道，因此一直位高权重。阿伊首先经历了埃赫那吞的亡故，其次又在埃赫那吞之子图坦卡蒙在位十多年间兢兢业业，最终他才登上"两地之王"的宝座。

阿伊成为法老后决定效仿阿蒙霍特普三世，选择在帝王谷西部开凿陵墓（这一区域的陵墓代号前部为WV，即"西谷"[West Valley]）。我们不知道阿伊这样做是否意在与埃赫那吞及其直系继任者划清界限，但这确实是一种可能。图坦卡蒙这位早亡的法老薨逝时陵墓并没有建

▶ 阿伊陵墓是少有的位于帝王谷西部的法老陵墓，这一区域更常被称为"猴谷"（Vallée des Singes）。

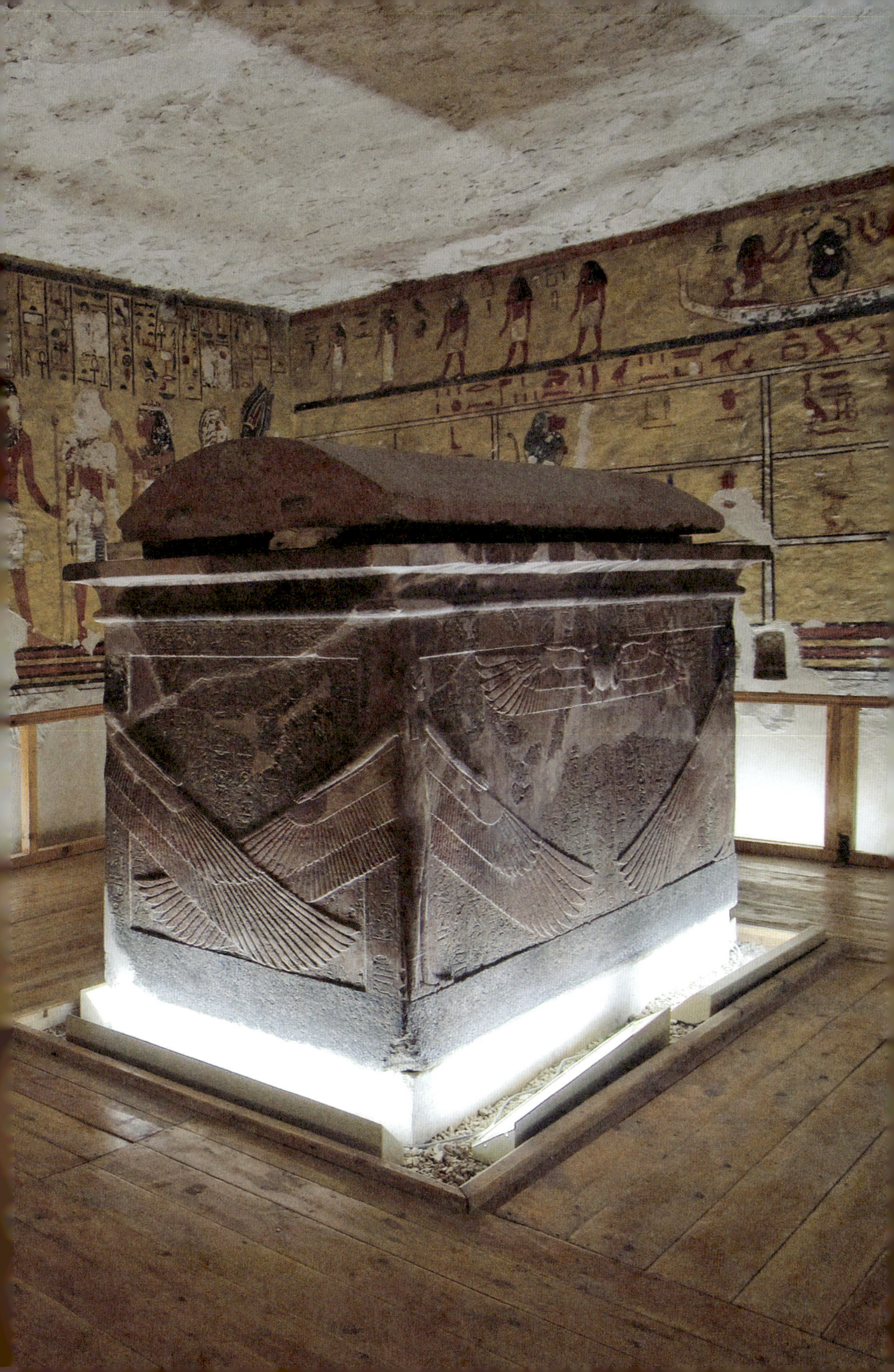

◼ 帝后谷

完，最终是阿伊完成了其陵墓的修建，因此他可能占用了图坦卡蒙的陵墓。

WV23 墓即阿伊的陵墓，是乔万尼·贝尔佐尼（Giovanni Belzoni）于 1816 年在帝王谷散步时偶然发现的。然而，直到 1972 年，美国埃及学家奥托·沙登（Otto Schaden）才完成了陵墓的发掘。毫无疑问，阿伊的陵墓是王陵演变中的一个转折点，因为阿伊在帝王谷中使用了具有埃赫那吞陵墓阿玛纳风格的长方形平面。不过，有些细节之处让人觉得阿伊也曾考虑建造一座拉美西斯二世陵墓那样的地宫平面稍微向右偏移的陵墓。

阿伊陵墓长 60 米，深 20 米。通过一条在地面上挖掘的隐秘入口（与第十八王朝其他的陵墓一样），就来到了陵墓的第一部分——长 6 米余的较陡的阶梯，之后是未经装饰的长 13 米的通道。然而，这条通道的一个细节引起了人们的注意：通道上有两个洞彼此相对，里面嵌着一根梁木，这根梁木可以使阿伊的石棺沿着下一层阶梯下滑，而这层阶梯长近 8 米、

❶ **荷鲁斯之子** 木乃伊形态的荷鲁斯四子坐在一张堆满祭品的桌前。他们戴着复串华链（ousekh）和假胡须，手中还拿着鞭子形状的埃及权杖。艾姆谢特（Amset）和哈碧头戴下埃及红冠，而坐在他们对面的多姆泰夫（Douamoutef）和凯布山纳夫（Kébehsénouf）则头戴上埃及白冠。

❷ **北墙** 此处墙体的装饰在图坦卡蒙的陵墓中也有出现。下部，十二只狒狒（《阿姆杜阿特之书》中的夜晚十二小时）绘制在十二个长方形格子中；上部，太阳船和圣甲虫凯普里在夜空中航行，左侧的五位神灵前来接引来到冥界的法老。

❸ **冥界中的接引** 西墙上所绘制的场景表现了冥界神灵接引阿伊，他们是奥西里斯、哈托尔和女神努特。象征着生命和力量的"卡"跟在法老身后，是人类的灵魂之一。在图坦卡蒙的墓室中，呈现了类似的场景。

❹ **守护女神** 在灰色花岗岩石棺上雕刻了四位双臂展开的守护女神，即伊西斯、奈芙蒂斯、奈特和塞尔凯特。石棺放置在墓室主轴延长线上，已被盗墓贼严重损毁，后来得到复原。

深6米。之后的甬道长约15米，坡度足够大，可以使石棺安全无虞地滑入墓室；由于没有挖掘"困住盗墓贼的竖井"，因此减轻了工程的难度。取而代之的是，一间4平方米近乎正方形的房间，作为地下陵墓的前室。

十二只狒狒

墓室与陵墓的轴线垂直，宽6米余，长近9米。石棺沿房间轴线方向放置，但与地宫通道轴线相比略向右侧偏移。阿伊的石棺由灰色花岗岩打造，棺盖边缘呈直线型，四角处有四位守护女神保护。石棺在古代就已被严重损毁，但最近人们在墓室中复原了石棺。此外，墓室是整座陵墓中唯一经过装饰的房间，而这并不寻常。这间墓室与图坦卡蒙的墓室极为相近，甚至连篆刻的文字都可能出自同一人的手笔。阿伊墓室的右墙（以进入墓室后的方位而言）装饰着十二只狒狒，象征着《阿姆杜阿特之书》中描绘的夜晚十二小时；而对面的墙上则展示了法老在冥界受到多位神灵接引的场景。左墙上主要是《阿姆杜阿特之书》的内容。后面的墙上则展示了帝王谷任何其他陵墓中都没有出现过的景象：法老本人亲自渔猎，并在沼泽中追捕河马。

陵墓的最后一个房间即"礼葬瓮室"（宽4米、长5米余），位于陵墓中轴线的延长线上，但与中轴线垂直。

霍伦海布陵墓

阿伊身后未留下子嗣，因此将军霍伦海布就此即位。很明显，霍伦海布是当时最接近权力顶峰之人，他的第二任妻子穆特内吉梅特（Moutnedjemet）是纳芙蒂蒂的妹妹。霍伦海布一直致力于守卫埃及国土，而且更重要的是他恢复了阿玛纳信仰。霍伦海布模仿此前各位正统的法老，放弃了他已经在塞加拉建好的显眼的陵墓，而改在帝王谷挖掘地宫——KV57墓。

值得注意的是，霍伦海布在"西谷"挖掘的陵墓靠近阿蒙霍特普二世陵墓，同时远离阿蒙霍特普三世和阿伊的陵墓。在这一时期，王室地下陵墓的形制已经定型，霍伦海布一方面乐于遵循传统，另一方面他还在自己的地宫中留下了特有的痕迹——尽管地宫平面图呈直线，但平面的一个轴线自立柱始就开始向左偏斜，似乎建筑师本就想要让平面向左旋转，这是第十八王朝陵墓的典型特征，而直线型平面则是第十九王朝和第二十王朝特有的特征。

第一段台阶长约8米，之后连接着长13米多的通道，然后出现另一段长度与第一段台阶相仿的新台阶，再接下来是大约长10.5米的通道，这条通道通向一个深4米的竖井。入口原本通向包含两个立柱的厅，这个厅与陵墓入口轴线相比略微向左偏斜。厅的左侧部分具有一段台阶，通向长约7.5米的通道，之后是另外一段将近5米长的台阶，这段台阶通向前室。前室宽约4米，长5米余。与前一个房间不同，墓室（14米×约9米）的长边与陵墓轴线一致。这间恢宏的厅（墓室）的两个长边各带有一间耳室，房间的高度也并不一致：第一部分包括六根立柱，通过立柱之间的斜坡和几级台阶来到更深的第二部分；这里放置着法老的石棺，石棺与轴线垂直，并放置在几乎是房间中心的位置上。在深处的墙体左侧，有一个入口通向另一个面积较大的耳室（7米×5米），与轴线垂直，并通向两间连续的、面积更小的房间。

■ 帝后谷

太阳在冥界穿行

霍伦海布的陵墓装饰极为特殊，在陵墓中首次出现了《门之书》的全文内容，而《门之书》讲述了太阳在夜晚十二小时在冥界的场景。与之前的陵墓一样，仅有竖井（房间E）、前室（房间I）以及墓室（房间J）经过装饰。但霍伦海布的陵墓有一处与众不同，其装饰的场景全部以无比精美的浅浮雕形式雕刻在蓝色的背景之上。整座陵墓挖掘时费尽心思，但似乎工匠们没有足够的时间，因为这座陵墓最终未能修完。因此，埃及学家得以了解王陵装饰的所有步骤，包括从最初的线稿到最后经过细致上色的成品全过程。

▶ 霍伦海布是埃赫那吞、图坦卡蒙和阿伊的继承者，他也是第十八王朝的最后一位法老。霍伦海布埋葬在帝王谷一座雄伟的陵墓（KV57墓）中，陵墓装饰着异常精美的浅浮雕。在这片前室墙壁装饰残片上（右图），可以看到女神哈托尔和伊西斯陪伴着法老。

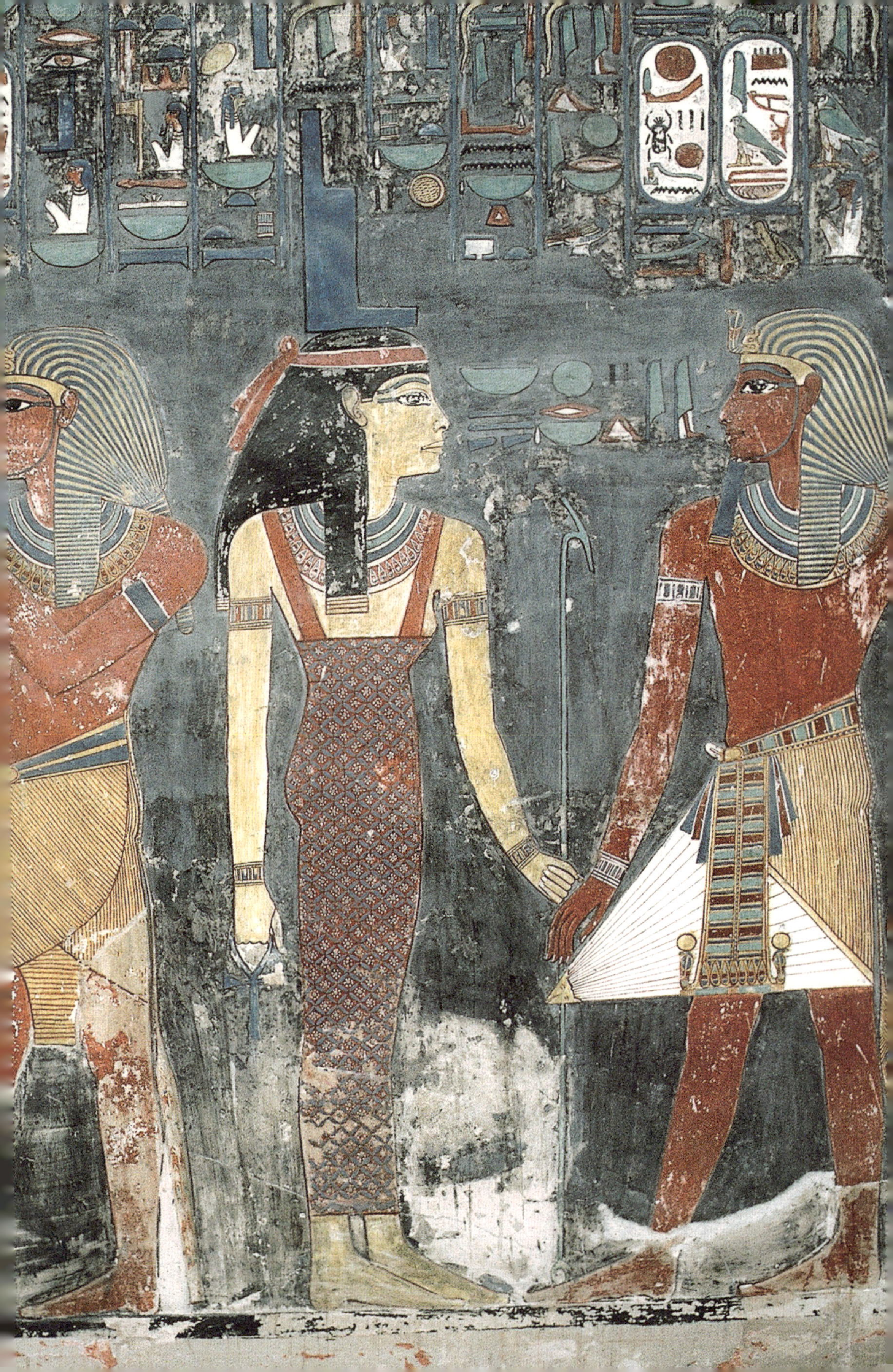

① **雄伟的陵墓** 与埃赫那吞和图坦卡蒙的小型陵墓不同，霍伦海布的陵墓气势雄浑（长128米），陵墓内装饰着精美的浅浮雕。然而，这些浅浮雕最终并没有完成。1908年，资助人西奥多·戴维斯（Theodore Davis）在爱德华·R.埃尔顿（Edward R. Ayrton）的陪同下发现了霍伦海布陵墓。

② **前室中的神灵** 在前室墙壁上绘制的人物中，有四位人物十分惹人注目：法老正在向阿努比斯、荷鲁斯和哈托尔献祭（哈托尔具有牛角和太阳盘等特征），灰蓝色的背景十分典型。这幅浅浮雕上展示的场景色彩艳丽、构图和谐，十分精美。

③ **六柱大厅** 墓室墙上刻有最古老的《门之书》的内容。这是新王国时期的一篇丧葬文，描述了太阳在冥界的旅程，以及太阳在游历冥界的过程中遇到的各种危险。其内容（未完成）排布精美，细节处体现威严气势。

④ **消失的木乃伊** 霍伦海布的石棺采用红色花岗岩制成，发现时棺盖已经掉落在地面上碎裂。石棺长2.7米、宽1.1米，里面只有一只头骨和多根骨头，最终未能找到木乃伊。女神伊西斯、奈芙蒂斯、奈特和塞尔凯特张开双翼守护着石棺。

由于墙上的装饰结束得很突兀，我们现在才可以看到工匠们绘制的初稿，以及他们的师傅对初稿进行更正的痕迹。

冥界之神奥西里斯端坐在王座之上，在他的面前摆放着一只天平：在此处的浮雕上，奥西里斯正要审判法老。在此处，可以看到放置石棺的墓室墙上出现了《门之书》中的一段内容。

耳室位于墓室侧翼，可能用来放置法老的个人物品和家具。可惜，在发现陵墓时，耳室早已空空如也，它在古代已被洗劫一空。

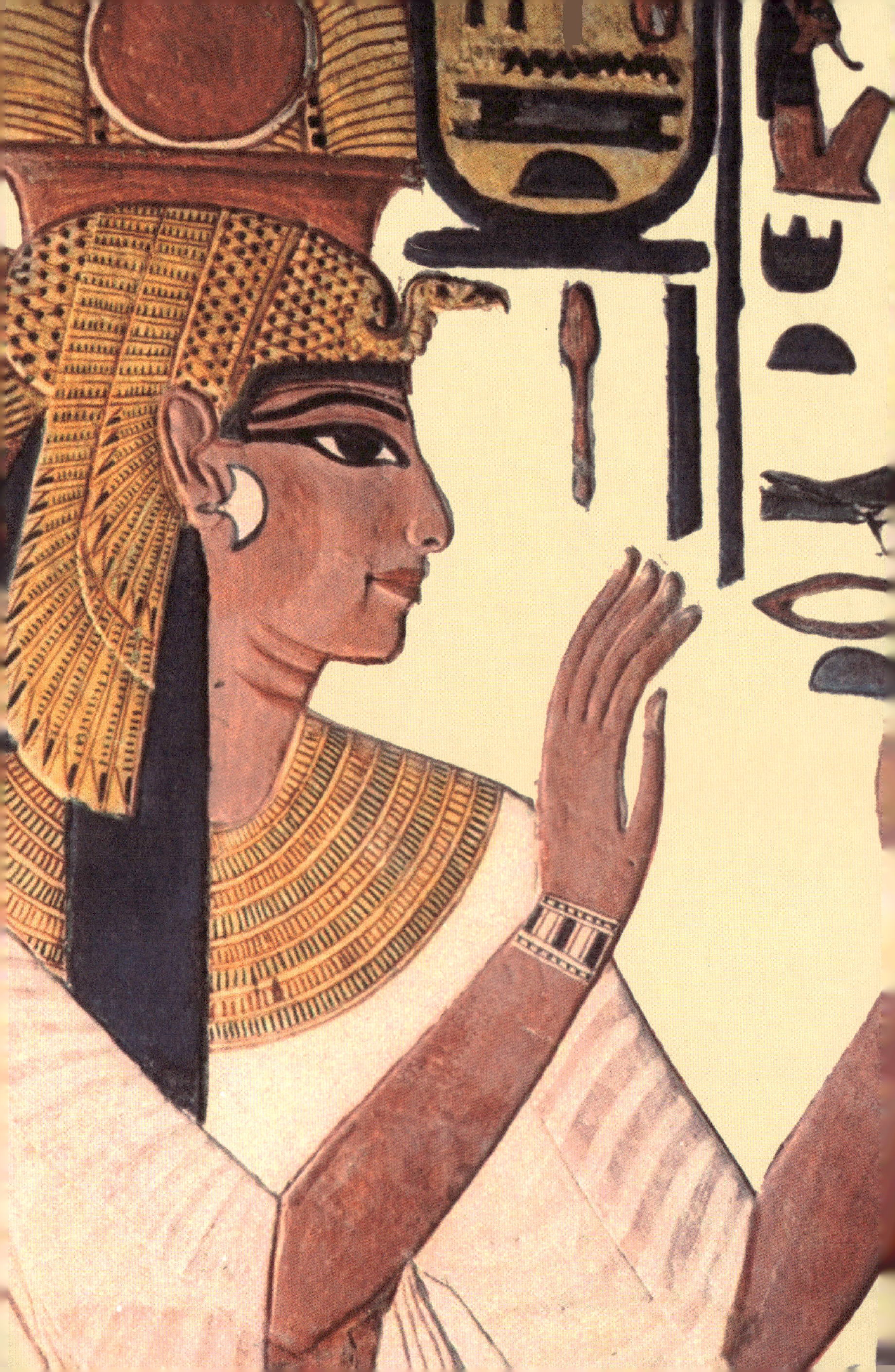

尼斐尔泰丽陵墓

与纳芙蒂蒂、克利奥帕特拉（指与尤利乌斯·恺撒［Jules César］和马克·安东尼［Marc-Antoine］有关的这位，即克利奥帕特拉七世，因为在她之前还有六位王后也叫克利奥帕特拉）以及可能还有女法老哈特谢普苏特一样，王后尼斐尔泰丽是古埃及最著名的女王之一。尽管王后尼斐尔泰丽在配偶身边发挥着重要的象征和思想方面的作用，但是极少能够得到历史学家的肯定，确认她在尼罗河谷的统治中真正占有一席之地，而只有那些地位在文献中得到确认的王后才能真正流芳百世。

关于尼斐尔泰丽的文献少之又少，这位王后之所以享有盛名，是因为她的丈夫、伟大的拉美西斯二世专门为她建造了两座气势雄浑的建筑。第一座建筑就是人们在阿布辛贝发现的小神庙——神殿既献给王后，同时也献给女神哈托尔。第二座建筑正是坐落在王后谷中尼斐尔泰丽的豪华陵墓——QV66 墓（表示是王后谷中发现的第 66 座陵墓）。

20 世纪初，意大利考古学家埃内斯托·斯基亚帕雷利（Ernesto Schiaparelli）发现了尼斐尔泰丽陵墓；这一发现立刻引起轰动，陵墓细节很快出现在各类艺术图书之中，因为这座陵墓的装饰精美得令人感到震撼，并且保存十分完好。幸运的是，尽管河水对陵墓有所破坏，但是墙壁上绘制的巨型人物保存之完好令人吃惊，它们至今还闪耀着炫目鲜艳的色彩，令所有游客惊叹不已。

这两座建筑气度雍容、精美华贵，令许多历史学家认为这是拉美西斯二世在向尼斐尔泰丽表达汹涌的爱意，而他在即位之前就迎娶了尼斐尔泰丽。可惜，没有任何文献支持这种猜测。不过，可以肯定的是，这座非同一般的陵墓没有辱没王后尼斐尔泰丽的身份。

■ 帝后谷

王后陵墓

尼斐尔泰丽的遗骸安眠之处，无愧于她作为埃及最强大法老之一的拉美西斯二世的大王后，及其所能拥有的令人难以想象的奢华尘世生活。尼斐尔泰丽的陵墓地处王后谷中，被认为是"两地之国"迄今为止发现的最精美的陵墓，而陵墓中王室工匠所完成的墙体装饰着实令人惊叹。尼斐尔泰丽地下陵墓包括多个通过坡道和台阶连接的房间，是古埃及绘画艺术的珍宝。对于承受这份永恒敬意者——尼斐尔泰丽，时至今日依然是埃及学家争论不休的谜团，而留存于世的文献中仅有极其少量的内容能为我们轻轻掀开这位大王后面纱的一角。

众所周知，塞提一世（拉美西斯一世之子）是独生子，而他也只

▶**尼斐尔泰丽地宫** 王后陵墓修建在王后谷中，考古学家埃内斯托·斯基亚帕雷利于1904年发现了这座陵墓。

◀◀**崇拜的姿态** 装饰在尼斐尔泰丽陵墓南墙上的一幅壁画的细节，美轮美奂。

尼斐尔泰丽的陵墓挖掘在王后谷北而王后谷是位于底比斯东部的墓地。这殿是迄今为止该陵墓中发现最大一座，极为精美。绘画的内容主要展示了王后尔泰丽通往冥界的旅程。

通向陵墓内部的通道长约4.5米；走下十八级台阶后来到前室，这是地宫结构中的第一个房间。

这位拉美西斯二世心爱的妻子（尼斐尔泰丽）的陵墓下挖深度为12米，陵墓入口和墓室或石棺所在北端之间的距离为28米。

陵墓编号为QV66。字母代表的是王后谷的英文名称（Queen's Valley），数字代表的是王后谷陵墓考古发现次序的编号。

1987—1992年间，洛杉矶盖蒂研究所对陵墓壁画进行了清洁和保护，但由于地宫遭到破坏，壁画损坏严重。1994年，陵墓重新对外开放，但由于客流量过大，仍然存在着进一步损坏的危险。

王后（尼斐尔泰丽）石棺放置在墓室中，如今仅存少量残片并保存在都灵埃及博物馆中，而在该博物馆中还有王后木乃伊双腿的一部分。王后墓葬的随葬品，几乎荡然无存。

■ 帝后谷

有一个儿子，即拉美西斯二世。为了避免继承人太少的问题，拉美西斯二世从十几岁起就接连迎娶了多位妻子。在拉美西斯二世仍是王储时，尼斐尔泰丽就已经成为他的第一任妻子。

关于尼斐尔泰丽的出身，至今也没有得到明确认定。在尼斐尔泰丽的陵墓中发现了一枚纽扣，上面带有法老阿伊的名字，这表示尼斐尔泰丽可能是阿伊的女儿，但这种可能性又微乎其微，因为她从未使用过"法老之女"的头衔。此外，从阿伊过世后到拉美西斯二世即位历时四十四年，因此尼斐尔泰丽不可能是阿伊的女儿，但有可能是他的旁系后代。

尼斐尔泰丽是否和大家想象的一样拥有惊人的美貌？这个问题没有人可以给出肯定的答案。但能够肯定的是，尼斐尔泰丽完美地履行了作为母亲的职责，

隽永的壁画

尼斐尔泰丽陵墓的壁画展示了王后通往冥界令人惊叹的旅程。这些装饰着地宫墙壁的恢宏画作展示了死后生活向永恒生命的极为震撼的转变，壁画还附带了大部分摘自《亡灵书》内容的铭文。

王后旅程最困难的阶段展示在石棺室（墓室）内。尼斐尔泰丽必须穿过好几道门，才能获得永恒的生命，但她需要先说服守卫才能过去。在东墙上可以看到，有精灵把守奥西里斯居所的大门，其中有一个挥刀的儿童，而这些场景均出自《亡灵书》第46章。

一段楼梯和一个斜坡将前室和石棺室（墓室）连接起来。墙体从左至右饰有色彩艳丽的壁画，尤其多次展现了守护女神守卫在王后（尼斐尔泰丽）身边的场景。

尼斐尔泰丽在塞尼特上移动棋子，决定自己灵魂的命运。塞尼特是古埃及非常流行的家庭游戏（一种桌面游戏）。

① **前室** 在从入口楼梯向下行十八级台阶后，就来到陵墓的第一个房间，墙体上装饰着做出各种拜神姿势的王后形象。墙上的铭文出自《亡灵书》第17章。

② **前厅** 前厅紧邻前室，装饰着与赫利奥波利坦（héliopolitain）地区的神灵有关的图案；前厅用于将尼斐尔泰丽引向侧室。王后在神灵接见后才启程。

③ **侧室** 这一附属建筑位于陵墓的东侧。在此处的装饰中有一块绘有七头神牛和一头公牛的壁板，这些形象出自《亡灵书》第48章。此外，还有一处令人印象深刻的壁画，这幅壁画展现了尼斐尔泰丽向神灵荷鲁斯和阿吞供献祭品的场景。

④ **石棺室** 墓室或称石棺室，其中的装饰参考了王后通往冥界的最后一段路程。尼斐尔泰丽必须背出《亡灵书》中的箴言，方可穿过重重困难的阻碍，最终像书中所说"安全抵达"。

尼斐尔泰丽复活 杰德柱（djed）是奥西里斯的脊椎骨，它们支撑着墓室蓝色背景上撒满黄星的屋顶。这些杰德柱朝内的立面上展示了尼斐尔泰丽复活的场景，而柱子的另外三个立面上绘制了奥西里斯、祭司、尼斐尔泰丽以及其他神灵的形象。

229

为王朝诞下了继承人：她生了好几个儿子，包括拉美西斯二世的长子蒙赫克普谢夫（Amonherkhépeshef）；之后，她又生下了帕雷荷鲁埃奈梅夫（Parêherouenemef，第三子）、塞提（第八子）、梅里雷（Méryrê，第十一子）和梅里亚图姆（Mériatoum，第十六子）。讽刺的是，这些儿子都未能登上埃及的王座，因为拉美西斯二世本人极为长寿。最终，拉美西斯二世另一位王后伊塞诺弗列特（Isis-Néféret）所生的第四子麦伦普塔赫（Merenptah）继承了王位，他是拉美西斯五十多个儿子中的第十三个儿子。

尼斐尔泰丽还生了几个女儿，包括巴克特穆特（Baketmout）和与她同名的尼斐尔泰丽公主（princesse Néfertari）。然而，在尼斐尔泰丽过世几年后，她的女儿梅丽塔蒙（Méritamon）和妮贝塔薇（Nebettaouy）也成了拉美西斯二世的王后。

"太阳为她而闪耀"

尽管伊塞诺弗列特生下了法老（拉美西斯二世）的继承人，但她只是法老心中的第二所爱，至少在尼斐尔泰丽生前如此。实际上，无论是在拉美西斯二世登基初年，还是在阿比多斯任命卡纳克阿蒙神庙大祭司时，或者拉美西斯二世治下三年在底比斯卢克索神庙塔门落成时，在仪式中陪在法老（拉美西斯二世）身边的一直是尼斐尔泰丽。阿布辛贝神庙有一段铭文见证了拉美西斯二世对尼斐尔泰丽的爱："拉美西斯二世在努比亚山中建庙，永世不倒……此庙为穆特永恒挚爱的大王后尼斐尔泰丽而建……尼斐尔泰丽，太阳为她而闪耀。"

与其他的大王后一样——如蒂伊（Tiyi）或纳芙蒂蒂——尼斐尔泰丽在埃及的影响，远远超过了她二十多年里兢兢业业履行的象征性代表和仪式中的职责。在与赫梯缔结两国和平条约时，尼斐尔泰丽写给赫梯王后的信就证明了这一点："埃及法老的王后尼斐尔泰丽对赫梯国大王后普杜赫帕（Poudouhépa）所说内容如下：……我的姐姐，愿你和你的国家一切安好。我听说你给我写信询问我的安危，

与法老陵墓比肩的陵墓

　　QV66 墓的墓主人是尼斐尔泰丽，这座陵墓遵循了新王国时期法老陵墓的建制：陵墓是在山腰开凿的地下陵墓，内部结构包括楼梯、通道和墓室。尼斐尔泰丽陵墓是意大利考古学家埃内斯托·斯基亚帕雷利于 1904 年发现的，从通向前室的楼梯即可抵达陵墓。前厅以及侧室，也被称为"斯基亚帕雷利的房间"，与前室相邻。这三个房间的墙壁上饰有色彩艳丽的图案，宛如陵墓其余部分所展现的色彩浓烈的图案序章，而其余部分包括带有入口坡道的楼梯；此处墙壁上的壁画自右向左装饰，通向四根支柱支撑的墓室（石棺室）。

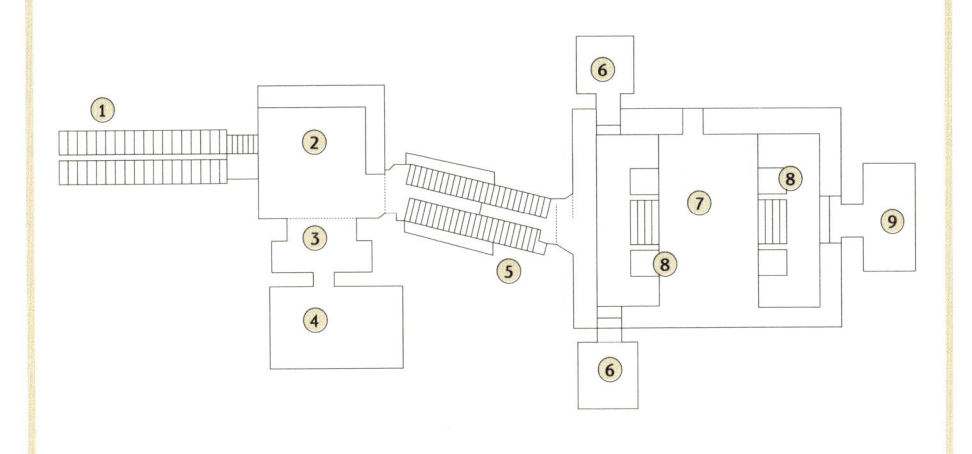

① 入口楼梯　　④ 侧室（或耳室）　　⑦ 石棺室（墓室）
② 前室　　　　⑤ 通道楼梯及坡道　　⑧ 支柱
③ 前厅　　　　⑥ 耳室　　　　　　　⑨ 耳室

帝后谷

你给我写信是为了向我示好，而现在埃及法老和赫梯的大国王在一起。"最重要的是，尼斐尔泰丽坚持被称为"'两地之国'的女主人""上、下埃及的女法老"以及"令众神满意者"，而这些头衔全都是仅供法老使用的女性化的头衔。

"她葬在美人之地"

拉美西斯二世治下二十一年，尼斐尔泰丽写下这封信时已经命不久矣。实际上，人们估计这位王后三年后就撒手人寰了。在走完生育子嗣并作为法老成双入对的大王后尽职尽责的一生后，尼斐尔泰丽被安葬在王后谷中如今被称为 QV66 墓的陵墓中。

第十八王朝的法老都葬在帝王谷，他们某些亲近的家庭成员（王后和王子）则埋葬在王后谷中。当时，王后谷被称为"美人之地"（Place de la Beauté），共有四个位于侧面的干涸河谷，包含十九座第十八王朝的陵墓；而主河谷则共有九十一座第十九王朝至第二十王朝时期的地宫。王后谷中大部分陵墓都具有结构简单的竖井或平直的通道，有时竖井或通道呈"L"形，配备侧室（耳室）。第二十王朝的陵墓中仅有为数不多的几座陵墓带有入口楼梯——通向具有侧室（耳室）的前厅，其后是通向多柱室的第二楼梯，其中放置着男性或女性墓主的石棺。尼斐尔泰丽的陵墓就属于这种类型。

这些地宫的装饰是专司修建王陵的匠人所作；这些匠人居住在陵墓附近的代尔

▶ 这些鞋子有明显的使用痕迹，使用棕榈纤维和纸莎草制成。这双鞋是尼斐尔泰丽随葬品中珍贵的遗存，她的随葬品应该极为丰富。
🏛 都灵埃及博物馆

麦地那。尼斐尔泰丽陵墓、卡哈蒙瓦塞特（Khâemouaset）陵墓（QV44 墓）和蒂蒂克拉（Tyti）陵墓（QV52 墓）都是其中的杰作。为什么会选择这里作为王室陵墓？我们对此一无所知，但是爱与美的女神哈托尔的圣窟就在主河谷的深处，而这很可能是选址的重要原因。

尼斐尔泰丽陵墓墙壁上雕饰在粉饰灰泥上的浅浮雕人物闪耀着绚丽的色彩。浅浮雕展示场景的目的，在于让王后（尼斐尔泰丽）以最佳条件来到冥界，经过陵墓的第一层通道使她最终来到墓室，穿过几扇门后，王后便可见到奥西里斯。

▲ 七头母牛和一头圣公牛确保王后（尼斐尔泰丽）在冥界衣食无忧，而四个船舵（上图下方）是让尼斐尔泰丽在外活动时辨别方向的四个方位点。侧室（耳室）中的壁板是《亡灵书》第148章的缩略版本。

■ 帝后谷

玩塞尼特的王后

  在古埃及，桌面游戏十分流行，尤其是一款名为"塞尼特"的桌面游戏，其存在至少可追溯至第一王朝时期。在凡世，这种游戏只供人娱乐消遣，而在亡灵的世界中具有在冥界征战的象征意味。正因如此，在某些陵墓中，能够看到死者正在与一位看不见的对手玩塞尼特的场景，而这位对手在冥界执掌着某些权力。赢下棋局，冥界的旅程便有好运加持，还可能对"巴"（灵魂）的活动能力有所助益——赢下棋局，"巴"便可以在夜晚离开人世回到陵墓之中。QV66 墓（尼斐尔泰丽陵墓）前厅展示的场景令我们作此推想，尼斐尔泰丽在对弈中获胜，她的"巴"站在她的身侧，以鸟为形离开地宫。

① **陵墓之中** 王后（尼斐尔泰丽）端坐于高背王座之上，似乎显示她位于一座圣祠或圣殿之中，确切地说应是陵墓内部的一处。

② **权力加身** 尼斐尔泰丽左手执棋子，右手握有权杖塞克海姆（sekhem）——这是权力、力量和统治的象征。

③ **服饰** 王后（尼斐尔泰丽）身着带有褶皱的轻薄透明白袍，身上佩戴了许多珠宝，头戴一顶三段式假发，头上则是秃鹫女神的发型。

④ **王名圈** 巨大的图框围在这幅知名壁画的四周。在陵墓中，王后（尼斐尔泰丽）的王名圈出现了百余次，尤为引人注目。

⑤ **灵魂的双翼** "巴"，或者说灵魂，以鸟为形，头部则是尼斐尔泰丽的形象。故去的王后（尼斐尔泰丽）灵魂化为鸟，得以自由飞翔。

⑥ **虔心敬神者** 陵墓中，王后（尼斐尔泰丽）祭拜神灵的场景多次出现。在这一场景中，王后向另一面墙上绘制的狮神阿克尔（Aker）跪拜。

> 帝后谷

前室

前室是尼斐尔泰丽陵墓的第一个房间。在入口处下行十八级台阶后即到达前室，而这十八级台阶构成的楼梯深入岩石 3 米，中间带有扶手。

前室南北长 5.2 米，东西长 5 米，屋顶距离地面 3 米，其上装饰着与陵墓中每个房间屋顶相同的装饰——深蓝色的背景上散布着许多黄色的五角星。前室是整座陵墓墙壁美轮美奂装饰的序章。西墙和北墙均带有高 1 米的连续长凳，直接在岩石上开凿而成。这很可能用来放置祭品，座椅上下受支柱限制的空间都放置了祭品。

前室墙壁装饰丰富而绚烂。楼梯通向南墙，南墙的右侧展示了尼斐尔泰丽正在向坐着的奥西里斯献祭崇拜；其后，东墙展示的是站立的阿努比斯。门另一侧的装饰分为三部分：下部与长凳同高，有两个杰德柱和一个切特结（tjet，或称伊西斯结）——一种与血液有关的幸运符。靠上的部分，便是王后玩塞尼特的著名场景，紧邻其身侧的是王后以鸟为形的"巴"（灵魂）的化身；之后，王后双膝跪地，正在拜狮神阿克尔（这些都是同一个场景中的画面，因为空间受限，这部分绘制在西墙上）。在中间的部分，可以看到《亡灵书》第 17 章的铭文。

铭文是关于死者转变为冥界真正一员的过程。在长凳上方，铭文沿西墙和北墙一直延伸，直至通向墓室的楼梯井处。西墙的铭文周围有六幅壁画，阐释了这些铭文以及北墙铭文记述的内容——地平线上的阿蒙、贝努（bénou）鸟、灵柩架上的木乃伊等，这些绘画同样也源于《亡灵书》，但在纸莎草上并没有确定的位置。

在梁的正上方，通向墓室的楼梯上，可以看到荷鲁斯四子（艾姆谢特、哈碧、多姆泰夫、凯布山纳夫），他们的目光朝向东方，前方有一个似乎与隼（鹰）神相关的人物形象。

▶ 以隼（鹰）为形象的奈芙蒂斯和伊西斯（伊西斯位于王座上），围在木乃伊形象的奥西里斯身边。整幅场景绘制于前室西墙上。

前厅

前室墙壁中很大一部分开口，通向侧室的前厅。入口宽 3 米，深 1 米，高度为前室高度，入口之后则是一间宽 3.8 米、深 1 米、高 2.4 米的房间。在前厅的东墙上，另开有一个宽 1 米、深 0.7 米、高 2 米的入口。在这面墙上，可以看到圣殿中站立的奥西里斯眼望着南方。

前厅的十面墙饰左右各五面，表现了赫利奥波利坦地

▲ 奥西里斯神占据了陵墓前厅的一整面墙。奥西里斯呈坐姿，手中握有王权象征的鞭子和权杖，头戴阿特夫冠（atef）。这顶华丽的王冠顶部是一个太阳盘，在靠底部的位置也出现了太阳盘。

■ 帝后谷

迎接尼斐尔泰丽的神灵

① **女神奈特** 战争和狩猎女神奈特出现在通向前厅大门的支柱上。她的头发上有一个圆环带有两个相交的弧形，令人想到久远的战争。

② **尼斐尔泰丽** 王后（尼斐尔泰丽）在荷鲁斯的陪伴下准备进入冥界，荷鲁斯将她引至拉—哈拉克提和哈托尔面前。王后头戴秃鹫王冠，其上饰有两根巨大的金羽毛，这是法老大王后的王冠。

③ **荷鲁斯** 荷鲁斯是奥西里斯之子，是法老的神化身。荷鲁斯头戴"两地之国"的白冠和红冠，身穿公牛尾巴的短缠腰布—这种服饰被称为"辰迪基特"（chendjit），是一种法老用于祭祀和仪式的服装。

区的神灵。这些装饰将王后（尼斐尔泰丽）引至侧室，即陵墓的第一个附室。回到前室，左侧墙面上的绘画象征着夜晚，因为前室南墙的门楣上能够看到拉神的左眼——月亮，可以看到塞尔凯特女神、杰德柱、女神伊西斯陪伴着尼斐尔泰丽，圣甲虫头形象的神灵凯普里端坐在王座之上以及他身后站立着的女神玛阿特。

④ **拉-哈拉克提** 太阳神拉，在此化身为拉—哈拉克提，这个名字意为"两个地平线的荷鲁斯"（正午的太阳，地平线分离的地方），在这里是隼（鹰）头人身呈坐姿的形象。

⑤ **太阳盘和乌拉乌斯** 拉-哈拉克提的圣头上戴着太阳盘王冠，这是神灵的象征；以及保护神蛇神乌拉乌斯（uræus），被其咬过的伤口会有一种"拉神之眼释放的炽烈阳光"般的灼伤感。

⑥ **哈托尔** 爱、性和幸福女神哈托尔，她还是许多其他方面的主宰。哈托尔坐在拉—哈拉克提身后，佩戴着底比斯诺姆发饰，身着典型女神服饰—紧身及踝长裙。

右侧的通道与白昼相关，拉神的右眼指明了这一点。在前室门楣上绘制着太阳，展示了奈特及其身后的杰德柱、神灵荷鲁斯、以隼为形象的拉-哈拉克提和女神哈托尔（这两位神灵都呈坐姿），以及玛阿特陪伴着王后（尼斐尔泰丽）。

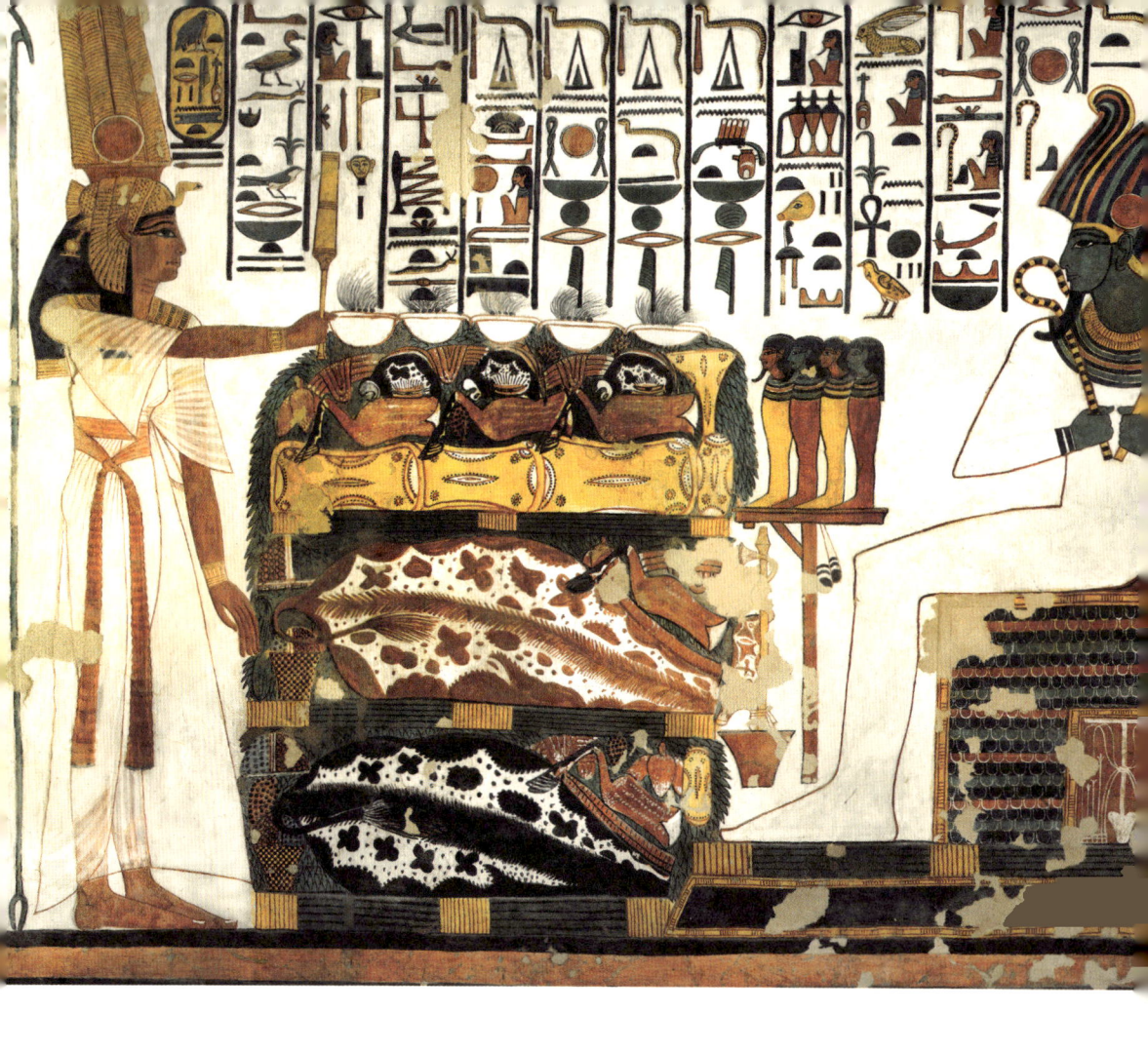

侧室

陵墓的第一个附属建筑是一间宽 5 米、深 3 米的房间，大王后（尼斐尔泰丽）的旅程在前厅东墙处截止。尽管侧室的面积不大，但它是一个极为重要的房间，因为它在墓室内墙装饰上完整地展现了象征意义。

在入口左侧偏离中心的西墙上，王后（尼斐尔泰丽）向普塔神献上了织布祭品。普塔是织工的守护神，以经典的木乃伊形态立在神龛之中，皮肤呈绿色，头上佩戴着面罩。在普塔神的背后，可以看到一个巨大的"djed"符号（杰德，意思是"稳定"，

奥西里斯神的象征性支柱）。

　　北面内墙的中心点，绘制着站立姿态的王后（尼斐尔泰丽）化身。在她身后是《亡灵书》第94章全文，内容是关于为死者提供抄写员的芦苇笔和调色板。因此，尼斐尔泰丽对面端坐的神灵是托特，他是"文字的主宰"、"纸莎草的主人"和众神的抄写员。

　　在入口右侧的西墙上，一个公羊头、绿皮肤的木乃伊形态的人物身边围绕着伊西斯和奈芙蒂斯，这个人物头戴着太阳盘。这

▲**祭品** 侧室东墙装饰的场景，展示了尼斐尔泰丽向奥西里斯（左侧）和阿吞（右侧）献祭的情景。这两位神灵呈坐姿，背部朝外，面前是两个摆满美味珍馐的祭坛。

就是"化身为拉的奥西里斯"和"化身为奥西里斯的拉",而这一人物形象正是拉美赛德(ramesside)时期(通常被认为是第十九和第二十王朝)神学合成的产物。

一条竖直的黄色条带将这个开场场景与下一个场景分隔开来,而在下一个场景中王后(尼斐尔泰丽)呈站姿,做出拜神的手势。受拜的对象占据了附属建筑的整面南墙——七头母牛和一头公牛(在左下方);另有七张供桌,供桌上摆满了献给王后的祭品以及四支桨,每支桨对应着一个方向。这是《亡灵书》第148章描述的场景,这一章的标题为"让真福者进入拉神之心,使其在阿吞身边威武强大,在奥西里斯身旁地位崇高,在神灵之间拥有无上之名望"。

王后的两段旅程在墓室东墙进入尾声。我们可以看到尼斐尔泰丽两次起身站立,手臂伸直,手持权杖(死神阿努比斯的象征)向神灵献上她面前堆积如山的供品。在左侧,奥西里斯神呈坐姿,望着王后。在奥西里斯面前,我们可以看到基座上的荷鲁斯四子。在右侧,王后献祭的神灵是造物主阿吞。这就是王后旅程的终章:尼斐尔泰丽被认定为奥西里斯的化身进入冥界;然后,她被认定为阿吞的化身重新出现在白昼的阳光之下,进而完成太阳的旅程。

入口楼梯

尼斐尔泰丽墓中的第二个楼梯长约7.5米,下降深度约3米。第二个楼梯共分为两部分,由中间坡道隔开。陵墓中的这一部分十分独特,因为侧壁装饰彼此对称,只是装饰中女神的细节略有差异。

每边各两个支撑楼梯的拱脚,均在象形文字"女主人"之上雕饰着两条竖起的眼镜蛇,这些蛇守护着它们面前写有王后名字的王名圈。左边的是女神涅赫贝特,右边的是瓦吉特。在靠前的拱脚上,蛇看向墓室的入口;而在随后的拱脚上,蛇的目光投向墓室。在楼梯井的南墙上,进入陵墓时靠左的一侧是塞尔凯特女神全身像,右侧则是奈特女神像。

构成楼梯井第一部分的梯形构形是一件真正的艺术杰作,因为该构形与空间下

降高度完美匹配,具有一种特别和谐的自然美感。王后(尼斐尔泰丽)呈站姿,向端坐的伊西斯和奈芙蒂斯女神进献两个盛装着佳酿的球形玻璃杯和一桌供品。最后的壁画之后则是女神玛阿特,呈跪姿,翅膀向前方张开。在长 4.5 米的梯形结构底部,有一张从岩石中开凿而成的长凳,正面饰有铭文。这一构图在甬道右侧再次出现,只是呈现坐姿的女神是哈托尔和塞尔凯特。

▲ 尼斐尔泰丽呈站姿,站在一桌供品前方,姿态优雅,风姿绰约。她手持两个玻璃杯,里面盛有葡萄酒,将酒进献给哈托尔和塞尔凯特(后者未显示在图像之中)。这幅场景是通向石棺室两面墙之一的装饰中的一部分。

■ 帝后谷

玛阿特：秩序和平衡女神

楼梯墙壁上色彩斑斓的装饰所描绘的神灵之一是玛阿特，她是创世神所设想的宇宙秩序和平衡的伟大守护者。这一角色使这位女神成为埃及神话中的重要人物。事实上，面对众多破坏性和混乱的邪恶力量，她在各个层面上保证着宇宙秩序。玛阿特头上佩戴的羽毛使她在众神之间很好辨识，而羽毛和年轻的容貌正是她主要的形象特征。

正义和真理女神玛阿特还负责接引通过奥西里斯审判的亡灵（《亡灵书》第125章），在奥西里斯审判时会对亡者的灵魂称重，并探查其内心了解他们是否身怀罪愆。

▲ 这幅玛阿特的画像对称地分布在楼梯的左墙和右墙上。在这位女神的另一幅画像中，她的双翼完全展开，装饰着通向第二楼梯大门的门楣。

① **跪像** 楼梯东墙和西墙上展示的玛阿特女神呈跪姿，紧贴双臂的双翼张开，守护着写有王后（尼斐尔泰丽）姓名的王名圈。

② **"chen"标志** "chen"标志附于王后的王名圈，在女神（玛阿特）羽翼的守护之下呈缠绕的环形，代表着无限，即无始无终。

③ **王名圈** 这是一个扁长的"chen"环，是展示王名的常见方式。拉美西斯二世大王后的王名圈中写着"尼斐尔泰丽，穆特心爱之人"。

楼梯内墙上的装饰第二部分同样呈对称状，然而这一部分毫无争议地以丧葬为主题，是石棺室内容丰富的序章。上部三角楣上有一条眼镜蛇，它向前展开双翅，守护着王后（尼斐尔泰丽）的王名圈；下部可以看到四周饰有铭文的神龛上的阿努比斯。在阿努比斯的下方，伊西斯手持"chen"符号（"永恒""守护"）；呈跪姿的伊西斯构成了一个象形文字，意为"金"。在右侧的墙壁上，奈芙蒂斯同样呈跪姿。

引人注目的是女神玛阿特，她跪在地面上，双翅大张，占据着墓室的过梁，在她的双腿上装饰着这位女神的立像——立像中女神仍有双翼，但双翼上没有羽毛。

▶ **阿努比斯** 豺神，是地位举足轻重的一位埃及死亡神灵。此处阿努比斯呈卧姿，持有权杖，绘制在坡道左墙上。

盖蒂研究所挽救壁画

尼斐尔泰丽陵墓数千年前在易碎的岩石层中开凿而成,因此人们使用土壤覆盖在陵墓的石灰岩墙壁上,用以填补所有裂缝使墙面平整,这是修复工作中的一种常见的方法。根据陵墓的不同位置,覆盖层有薄有厚;在覆盖土壤之后,又在覆盖层之上涂刷了一层细腻均匀的石膏涂层,最后在石膏图层之上绘制装饰画。

然而,由于重力作用和接连的地震,这些黏附在墙上的土壤逐渐脱落。处理土壤和绘画使用的水,以及来自涨水、地下渗水、游客的呼吸和汗液带入陵墓的水蒸气产生的湿气也对壁画造成了损害。这些湿气使盐分析出,最终造成了彩绘层的腐蚀。面对装饰壁画掉落、崩塌的风险,埃及文物组织,即今埃及文物最高委员会,在1986年与盖蒂研究所(Institut Getty)签署了一项协议,以阻止遗址的进一步恶化。

这个总部位于洛杉矶的美国文化遗产保护基金会对这些壁画进行了为期六年的高强度修复工作。为完成修复,必须评估地宫的环境条件,进行紧急处理(1987年,使用了 10 000 条日本桑树纸条来填补斑驳的壁画各处缝隙),并进行完整的原始颜料分析,以使技术人员能够采用适当的处理方法对壁画进行加固和清理。最终,这些工作于1992年圆满完成。

▶ **石棺室内**
尼斐尔泰丽陵墓修复项目团队的一名技术人员正在修复墓室中的一个支柱。

一个存在争议的决定

盖蒂研究所希望能够保持和尊重壁画的完整，并以此作为修复工作的指导原则。尼斐尔泰丽陵墓修复项目由意大利人劳拉（Laura）和保罗·莫罗（Paolo Moro）领衔的国际专家们负责完成。修复工作于 1987 年 10 月启动，直至 1992 年最终完成。修复完成后，专家们提出警告，向公众开放陵墓存在损坏陵墓的风险；尽管如此，埃及政府迫于压力，还是于 1995 年决定开放陵墓游览。

1　保护颜料

清洗绘画时使用的溶剂对颜料并不会造成影响，而且也不会对数千年来保护颜料的阿拉伯树胶造成影响。因此，上图左图中未修复的壁画——由女神伊西斯引领着的尼斐尔泰丽——恢复了原有的色调和亮度（如上图右图所示），而且壁画没有受到丝毫损害。

2　寻找最初使用的白色

然而，修复过程中也出现了一些无害溶剂无法解决的美学问题。为王后（尼斐尔泰丽）所用的耀眼白色只能从一种叫作亨特石（huntite）的矿物中获得，而这种矿物在修复时期的埃及已无处可寻。因此，人们使用镁和双碳酸钙进行了化学合成。最终，结果如上图右图所示。

■ 帝后谷

石棺室

在穿过两个门柱后，便来到尼斐尔泰丽的墓室：第一个门柱上绘制着女神玛阿特；第二个门柱的左侧绘制着上埃及的守护者眼镜蛇女神涅赫贝特，而右侧则绘制着下埃及的守护者眼镜蛇女神瓦吉特。经过这三位女神后，便进入一个南北长 10.4 米、东西长 8.2 米、高 3 米的房间。这个房间绘制着芦苇田，代表了奥西里斯的国度——冥界。

在这个房间中，有一条连续无中断的石凳从岩石中开凿而成，它占据着墙体靠下的部分，但在通向三个耳室（侧室）的入口处断开了；这三个入口一个位于西南角，一个位于东南角附近，最后一个位于北墙中间的位置。前两个耳室地面呈正方形，边长约为 2.3 米，而北墙的

▶ 石棺室内奥里西斯居所的第二道大门的守护灵。在这一场景中，两个守护灵各持一柄刀，展示出十分具有威慑力的姿态，而第三个守护灵手中则持有"安卡"符号。

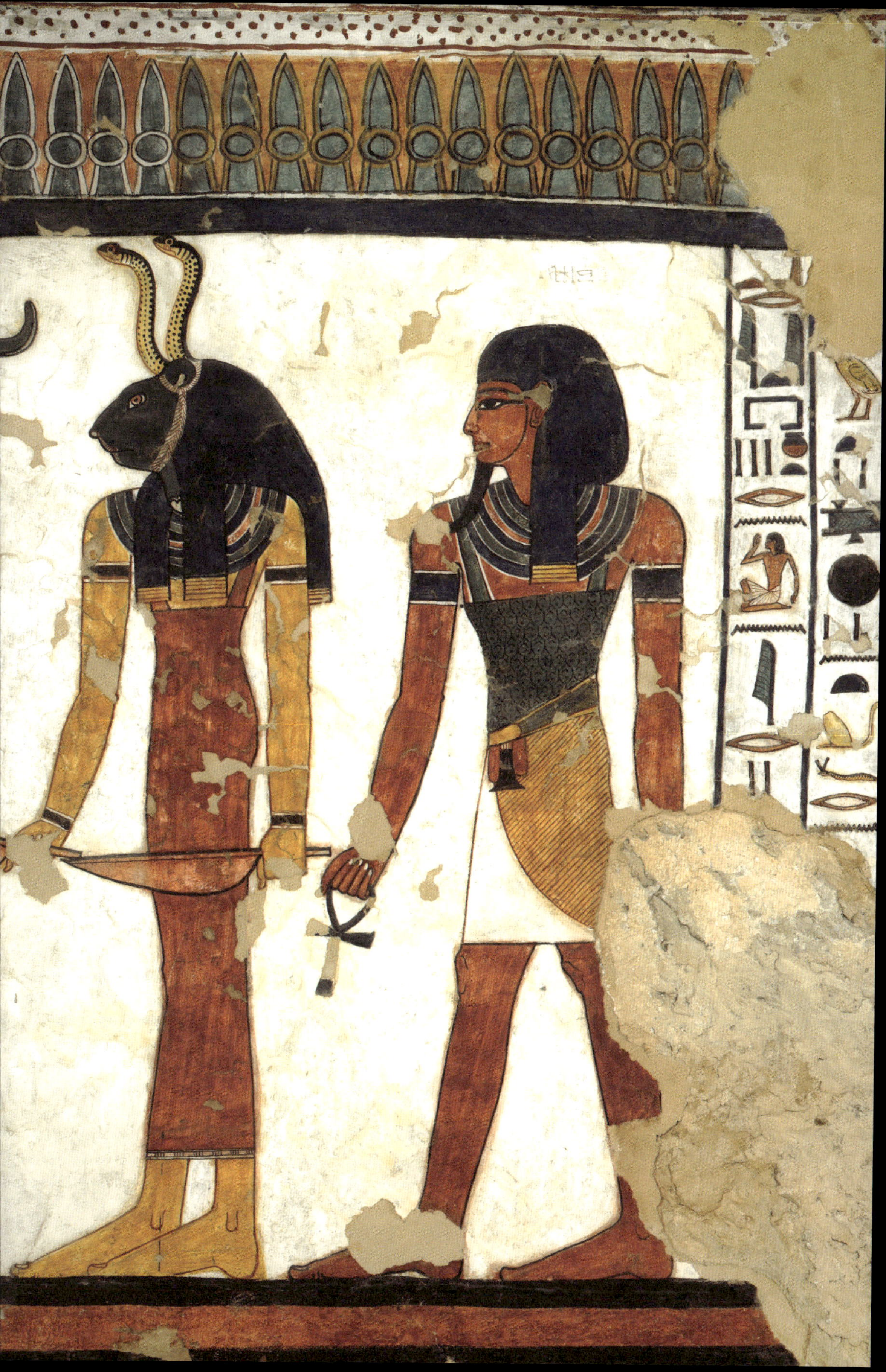

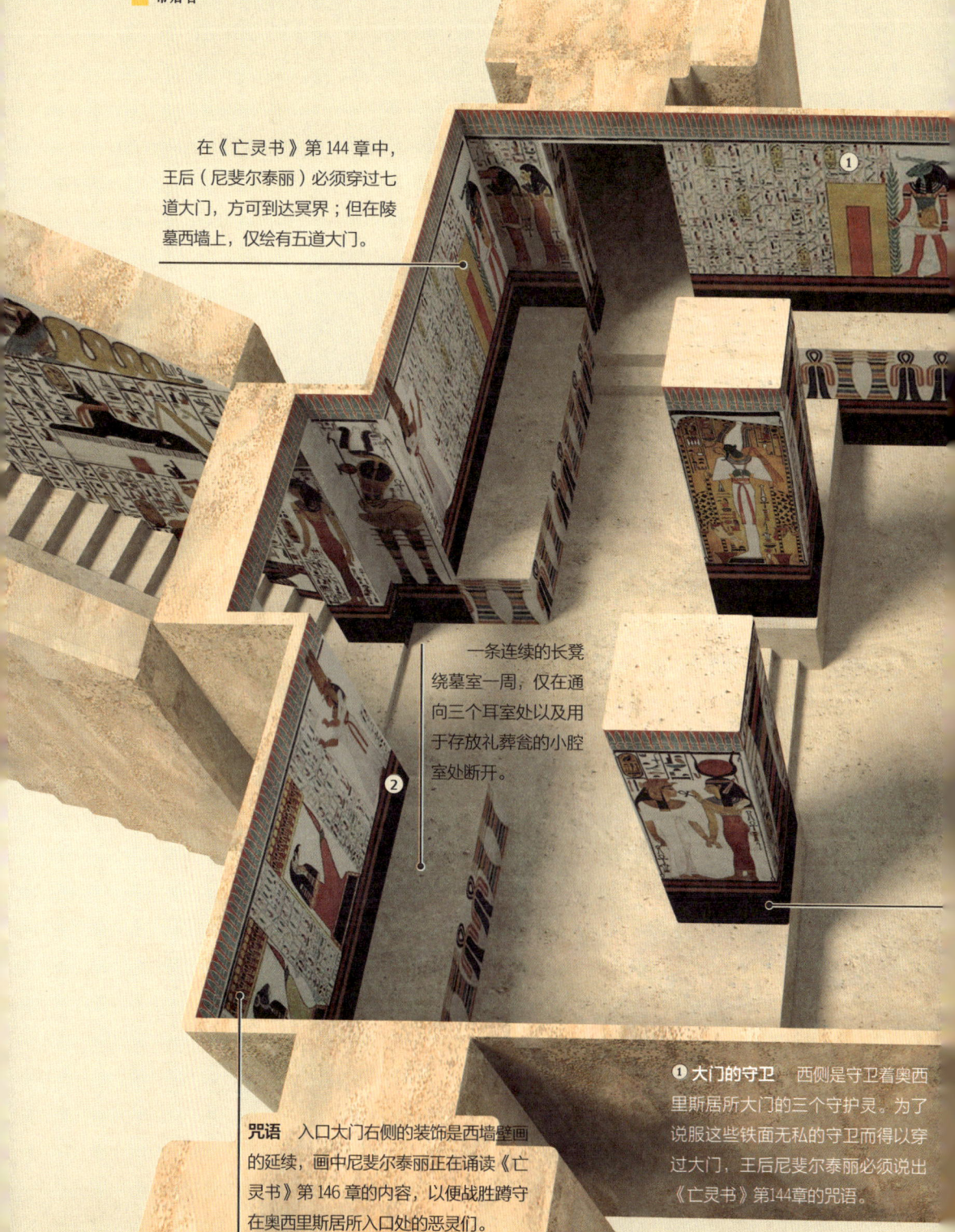

■ 帝后谷

在《亡灵书》第144章中，王后（尼斐尔泰丽）必须穿过七道大门，方可到达冥界；但在陵墓西墙上，仅绘有五道大门。

一条连续的长凳绕墓室一周，仅在通向三个耳室处以及用于存放礼葬瓮的小腔室处断开。

❷ 咒语　入口大门右侧的装饰是西墙壁画的延续，画中尼斐尔泰丽正在诵读《亡灵书》第146章的内容，以便战胜蹲守在奥西里斯居所入口处的恶灵们。

❶ 大门的守卫　西侧是守卫着奥西里斯居所大门的三个守护灵。为了说服这些铁面无私的守卫而得以穿过大门，王后尼斐尔泰丽必须说出《亡灵书》第144章的咒语。

西墙中部的壁龛过去存放着
王后（尼斐尔泰丽）脏器的
瓮，这个小门洞尽头装饰着
展开的女神努特立像。

四根立柱的立面上装饰着木乃伊形态的奥西里斯像。画像中，奥西里斯头戴阿特夫王冠，手持鞭子和弯钩；还有尼斐尔泰丽裙子上的红色腰带，这象征着王后的身份得到了永恒之神的确认。奥西里斯向王后展示了"拉神在空中显圣"的场景。

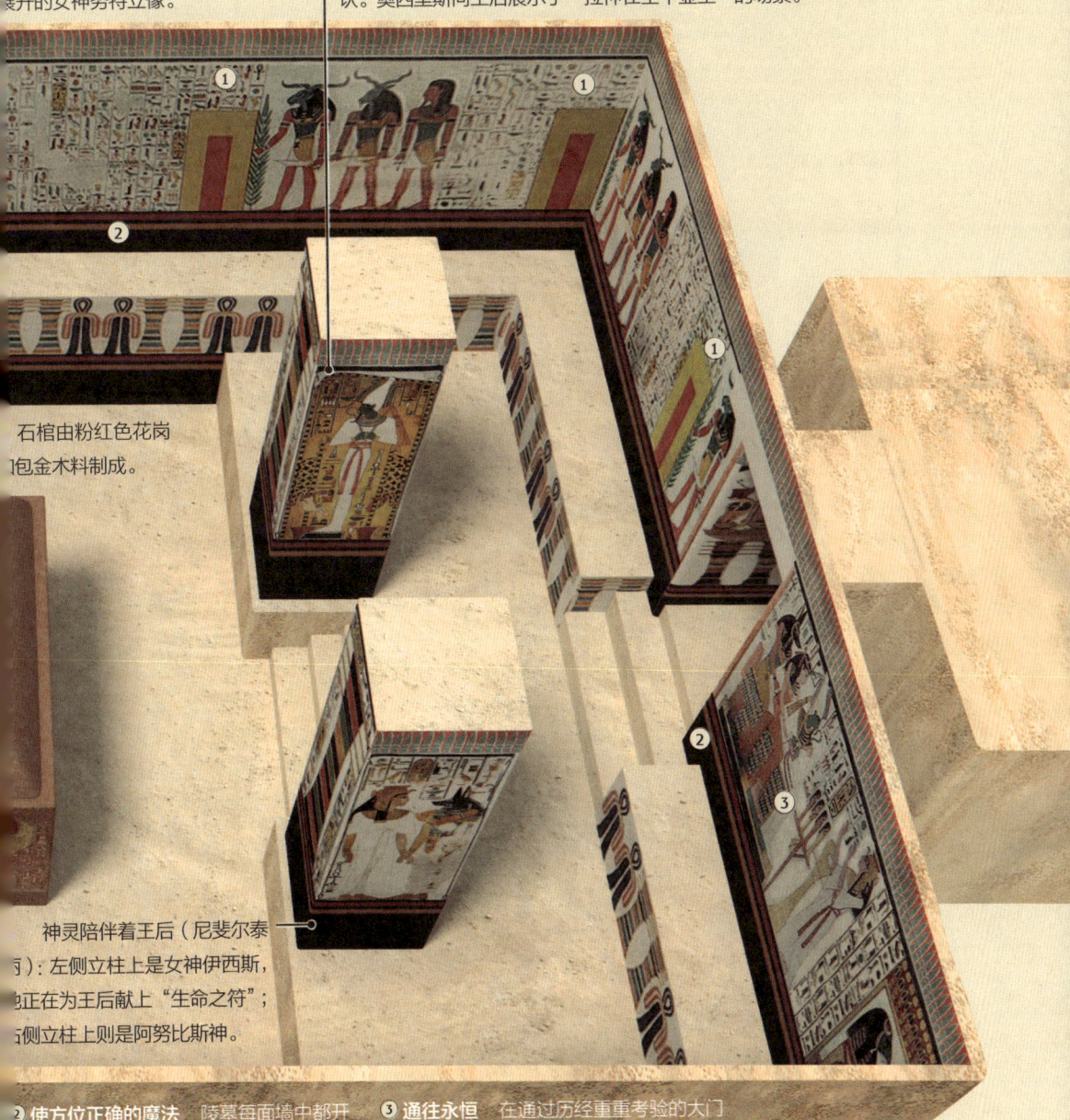

石棺由粉红色花岗
包金木料制成。

神灵陪伴着王后（尼斐尔泰
丽）：左侧立柱上是女神伊西斯，
她正在为王后献上"生命之符"；
右侧立柱上则是阿努比斯神。

② **使方位正确的魔法** 陵墓每面墙中都开凿了一个壁龛，里面各放置着一块神奇的砖石，它们用来守护奥西里斯，并神奇地使墓室朝向西方——这是理想状态下的方位，但墓室实际上朝向北方。

③ **通往永恒** 在通过历经重重考验的大门和前厅后，北面墙上绘制的尼斐尔泰丽正在向奥西里斯、哈托尔和阿努比斯进献祭品。王后终于完成了通往冥界之路，最终在奥西里斯身旁享有永恒的生命。

251

■ 帝后谷

耳室地面呈长方形，长宽各为3.6米和2.1米。耳室的装饰相对存在损坏的情况，而实际上这些耳室很有可能原本用作仓库。长凳在西墙中间位置同样断开，因此可以看到这里有一个腔室，此处空间之前用于存放装有王后（尼斐尔泰丽）内脏的礼葬瓮。在长凳的整个正面部分，装饰着两个杰德柱和两个切特结的彩绘条带状装饰框缘。

房间墙体和立柱的上半部分饰有装饰框缘，可以从中看到在（蓝色的）天幕上散落着（黄色的）星星，这一装饰与陵墓整体的上部装饰一致。墙体和立柱的下半部分则装饰着黑色的柱基，饰以黄色条带，而上半部分的条带则是橙色的。

实际上，这个房间分为三部分，中间部分的进深最深（0.6米），这里放置着王后（尼斐尔泰丽）的石棺，需要穿过中间的部分才能抵达房间的尽头。

位于两个上边缘、带有装饰的四根立柱将这一区域与其他部分区分开来，这一区域大约占据整个房间的一半，须登上两个四阶楼梯方

▲ 在四根立柱内侧立面上，最显著的杰德柱①代表了奥西里斯的脊椎，是稳定的象征。旁边是垂直排列的王后（尼斐尔泰丽）的头衔②、王后的王名圈③以及死亡咒语"在奥西里斯面前证明无罪"④。

可到达。立柱的立面位于房间的轴线上，饰有奥西里斯的形象；面向石棺的立面饰有杰德柱，而朝外的立面则展示了王后（尼斐尔泰丽）得到神灵陪伴的场景——伊西斯（三次）、哈托尔（两次）以及阿努比斯（一次），朝向墓室的立柱立面则绘制了一位祭司。

殊途同归

墓室中的壁龛也突出了这间墓室的重要性。墓室的每面墙上各有一个壁龛，壁龛中放置着四块神奇的砖石，这些砖石保护着奥西里斯不受敌人来犯。在这些砖石上还刻有《亡灵书》第151章的部分内容，而这些铭文同样具有保护的意义。四块砖石均为土砖，除了起到"守卫之责"，还有一个极为重要的作用——以一种神奇的方式组织了房间的地理方位布局。

在理想状态下，古埃及陵墓的墓室朝向东方，而尼斐尔泰丽的墓室则朝向北方。因此，这四块砖石都对应着一个方位点，从而改变了整个墓室的方位，使每面墙处于其对应的方位上。通过砖石各自代表一个方位点的神奇方式，原本位于尽头的墙体成为西侧墙体，这样人们便可以按照理想状态的方位从东侧进入墓室。为了表述清晰，这里描述陵墓所使用的方位均为实际方位。

上一层的侧室也同样是这种情况，因此沿入口两侧墙体可通过两条平行的通道进入王后（尼斐尔泰丽）墓室。在左侧，沿墓室西侧一半位置的墙体开始继续铭刻《亡灵书》第144章的内容，直至尽头耳室入口；在右侧，沿东侧墙体继续铭刻《亡灵书》第146章的内容，铭文同样于耳室入口结束。

在《亡灵书》第144章中，死者必须通过七道大门才能抵达冥界，但壁画中使用赭石色门框和红色（木材的颜色）大门只表现了五道大门。在旅程开始时，王后（尼斐尔泰丽）呈站姿，身穿传统的白色长袍，腰间装饰着宽大的金色腰带，头梳秃鹫发髻，并用长羽毛装饰。值得注意的是，这位王后除了在前室著名的塞尼特棋对弈场景中穿着凉鞋，在陵墓所有的壁画中都赤裸双足。

在《亡灵书》第144章中，构图一直没有发生变化：首先映入眼帘的是铭文，接着绘制大门，最后是以人形示人的三名守护灵。其中，第一名守护灵是守门人，拥有男性的外貌特征，长有公羊首；第二名守护灵的性别并不固定，但也长有动物头；第三名守护灵是预言家，有男有女，但一直是人首形象。

通往另世的大门

如同故事中所讲，伊西斯曾努力了解拉神的真名，而知道一个人的身份就意味着获得了掌控这个人的力量。因此，当王后（尼斐尔泰丽）来到大门前说出守护灵的姓名时，她便可以支配这些守护灵了。就这样，王后连续穿过了南墙上的一道门，西墙上的几道门，以及墓室尽头墙上的一道门。

在途中路过一个腔室，里面放置着存放王后（尼斐尔泰丽）礼葬瓮的箱子。箱子的装饰与陵墓其他的装饰不甚相同：箱子上的人物涂绘为白底金色，这是单色风格的早期实例。腔室尽头墙上较小的长方形绘制着双翼展开的女神努特立像，而侧面墙体上的装饰相对而言损坏较为严重——墙体上绘制着阿努比斯和礼葬瓮的守护神荷鲁斯四子中的两个儿子。

旅程自入口大门右侧开始，之后是《亡灵书》第146章的内容，题为"从奥西里斯居所神秘前厅进入纸莎草田的咒语的起始部分"。壁画还展现了拜神姿态的王后（尼斐尔泰丽）立像；首先映入眼帘的就是大门，之后是与之有关的铭文。带有圣蛇图案的装饰框缘装饰着金框，这便代表了门，而二十一扇门中只展现了其中的十扇；在金框中，可以看到蹲守在每扇门前的守护灵。守护灵的危险不言而喻，它们守卫通道的决心不容小觑，从每位神灵手中挥舞着刀便可见一斑。"高贵的世袭夫人，伟大的恩惠，拥有魅力、温柔和爱，上、下埃及的女主人，奥西里斯，大王后，两地的女主人，穆特心爱之人，在奥西里斯面前证明无罪"的尼斐尔泰丽走向守护灵，同时口中念诵每个守护灵的名字，这使她能够支配这些守护灵并得以穿门而过。

两条通道均在房间北墙图像处终结，在南侧耳室入口右侧可以一睹站立的尼斐

▲ 墓室的四根立柱围出一个空间，这里放置着石棺，石棺中便是大王后（尼斐尔泰丽）的遗骸。

▼ 在放置礼葬瓮的箱子上雕刻的场景中，阿努比斯正在将死者制成木乃伊。

尔泰丽的姿势：她正在向端坐在宝座上的三位神灵献上祭品，这三位神灵便是发号施令的奥西里斯以及其身后的哈托尔和阿努比斯。此时，王后已经历尽旅程的千辛万苦，在完成冥界之旅后她再次来见奥西里斯——奥西里斯赐予她永恒的生命。

最华丽的陵墓

底比斯墓地被埃及人称为"美人之地",后来这里被称为王后谷。王后尼斐尔泰丽的陵墓就在此处,而这座陵墓可能是"两地之国"最为华丽的陵墓。1904 年,埃内斯托·斯基亚帕雷利及其团队有幸走进了这座埃及丧葬艺术的"西斯廷教堂"(chapelle Sixtine)。

底比斯人称为"瓦迪"(ouadi)的大河谷被命名为塔塞特纳夫鲁(Ta Set Néférou),即"美人之地",开始被新王国王室的女性和儿童的陵墓所占据,尽管人们直到几个世纪后才得以了解这些有着千年历史的地下陵墓的性质和形态。1826 年,苏格兰古董商兼埃及学家罗伯特·海(Robert Hay)是首位发掘"美人之地"的人。不久,英国人约翰·加德纳·威

▲ 都灵埃及博物馆成立于1824年,这座博物馆是埃及学的主要机构之一。1894年,尼斐尔泰丽陵墓的发现者埃内斯托·斯基亚帕雷利被任命为该博物馆的馆长。这幅19世纪马可·尼科洛西诺(Marco Nicolosino)的雕刻作品展示了博物馆的大厅。

尔金森（John Gardner Wilkinson）紧随其后于1828年对这些陵墓进行了编号——至少是对那些已经被发现的陵墓。正是在这一时期，即在1828—1829年，让-弗朗索瓦·商博良来到大河谷并将其命名为王后谷，即阿拉伯语的"Biban el-Malikat"。如今，我们仍如此称呼这片岩间墓地。1834年，另一位著名的埃及学家伊波利托·罗塞里尼（Ippolito Rosellini）来到王后谷；1845年，德国学者理查德·莱普修斯（Richard Lepsius）也到访此地。

然而，直到1904年，都灵埃及博物馆馆长埃内斯托·斯基亚帕雷利带领的意大利考察团到来之后，王后谷的考古发掘才真正获得了迅猛的发展。在短短两年的时间里，他们发现了十三座新的陵墓。考察团为这些陵墓修建了大门，将盗墓者挡在了门外，并铺设了一条道路使游客能够按照明确的顺序前行以方便参观。在他们伟大的发现中，包括阿蒙赫赫佩舍夫（Amonherkhépeshef，又译阿蒙赫克普谢夫）和卡哈蒙瓦塞特（第二十王朝法老拉美西斯三世之子）富丽堂皇的陵墓，但最为壮观的还是在发掘工作开始一年后发现的尼斐尔泰丽陵墓。

尼斐尔泰丽陵墓：伟大的发现

当埃内斯托·斯基亚帕雷利进入尼斐尔泰丽陵墓时，他极有可能为陵墓中的壁画之美感到震惊。尽管壁画使用的颜料只限于埃及矿物原色，但呈现出的效果却令人惊叹不已。事实上，法老的工匠们还在黄色和红色的部分涂上了一层树胶和蛋清，以增强颜料的亮度光泽。然而，几乎20%的装饰已经毁坏，所以埃内斯托·斯基亚帕雷利做的第一件事情便是加固陵墓中的装饰。此外，埃内斯托·斯基亚帕雷利制作了详尽细致的影像记录，以135块玻璃板展现了

▼ 法老拉美西斯三世的儿子之一卡哈蒙瓦塞特的面具，这个面具是在王后谷编号为QV44的陵墓中发现的。
🏛 巴黎卢浮宫博物馆

▲ 尼斐尔泰丽陵墓位于王后谷的北部区域，这座陵墓与第十九王朝其他多个杰出女性的地下陵墓分布在同一直线上，如塞提一世的大王后，即拉美西斯二世的母亲姆特图雅（Mouttouya，也称Tuy [图雅]）王后（QV80墓），以及拉美西斯二世的女儿和妻子宾塔娜特（Bentanat，QV71墓）。这张照片拍摄于20世纪50年代，显示了尼斐尔泰丽陵墓入口周围的区域。

壁画中绘制的所有人物，但十分可惜的是这些绘图是黑白的。

可以想见，尼斐尔泰丽的陵墓曾经遭到盗墓贼的洗劫。在红色花岗岩石棺遗迹中，意大利人（埃内斯托·斯基亚帕雷利）成功地抢救出黄金棺的残余部分、碎陶片、三十个彩绘的木质乌什布蒂（人形俑）以及乌什布蒂外箱的箱盖。在陵墓中，他们还发现了写有阿伊之名的箱子把手、木乃伊的腿部残片——从外观上判断，这双腿属于尼斐尔泰丽本人——凉鞋、碎布；在墙壁的壁龛中，他们还发现了"神奇砖石"制成的木质杰德柱。然而，似乎意大利人（埃内斯托·斯基亚帕雷利）对于发掘团

伟大的意大利埃及学家

埃内斯托·斯基亚帕雷利出生在意大利皮埃蒙特（Piémont）地区的一个颇有名望的家族，父亲是一位历史学家，他在埃内斯托·斯基亚帕雷利的心中播下了探索古代文明的种子。因此，年轻的埃内斯托·斯基亚帕雷利先在都灵大学学习埃及学（égyptologie），师从弗朗西斯科·罗西（Francesco Rossi）；1877—1880年又赴巴黎继续深造，师从加斯顿·马斯佩罗（Gaston Maspero）。回到意大利后，埃内斯托·斯基亚帕雷利被任命为佛罗伦萨考古博物馆埃及部主任，其间他曾远赴埃及并带回了大量文物，后由博物馆收藏。埃内斯托·斯基亚帕雷利在埃及学领域建树颇多，其鼎盛时期始于1894年，当时他被任命为都灵埃及博物馆馆长，并一直担任此职直至1928年去世前不久。

队缺乏监管，因为不久之后四个乌什布蒂以及属于王后（尼斐尔泰丽）的多件首饰残片出现在了文物市场，最终被纽约大都会艺术博物馆收入囊中。

1905年，埃内斯托·斯基亚帕雷利判断，王后谷在考古上已经没有更多价值了。于是，埃内斯托·斯基亚帕雷利决定把精力放在代尔麦地那墓地，他的梦想在那里成真，看到了完好无损的皇家建筑师卡（Khâ）的陵墓，并且成功地将陵墓中所有的陪葬品带回了都灵博物馆。这并非埃内斯托·斯基亚帕雷利漫长考古生涯中唯一的重要发现，实际上他在埃及各地都进行了发掘。例如，在赫里奥波利斯，他发现了难以觉察的法老左塞尔的圣殿遗迹；他还在吉萨、阿什穆宁（El-Ashmounein，又译艾什穆奈因）、艾斯尤特（Assiout，又译阿斯尤特）、库伊勒库巴拉（Kau-il-Kubara）、哈马米亚（El-Hammamia）以及卢克索西岸展开了发掘工作。

发现古埃及艺术的瑰宝

埃内斯托·斯基亚帕雷利和他的团队因发现了尼斐尔泰丽的陵墓而登上了埃及学的"奥林匹斯山",这座陵墓中的壁画画功精湛,具有无与伦比的美感。

1894年
埃内斯托·斯基亚帕雷利被任命为都灵埃及博物馆馆长。因职责所在,他曾以此身份前往卢克索。

1903年
埃内斯托·斯基亚帕雷利带领意大利考察团开始在王后谷进行发掘。2月,他们发现了拉美西斯三世的儿子卡哈蒙瓦塞特的陵墓。

◀ 卡哈蒙瓦塞特陵墓壁画中其幼年像细节，像中的卡哈蒙瓦塞特梳着典型的古埃及儿童发型：头发编成辫子，向后拉到头的一侧，遮住了他的一只耳朵。

◀ 在QV55墓的前室，也就是拉美西斯三世的另一个儿子阿蒙赫赫佩舍夫的陵墓里，装饰着一幅华丽的壁画，可以看到法老正将儿子带到各位神灵面前（图片显示的是这个场景的一个片段）。

▶ 卡哈蒙瓦塞特王子陵墓中发现的乌什布蒂。乌什布蒂是一些神奇的小雕像（木质），属于随葬品的一部分，负责完成死者的职责和工作。

1900—1904年
底比斯南部城市基波林（Gebelein）同意埃内斯托·斯基亚帕雷利在当地进行发掘，这是他的最后一次考古发掘工作。

1928年
埃内斯托·斯基亚帕雷利在辞去都灵埃及博物馆的管理工作后不久便与世长辞。他在这个职位上工作了近半个世纪，接替他的是朱利奥·法里纳（Giulio Farina）。

1934年
尼斐尔泰丽陵墓状况恶化严重，迫使埃及政府停止向公众开放陵墓。美国洛杉矶盖蒂研究所负责修复陵墓壁画。

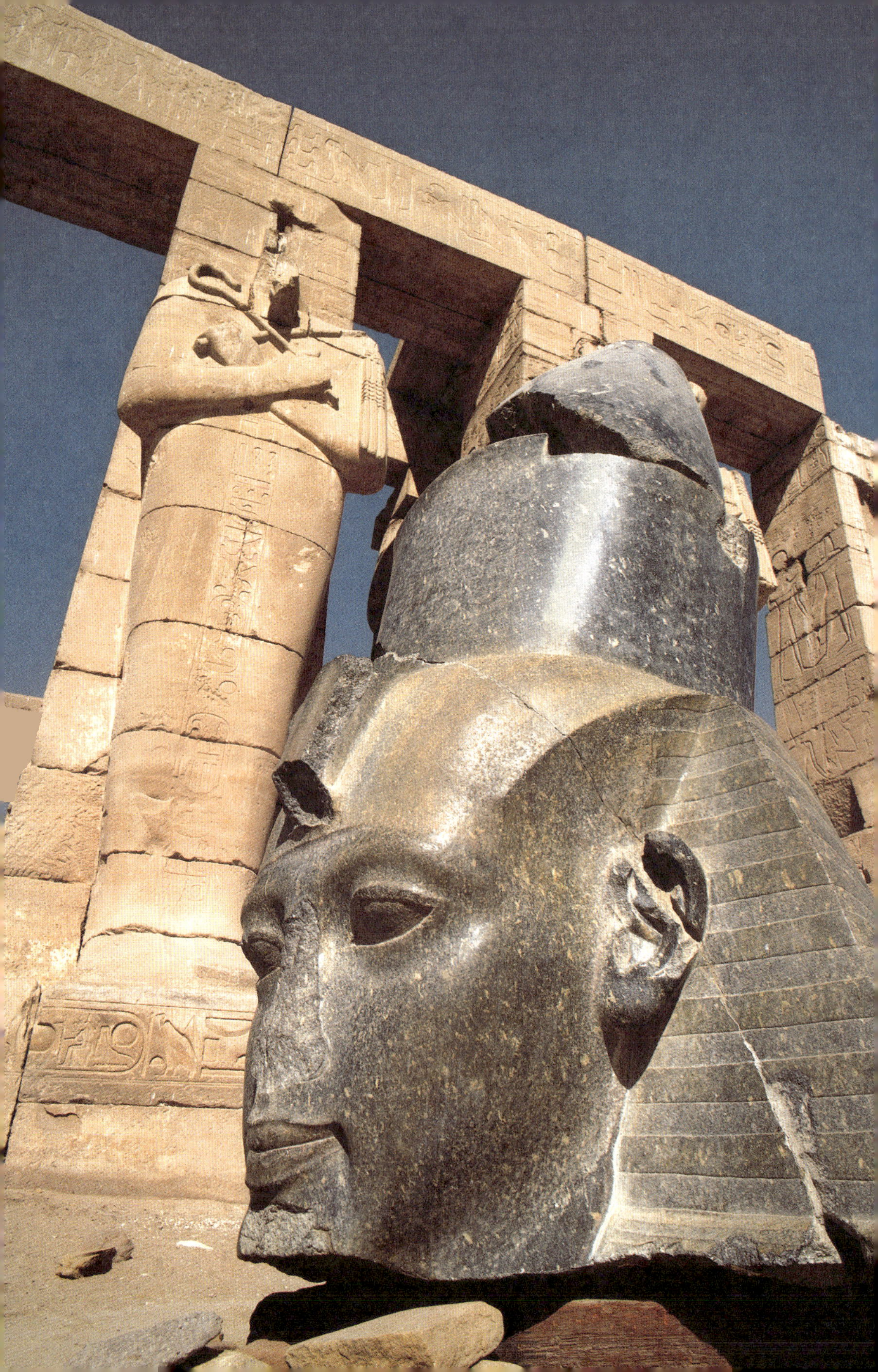

第十九王朝陵墓

第十九王朝的法老们虽然并非皇家血脉，但他们最终以自身才能证明了自己配得上王位。如果说拉美西斯一世在毫无争议的情况下胜任法老，仍然对自己即位的合法性心怀疑虑的话，那么他的儿子塞提一世则在即位行权事宜上气度从容；到了他的孙子拉美西斯二世继位时，王位传承早已不成问题。他们最终都将陵墓选在了帝王谷中前王朝的王室墓地中，拉美西斯一世长眠于 KV16 墓，塞提一世的陵墓是 KV17 墓，拉美西斯二世埋葬在 KV7 墓，而麦伦普塔赫则长眠在 KV8 墓……甚至拉美西斯二世的多位后代都选择在王室墓地下葬，即 KV5 墓。

这些法老沿袭了第十八王朝末期的风格，选择沿直线轴修建陵墓，继承了古老的阿玛纳王室陵墓风格。不过，拉美西斯二世和他的儿子们的陵墓略有不同：拉美西斯二世的陵墓轴线具有右转 90°的转弯（独特的布局），而他儿子们的陵墓则呈"T"字形，带有数量庞大的墓室——用于埋葬后世子孙。

同时，墓地安排了看守——别忘了图坦卡蒙陵墓曾两次遭劫——这些陵墓十分安全，它们开凿在河谷东翼山岩半高处，入口恢宏而明显。这完全颠覆了第十八王朝初期法老的做法，当时的法老尽可能在河谷偏僻之处修陵墓，入口往往半遮半掩，并因雨水流泻而导致的地形变化最终将入口完全遮蔽起来。第十九王朝的法老们却更希望陵墓被世人看到，这也解释了为什么他们冒着陵墓会遭到这一地区常见的暴雨冲刷进而受损的风险也要在这里修陵墓。

■ 帝后谷

拉美西斯一世陵墓

拉美西斯一世尽管并非王室后裔，但他仍然属于社会的精英阶层——他的父亲是一位指挥官，很快获得了时任埃及军队大将军霍伦海布的注意。拉美西斯一世曾在军中历任要职，如努比亚的西莱（Sileh）要塞总督，而该要塞位于埃及通往叙利亚—巴勒斯坦的必经之路上；法老任命他为阿蒙大祭司，这也表明法老希望彻底终结阿玛纳异端。霍伦海布对拉美西斯一世悉心教导似乎早想让他成为继承人，因此一路提拔他官至维齐尔。

然而，拉美西斯一世登临大宝之时年事已高，亲政不过一二年的时间而已。拉美西斯一世很可能意

▶ 法老拉美西斯一世是塞提一世的父亲、拉美西斯二世的祖父，他的墓室是整个陵墓中唯一具有装饰的房间。

◀◀ 女神哈托尔将自己的项链献给法老，出自塞提一世陵墓浮雕残片。
🏛 弗洛伦萨国立考古博物馆

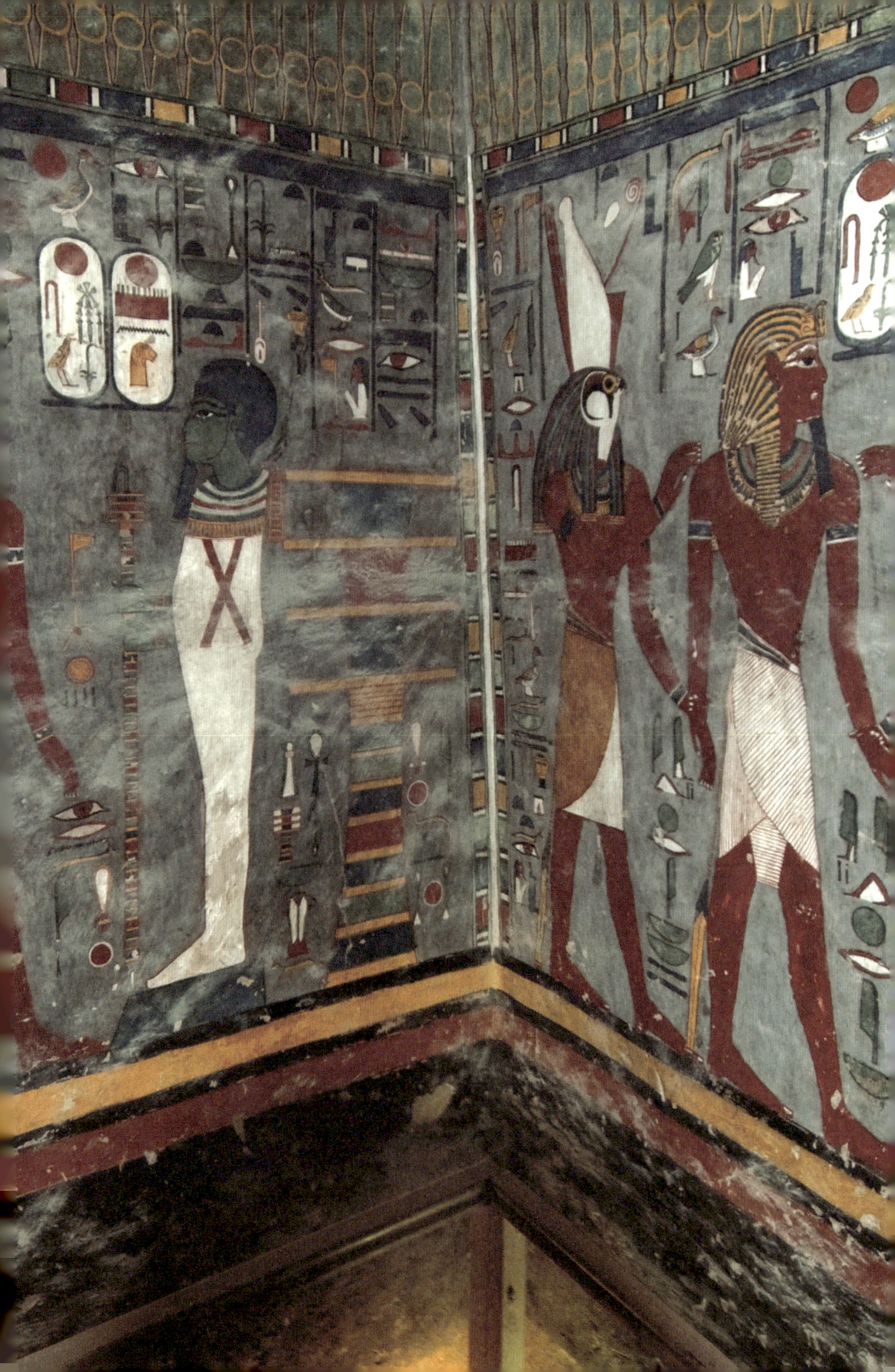

■ 帝后谷

识到自己的时间所剩无几——毕竟其规格寒酸的陵墓让人难作他想，他的陵墓是帝王谷中的 KV16 墓，而这座陵墓完全是在仓促之间修建完成的。这座地下陵墓长 41 米，第一段阶梯之后有一段长约 11 米的通道。这条通道连接着第二段阶梯，这段阶梯通向一间垂直于入口所在轴线的小墓室。

在小墓室的北墙和南墙上（按照其所象征的方位而言）开有一扇门，通向一个较小的房间，房间大约长 2.5 米、宽 2 米；在西墙左侧靠下的部分，可以看到一个更小的壁龛，壁龛中只有一面墙上绘有装饰。

这座陵墓由意大利探险家乔万尼·贝尔佐尼团队于 1817 年 10 月发现。当这位"帕多瓦的巨人"（le géant de Padoue）进入墓穴时，他发现陵墓尽管曾多次遭遇洗劫和使用，但仍然存有一些随葬品遗迹。除了木制的守护神像和其他神像——其中一个乌龟首的神像极为引人注目——墓葬中最主

① **墓室** 墓室是拉美西斯一世陵墓中唯一有装饰的房间，但房间面积较小（6 米 × 5 米）。在陵墓中，还有两个没有装饰的房间。在西南角可以看到一个梯形的壁龛，作为陵墓的轴线为其调整方位。

② **双通道** 北墙上装饰有《门之书》第三小时的场景，南墙上则装饰了第四小时的场景。装饰自入口大门两侧开始绕陵墓一周后在西墙汇合，西墙上绘制着神灵奥西里斯和凯普里。

奥西里斯和凯普里神灵，在冥界接待了经神灵引路来此的法老（西斯一世）。在壁画端，可以看到拉美西斯跪在神灵尼肯（Nekhen鹰）和佩（Pé，豺狼）之

奥西里斯装扮的拉美西斯一世，呈站姿站在蛇身之上望向蛇神。在法老身后是一位公羊首的神灵，这位神灵将一只手搭在他的肩膀上。这个壁龛其他的内壁并无装饰。

拉美西斯一世的石棺呈王名圈形状，使用红色花岗岩支撑，长2.7米，宽近1.9米。石棺侧面装饰着大量铭文以及黄色颜料绘制的人物，女神伊西斯张开双翼保护着石棺。

267

要的文物是红色花岗岩石棺，上面的装饰仅有一幅画（黄底色上用黑色绘制细节部分），这显示出拉美西斯一世应是在仓促之间入殓。

《门之书》

石棺室是唯一经过装饰的墓室，可以在装饰中看到蓝色背景的场景，让人联想到霍伦海布陵墓的装饰风格，这可能是同一批画工完成了两座地下陵墓的装饰工作。通往墓室的东墙左侧，可以看到正义女神玛阿特，她将目光投向大门的方向，而拉美西斯一世则背对女神望向普塔神。在同一面墙上门的另一侧，也就是右侧，可以再次看到正义女神玛阿特，她仍然望向大门方向，而这里的拉美西斯一世还是背对女神向奈费尔图姆（Néfertoum）献祭。

在侧墙上，装饰着《门之书》第三小时的部分内容（北墙）和第四小时的部分内容（南墙）；由于空间不足，这些墙上的装饰只分为两部分，而不是常见的三部分。

装饰展现出来的仪式路径分为两条：南方是太阳之神，北方是地狱之神。在圣甲虫首的凯普里神面前的是布托（Bouto）和赫拉康波利斯（Hiérakonpolis，又译希拉孔波利斯）的神灵，法老呈站姿；而在冥界之神面前，法老由哈尔希（Harsiesi）、阿图姆（Atoum）和奈特接引至奥西里斯面前。

塞提一世陵墓

塞提一世，即拉美西斯一世的儿子，登基时已人近中年，在位时间十一至十五年。在塞提一世的统治下，埃及遭遇了赫梯人来犯，他从赫梯人手中夺回了卡叠什，并重新取得了叙利亚-巴勒斯坦地区的控制权，为这片土地带回了失落的旧日荣光。在尼罗河谷地区，除了挫败一场小规模的努比亚叛乱，塞提一世还修建了恢宏的建筑，如在阿比多斯修建了巨大的奥西里斯神庙，以及在帝王谷为自己修建了同样壮美的陵墓，即 KV17 墓。

1817 年 10 月，这座地下陵墓由意大利探险家乔万尼·贝尔佐尼发现。乔万尼·贝尔佐尼在回忆录中写道，当他再次对王室墓地开展发掘工作时，十分偶然地发现了这个"真福之地"（bienheureux site）——在这里看到了他考古发掘生涯中最精美的一座陵墓。乔万尼·贝尔佐尼不满足于仅发现这座令人啧啧称奇的、处处经过装饰的墓葬，他还将陵墓中精美的浮雕一一复制，并于 1821 年在伦敦展出复制品；而展览取得了极大的成功，为他带来了显赫的名望和巨大的财富。塞提一世陵墓的发现在当时的欧洲引起了极大的轰动，其影响不啻英国考古学家霍华德·卡特于 1922 年打开图坦卡蒙陵墓。

遗憾的是，这次发现成为塞提一世陵墓逐渐损毁的开端。在清理入口的时候，乔万尼·贝尔佐尼破坏了一些阻挡雨水流入的障碍物。因此，这座地下陵墓多次被淹，进而造成了损坏。同时，复制浮雕的时候使用的技术也同样对陵墓造成了损坏，当时使用的方法是将浸湿了的吸墨水纸贴在浮雕上，等到纸变干后再揭下来，而在这一过程中有些浮雕的颜料随之掉落；更遗憾的是，这种方法还被后来的探险家多次使用。

石棺和隐藏的木乃伊

尽管这座地下陵墓早在古代已遭洗劫，但是乔万尼·贝尔佐尼仍然在墓中发现了随葬品的遗迹，其中包括一具公牛骨架、大量乌什布蒂，以及一些木质雕

■ 帝后谷

像——雕像身上有一些孔洞，用于放置莎草纸。1825 年，詹姆斯·波顿（James Burton）在陵墓中发现了一些陶片，以及含有已经干燥的颜料和画笔的容器，这可能是某个丢三落四的艺术家遗忘在陵墓中的。最引人瞩目的墓葬品则是方解石人形石棺，乔万尼·贝尔佐尼将这具石棺带回英国，并将其卖给了约翰·索恩（John Soane）。于是，这具石棺在建筑学家约翰·索恩的家族博物馆沙龙展出，至今仍放置在那里。石棺呈半透明色，外部装饰着《门之书》的场景和摘录，其中填涂有蓝色粉末。乔万尼·贝尔佐尼在墓穴的入口处发现了棺盖碎片，棺盖上装饰着头戴涅姆斯发饰、呈木乃伊外观的法老形象。塞提一世的木乃伊完好无损，与新王国时期其他皇室成员的木乃伊一起保存在代尔巴哈里的"隐秘处"——TT320。

▶ 在古埃及艺术史中，塞提一世的陵墓占有十分重要的地位。塞提一世的墓室装饰无比精美，用色极为考究，场景的构图堪称完美（如右图）。

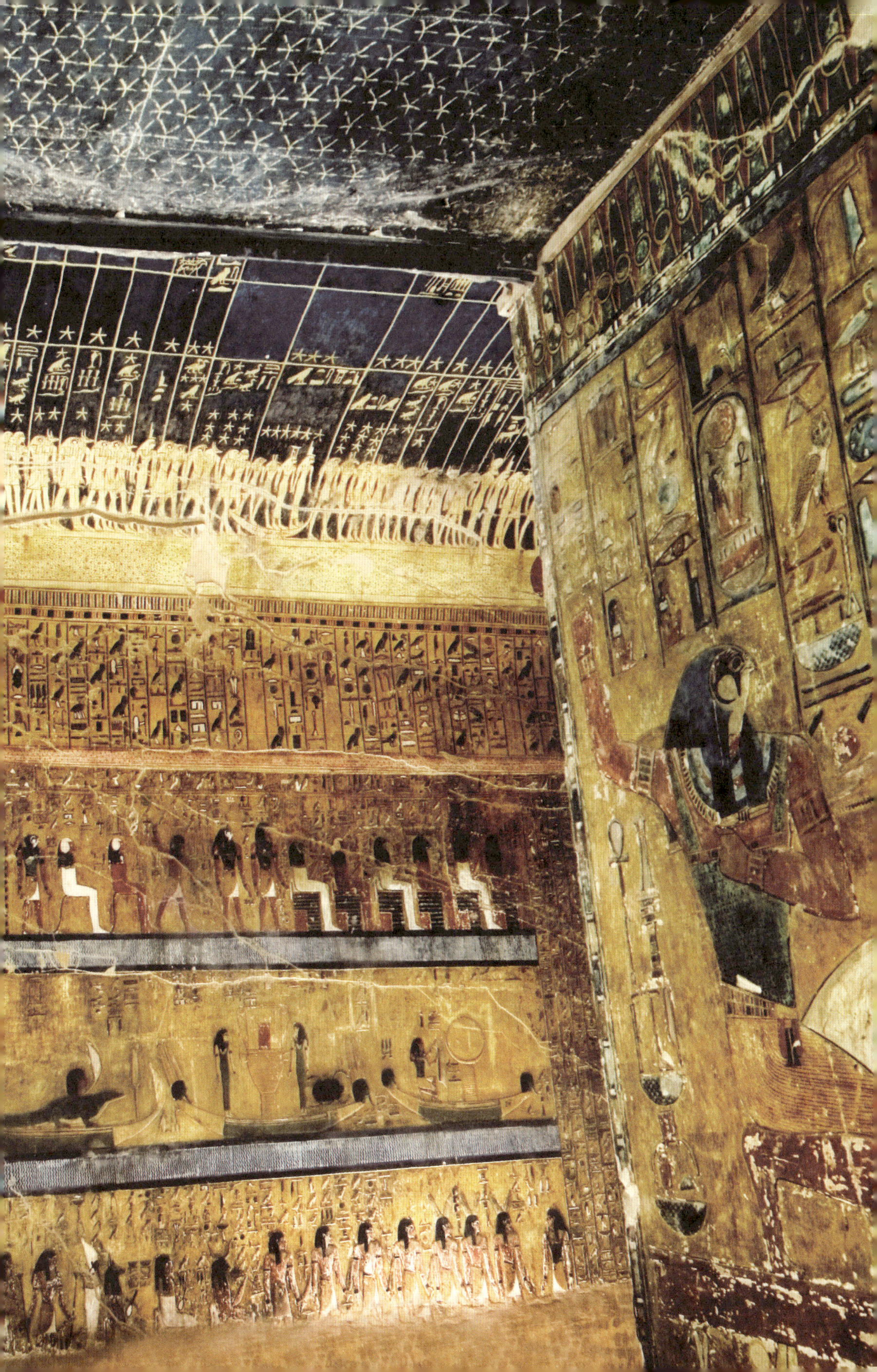

■ 帝后谷

陵墓之外的画廊

在长达 176 米的塞特一世陵墓中，皇室的艺术家工匠实现了一个美学奇迹。地下陵墓所有房间和通道墙壁上都饰有明快精致的暖色浅浮雕，这些装饰是古埃及殡葬艺术的瑰宝。

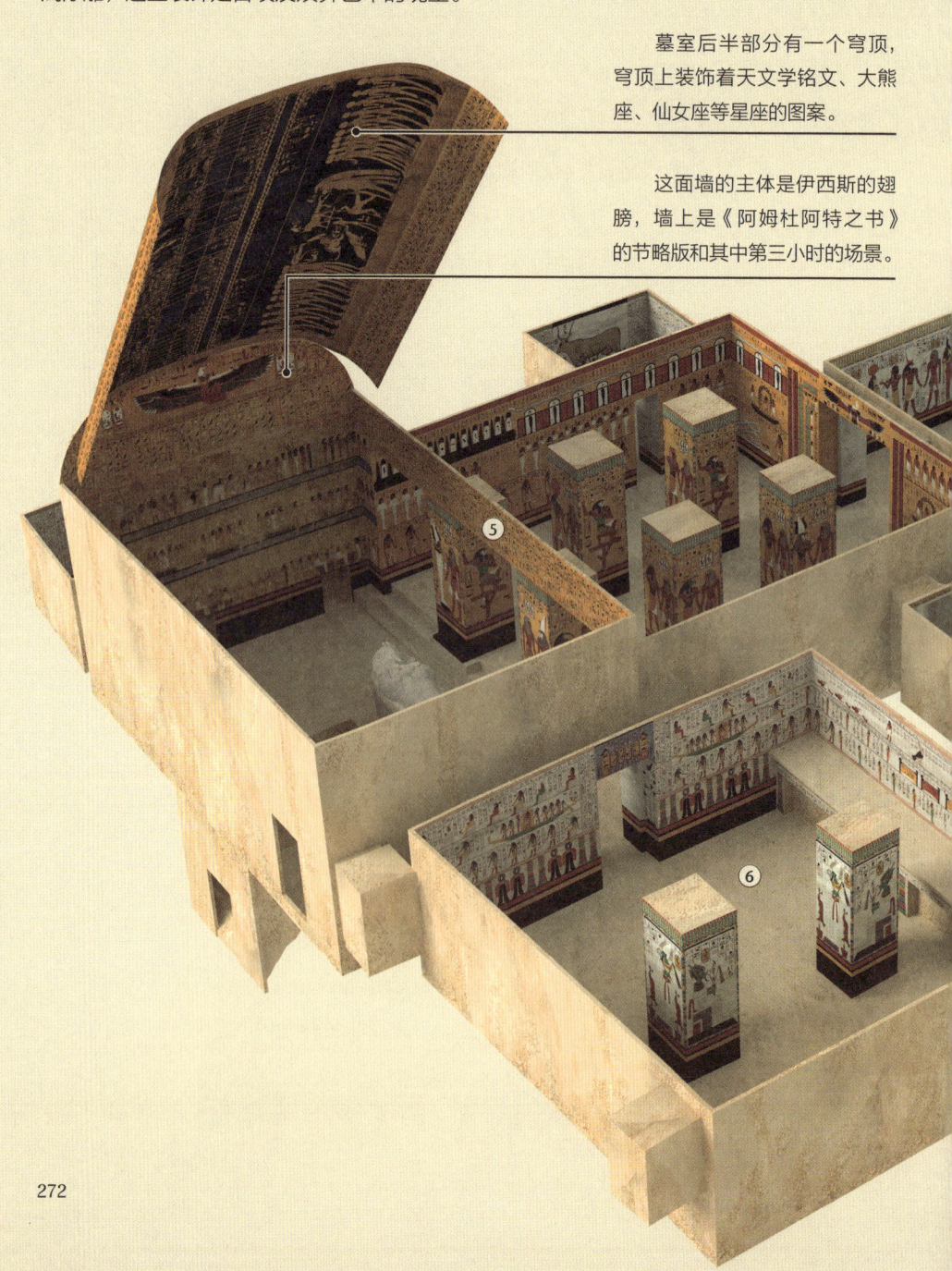

墓室后半部分有一个穹顶，穹顶上装饰着天文学铭文、大熊座、仙女座等星座的图案。

这面墙的主体是伊西斯的翅膀，墙上是《阿姆杜阿特之书》的节略版和其中第三小时的场景。

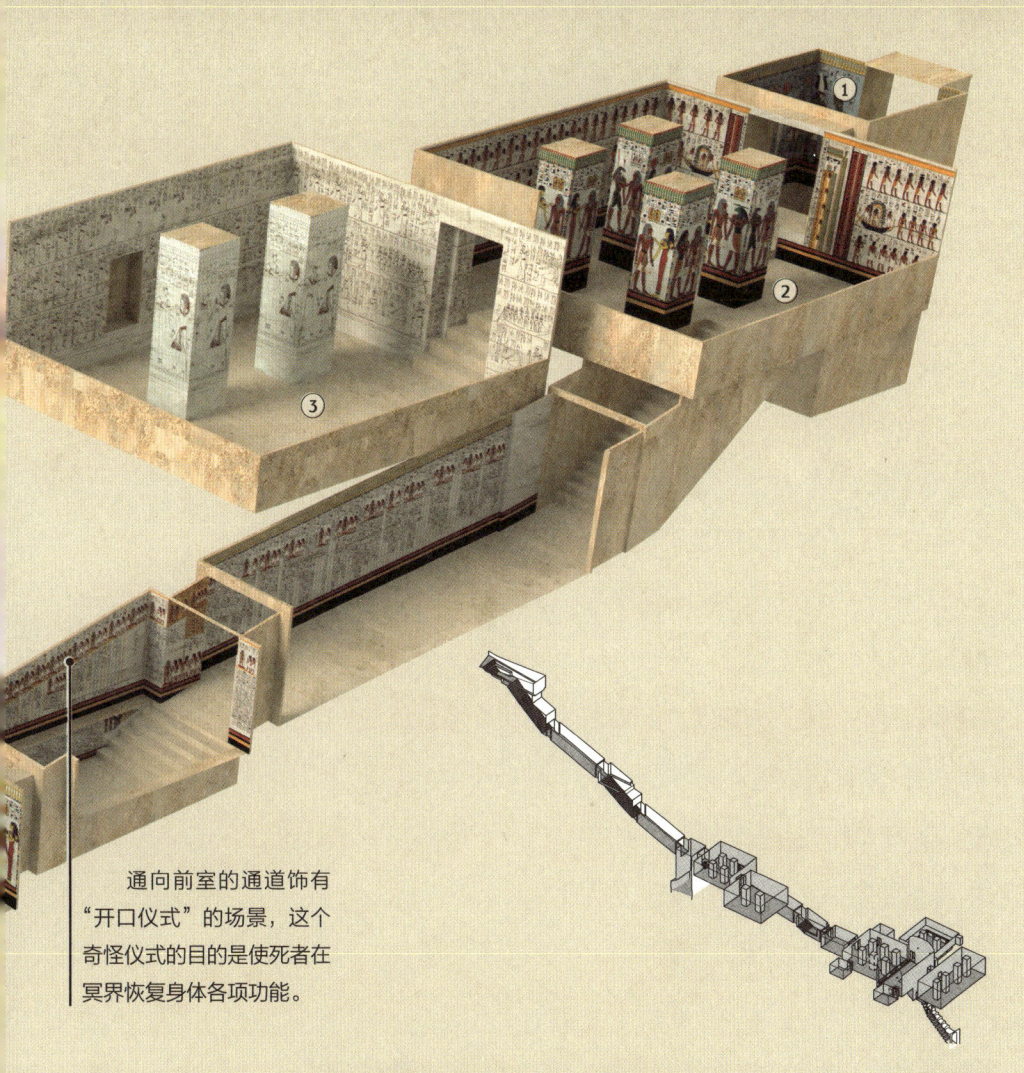

通向前室的通道饰有"开口仪式"的场景，这个奇怪仪式的目的是使死者在冥界恢复身体各项功能。

① **墓井** 地下陵墓第二通道通向陵墓的"墓井"，这个空间长宽分别为 3.6 米和 4 米——墓井的墙壁没有埋入土中——其上饰有拜神的装饰，以及在多位神灵陪伴下的塞提一世。

② **斯芬克斯像** 就在仪式井旁边，可以看到一个宽 8 米的大厅，其中有四根立柱，立柱上装饰着众神围绕法老的场景。墙壁上的浅浮雕展示了《门之书》第四小时、第五小时和第六小时的场景。

③ **黑白配色** "绘画大厅"与陵墓的其他房间截然不同，主要区别在于"绘画大厅"中的装饰并不是多彩的——所画画面只有黑白两色。其中，装饰对应《阿姆杜阿特之书》第九小时、第十小时和第十一小时的场景。

④ **精美的线条和配色** 墓室前面大厅的浮雕精美绝伦，十分著名。浮雕装饰的配色令人惊叹，线条运用娴熟，还可以看到许多神灵陪伴着法老，其中包括奥西里斯和托特。

⑤ **星之轨迹** 墓室的两个部分分别位于不同的高度，二者由几级台阶相连。墓室的特殊之处在于其具有穹顶，其上装饰着星空图，人们可以从中辨认出一些星座。

⑥ **最大的耳室** 墓室的南墙通向一个侧室，室内有两根立柱以及一个沿墙布置的巨大长凳，长凳在入口处断开。这个侧室很可能原来用于放置一部分随葬品。

▎帝后谷

经过一段长约 9 米的楼梯，人们方可进入陵墓，楼梯之后是长 10.6 米的第一通道，通道的墙壁饰有《拉神祷文》中的场景，以及面向拉-哈拉克提的法老画像。之后，又是一段长 7.7 米的楼梯，再次绘制了《拉神祷文》中的场景以及《阿姆杜阿特之书》的场景。这段新楼梯连接着长 9 米的第二通道，其上饰有《阿姆杜阿特之书》的场景。第二通道通向陵墓的"墓井"，墓井呈长方形，深约 7 米。墓井上部的内墙没有深入土层中，其上饰有塞提一世面向多位神灵的画像。在西墙上，可以看到法老（塞提一世）在荷鲁斯的陪伴下朝向呈坐姿的奥西里斯，西方女神（déesse de l'Ouest）也呈站姿在奥西里斯身侧。与将陵墓分为不同区域的门槛一样，这道门槛的另一侧是第一个带有立柱的房间。房间呈梯形，长 8.4 米，宽 8 米，墙壁上饰有《门之书》的场景。在四根立柱上可以看到多位神灵陪伴在法老身边。

① **六根立柱的大厅** 墓室的第一部分有六根立柱，立柱饰有法老和多位神灵的形象。墙壁上呈现了《门之书》中描述的一些场景。正义女神玛阿特展开双翼的形象，雕刻在入口大门上方。

《天牛之书》描述的场景出现在这间耳室墙壁装饰的中心位置。由于人类妄图将拉神拉下神坛，拉神因此大发雷霆，翻身骑在圣牛背上重回天穹，留下人类成为大地的主宰。

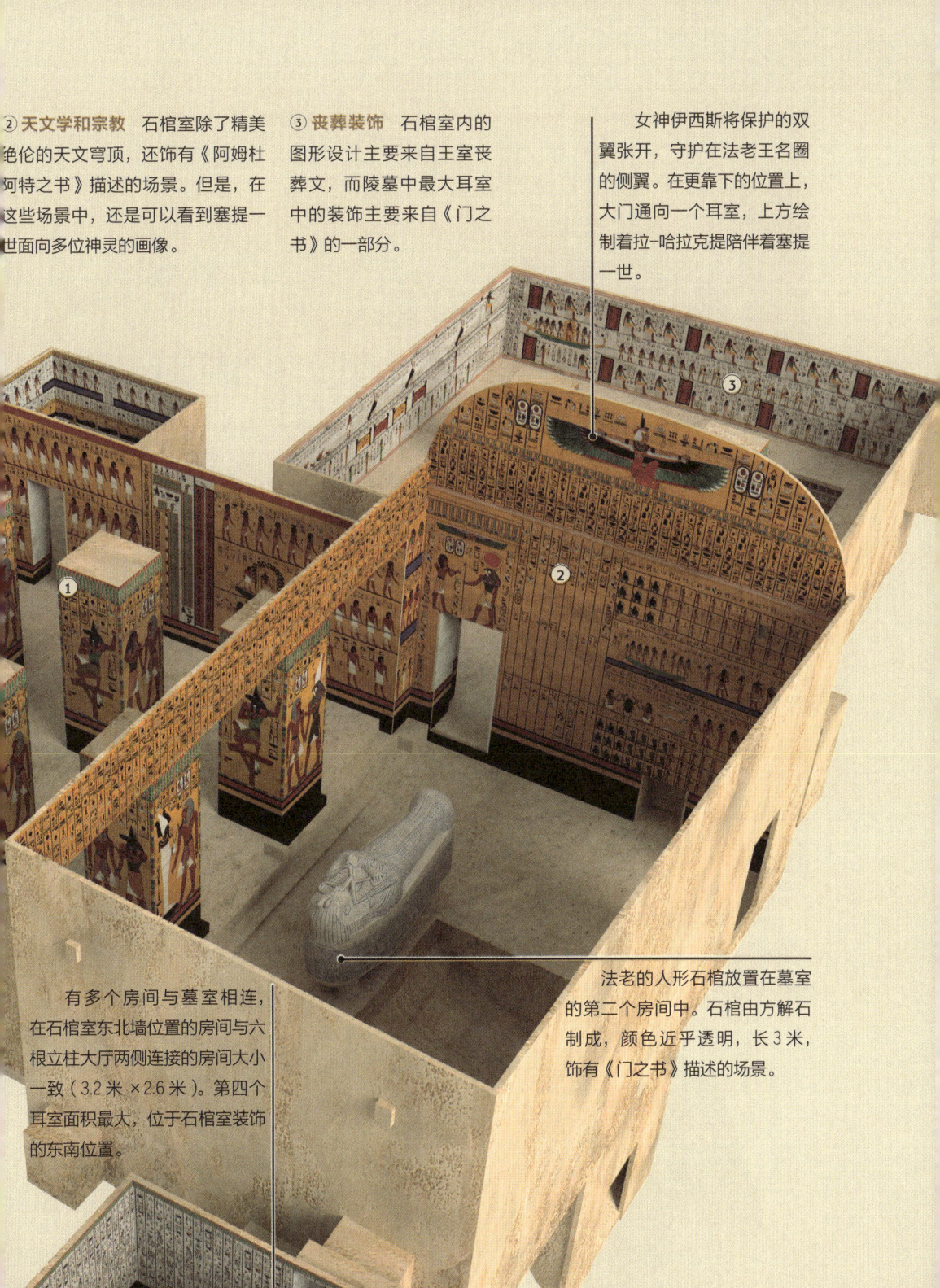

② **天文学和宗教** 石棺室除了精美绝伦的天文穹顶，还饰有《阿姆杜阿特之书》描述的场景。但是，在这些场景中，还是可以看到塞提一世面向多位神灵的画像。

③ **丧葬装饰** 石棺室内的图形设计主要来自王室丧葬文，而陵墓中最大耳室中的装饰主要来自《门之书》的一部分。

女神伊西斯将保护的双翼张开，守护在法老王名圈的侧翼。在更靠下的位置上，大门通向一个耳室，上方绘制着拉-哈拉克提陪伴着塞提一世。

有多个房间与墓室相连，在石棺室东北墙位置的房间与六根立柱大厅两侧连接的房间大小一致（3.2米×2.6米）。第四个耳室面积最大，位于石棺室装饰的东南位置。

法老的人形石棺放置在墓室的第二个房间中。石棺由方解石制成，颜色近乎透明，长3米，饰有《门之书》描述的场景。

275

■ 帝后谷

▼ **塞提一世** 这尊拉美西斯二世父亲的半身像来自其在阿比多斯修建的豪华神庙。

轻微的偏斜

在第一个带有立柱的大厅中，可以看到陵墓的轴心发生了变化。这不是传统意义上的偏斜：实际上，大厅的轴线没有朝向房间的中心部分，而是向南偏斜。这条路线沿楼梯继续向前延伸，搭接石在这一侧紧贴墙壁。同时，在西墙中心部分有一个开口，通向一个较大的侧室，侧室大致呈梯形，其内有两

根位置更靠近边缘的立柱。立柱上饰有《阿姆杜阿特之书》描述的场景，此外还表现了塞提一世面朝多位神灵的场景。与陵墓其他的大厅不同，这个房间的特别之处在于室内没有多彩的装饰，人们只能看到已经绘制完成的、使用黑色线条勾勒出的人物轮廓。

第一个带有立柱的大厅出口楼梯长5.2米，连接着长约9米的通道，经过修饰的护墙板被

▲墓室第二个房间的中心图案是《阿姆杜阿特之书》。这本丧葬书中描述的场景在这里得到了极力渲染，铺满了墙壁，画面色调明快。

> 帝后谷

让-弗朗索瓦·商博良带回巴黎并放置在卢浮宫中展出；而接下来是另一条长 5 米的通道。陵墓这四个部分的墙壁上绘制了"开口仪式"的场景。这项仪式十分重要，共包括七十五个步骤，目的是打开死者木乃伊的所有孔窍，使其能够在冥界拥有体面的生活。再往后便是墓室的前室，前室中装饰着多位神灵陪伴塞提一世的场景。

墓室是陵墓中最大的一个房间，长 14 米，宽 8.4 米，高逾 6 米。墓室包括两部分，其中第一部分是平顶，包含六根立柱和两个小的侧室，分别位于墓室东南角和东北角附近。

满天繁星

第二部分与第一部分由一段台阶和最后两根立柱隔开。法老的石棺就放在这里，石棺西侧饰有天文学相关文字，东侧饰有星座图案。在石棺的北侧墙壁上开有第三侧室，第三侧室的面积与前两个侧室相同。石棺南侧的墙壁上有一个开口通向另一个侧室，这个侧室相对而言面积更大，室内有两根立柱和一个沿墙壁一周的连续长凳，长凳只在入口处断开。石棺西侧所在围墙通向第五侧室，这个侧室横跨陵墓的轴线。四根立柱支撑着第五侧室的棚顶，这间侧室是整个陵墓中唯一没有装饰的房间。

塞提一世的墓室饰有《阿姆杜阿特之书》中的场景（石棺室四壁以及两侧大厅中）、《门之书》中的场景（立柱四周墙壁以及东南角所通往的侧室）以及《天牛之书》中的场景（东北角所通往的侧面大厅）。

乔万尼·贝尔佐尼从入口走过相对狭小逼仄的通道后，发现了塞提一世的石棺。乔万尼·贝尔佐尼只清扫了这一通道的前几米，这条通道通向两段楼梯，具有与地面平行的光滑屋顶（霍华德·卡特于 1902—1903 年使用砖石结构加固了屋顶）。这条迷宫一般的通道使许多埃及学家认为，塞提一世真正的墓穴就藏在通道的尽头。因此，在 20 世纪 60 年代，一个埃及团队曾尝试发掘通道，但这项工程过于复杂，迫使他们在向前发掘了136米之后就放弃了努力。最终，2007年，另一个埃及团队完成了通道的发掘工作。他们在入口向前140米处发现了在具有光滑墙壁的通道中凿出的五十四级台阶，在台阶的尽头发现了一个门框，门框之后则是一段三十七级台阶的楼梯通向一堵墙，这堵墙距离入口176.5米。在发现的物品中，有法老的两个乌什布蒂（替身俑）、一艘珐琅制成的船以及带有死者名字塞提一世的碎石片。

拉美西斯二世及其子孙

　　拉美西斯二世及其儿子的陵墓恢宏而精致，放眼整个帝王谷也是令人印象深刻的存在。但是，拉美西斯二世及其儿子的陵墓不像拉美西斯一世和塞提一世陵墓的精美装饰千年不朽、流传至今，其表现则不尽如人意：如今，这位伟大的法老及其子孙后代的陵墓只剩一些遗迹，陵墓内部装饰的细节已完全无法重现光彩。

　　拉美西斯二世这样的伟大人物须得修建辉煌而豪奢的陵墓方能与之相称——拉美西斯二世的陵墓外观雄伟，在一众陵墓中巍然独立；它还是帝王谷中唯一一座轴线在墓室前方向右直转90°的陵墓，而墓室本身又向右偏移了若干度。遗憾的是，拉美西斯二世陵墓位于帝王谷的入口处，使其暴露在雨水的冲击范围之内，导致陵墓曾被水淹十余次。拉美西斯二世陵墓开凿在一个不甚稳固的岩层中，因此其结构

▲ KV5陵墓壁龛中雕凿的奥西里斯雕像　这座拉美西斯二世儿子们的陵墓是整个帝王谷中最宽敞的地下陵墓，而死神奥西里斯在新王国的地下陵墓装饰中十分常见。

◀ 在KV5陵墓中发现的面部碎片　这很可能是这座巨大陵墓中法老本人或者他的某个埋葬于此的儿子的相关浮雕残片。迄今为止，对这座陵墓的发掘共发现了121条通道和墓室，但未来极有可能还会发现更多的通道和墓室。

和装饰如今都已经损坏严重。直到最近，拉美西斯二世陵墓才得以清空并加固。

陵墓从两段楼梯进入，楼梯带有装饰，长约 14 米，之后是一条长 12.3 米的通道，靠后的三分之一部分为楼梯的形式。这一翼的墙壁上饰有《拉神祷文》描述的场景。之后长达 8.5 米的通道上的装饰为《阿姆杜阿特之书》中描述的场景，而这条通道通向陵墓墓井，埃及人称之为"等候厅"。如今，人们对于王室陵墓中这一部分的功能还没有完全弄清楚：有人认为这个大厅具有宗教意义，还有人认为只是用来防止雨水淹没陵墓，甚至有人认为它是为盗墓贼准备的陷阱。无论其功能究竟是什么，拉美西斯二世陵墓的墓井长 4.2 米、宽 3.6 米、深 6 米，墓井上半部分饰有多位神灵陪伴法老的图像。

经过墓井便来到陵墓的第一多柱大厅，这个大厅平面呈正方形，一个向下的楼梯从中穿过。这个大厅中饰有《门之书》中所描绘的场景；大厅右墙上有一个侧室，侧室中有四根立柱，在大厅尽头的墙壁处可以看到第二个房间。这两个大厅尚未被发掘。另一段楼梯通向两个连续的通道，第一个通道长 8.5 米，第二个通道长 6.4 米，通道的墙壁上展示了"开口仪式"的场景。两条通道通向前室，前室中饰有《亡灵书》中的部分铭文。在这里，前厅向右延伸形成了一个 90°的角度，通向墓室。墓室中有八根立柱，分两列布置，每列四根，将这间进深较深的墓室从中间部分一分为二；墓室高 5.8 米，上有穹顶。在左侧的墙壁上开有两扇门，通向两个面积较小的房间；右侧墙壁也同样开有两扇门，通向另外的两个房间。这四个房间面积相同，长 3 米、宽 2.6 米。

在墓室尽头的墙壁上，可以看到两个入口。每个入口分别通向一个房间，房间侧面有长凳，还各有两根立柱。这两个房间的装饰如今已经损毁严重。右侧的房间通向另外两个连在一起的大厅，大厅中的装饰同样残缺不全。其中，第一个大厅长 7.4 米、宽 5.2 米，第二个大厅长 8.4 米、宽 7.4 米。在第二个大厅中，靠近尽头的墙壁附近有两根立柱，三面墙上开凿有连续的长凳。

规模惊人的陵墓

　　KV7 墓，即拉美西斯二世陵墓，规模惊人：这座陵墓深入地下 70 米，且进入墓室的坡度在 12°和 22°之间；通道转为沿水平方向延伸，直至深入岩石 168 米。毋庸置疑，这座地下陵墓之所以如此恢宏，一方面是因为拉美西斯二世希望自己的陵墓能够与父亲（塞提一世）的陵墓相媲美，另一方面也希望向世人展示他在这片大地上所拥有的权力。这种愿望无比强烈，使拉美西斯二世成为最伟大的建造师法老——修建了许多恢宏的建筑。基于相同的原因，拉美西斯二世为儿子们修建的陵墓，即 KV5 墓，目前被发现拥有各种不同类型的房间：这些房间呈线状分布，绵延 443.2 米，是帝王谷中规模最大的陵墓！

▲ 拉美西斯二世儿子们的陵墓（KV5 墓）开凿在帝王谷的大河谷中。这座陵墓很可能动工于第十八王朝（第一室和第二室，以及第三室的一部分），拉美西斯二世将其据为己有并命人对其扩建，以供儿子们日后使用。陵墓的"容量"惊人，占地 1267 平方米，容积达 2154 立方米。

① 墓室
② 十六根立柱大厅
③ 耳室
④ 房间
⑤ 正在发掘的区域

▶ 拉美西斯二世的陵墓（KV7 墓）气势恢宏，走向蜿蜒，绵延 170 米，占地近 900 平方米，容积高达 2287 立方米。

Ⓐ 楼梯和通道
Ⓑ 墓井
Ⓒ 多柱大厅
Ⓓ 前室
Ⓔ 墓室

河谷中最雄伟的陵墓

比拉美西斯二世陵墓令人印象更为深刻的，是他的儿子们的陵墓——KV5 墓；这座陵墓是王室墓地最大的一座，很可能可追溯至第十八王朝时期。拉美西斯二世想把这座陵墓留给他的儿子们，因此直接将该陵墓据为己有，并对其进行扩建。1825 年，詹姆斯·波顿发现了这座陵墓。

由于陵墓中瓦砾遍地，这位英国埃及学家（詹姆斯·波顿）只进入了前面几个房间，他并没有意识到这些房间的墙壁都有装饰。直到 1989 年，当美国人肯特·维克斯（Kent Weeks）确定了一直未能找到的陵墓入口时，才真正开始对这片遗址的科学研究。时至今日，对这座陵墓的研究仍在进行中。在陵墓的墙壁上，肯特·维克斯发现了多具木乃伊

▲拉美西斯二世儿子们的陵墓，即KV5墓，入口装饰壁画之一的修复图。这幅版画完成于1903年，发表于法国作家加斯顿·马斯佩罗所著的《埃及历史》（*Histoire de l'Égypte*）一书中。在这幅版画中，可以看到奥西里斯神这位冥界至高无上的"法官"的画像。

法老的木乃伊和陵墓中的蘑菇

拉美西斯二世的木乃伊于 1881 年在代尔巴哈里的隐秘处——"藏宝库"（cachette，TT320）被发现，之后一直在开罗埃及博物馆对外展出；直至 1976 年，这具木乃伊被以国家首脑的礼遇接至法国对其进行紧急修复。由于在玻璃罩中经年累月地展出，拉美西斯二世的木乃伊开始腐坏，而且法国人发现在拉美西斯二世的木乃伊化的肉身上长出了一种蘑菇。最终，法国人使用钴 60 伽马射线照射了整具木乃伊，这也是第一次实验性地将这种射线用于修复木乃伊。

▲拉美西斯二世的木乃伊放置在开罗埃及博物馆中。1976年，法老遗骸曾临时来到法国，以获得紧急修复。

以及拉美西斯二世儿子们的画像。一段长 6 米的楼梯连接着两个相互连通房间,每个房间长 5 米、宽 3.6 米,墙壁上绘制着拉美西斯二世正在向神灵介绍儿子们的画像;两个房间之后是一个宽敞的大厅,长 15.6 米、宽 15.5 米,内有十六根立柱,这在帝王谷是前所未见的。在这个大厅的右侧墙壁上,开有一个耳室,内有六根立柱;在左侧墙壁上另有一扇门,通向一个近乎正方形的大厅,里面的立柱不计其数,遗憾的是这些立柱因河水涨潮而倒塌了。

立柱上装饰着朝向神灵的王子们的画像,而中央大厅后墙上装饰的则是"开口仪式"的场景。实际上,陵墓所有墙壁似乎都曾有装饰,但接连不断的洪水使壁画大部分遭到破坏。就在这面后墙附近,从地面上有一条向下延伸的斜坡,斜坡通向两条通道,通道彼此相连形成"T"字形,左侧和右侧连接着多个约 3 米见方的房间,其中一部分房间具有穹顶。

在有十六根立柱的大厅前面墙体的两端,各连接着一个平顶的房间。目前,陵墓一直处于发掘状态,而在陵墓中不同的高度位置,这种类型的房间可能超过 200 个。

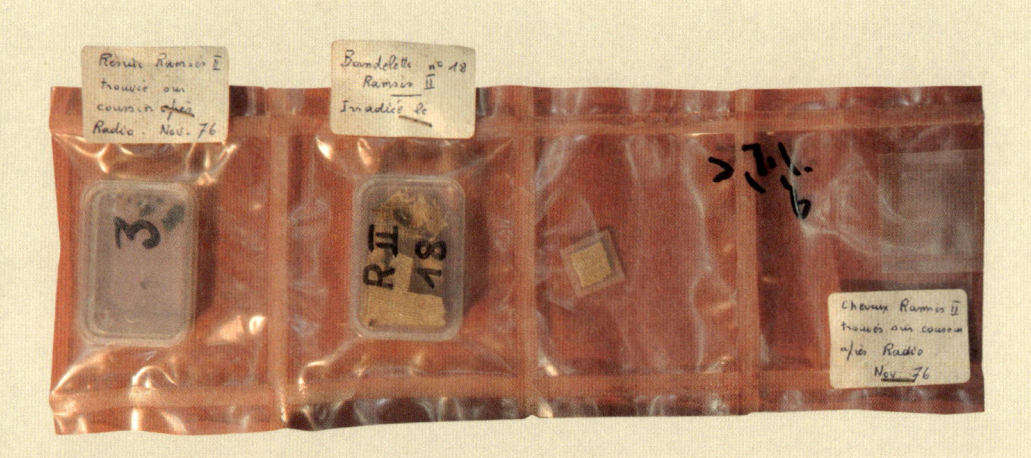

▲ 头发碎片、制作木乃伊过程中使用的亚麻绷带和树脂样本。
开罗埃及博物馆

■ 帝后谷

麦伦普塔赫陵墓

在麦伦普塔赫登上王座时，没有人知道他是怎样的心情。这位拉美西斯二世的第十三个儿子先是看着所有的哥哥离世，又在父亲九十多岁高龄时看着他撒手人寰。不可否认的是，麦伦普塔赫长时间的等待使其成为一个经验丰富的统治者，同时也是一位上了年纪的统治者，他加冕时已经至少六十岁了。尽管麦伦普塔赫年近老迈，但在他统治"两地之国"的十年时间里确实功勋卓著，他使来犯的利比亚和"海上民族"（peuples de la mer）同盟军溃败逃走。麦伦普塔赫的陵墓位于帝王谷中，即KV8墓。这座陵墓是一直对公众开放的古埃及文物建筑之一，甚至在古时候就已经对外开放了。根据陵墓墙壁上留下的涂鸦，我们知道希腊人和罗马人

▶ 麦伦普塔赫陵墓又恢复了传统的标准长方形平面，既没有轴线偏移，也没有90°的转角。其灵感来自新王国时期丧葬文的装饰，却与其同时期的其他地下陵墓十分相似。

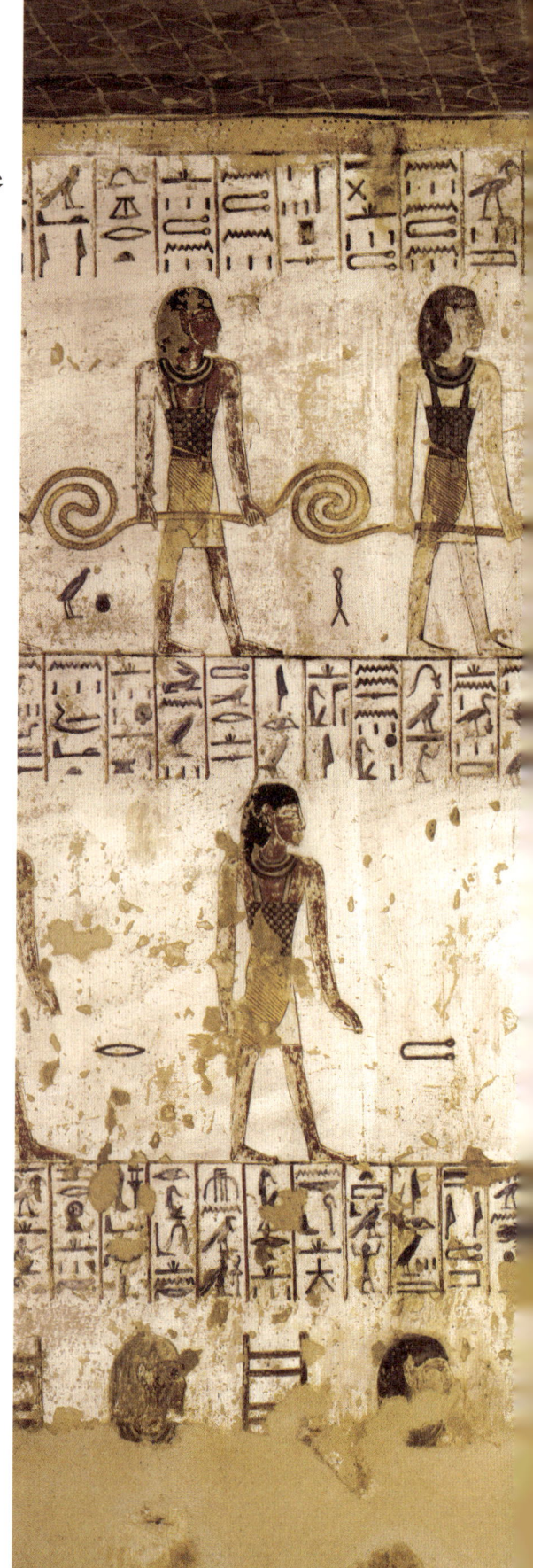

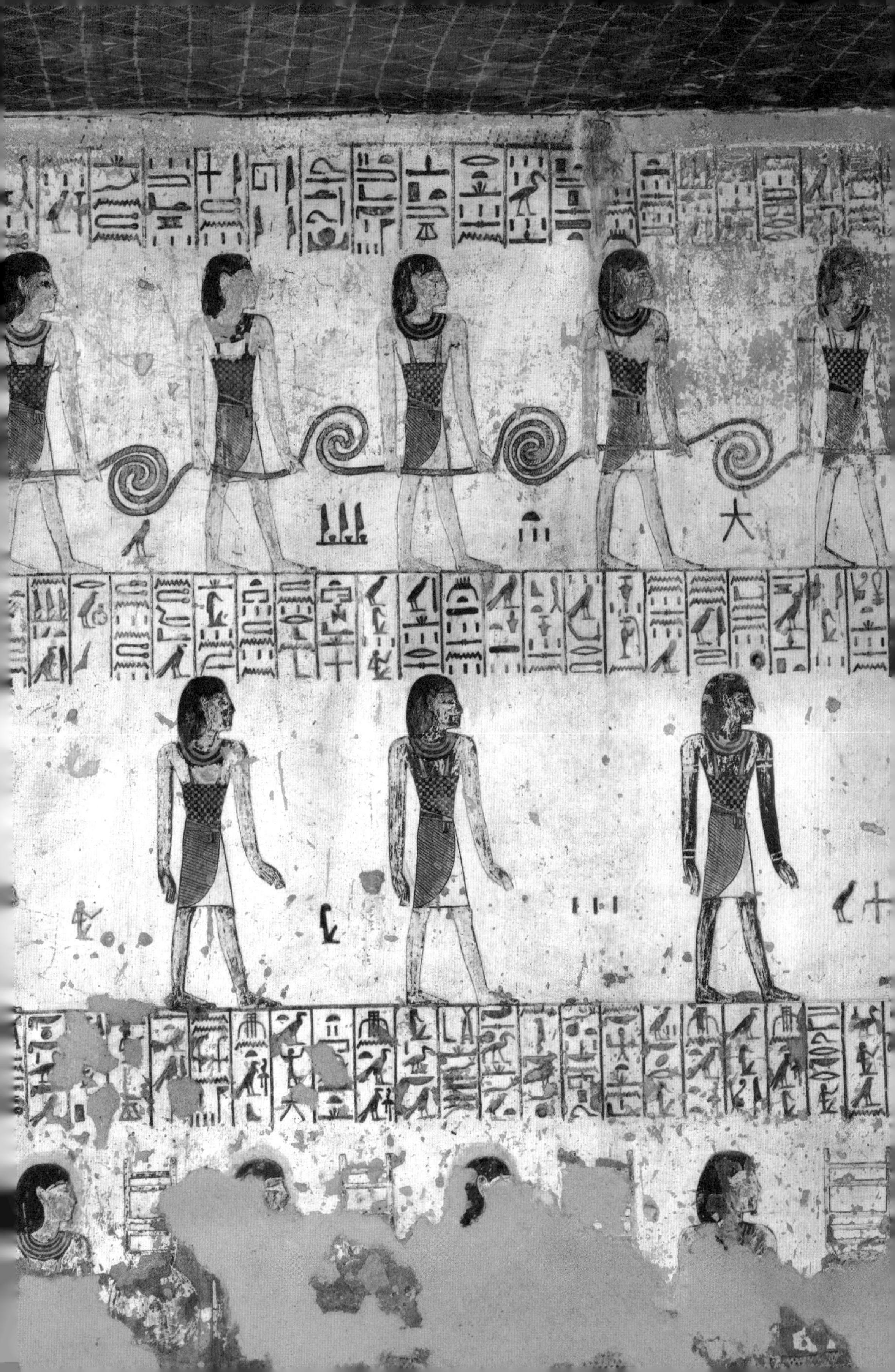

■ 帝后谷

具有两根立柱的大厅

　　这个大厅位于总长达 165 米的陵墓中段，具有两根立柱，立柱的四个立面都饰有图案。这是地下陵墓的第一大厅，厅内绘画极为丰富；在大厅中轴线上，有一道下行的斜坡。

装饰主要来自《门之书》所描述的场景，分别对应了第三小时、第四小时、第五小时和第六小时的场景。北墙上绘制的仍然是奥西里斯神，可以看到奥西里斯神在圣殿中正在接受法老为他进献的供品。

墓室总面积为 84 平方米，墙高逾 3 米，而其宽度近 9.5 米。

支撑这个房间屋顶两根立柱之间的梁跨有长多，而立柱的四个立面上装饰着法老向诸神进供品的画像。

与大厅相通的相邻墓室也有两根立柱。墓室的一面墙上有一个小壁龛，当时很可能充当仓库之用。

带有两个立柱的大厅前方有一个 5 米深的仪式井。古埃及陵墓中这个结构的实用性和象征意义，至今没有明确的解释。

曾到访此地。

有一段长 10 米的楼梯通向陵墓，楼梯上带有装饰。这段楼梯连接着三个相连的通道，中间有门槛相隔，在建造时须让通道逐渐走低，从而使法老石棺得以通过。第一个通道长 15.6 米，饰有《拉神祷文》，此外还有法老脸朝拉-哈拉克提的画像；第二个通道长 8 米，装饰着来自《拉神祷文》和《门之书》的内容；第三个通道长 9.8 米，展示了《阿姆杜阿特之书》所描述的场景。其后的房间是一个奇特的墓井大厅，墓井上方的墙壁装饰着《阿姆杜阿特之书》描述的场景和多位神灵的画像。

墓井之后是一个具有两根立柱的大厅，准确地说这是陵墓的第一个房间。两段下行的楼梯穿过这个房间的中轴线，但这并没有使房间的地面发生倾斜，整个房间的地面完全处于同一高度，呈水平状态。房间装饰着《门之书》描述的场景，在装饰中还看得到圣殿中的奥西里斯以及面向埃及诸神中多位神灵的法老。在右侧的墙壁上有一个入口，通向一个长 8.4 米、宽 7.7 米的房间，房间的屋顶由两根立柱支撑，屋顶装饰着多位神灵的画像；左侧墙壁上有一个长 1.2 米、宽 1 米的小壁龛。

四具石棺

在两根立柱大厅下方有楼梯连接着一条长 9 米的通道，通道通向前室。前室是一个 7.4 米见方的房间，室内装饰着《亡灵书》中描述的场景；可以沿一条长 10 米的通道离开这一房间，这条通道通向墓室（14.8 米 ×13.7 米），而墓室与陵墓轴线垂直。

墓室中有八根立柱，分为两排，每排四根，立柱围出墓室的中心区域。再往里走，在地面的凹陷部分中有四具层层套叠的麦伦普塔赫的石棺。这四具石棺放置在穹顶之下，穹顶饰有星空图案，要经过一小段下坡才能到达此处。在方位点所在角度附近各有一个入口，入口通向一个较小的侧室，侧室同样装饰着这一时期陵墓典型的墓葬图案。此处装饰的是《门之书》和《洞穴之书》中描述的场景。

另有第二段楼梯可以使人离开石棺区域，穿过第二排立柱后，最终可以到达陵墓的最后一个房间。这个房间是一个长8米、宽4米的大厅，大厅上的装饰早已消失殆尽。在入口附近，左侧墙壁和右侧墙壁各有一个入口通向一个长5.2米、宽4.2米的房间。在尽头的墙壁上，还有一个面积更小的房间。

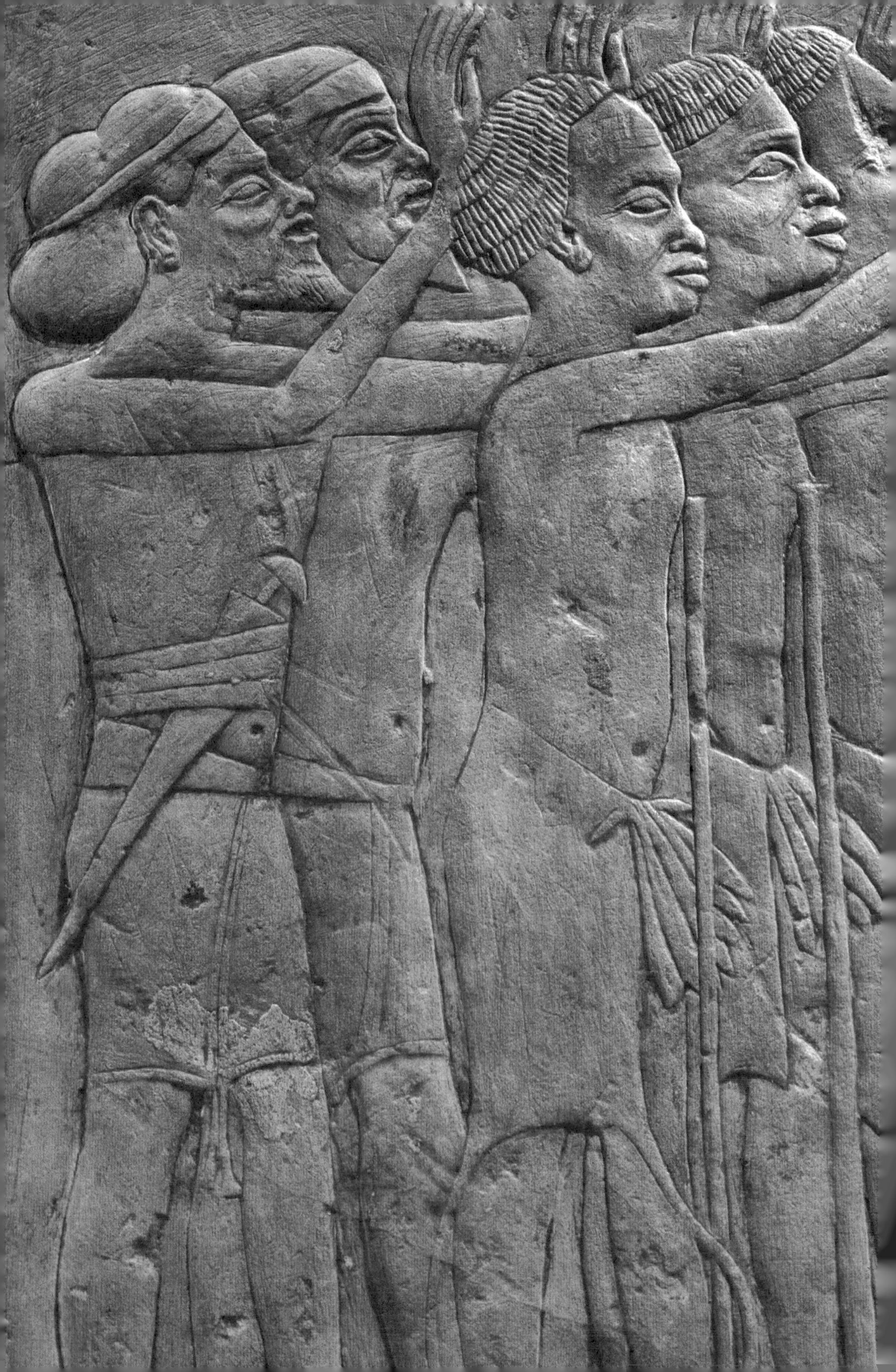

努比亚

新王国时期的法老们加强了对努比亚地区的控制,因为努比亚自然资源丰富,战略意义重大,是兵家必争之地。大量神庙和军事要塞的修建,进一步加强了对努比亚的统治。

征服努比亚

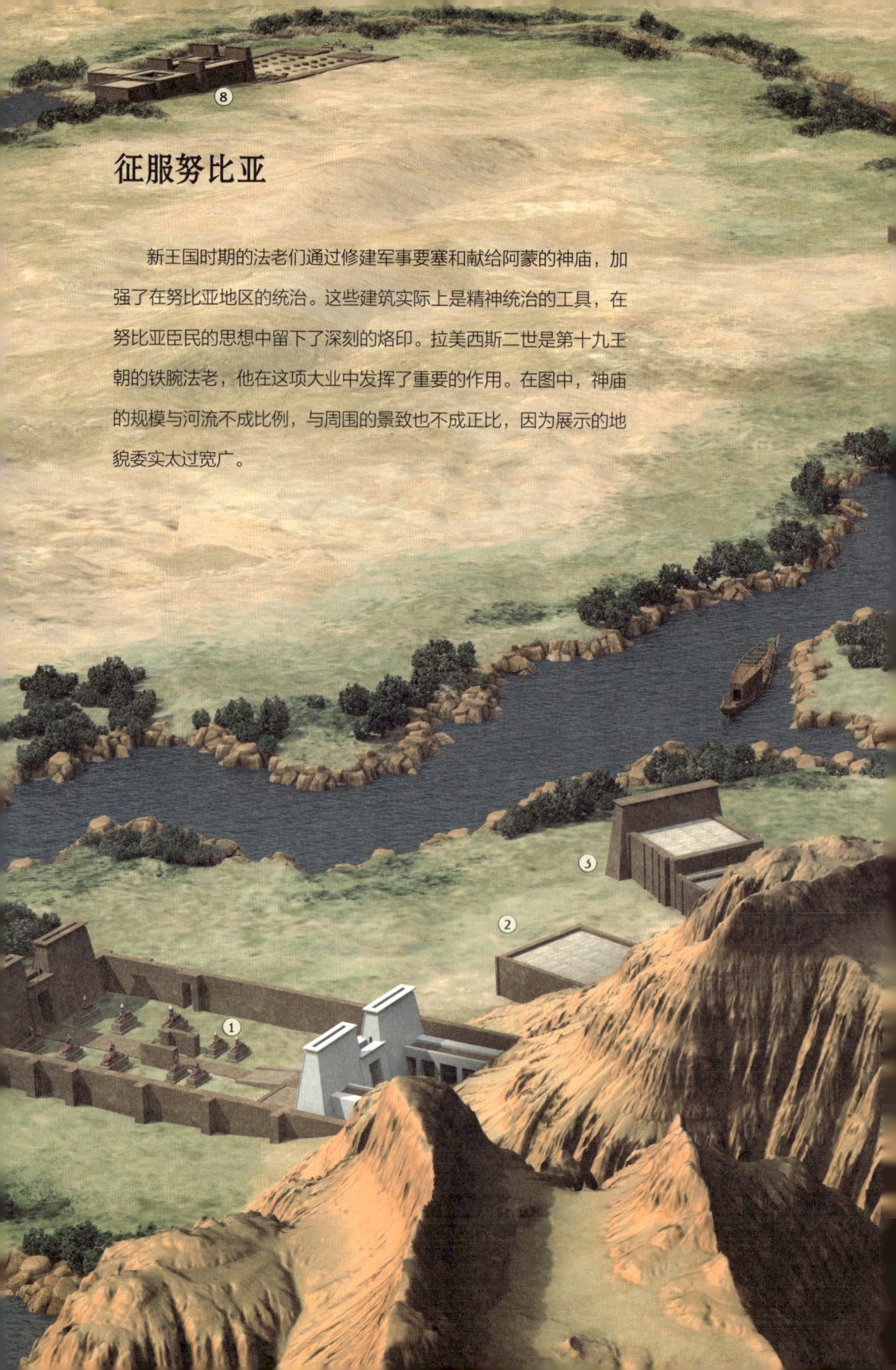

新王国时期的法老们通过修建军事要塞和献给阿蒙的神庙,加强了在努比亚地区的统治。这些建筑实际上是精神统治的工具,在努比亚臣民的思想中留下了深刻的烙印。拉美西斯二世是第十九王朝的铁腕法老,他在这项大业中发挥了重要的作用。在图中,神庙的规模与河流不成比例,与周围的景致也不成正比,因为展示的地貌委实太过宽广。

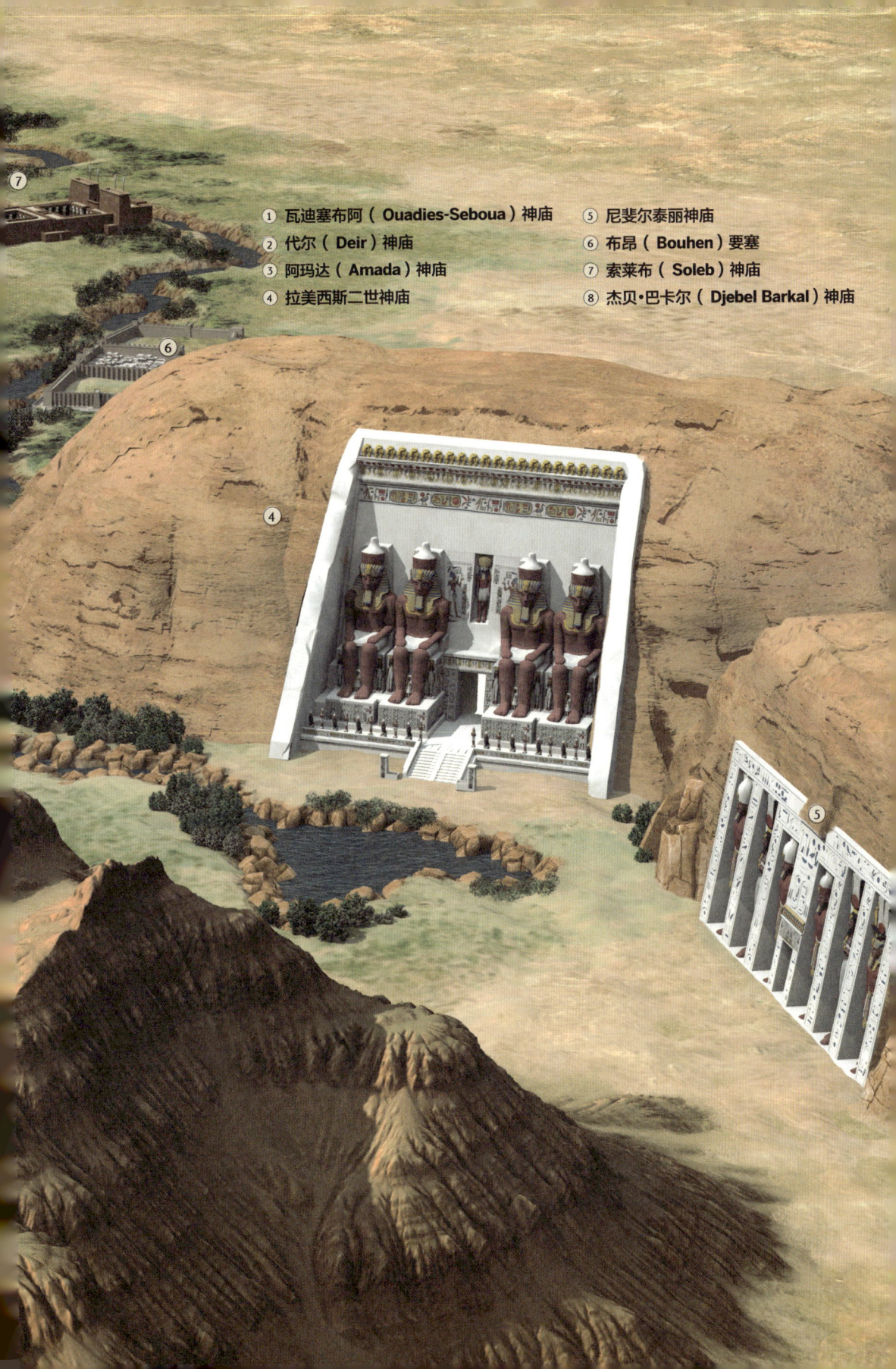

① 瓦迪塞布阿（Ouadies-Seboua）神庙
② 代尔（Deir）神庙
③ 阿玛达（Amada）神庙
④ 拉美西斯二世神庙
⑤ 尼斐尔泰丽神庙
⑥ 布昂（Bouhen）要塞
⑦ 索莱布（Soleb）神庙
⑧ 杰贝·巴卡尔（Djebel Barkal）神庙

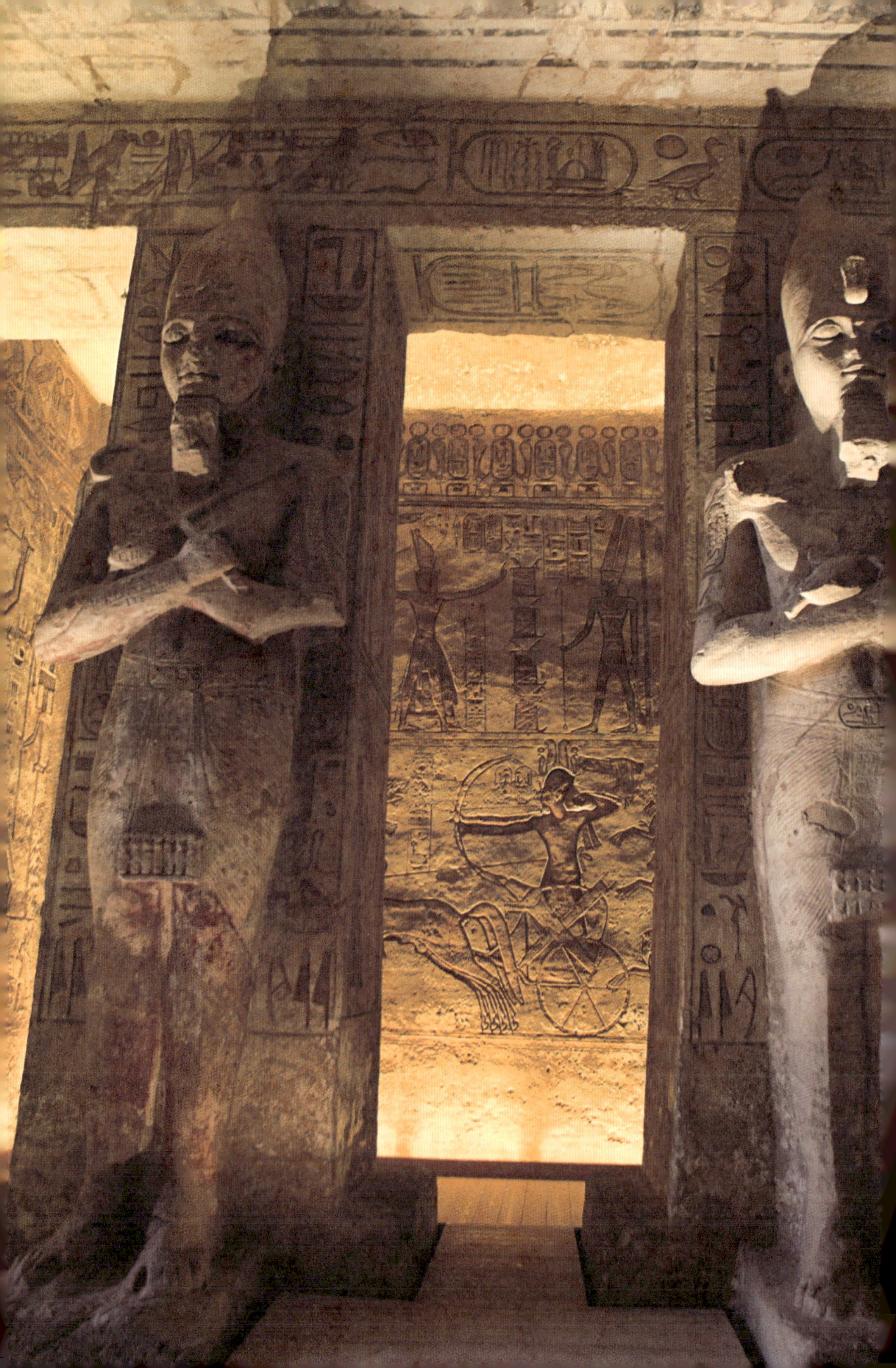

阿布辛贝神庙

雄伟的拉美西斯二世神庙以及拉美西斯二世为王后尼斐尔泰丽修建的神庙，使阿布辛贝成为19世纪时在尼罗河逆流而上的旅行者心中的"麦加城"。这两座神庙经过几千年的岁月早已掩埋在黄沙之下，瑞士探险家约翰·L.布克哈特（Johann L. Burckhardt，全名 Johann Ludwig Burckhardt［约翰·路德维希·布克哈特，又译约翰·刘易斯·布克哈特、让-路易斯·伯克哈特］）于1813年发现了它们。然而，直到意大利探险家兼收藏家乔万尼·贝尔佐尼到来才终于清理了建筑立面，并最终进入漫长岁月里一直无人到访过的圣殿之中。乔万尼·贝尔佐尼的发现有如磁石一般吸引了无数19世纪的艺术家来到这里，他们来到神庙前将这些半掩黄沙的遗迹之美定格在手下的画作和版画之中。这些神庙始建于拉美西斯二世在位早期，直到三十多年后方才竣工，标志着法老为了实现在努比亚地区的政治统治而在其地大兴土木的开端。这一政策在阿梅诺菲斯三世（Aménophis Ⅲ，即阿蒙霍特普三世，第十八王朝）留下的遗迹中可见一斑，他将气势夺人的法老建筑点缀在努比亚枯燥无味的风景中。不要忘记，古埃及兴修土木的花费很大一部分来自努比亚产出的黄金。三千年后，在20世纪60年代，这些神庙面临着严重的威胁：由于阿斯旺水坝的修建，这些神庙面临着被尼罗河水吞没的灭顶之灾。因此，联合国教科文组织（Unesco）启动了一项雄心勃勃的国际项目——先将神庙拆解，再将其迁移，以便最终实现对神庙的保护。对于这些修建在阿布辛贝的巨大神庙而言，这项任务难于登天：首先要将神庙拆解成若干吨重的大块，之后再按照其原本位置精准复制在人工修建的位置上，然后将大块重新复原为原来的神庙，但所在高度较原本的位置高几十米。尽管历经波折和困难，这项工作最终圆满完成。

■ 努比亚

拉美西斯二世神庙

第十九王朝的法老们所采取的政策是巩固名望、加强权力，他们政绩斐然、功勋卓著，使新王国达到了绝对的鼎盛时代。"两地之国"的君主们已将排除异己玩得炉火纯青，他们在全国大修神庙以作为法老向臣民展示惊人权威效力的工具。在努比亚这个远离底比斯权力中心、偏安一隅的地区，已经多次爆发反抗埃及的起义，而这导致伟大的拉美西斯二世直接在这里修建了七座神庙。其中，有两座神庙位于阿布辛贝，是法老文明留给我们的最精美的礼物即拉美西斯二世神庙以及他为妻子——美丽的尼斐尔泰丽修建的神庙。

这两座神庙位于埃及的南部边境，即象岛南边约380公里处。在

▶ 阿布辛贝大神庙正面有四座拉美西斯二世登上王位和获得神位的巨像。这些坐像高约20米，精妙地表现出这位法老的特征。

◀◀ 在阿布辛贝大神庙多柱大厅中矗立的两根奥西里斯柱。

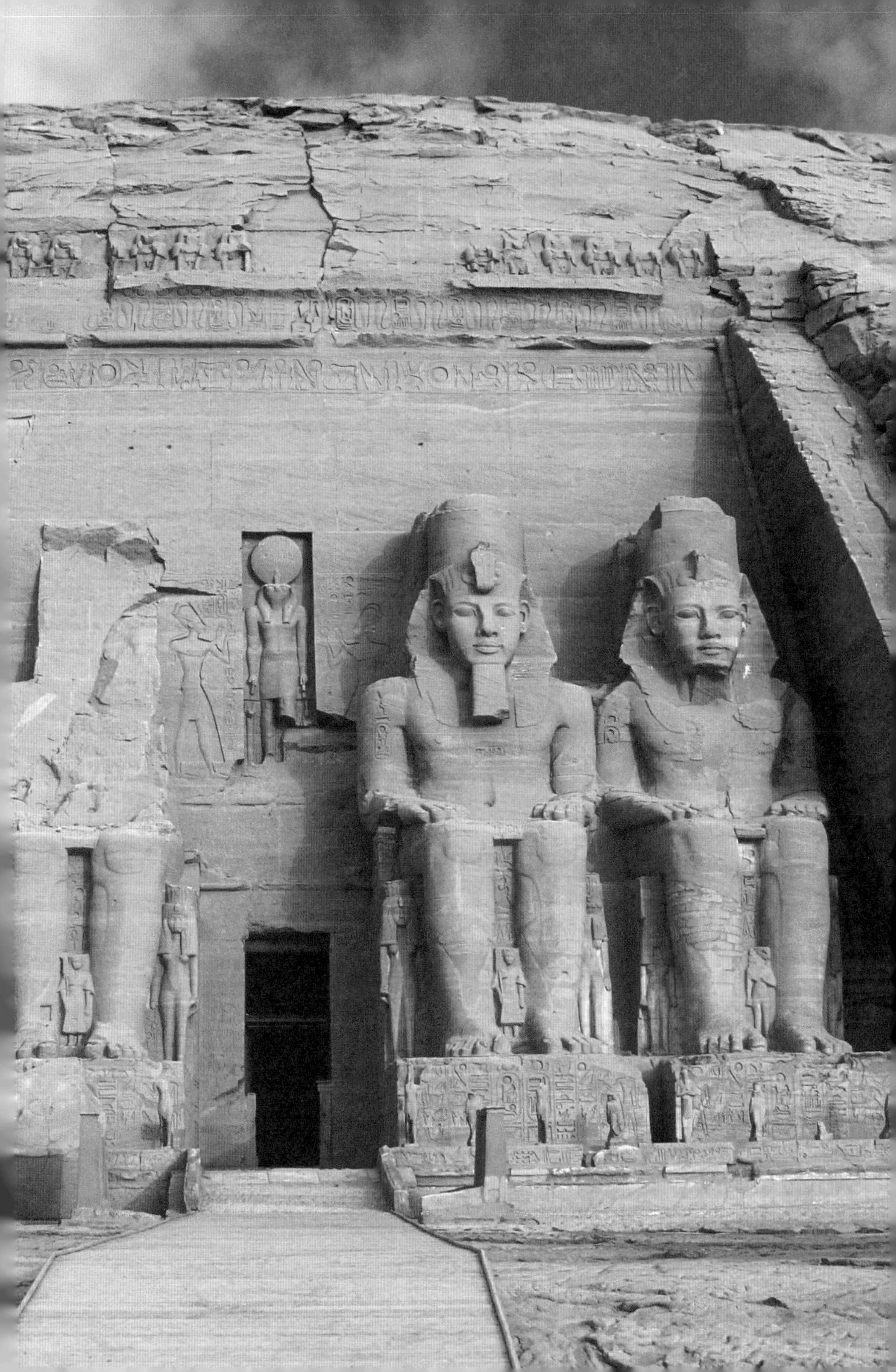

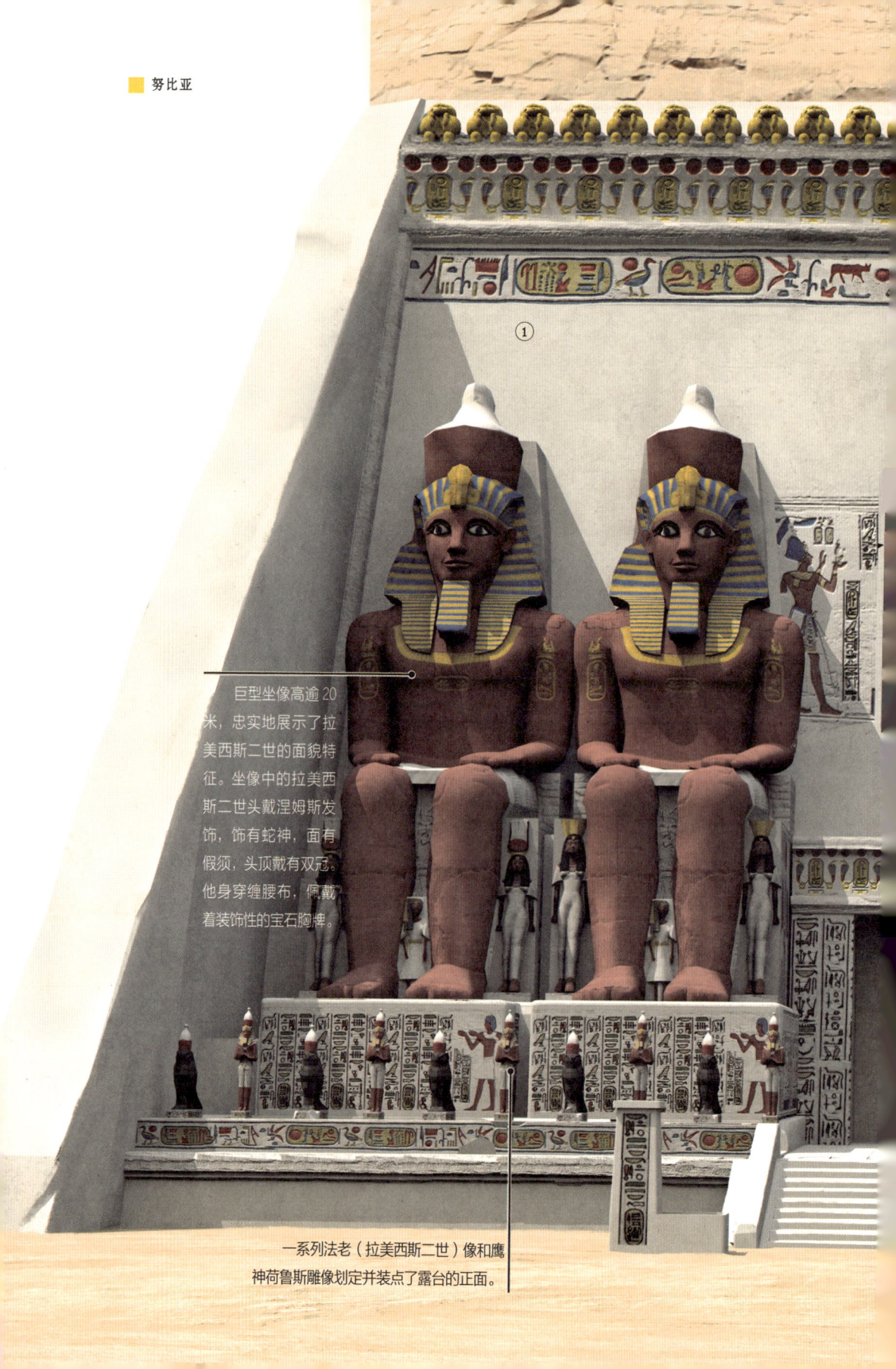

■ 努比亚

① 巨型坐像高逾20米，忠实地展示了拉美西斯二世的面貌特征。坐像中的拉美西斯二世头戴涅姆斯发饰，饰有蛇神，面有假须，头顶戴有双冠。他身穿缠腰布，佩戴着装饰性的宝石胸牌。

一系列法老（拉美西斯二世）像和鹰神荷鲁斯雕像划定并装点了露台的正面。

① **立面** 立面在岩石突出部分中雕凿而成，高33米、宽38米、深10米，饰有四尊拉美西斯二世巨像。

② **哈拉克提** 在长方形的壁龛中心摆放着一尊哈拉克提（Horakhty）的雕像，雕像两侧绘制了法老拜神的浮雕像。法老佩戴着表明身份的物品，可以看到上面写有拉美西斯二世的名字——乌瑟玛阿特拉（Ousermaâtrê）。

③ **小雕像** 在四尊巨型坐像的底部有十二个非常小的雕像，它们都是按照王室其他成员的肖像雕刻的。

④ **法老王衔** 在立面上部，可以看到法老王衔以中心线为对称轴分列两侧。在最上方的上楣上饰有王名圈，守护眼镜蛇守护在王名圈两侧。

神庙立面饰有二十二个狒狒雕像。人们认为这些灵长目动物在太阳初升时发出的吠叫，是对太阳这个埃及人认为无比神圣的伟大天体致敬。

在通向神庙露台的小楼梯前，有两个用于祭司洗净的水池。

> 努比亚

20 世纪 60 年代修建阿斯旺水坝时，这两座神庙险些被河水吞没，最终人们将其搬至原址上方 75 米高的位置。起初，拉美西斯二世在尼罗河西岸的红色砂岩悬崖中雕凿了两座地下神庙，使其能够沐浴在清晨初升的阳光中。在最靠南部的马哈（Maha），修建的是法老的神庙；在不远处的北部伊布塞克（Ibshek）岩突上，修建的是王后尼斐尔泰丽的神庙。很有可能但尚未确定的是，这两座神庙的修建工作始于拉美西斯二世登基后的第五年（公元前 1274 年），正是在这一年埃及人和赫梯人爆发了著名的卡叠什战役。埃及人和赫梯人之间的冲突大约持续了三十年之久。

入口巨像

在这座雕刻在岩石中的神庙正面，四尊巨型坐像两两分列两侧。这四尊巨像是古埃及的主要意象之一，是拉美西斯二世的坐像：他身着缠腰步，头戴涅姆斯发饰。法老额头上还有一条蛇神，脸上有假须，戴有上埃及和下埃及的双王冠。他

在岩石之中

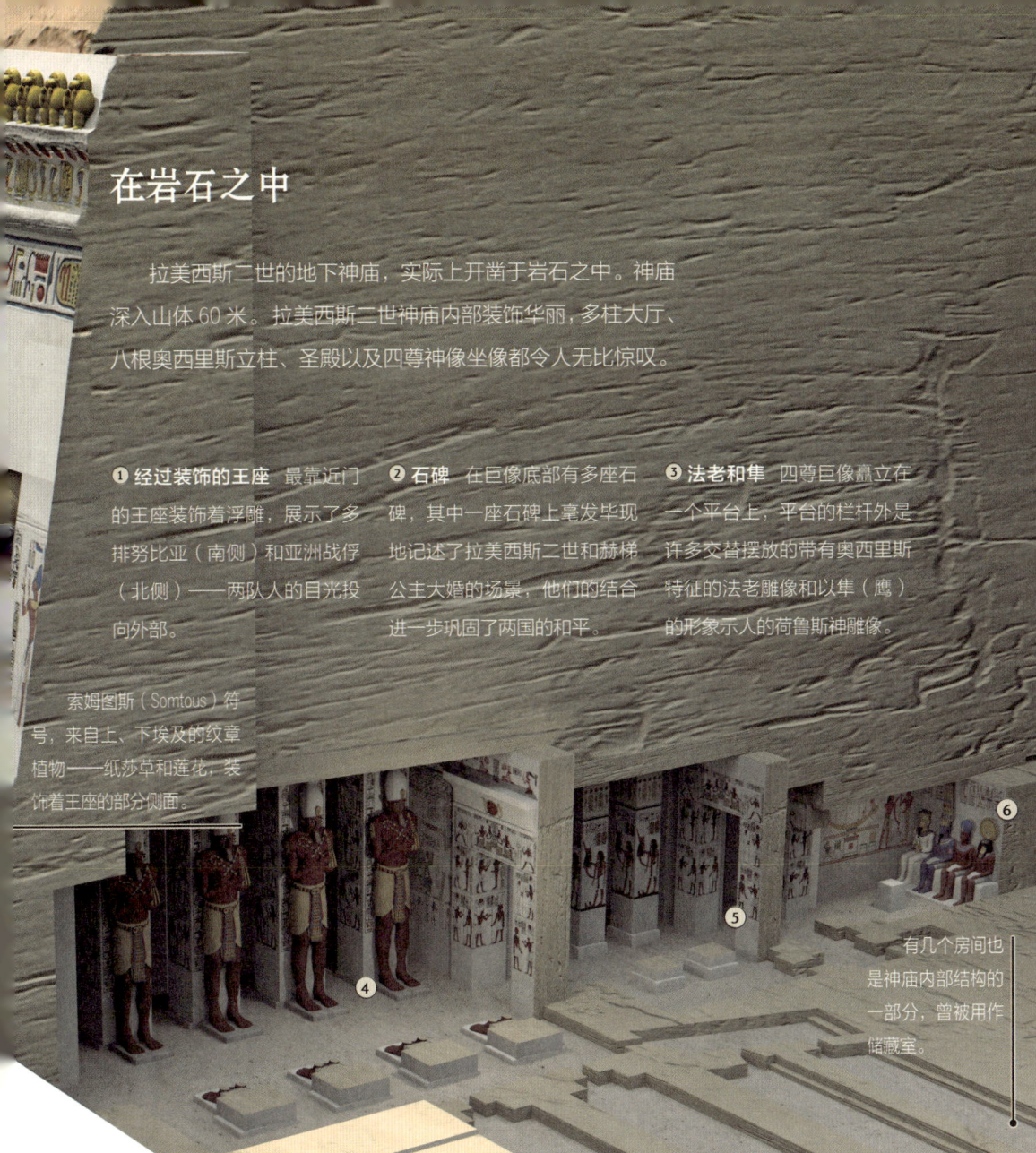

拉美西斯二世的地下神庙，实际上开凿于岩石之中。神庙深入山体 60 米。拉美西斯二世神庙内部装饰华丽，多柱大厅、八根奥西里斯立柱、圣殿以及四尊神像坐像都令人无比惊叹。

❶ **经过装饰的王座** 最靠近门的王座装饰着浮雕，展示了多排努比亚（南侧）和亚洲战俘（北侧）——两队人的目光投向外部。

❷ **石碑** 在巨像底部有多座石碑，其中一座石碑上毫发毕现地记述了拉美西斯二世和赫梯公主大婚的场景，他们的结合进一步巩固了两国的和平。

❸ **法老和隼** 四尊巨像矗立在一个平台上，平台的栏杆外是许多交替摆放的带有奥西里斯特征的法老雕像和以隼（鹰）的形象示人的荷鲁斯神雕像。

索姆图斯（Somtous）符号，来自上、下埃及的纹章植物——纸莎草和莲花，装饰着王座的部分侧面。

有几个房间也是神庙内部结构的一部分，曾被用作储藏室。

❹ **多柱大厅** 八根绘制着拉美西斯二世画像的奥西里斯巨柱支撑着这座多柱大厅，大厅的装饰颜色丰富。这里雕饰有令人瞩目的大名鼎鼎的浮雕，表现的是同样声名在外的卡叠什战役。

❺ **第二大厅和前厅** 通向前厅的第二多柱大厅饰有法老和众位神灵的画像以及献祭的场景，前厅中有一扇门通向圣殿。

❻ **圣殿** 这座神庙中最幽深之处有四座坐像，分别是拉-哈拉克提神像、拉美西斯二世神像、阿蒙神像和普塔神像。在墙上的浮雕中，可以看到圣船。

胸前还戴着宝石胸牌，手臂上环绕饰有王名圈的手环。从足部的植物到头顶的双冠冠顶，巨像高逾 20 米，使法老拥有巨人般的威仪之姿。

法老的前额长 59 厘米，鼻子长 98 厘米……而他的脸竟然宽达 4.17 米！另外，加之坐像表情威严泰然，无疑使来到神庙的游客感到无比震撼。

尽管只有最南边的巨像保持完好，但岁月对这些巨大的雕像已经十分友好。其中，靠北的两尊雕像部分王冠不见踪影，最靠近大门的雕像上半身和头部掉落在脚上，很可能是一场发生在拉美西斯二世时期的地震使神庙遭到了损坏。当神庙被转移以保护其免受水灾时，人们决定不再重建它，而让它保持着历经近三千年岁月洗礼后的沧桑原貌。

尖叫的狒狒和谜语

神庙外立面上方摆放着二十二尊高约 2 米的狒狒正面坐像。这不是简单的装饰，因为法老艺术作品中充斥着狒狒的身影。埃及人是大自然细致的观察者，他们对猴子的习性十分了解：当猴子在拂晓时分醒来时，它们便会望向太阳，发出一阵令人震惊的吠叫。对古代的埃及人来说，这种行为标志着他们崇拜拉神（太阳神）一天的开端。因此，他们在这个立面上刻画了狒狒的形象，当夜尽晨近时分便可以在这里向太阳致敬。

在更靠下的里面中心点处，可以看到一个长方形的壁龛，外框上装饰着拜神的法老立像。这个壁龛中放置着拉-哈拉克提的浮雕雕像，而这不是一个平平无奇的神像。事实上，多处具有象征意义的细节，使我们如今可以解读这座神像背后所隐藏的信息：神的头顶上是一个巨大的太阳盘，额头上竖起的是蛇神，而他的左手拿着的是女神玛阿特像，右手则抓住一只犬科动物的头和脖子，即象形文字符号（ouser）。这些元素使我们能够透过这尊雕像给人的第一印象，解读出其背后的含义：这不仅是一尊拉-哈拉克提神像，它还是法老的名字"乌瑟玛阿特拉"（Ouser-maâtrê）的立体图像。

这并不是拉美西斯二世带有隐藏信息的唯一一座雕像。埃及开罗博物馆中也保存着一尊类似的雕像，雕像中的法老还是一个孩子（mes），他头戴太阳盘（re），

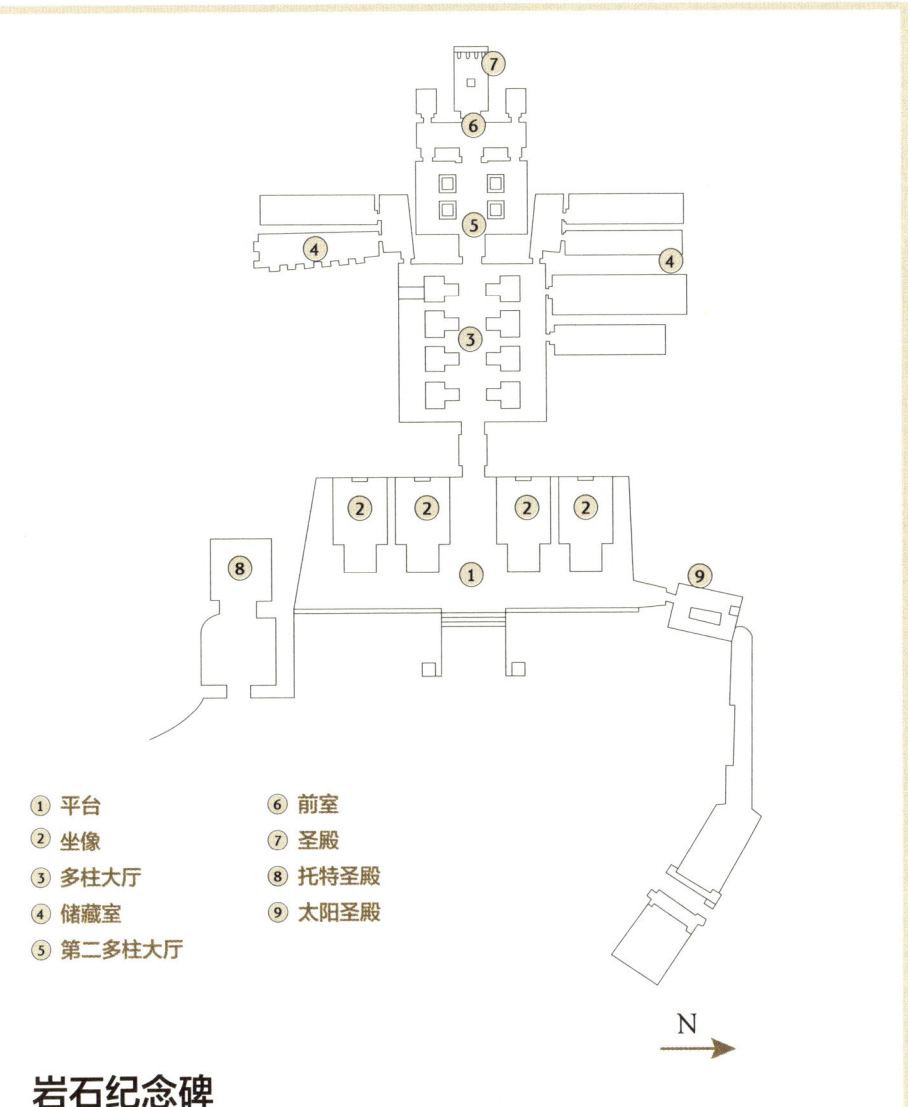

① 平台
② 坐像
③ 多柱大厅
④ 储藏室
⑤ 第二多柱大厅
⑥ 前室
⑦ 圣殿
⑧ 托特圣殿
⑨ 太阳圣殿

岩石纪念碑

　　阿布辛贝大神庙虽然是在岩石上雕凿而成的，但它具有埃及圣殿的典型特征。阿布辛贝大神庙的立面相当于入口处的塔楼，四尊坐像守护在此处，奥西里斯立柱大厅与饰有立柱的多柱大厅相呼应。在阿布辛贝大神庙中，多柱大厅通向另一个更小一点的具有四根立柱的多柱大厅。最后是圣殿，圣殿的两翼是两个小房间，前面是一个横向的前室。圣殿特征明显，很容易就可以识别出来，因为圣殿里面放置了四尊神像。此外，在神庙内部还有一些房间过去被当作储藏室。这些房间全都始于带有奥西里斯立柱的大厅：其中两个房间位于北墙，另外两个房间位于西墙。在带有奥西里斯立柱的大厅的每个角上，都各有一个通往另外两个备用储藏室的小房间。

将食指放在嘴边，左手拿着灯芯草（sou），而在他身后有一只巨大的隼（鹰）保护着他。其实，这也是国王三维化的另一个名字"Rêmesu"。

脚下的王室成员

四尊巨像正面从石中雕凿而成、侧面暴露在外，它们矗立在一个巨大的平台上，通过一段1.5米高、台阶短小的楼梯可以达到这个平台。楼梯前有两个供祭司洗净用的水池，多个法老和隼（鹰）神荷鲁斯雕像交替排列在平台正面部分，由此界定了平台的边界。

然而，这些雕像并不是唯一的：在巨像的底部，紧贴着每条腿的外侧部分以及双腿之间，可以看到其他更小一些的王室成员的雕像，其中包括王后尼斐尔泰丽的雕像和法老母亲姆特图雅的雕像。这些雕像还包括拉美西斯二世的子孙，而这位法老一生子嗣繁多：他与好几位王后、嫔妃以及其他后宫女子，一共生下了一百多个孩子。

巨像正面令人眼花缭乱的装饰连接着其他不太显著的元素。在巨像宝座两侧装饰的浮雕尤其如此，宝座的两侧界定了神庙的入口。在北侧，可以看到一排被捆绑呈跪姿的亚洲战俘，而南侧则是努比亚战俘。

入口处还有几块雕刻的石碑。第一块石碑位于南侧巨像旁边，石碑雕刻在正面。这块石碑描述了这位埃及法老的武功，展示了他正在敬拜阿蒙、哈拉克提和荷鲁斯的场景。第二块石碑雕刻在侧墙上，与巨像膝盖平齐，展示了法老的一位高官正在赞美阿蒙-拉。

第三块石碑是最大的，碑文共有四十一行。这块石碑在历史上也极其重要，因为碑文记述了拉美西斯二世与赫梯公主玛特妮斐鲁丽（Maâthornéferourê）大婚的情景，而新娘的父亲赫梯国王哈图西里三世（Hattousili Ⅲ）也参加了婚礼。卡叠什之战后，面对亚述人的武力威压和扩张带来的危险，赫梯和埃及签订了和平条约（《银板和约》），两国之间的和平通过赫梯公主和"两地之国"君主的政治联姻得到加强。

多柱大厅的大部分装饰表现的是卡叠什战役，这场战役究竟谁胜谁负众说纷纭，

▶ 巨像的比例忠实地再现了法老（拉美西斯二世）的特征。

但是埃及人始终认为这场战役毫无争议是埃及人最终战胜了赫梯人。考虑到旧日的敌人成了今日的朋友，埃及人将巩固两国之间和平的大婚石碑放置在神庙入口这个无比显著的位置，而这无疑是一个重要的外交姿态。

托特圣殿

拉美西斯二世神庙的正面气势雄浑，多柱大厅和圣殿的装饰美轮美奂，神庙内部结构令人称奇，这一切构成了这个建筑群的建筑和图像，其丰富程度令人难以置信。然而，这位法老还希望在他的神庙中额外增加两个圣殿。

事实上，建筑物的正面是在岩石山顶的最南端雕凿而成，但就在建筑物正面的外部有一个献给知识之神托特的小圣殿。圣殿由两个四边形的小房间构成，这两个小房间彼此相接，面积一致。

在正面最北端一个单独的位置上有一个第二圣殿，即太阳圣殿，这里伸出了一道土砖墙，而这道土砖墙将献给阿蒙、拉-哈拉克提、普塔以及神化的拉美西斯二世的大神庙与供奉着女神哈托尔和王后尼斐尔泰丽的小神庙隔开了。

多柱大厅

阿布辛贝大神庙所在地的地形尽管有些特殊——一处陡峭的岩石，但建设者们还是尽最大努力还原了埃及神庙的典型外观——包括塔楼、带立柱的庭院、多柱大厅和圣殿。

多柱大厅是这种布局的重要要素，而阿布辛贝神庙中的多柱大厅堪称恢宏。多柱大厅是神庙的第一个房间，即使在很远的地方人们都能确认这是最为壮观的房间——长18米、宽16.7米、高10米。然而，正是由于巨大的法老（拉美西斯二世）雕像的存在，才使它不同凡响。两排四根立柱围出了中央通道，两边是八尊拉美西斯二世的奥西里斯形象的巨型雕像——雕像雕刻在立柱的两侧，相互对视。南边的雕塑，即入口处的左边的雕像，头上戴着上埃及的白冠，而北边的雕塑则戴着双王冠，即双冠。法老（拉美西斯二世）没有以木乃伊的形式予以刻画，而是身穿缠腰布，佩戴假须；双臂交叠于胸前，一只手持有弯钩权杖，另一只手里拿着鞭子，这种形象使我们辨识得出这就是死神奥西里斯。这些雕像的面部与法老的面孔十分相称。在这些雕像中，有些元素令人想到正面的雕像：那便是这些雕像传递出的威严和从容，这份气度进一步强化了法老超乎自然的全能形象。

在屋顶处，秃鹫女神涅赫贝特在空中俯视着巨像。这位上埃及守护女神张开孔武有力的双翼的多幅图像，装点着中央通道的屋顶。纵梁上有两根带有长菖蒲的羽毛，将纵梁与写有拉神以及法老的"两位神灵"（女神涅赫贝特和瓦吉特）的名字的王名圈间隔开来，王名圈中每位神灵的名字由秃鹫女神隔开。屋顶的其余部分，即侧中殿处饰有深蓝色的背景，其上绘制了许多黄色的星星。

战役、献祭和神灵

中央通道侧面的多柱大厅墙壁上装饰着歌颂拉美西斯二世武功的雕刻。在这些浮雕展现的重大事件中，最为人称道的就是卡叠什战役浮雕，而整面北墙展示的便

■ 努比亚

是这场赫梯人和埃及人正面交锋的场景。浮雕共分为两部分，描绘了这场战役（卡叠什战役）的多个阶段：靠底部的部分是发起攻击前的埃及营地，靠上的部分则展示了战车在卡叠什城中东奔西突的画面，两者共同构成了一幅战火正酣的巨幅战争画卷。这场战役的战斗场景同样也出现在其他的建筑物中，如卢克索神庙的塔门、卡纳克神庙多柱大厅的南墙以及拉美西姆（Ramesseum）神庙。

以武功为主题的浮雕不局限于卡叠什战役。在浮雕中，还可以发现拉美西斯二世将许多战俘带给三柱神（阿蒙、妻子穆特和儿子孔苏）的画面。在南墙上的画面同样分为两部分，靠上的部分绘制的是法老（拉美西斯二世）向多位神灵献祭的场景，而靠下的部分描述了三个战争的场景：法老和他的三个儿子站在战车上一马当先，他们身先士卒

▶ 八根顶天立地的拉美西斯二世的奥西里斯雕像支撑着阿布辛贝大神庙多柱大厅。多柱大厅内部装饰丰富，其中著名的卡叠什战役浮雕最为令人瞩目。

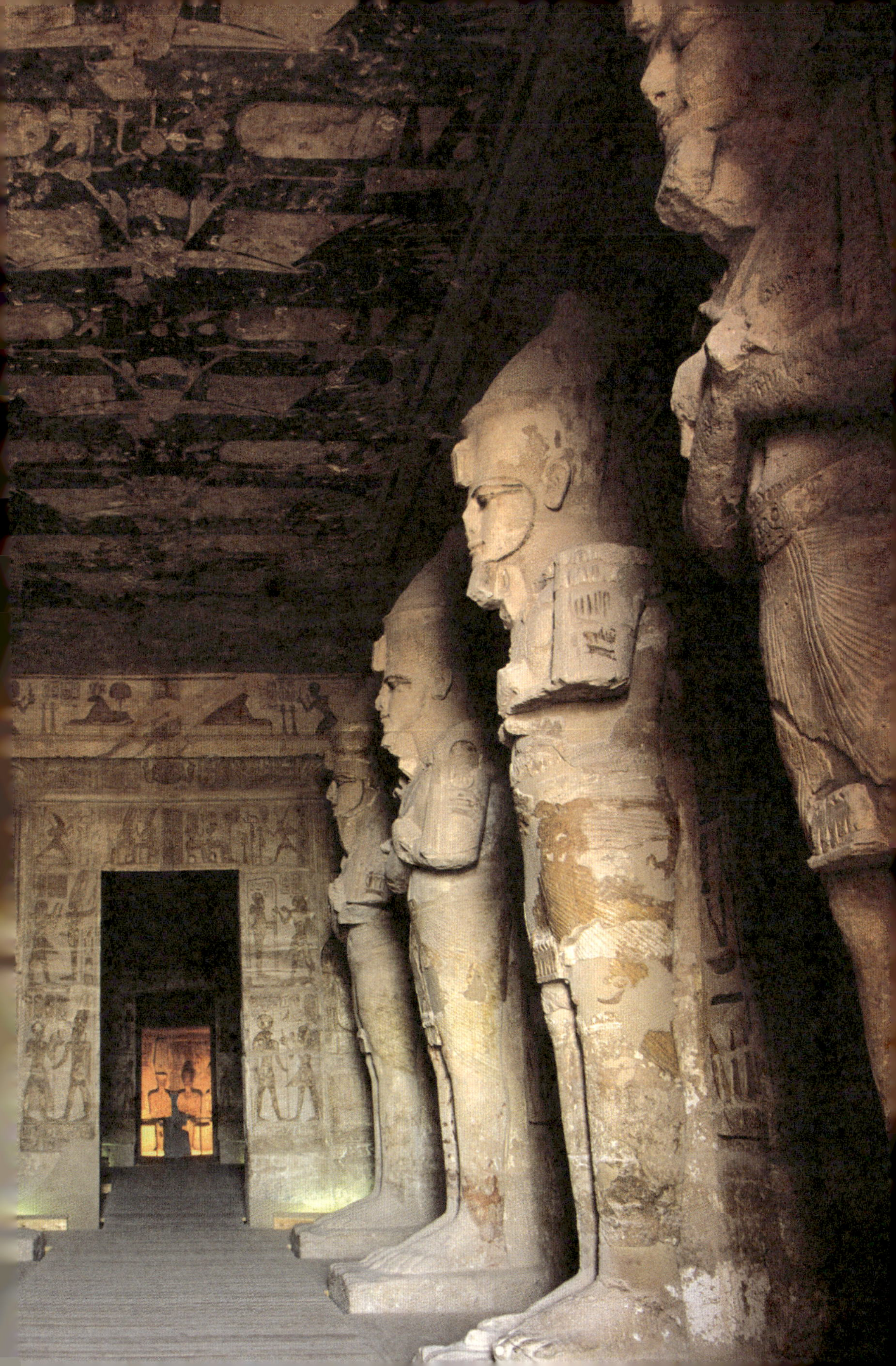

■ 努比亚

地正在攻打一座亚洲人的要塞（左侧）；拉美西斯二世御驾亲征与利比亚人战斗在一处（中间）；一众努比亚人战俘被带至底比斯神灵面前（右侧）。因此，这堵南墙在某种程度上成为法老领导的叙利亚、利比亚和努比亚战争的记忆。在最后一面墙上，即进入大厅靠左的一面墙上，可以看到拉美西斯二世面对着阿蒙-拉神，并且还处死了不同种族的战俘。稍微靠下的部分绘制了八位王室公主，她们手中拿着巨大的羽毛扇。

尽管装饰以战功为主题，负责装饰的工匠仍然尽力在大厅中绘制了与敬神相关的场景，在这些场景中可以看到法老正在向多位神灵、包括他本人献祭。

❶ **奥西里斯雕像** 大厅的中央通道中共有八根奥西里斯立柱，这些立柱高约10米，其上绘制着拉美西斯二世：他双臂交叠于胸前，手中持有象征王权的权杖弯钩和鞭子。

❷ **服饰和象征** 左侧的巨像戴有上埃及的白冠，而右侧的巨像则戴有"两地之国"的双王冠。所有这些雕像都身穿缠腰部，佩戴假须。

❸ **保护女神** 多柱大厅屋顶的装饰多次出现了秃鹫女神涅赫贝特，这位神灵是上埃及的保护神，她张开双翼守护着拉美西斯二世不同品级的雕像。

卡叠什战役浮雕

在多柱大厅的北墙上绘制了最为有名的战役场景，它不仅在古埃及享有盛名，而且在整个人类战争史上都声名显赫，这场战役就是卡叠什战役。墙上描绘了古埃及最为有名的战役之一的场景，这场混战的双方是法老的军队和由赫梯人领导的同盟军。绘制的战斗场景着重刻画了法老的战无不胜和英明神武，这些场景也可以在卢克索神庙的正面、拉美西姆以及阿比多斯的拉美西斯二世神庙的外墙上看到。

　　卡叠什战役是一个完美的例子，从中我们可以看到埃及人是如何将一场实际上以埃及人溃败为结局的战斗描绘成一场交战双方互无胜负的平局，甚至最终将这场战役宣传为拉美西斯二世的巨大胜利。埃及军队"因伟大的主人法老的威力而感到安心，法老站在他们的身后宛如铜墙铁壁，时时刻刻，不离不弃"。在多柱大厅可以欣赏到的这幅美轮美奂的浮雕，展现了法老个人的雄姿：在呈现内容堪称眼花缭乱的浮雕中，拉美西斯二世的个人形象得到了极大的强调，而浮雕中处处可见随时准备投入战斗的士兵，有的已经冲入杀声四起的战场，有的站在战车上冲锋陷阵，还有的深入敌人被围困的要塞之中……整幅浮雕展示的是个人视角明显的全景图，但创作浮雕的艺术家并不在意人体比例，也没有严格遵守这场战役事件的先后顺序。

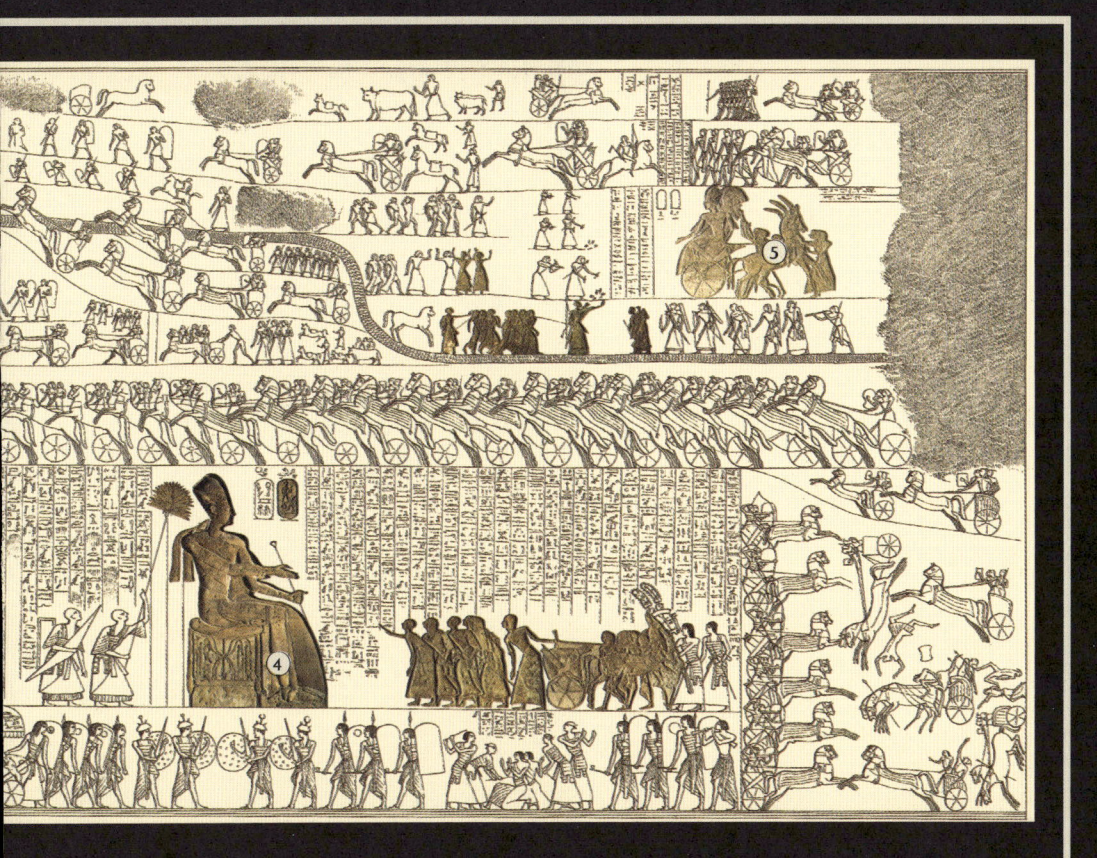

❶ **单枪匹马的拉美西斯二世** 法老英姿飒爽，弓箭在手，站在两匹良骏牵拉的战车侧翼单枪匹马冲向敌人，将敌人一举击溃。

❷ **近东人** 埃及军队中的一支精锐部队——近东人的到来改变了局势，迫使赫梯人的战车撤退。

❸ **卡叠什城堡** 卡叠什城堡修建在山丘上，山脚沐浴在宁静的奥伦提斯河（Oronte）中，使得这座城堡固若金汤。

❹ **凯旋的法老** 伟大的拉美西斯二世坐在一顶金轿上，虽然军队人数不多，但他的军官们簇拥着他，将他视为胜利者崇拜着。

❺ **敌方的受害者** 法老站在他的战车上，转过身去看着他的士兵清点死在战场上的赫梯敌人被斩断的手。

▶ **和平条约** 这块石板是历史上最早的和平条约之一的复制品——由拉美西斯二世和赫梯国王哈图西里三世签订的和平条约（《银板和约》）。
🏛 伊斯坦布尔考古博物馆

■ 努比亚

圣殿雕像

在经过气势恢宏的多柱大厅，特别是看到了大厅中屹立的奥西里斯立柱之后——在眼花缭乱的场景中凸显神色淡定从容、不发一言又无视一物的法老（拉美西斯二世）——越往圣殿内部走去，屋顶和地面距离越近。地面高度逐渐升高，屋顶高度逐渐降低，使圣殿逐渐变暗。古埃及的建筑师就是以这种方式标示出通向圣殿最幽暗之处的路径，这里是神庙中最神圣、最隐秘之处。

在进入这个冥想之地前，穿过多柱大厅后就来到第二大厅，厅中装饰着拉美西斯二世被众神簇拥的场景，以及献祭和拜神的场景。在其中的一面墙上有一扇门通向圣殿——神庙的圣殿，只有法老本人以及大祭司才能进入。这是一间进

▶ **圣殿雕像** 经过精确的计算，阳光每年两次穿透圣殿，照亮阿蒙、拉美西斯二世和拉-哈拉克提的神像，独留黑暗之神普塔的脸庞在阴影中。

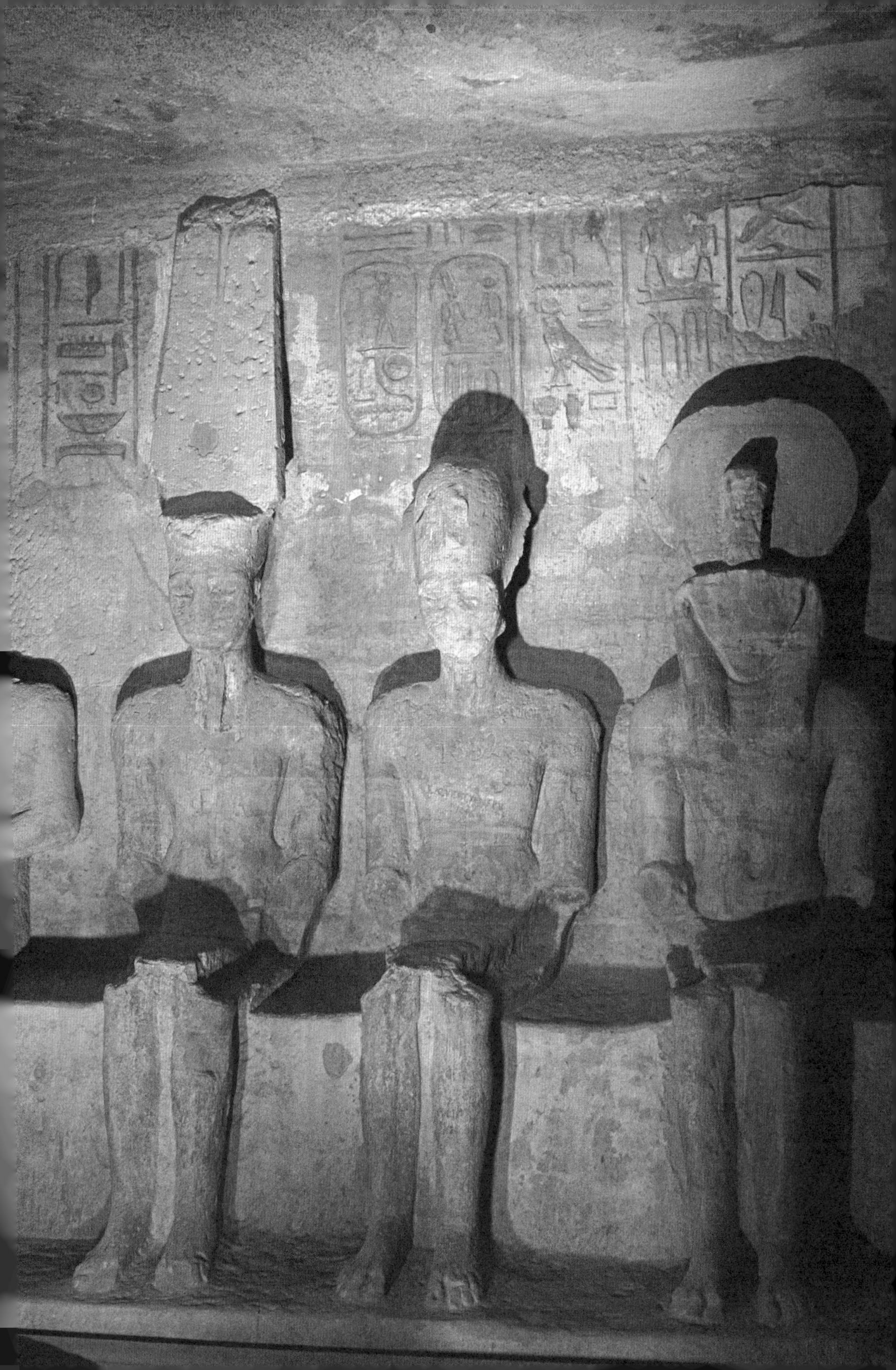

> 努比亚

深 7 米、宽 4 米的房间，尽头的墙壁上绘制有四尊坐像——这些雕像从左至右分别是拉-哈拉克提、神化的拉美西斯二世、阿蒙神和普塔神的圣像，下有长凳；其他墙壁上则绘有圣船和拉美西斯二世的画像。

这些雕像配合太阳的运行，构成非同寻常的天文现象，每年发生两次。在 2 月 20 日和 10 月 22 日前后，初升太阳的阳光直接穿透圣殿，按照非常精准的次序照亮这些雕像：太阳把光辉洒在整个阿蒙神雕像、神化的拉美西斯二世雕像以及哈拉克提神像的右肩。在最初的一缕阳光照射时，唯一仍然沉浸在黑暗中的是冥界之神普塔的神像。实际上，这种现象发生在每年 2 月 10 日—3 月 1 日和 10 月 10 日—10 月 30 日之间，但只有 2 月 10 日和 10 月 10 日这两天的阳光可以照亮所有雕像。

立法和季节

不过，这种现象与拉美西斯二世的诞辰并无关系——据说他诞生于 2 月 20 日。对于埃及人来说，每年共有三百六十五天，天狼星偕日升之日便是第一天，就是这颗星在

❶ **太阳和雕像** 雕像从左至右分别是拉-哈拉克提、神化的拉美西斯二世、阿蒙和普塔。一年当中有两次阳光可以穿透这个房间照亮前三尊雕像而将普塔的雕像留在阴影之中，因为普塔是冥界之神。

❷ **阴茎勃起的敏神和圣船** 拉美西斯二世为圣船举行了净化仪式，他燃起香、布施淡水。在另一幅场景中，法老出现在阴茎勃起的敏神面前，而敏神头上戴着两根巨大的羽毛。

❸ **诸神的姓名** 诸神的姓名分别雕刻在对应的四尊神像的头部，因此放置着神像的圣殿起到了避难所的作用。这是神庙中最隐秘的房间。

放置着雕像的壁龛，标志着行程的终点。同时，这里对法老的称颂到了登峰造极的地步——在这里，拉美西斯二世与神比肩，和其他三位神灵平起平坐。

在右侧的墙壁上，可以看到神化的拉美西斯二世被绘制在圣船的一侧，浮雕中也可以看到法老正在为自己献祭，他燃起香并为圣船洗祭。

太阳升起的前一刻在东方地平线上再次可见的时候。

然而，埃及人没有闰年，因此日历年和实际年每四年相差一天。这个差异在历经几世纪之后变得极为明显，明明是炎炎夏日，但日历上却显示这天是凛冽寒冬。正如《阿纳斯塔斯纸草Ⅳ》(*Papyrus Anastasi Ⅳ*)中记述："来到我身边吧，阿蒙，让我摆脱这令人恼火的一年吧：这一年中，太阳不再升起，本应是夏日，可到来的却是冬天，月份也错乱脱离了轨迹，时间变得一片混乱。"要等到一千四百六十年后，每年的伊始才能和天狼星的偕日升再次重合。

西班牙天文考古学家胡安·安东尼奥·贝勒蒙特（Juan Antonio Belmonte）认为，在阿布辛贝的纬度上，在公元前1270年之后的四年里，新年即埃及人所说的开年与日历第一天（阿赫特［akhet］月一日）重合，也就是从拉美西斯二世在位第十年开始。但是，这种重合现象自一千四百六十年之前开始在吉萨修建金字塔时期以来，就从来没有发生过。

胡安·安东尼奥·贝勒蒙特坚持认为，历法在拉美西斯二世的统治中至关重要，因为在他多年在位的大部分时间里日历上的季节与臣民们实际生活感受到的季节是一致的。这是一个很大的变化。

此外，如果这还不足以证明的话，那么圣殿在将近五十年时间里，即拉美西斯二世统治的绝大部分时间里，在五谷季（peret）第一天和收割季（chemou）第一天（古埃及历法中第二个和第三个季节的开始）被照亮就是明证。

阿布辛贝神庙浮出沙海

关于阿布辛贝大神庙的记忆在千年的时光里都留在了漫漫黄沙之下，直到乔万尼·贝尔佐尼将它雄伟的正面从黄沙之中清理出来。然而，这位意大利探险家虽然是第一个进入神庙的欧洲人，但他因循了一位瑞士同行约翰·L. 布克哈特多年前开辟的道路——约翰·L. 布克哈特是最早来到努比亚探险的欧洲人之一。

约翰·L. 布克哈特之所以能够成为 19 世纪最伟大的探险家之一，其根源还要追溯到拿破仑战争。这场战争毁掉了约翰·L. 布克哈特的家园，令他决定赴剑桥学习阿拉伯文。之后，约翰·L. 布克哈特开始为非洲内陆促进协会工作，该协会致力于在尼日尔（Niger）寻找资源，因此其为他支付了两年居留叙利亚的费用，让他在叙利亚精进阿拉伯文后再去非洲河流域探寻。1812 年，约翰·L. 布克哈特取了阿拉伯文名——谢赫·易卜拉欣·本·阿卜杜拉（Cheikh Ibrahim ben Abdullah），在开罗等待某个商队将他带到尼日尔。在约翰·L. 布克哈特来到埃及首都之前，他参与了一项令人难以置信的发现，那就是发现了位于今天约旦的失落的纳巴泰人城市——佩特拉（Pétra）。

追随布克哈特脚步的贝尔佐尼

来到埃及后，这位瑞士探险家约翰·L. 布克哈特决定自费逆尼罗河而上。在栋古拉（Dongola，又译东戈拉）即今天的苏丹（Soudan），约翰·L. 布克哈特停下了脚步。在这里，约翰·L. 布克哈特横渡红海（la mer Rouge），抵达麦加（La Mecque），这使得他成为第一位参观这座穆斯林心中的圣地的西方人。1813 年 3 月，在返程路上，约翰·L. 布克哈特距离阿布辛贝神庙非常近，但他丝毫没有注意到这座神庙近在咫尺；直到置身浮桥上，退开一点距离之后远望，他才注意到了阿布辛贝神庙的壮美和恢宏。

1815 年，当乔万尼·贝尔佐尼在英勇无畏的英国妻子萨拉（Sarah）的陪伴下来到开罗，他见到了约翰·L. 布克哈特，后者讲述了在回开罗途中对发现的失落已久的努比亚神庙的深刻印象。约翰·L.布克哈特还给夫妻二人讲述了在卢克索西部陡峭的河岸上，拉美西斯二世的头像究竟有多么壮观。

　　乔万尼·贝尔佐尼刚到埃及便向帕夏（pacha，高级官吏，相当于埃米尔）穆罕默德·阿里（Mohamed Ali）兜售液压机，但铩羽而归。然而，这套农田灌溉系统实际上比当时埃及国内使用的更高效、价格更低廉。于是，这位意大利人开始投身于考古发现和文物研究，并通过售卖法老时期的文物积累了可观的财富。因此，乔万尼·贝尔佐尼最终将拉美西斯二世的头像运回欧洲，如今这颗头像摆放在大英博物馆的展厅之中。之后，乔万尼·贝尔佐尼夫妇沿河逆流而上，最终抵达阿布辛贝神庙，并很快辨识出了约翰·L.布克哈特描述的神庙。由于乔万尼·贝尔佐尼对东方外交礼仪了如指掌，他在粗略考

察并计算了所需清理沙土的工作量后,便立刻联系了村长并说服他表示自己只想清理一下神庙的入口。很快,乔万尼·贝尔佐尼就雇用劳工的薪水问题与村长达成了协议。之后,乔万尼·贝尔佐尼沿河逆流而上,

▼◀ 大卫·罗伯茨(David Roberts)石版画中的阿布辛贝大神庙,这位苏格兰画家的作品是古埃及面貌的主要参考之一。
🏠 伦敦维多利亚与阿尔伯特博物馆

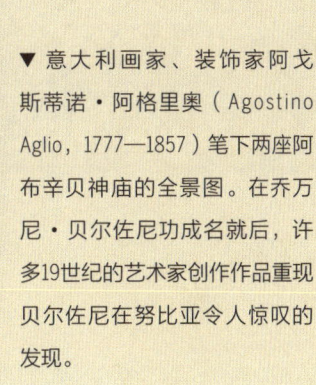

◀ 德国插画师海因里希·略特曼(Heinrich Leutemann)笔下阿布辛贝大神庙的四尊坐像之一。

▼ 意大利画家、装饰家阿戈斯蒂诺·阿格里奥(Agostino Aglio, 1777—1857)笔下两座阿布辛贝神庙的全景图。在乔万尼·贝尔佐尼功成名就后,许多19世纪的艺术家创作作品重现贝尔佐尼在努比亚令人惊叹的发现。

▲ 根据乔万尼·贝尔佐尼的画作创作的尼斐尔泰丽神庙雕版画。

又联系到了该地区的总督,同样依葫芦画瓢地提出了发掘的建议。此后,乔万尼·贝尔佐尼又继续上路来到下一个瀑布处,希望能够四处参观游览一番。

然而,着手对神庙进行清理绝非易事。实际上,行政官员们并没有迟疑犹豫,而迟迟不愿开工的是当地的村民。这些意料之外的麻烦使乔万尼·贝尔佐尼束手束脚,无法开展工作,而这样下去时间和金钱很快就要消耗殆尽。于是,这位意大利探险家在清理工作开始仅仅六天之后,就不得不离开。乔万尼·贝尔佐尼成功地清理出位于大门上方壁龛的雕像,但在他面前还有厚厚的沙层。不过,乔万尼·贝尔佐尼并没有泄气,打算几个月后再回来完成这项工作,但这一等就是一年。

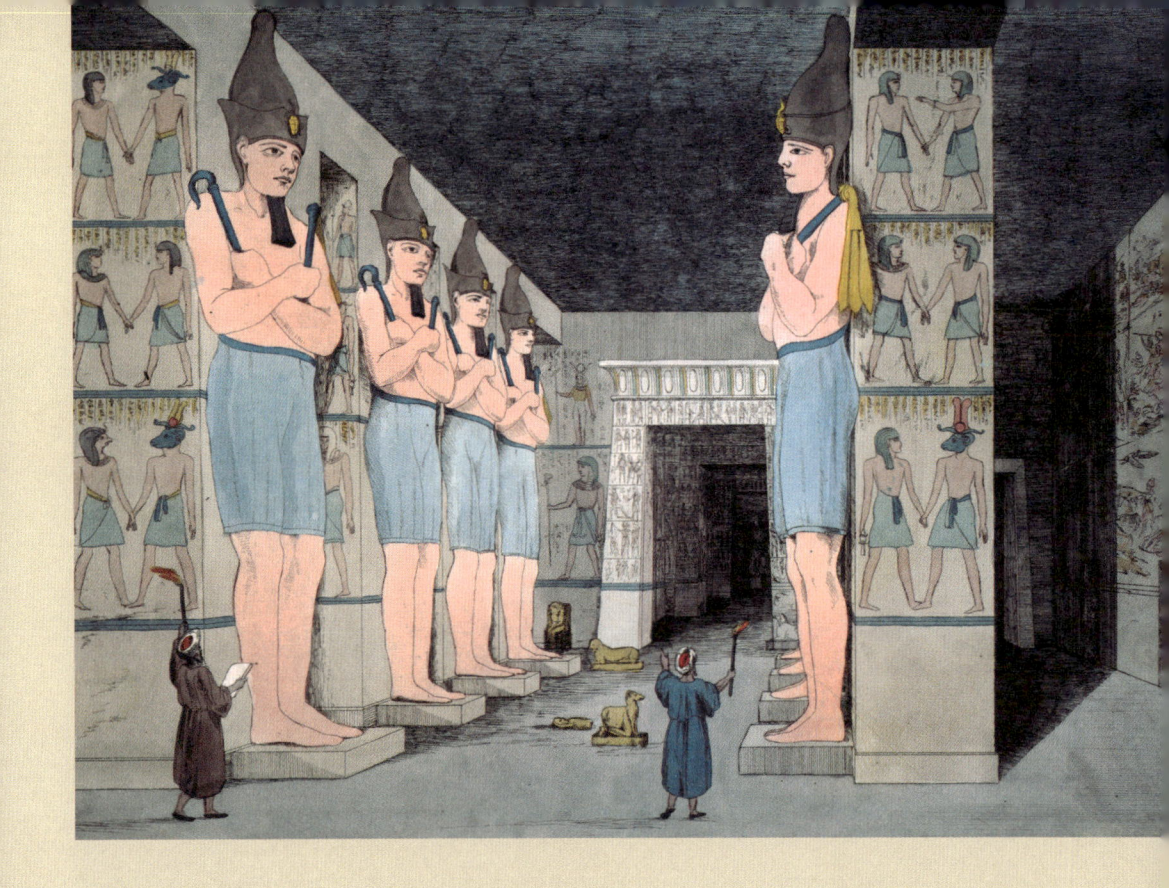

等待自有回报

　　1817 年夏天，乔万尼·贝尔佐尼逆尼罗河而上，自底比斯抵达菲莱（Philae）岛，在这里和妻子萨拉再次会合。幸运的是，信使带来了英国领事亨利·索尔特（Henry Salt）的一封信，随信而来的还有用于发掘阿布辛贝神庙的资金。这封信一到，乔万尼·贝尔佐尼立刻踏上寻找这座努比亚圣殿的旅程，随行的还有英国舰长查理·伊尔拜（Charles Irby）和詹姆斯·芒格斯（James Mangles）、比奇爵士（Sir Beechey）、两位仆从以及马哈麦德（Mahomed，拿破仑军中的一位意大利逃兵）。

　　与当地两位官员（一对兄弟）的商谈最终达成了协议，乔万尼·贝尔佐尼于第二天便开始清理立面淤积的黄沙。最初，大家干劲儿十足，他们原本预估这项工作几天就可以完成。

▲ 乔万尼·贝尔佐尼的这幅画作展示了他凭借火炬照亮前路，进入阿布辛贝神庙多柱大厅时的景象。在此之前，已有几千年无人进入这个神圣的所在。

◀ 乔万尼·贝尔佐尼旅行簿之一中的插图，他身穿缠腰布的样子。

然而，当工人们发现这项发掘工程漫漫无期，便借口斋月即将到来不再来工地干活。于是，六名欧洲人便决定自食其力，靠自己的力量完成这项工作，而他们为此付出了全部的努力。看到乔万尼·贝尔佐尼团队动工后，有些当地居民称可以提供服务，但是由于此前发生过冲突，乔万尼·贝尔佐尼婉拒了他们的提议。

村里的官员们来到工地，但是他们看到乔万尼·贝尔佐尼和他的团队自己发掘后，便转身离开了。在村里的官员们看来，这些人一定是一文不名，根本雇不起他们。

尽管发生了种种令人泄气的事儿，但是期盼已久的时刻最终还是到来了。1817年8月1日，乔万尼·贝尔佐尼和他的团队完成了大门的清理工作，但是他们仍然没有进入神庙，而是整晚为神庙通风，以避免神庙内部可能存在的腐坏空气使他们中毒。翌日清晨，他们没有听信工人们的谗言——这些工人与当地的权贵势力串通一气，尽可能地拖延他们进入神庙的时间。最终，他们费力地扩大了开口，直抵神庙中心。事实证明，神庙的内部比想象的还要壮观，但是实在太热，几乎无法完成草图的绘制，因为汗如雨下打湿了画纸。难挨的酷热以及储备即将耗尽的危险，迫使乔万尼·贝尔佐尼及其团队最终放弃了阿布辛贝神庙，但他们的任务已经完成——他们发现了古埃及最辉煌的地下神庙。发掘历程史诗般的记述以及他们所绘制的画作，使阿布辛贝神庙成为无数旅人梦寐以求、渴望抵达的终点，他们将抵达阿布辛贝神庙视为在尼罗河上朝圣之旅的加冕仪式。乔万尼·贝尔佐尼没有阻挡神庙的入口，仅清理出正面的两尊巨像。一年半后，由威廉姆·邦基斯（William Bankes）、比奇和法国画家路易·里南（Louis Linant）组成的队伍用了几个星期的时间抄写铭文，并将掩埋最南端巨像的黄沙彻底清除干净。此后，又有多名艺术家来到此地。1882年，德国人弗朗兹·戈（Franz Gau）绘制了已经完全清理的四尊巨像的正面。画家大卫·罗伯茨（Daivd Roberts）出版的多本石版画集以及他于1838—1840年在埃及和圣地旅行后绘制的画作，定格了努比亚拉美西斯二世地下神庙的经典形象。

尼斐尔泰丽神庙

尼斐尔泰丽是拥有"魅力四射的夫人""赞誉满满者""美丽的面孔"以及"温柔的爱"等许多华丽甚至略显浮夸称号的女人,是法老拉美西斯二世心爱的妻子。有些作家被他们的浪漫事迹打动,将这位法老塑造成为爱痴狂之人——他为心爱的女人修建了雄伟的建筑,如王后谷中的陵墓以及阿布辛贝的小神庙。实际上,这些说法不过是一种猜测,因为今人对尼斐尔泰丽知之甚少。我们只知道尼斐尔泰丽是古埃及最著名的王后,为法老诞下了多名子女;而关于她的许多画作流传了几个世纪,让人相信她是位容貌迤逦的女子。

尼斐尔泰丽神庙或哈托尔神庙被称为"小神庙",这座地下神庙位于大神庙(拉美西斯二世神庙)北部约60米处,修建在山岭的突出部分。很有可能的是,哈托尔神庙是在自然形成的山窟中开凿而成,而在拉美西斯二世的工人动工(修建尼斐尔泰丽神庙)前很久,人们一直在这座山窟中供奉女神哈托尔。

神庙宽约24米,正面有六尊开凿在岩石中的巨像,围着雕像的倾斜扶壁将巨像分隔开来。这些扶壁上饰有题献铭文的象形文字,其中指出题献词的作者就是拉美西斯二世。中央的扶墙是其他扶墙的两倍大;其靠上的部分沿着正面的倾斜延伸,而靠下的部分形成了垂直的突起,这一突起没有超过其他扶墙的基座部分。神庙的入口就在这里开凿而成,高约4米。门楣上装饰着眼镜蛇装饰框缘,在其下方直至大门处绘制了两个场景,其中法老(拉美西斯二世)正向女神哈托尔和伊西斯献祭。在眼镜蛇的下方,可以看到法老为这座神庙写下的献词:"我为大王后尼斐尔泰丽完成了伟大的工程,太阳每天因她而升起。"

比其他雕像更大的雕像

神庙入口侧翼有两尊法老(拉美西斯二世)形象的巨像,左脚在前,身穿缠腰布,佩戴假须。靠北侧的巨像头戴双王冠,写有双姓名——拉昂艾卡乌(Rê-en-Hekaou)

> 努比亚

和梅里阿图姆（Mériatoum）；而靠南侧的巨像则头戴白冠，姓名为赫卡塔威（Heka-Tawy）和梅里阿蒙（Méri-amon）。南侧和北侧的雕像与这两尊巨像相邻，都以法老妻子（王后尼斐尔泰丽）的形象制作。王后的雕像比法老雕像略小，身穿打褶裙袍，戴有胸饰，左脚在前。王后的左臂弯折放置在胸前，右手持有叉铃，右臂下垂在身体的一侧；头上戴着女神哈托尔的发饰——里拉琴（Lyre）状的牛角圈起一个巨大的太阳盘和两根长长的羽毛。

正面端头摆放的法老雕像同样穿着打褶缠腰布，手臂放在身体两侧。北端的雕像除了佩戴假须，头上还戴了涅姆斯头饰以及阿蒙王冠，王冠的底座是带有太阳盘的两根公羊直角，上面有两根长长的鸵鸟羽毛，羊角尖处还有带太阳盘的四个蛇神，而这是法老按照孟斐斯创世

▶ 拉美西斯二世将阿布辛贝小神庙献给他心爱的王后尼斐尔泰丽。神庙正面渐次排列着法老和王后的巨像，看起来王后美得不可方物。这些雕像几乎大小一致。

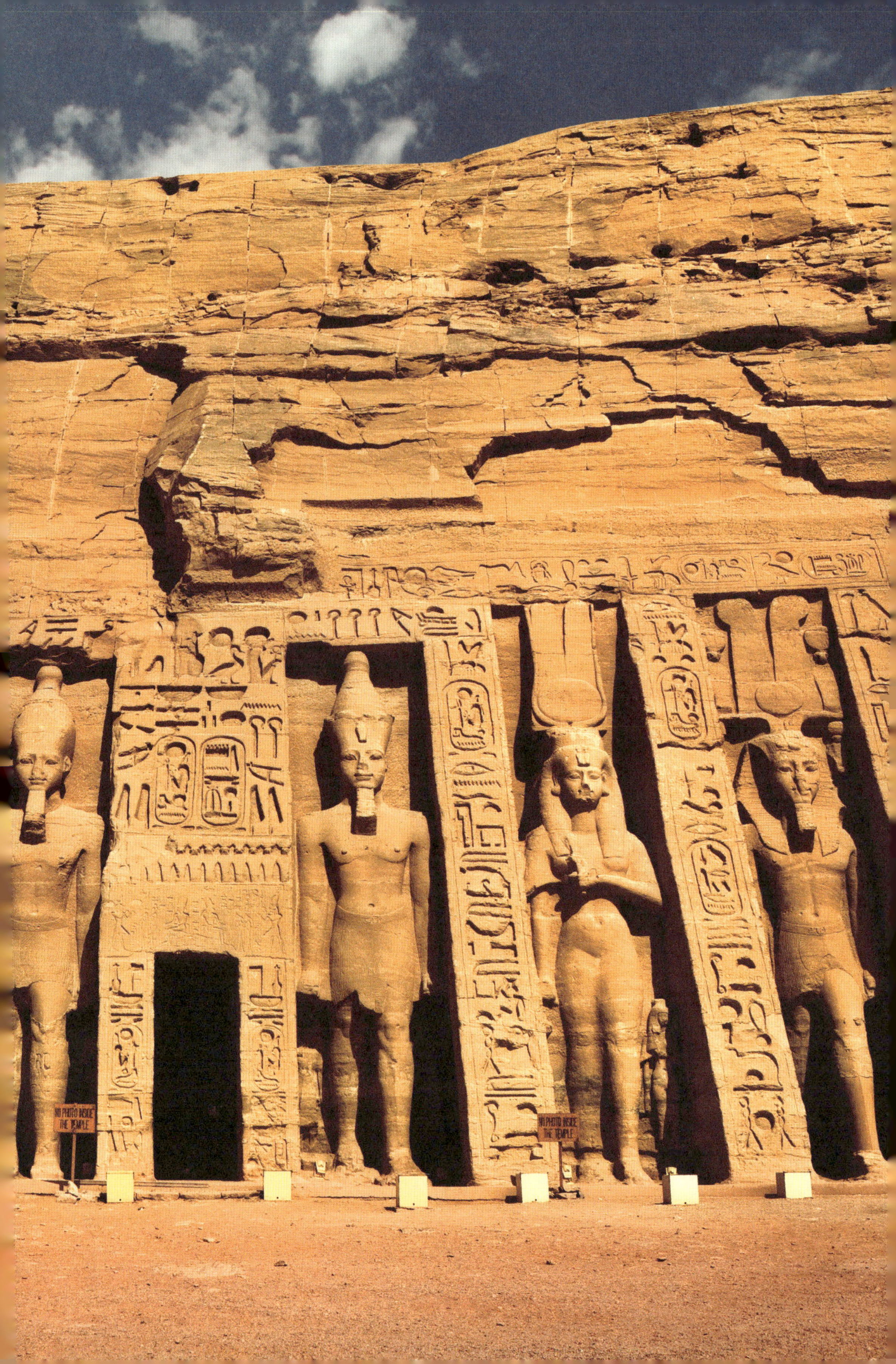

▎努比亚

神和原始山丘之神结合起来的普塔塔特恩（Ptah-Tatenen）的形象制作的雕像。南端的巨像同样头戴上埃及白冠，但它的特别之处在于比其他正面的法老雕像要高出1米，即这尊雕像高8.3米，其他雕像则高7.3米。

对于这一差异，埃及学家克里斯蒂娜·戴斯罗切斯·诺贝尔库尔特（Christiane Desroches Noblecourt）给出了一种解释：这尊高8.3米的雕像是有意设计得比其他雕像更高，这个高度相当于古埃及的第十六王朝，这也是埃及人心中尼罗河泛滥的理想高度，因为这个高度可以注满蓄水池。如果河水泛滥过度，河边的村庄便会淹没在洪水之下；而如果河水泛滥程度不足，那么许多土地就得不到灌溉，从而导致来年歉收。当然，无论发生哪一种情况，都意味着会暴发饥荒。克里斯蒂娜·戴斯罗切斯·诺贝尔库尔特还认为，这一理想的泛滥高度在阿布辛贝神庙中十六尊雕像的正面也有所体现。

献给王后的神庙

拉美西斯二世命人在阿布辛贝修建了一座献给他最心爱的妻子尼斐尔泰丽的神庙。同时，这座地下神庙也是献给牛女神哈托尔（牛头人身形象）的。神庙正面24米宽，六根雕凿在岩石中的壮丽巨像雄踞此处，以法老夫妇的形象雕凿而成。

这尊巨像的特别之处在于法老身穿（拉美西斯二世）打褶缠腰布，佩戴假须，比其他五尊雕像要高出1米，即这尊雕像高8.3米，其他雕像高7.3米。

① 巨像　壁龛中的六尊巨像代表了拉美西斯二世（四尊雕像）和尼斐尔泰丽（两尊雕像）。扶墙高10米，其上雕刻的法老头衔的铭文位于斜面上，并将壁龛进行分隔。

代表"两地之国"（上埃及和下埃及）的双王冠，是这尊巨像与放置在其右侧——放置在正面最靠南侧的两尊拉美西斯二世雕像相较而言唯一的独特之处。

在这里，拉美西斯二世头戴涅姆斯头饰以及阿蒙王冠。阿蒙王冠以带有太阳盘的两根公羊直角为底座，其上装饰着两根巨大的鸵鸟羽毛，并在四个太阳盘的端部饰有四个蛇神。

② 中央扶墙 中央扶墙比其他扶墙大两倍，饰有眼镜蛇的装饰框缘将其分为上下两部分。其中，靠上的部分写着"我（拉美西斯二世）为大王后尼斐尔泰丽修此建筑"，靠下的部分绘制了法老向哈托尔和伊西斯献祭的场景。

③ 主角尼斐尔泰丽 在这里，王后要比丈夫（拉美西斯二世）略小一些，她的左脚轻轻向前迈出——这个姿势和其他雕像是一样的——头梳女神哈托尔发饰：一个太阳盘，两根长长的羽毛缠绕着里拉琴形状的两根母牛牛角。

④ 其他雕像 在六尊巨像中，每尊巨像两翼都有两尊更小的雕像，高度达到其膝盖处。他们是拉美西斯二世和尼斐尔泰丽的儿子和女儿，即埃及的王子和公主。

努比亚

献给女神和王后

在进入小神庙（尼斐尔泰丽神庙）入口后，就进入了神庙最宽敞的房间——大厅，这个房间共有六根哈托尔柱。大厅的浮雕可以看到残存的颜色：白色、黄色、许多深浅不一的红色，以及黑色——黑色作为蓝色和绿色的底色，而如今蓝色和绿色已不可见。西墙上还有三个开口通向前厅，前厅与带有立柱的大厅面积一样大，其轴线几乎与整座地下神庙的轴线互相垂直，两端有两个较小的圣殿。这些房间过去用于圣殿的前室，能够在这里看到哈托尔从墙壁走出并化身为母牛。

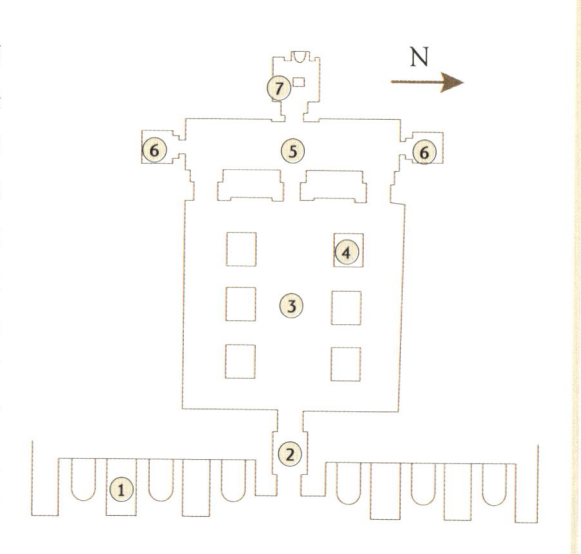

① 带有立柱和扶墙的正面
② 入口
③ 带有立柱的大厅（多柱大厅）
④ 立柱
⑤ 前厅
⑥ 侧圣殿
⑦ 圣殿

◀公主梅丽塔蒙（Méritamon）接替了她的母亲尼斐尔泰丽，嫁给了自己的父亲拉美西斯二世。其雕像呈现出年轻的容貌，额头上梳着圣蛇和太阳盘的发饰。
🏛 开罗埃及博物馆

尼斐尔泰丽和女神哈托尔

神庙在岩石中开凿而成，其深度只有 20 米，与大神庙（拉美西斯二世神庙）相比要少 40 米。转过大门后就进入了多柱大厅，多柱大厅两边各有三根立柱将其分为三个殿。立柱高 3.2 米，饰有装饰。在朝向中殿的立柱立面上，可以看到一处浮雕中有一只哈托尔叉铃，叉铃的柄上写有敬拜六根立柱上的六位女神的祷词，她们分别是哈托尔、阿努凯特（Anoukis）、乌莱-艾卡乌（Ouret-Hékaou）、伊西斯、沙提（Satis）和穆特。在叉铃手柄上，一侧可以看到法老的称号，另一侧则是王后的称号。叉铃是一种在埃及非常流行的类似拨浪鼓的手摇打击乐器，被用于对哈托尔和伊希斯的崇拜。

哈托尔女神在神庙中扮演着重要角色，但核心角色是王后尼斐尔泰丽。柱子的其他面上装饰着神灵：拉美西斯二世出现了两次，尼斐尔泰丽出现了四次。王后无所不在，这一点在神殿入口处的墙壁上也有所体现。拉美西斯二世再次出现，呈站姿，面朝阿蒙神和哈拉克提，用手抓着跪着的敌人头发正要举刀屠戮。在法老的身后，仿照阿玛纳时期纳芙蒂蒂的样子，美丽的王后以保护的姿态出现在杀敌的场景之中。

大厅的南北两面墙上绘有文化色彩浓郁的丰富装饰，这些装饰排列有序，包括四个不同的场景。当然，我们应该从南墙上的场景开始读取信息。在南墙上，可以再次看到拉美西斯二世在女神哈托尔的接引之下正要进入房间。下一个场景则是梅哈-荷鲁斯（Horus de Méha）和塞特为君王加冕；接下来是王后面对女神阿努凯特的画像；最后则是法老的画像，他头戴蓝王冠（蓝色帽子）向阿蒙神献上女神玛阿特的小像。

拜神及供品

加冕仪式一直延伸到北墙的第一个场景，在这一场景中普塔神将权杖交给拉美西斯二世使其成为"两地之国"的君王。下一个场景中，法老（拉美西斯二世）向

▲ 在神庙前厅东墙所绘制的场景中，女神哈托尔和伊西斯为王后（尼斐尔泰丽）加冕。在这三个人物手中，每个人都持有生命的符号——"安卡"，而这个象形文字是整个古埃及最为流行的幸运符之一。

哈尔萨菲斯（Harsaphès）——这是一位公羊首的神灵——进献纸莎草并浇祭莲花。再下一个场景中，中间部分就是尼斐尔泰丽，在这一场景中再次看到王后挥动叉铃。在最后一个场景中，拉美西斯二世用酒浇祭哈拉克提。神庙的主色调为黄色，这其中还有一个非常明显的呼应——金色之神哈托尔的无上荣耀。

通过多柱大厅西墙可以进入下一个房间，这是一个南北向的长方形前厅，但其两端有两个没有装饰的祭台。这是唯一没有经过装饰的空间。实际上，在其大门四周的墙面上，可以看到王后正在向穆特和哈托尔献祭。与此相反，在内墙上绘制了大量法老和王后拜神的场景。装饰中可以看到哈托尔、荷鲁斯、瀑布之神、阿蒙、哈拉克提和塔沃瑞特（Taouret,

河马女神）。墙上的浮雕非常引人注目，它是神庙中最为恢宏且保存最为完好的：伊西斯和哈托尔正在为尼斐尔泰丽加冕，并为她佩戴索普德特（Sopdet，神话中的天狼星）头饰。

在面积不大的圣殿（边长为2.5米）中，浮雕展示了女神哈托尔在两根哈托尔柱之间的岩石正面而出，化为母牛。南侧墙上，尼斐尔泰丽向女神穆特和哈托尔献祭；而在北侧墙上，法老（拉美西斯二世）向神化的拉美西斯二世（他自己）的小像以及尼斐尔泰丽的小像进香。

拯救神庙于大水覆没

阿斯旺大坝的修建，为存在了数千年的努比亚神庙带来了灭顶之灾。这种情况引起了国际社会的关注。在联合国教科文组织的资助下，启动了旨在拯救和迁移神庙的工作，而这被视为一项具有重大历史意义的事件。

1952年埃及革命（"七月革命"）后，贾迈勒·阿卜杜勒·纳赛尔（Gamal Abdel Nasser）上台。他雷厉风行，着手采取一切必要措施推动国家的现代化。他计划建造巨大的水坝，以控制尼罗河每年的泛滥，并将其用于发电和灌溉。他起初向美国和英国寻求经济和技术援助，但经历多次分歧后，最终由苏联技术人员制订了工程计划，并启动了这个与法老时代建筑物相关的项目筹备工作。

1960年，大坝工程开始。四年后，大坝的水库——今天的纳赛尔湖（le lac Nasser）——开始充盈。与此同时，所有人似乎都坦然地接受了努比亚神庙及其伟大的考古学财富将被河水永远吞没的事实。但是，法国埃及学家克里斯蒂娜·戴斯罗切斯·诺贝尔库尔特拒绝接受这样的结果，最终将淹没努比亚这一议题提交联合国教科文组织辩论。联合国教科文组织立即开始重视这个问题，并于1960年发起了一场拯救努比亚神庙的国际运动，同时对即将被淹没的大片土地进行考古研究。实际上，最终大坝形成的湖泊长度就达到了令人震惊的500公里。

在这种情况下，虽然提出了许多保护计划，但其中大部分都难以实现。最终，只有两个建议有待讨论：一是将神庙从山体上"剥离"之后，再借助液压起重机将它们放置到更高处；二是让神庙保留在原位，但修建堤坝防止神庙被水吞没。然而，最终这些提议都被证明无法实现。埃及政府最终提出将神庙一块块拆除，然后在原址上方65米处像拼图一样将其重新拼好。除了神庙，还必须将开凿

▲ 神庙被整块拆除后转移，之后在原址附近的区域重建，避免神庙淹没于尼罗河水之下。

▶ 共有1700名工人和200名专业技术人员参与了这项工程，而这项庞大的工程持续了四年半的时间。

▶▶ 起重机正在转移一尊拉美西斯二世巨像的头部，两名工人正在布置挂有巨大石块的齿轮装置。

337

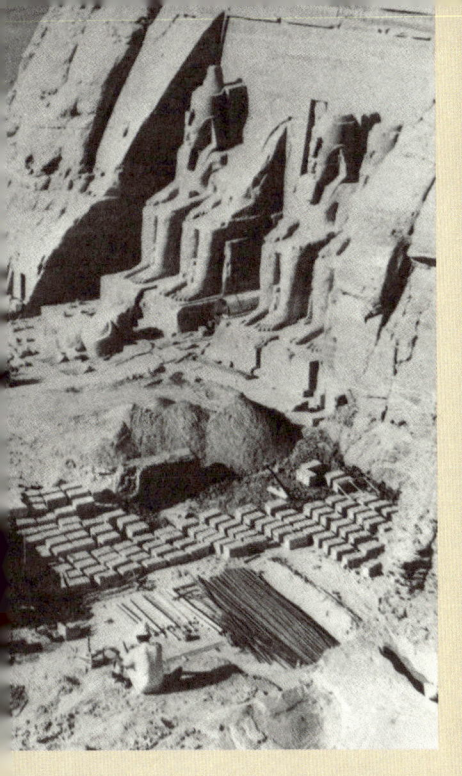

神庙的岩石斜坡整块切割，这样才能将所有东西镶嵌到两个人工拱顶的外墙上，从而再现神庙的环境和原始朝向。如果不这样做，迁移就没有实质性意义，因为这将导致"作为古迹的完整性要求，应保护古迹的地理、建筑和文化位置，不仅是单个建筑相互之间的位置，还包括它们与周围地区的地理和文化特征之间的原关系"的大部分的丧失。

与时间赛跑

当采用这一解决方案时，时间已经不多了。大坝的修建工作已经开始，等到人工湖开始蓄水时，拆除工作还没有完成。事实上，水位会在岩石切割完成之前到达神庙的高度，因此必

◀ 这项于1964年开工的工程费用达到了4000万美元，但这项规模巨大的国际工程最终胜利完成。

▲ 神庙被精心地切割为多个部分，以便于搬运。从结构中剥离出来的岩块重约20吨，而立柱和雕像的岩块重约30吨。

须在神庙前方修建堤坝进行保护。为此，一个由1700名工人和200名专业技术人员组成的团队负责完成这项庞大的工程。在工程完成前，他们和家人一起住在神庙附近，而这项工程共持续了四年半的时间。在工程即将结束的时候，阿布辛贝附近工作和生活的人员已多达3000人。

在这段时间里，联合国教科文组织得到了会员国的慷慨解囊，各国将资金汇入了专门设立的账户，这些资金将用于保护阿布辛贝神庙和菲莱岛其他神庙，以及在努比亚地区分布的其他更小神庙的迁移工作。例如，阿布辛贝保护项目的中标公司是一个由德国、意大利、法国和瑞典的工程技术局组成的集团，集团非常精细地计算出原始预算

▲ 国际社会通力协作才最终保护了这座具有不可估量价值的历史建筑，它险些永远长眠于水下。由于这一举措，在贾迈勒·阿卜杜勒·纳赛尔希望实现现代化的埃及，这才得以保留考古学上最耀眼的明珠之一。

为 3600 万美元，而最终开销只超支了 9%。当时，西班牙是新加入联合国教科文组织和联合国的成员国，尽管当时西班牙的国内民主尚未得到恢复，但仍然为该项目捐资 325 000 美元。

工程的第一阶段是修建堤坝（高 30 米、长 380 米），用于保护地下神庙不被正在不断上涨的水坝蓄水所淹没。其中，填充材料的使用量就达到了 38 万立方米。这项工程完成的时候，神庙的正面已经全部覆盖好黄沙，而建筑物的内部则通过钢架加固保护，以使其在项目的下一步进程中不致因受到震动而毁坏。接下来，就是将地下神庙雕凿部分所涉及的 15 万立方米岩石从山体上剥离，而岩石的厚度减少到只有 80 厘米。

由于岩块是多孔且不够紧实的砂岩，因此需要使用钢条进行加固，之后再向岩块注入环氧树脂（époxy）——这是一种硬度高且抗压力很强的聚合物。之后，神庙将被切割成高 3 米、长 5 米、宽 80 厘米的长方块。切割后，墙体及屋顶的石块约重 20 吨，立柱和雕像的石块约重 30 吨。最终，使用不同类型带有 6~8 毫米厚度的硬金属齿的锯子，切割出 1042 块岩块（其中大神庙为 807 块，小神庙为 235 块）。

巨大的起重机

为了搬运这些脆弱的岩块，人们使用环氧树脂对其进行加固，并在其中放置了带有弯钩的杆。之后使用巨大的起重机先将岩块转移到沙床上，然后放置在神庙上方沙漠中的存储区域。1966 年 7 月，最后一块岩块转移完毕。

在仓库中，岩块得到了精心保管和仔细检查，又在岩块水泥底座增加了底层和钢制的锚杆。最后，使用树脂对岩块进行防水处理。

在神庙原本位置正上方的悬崖峭壁上，人们重新排放了岩块。首先，将这里的岩石凿开并在其中修建地基，用于容纳整座神庙。新址位于神庙原本所在区域正上方 65 米处，这是经过精密计算的，其目的是希望神庙的相对位置和朝向与原来保持一致。这一举动切实取得了成功，拉美西斯二世神庙原有的奇特天文现象在新址再度显现。重建正面的时候，需要修建支架，岩块放置在支架框中，之后再在岩块上覆盖一层混凝土。这样，圣殿内部的房间也一块块恢复原样。等岩块都放置到应该在的位置后，便立刻覆盖外层混凝土，以保障岩块坚固。

山丘和人工拱顶

下一个步骤是修建巨大的混凝土穹顶，用于保护重建的神庙，之后穹顶再覆盖一层原址采集的粗陶土，目的是使新神庙尽可能贴近原貌。整个工程十分顺利，工期甚至提前了几个月，这大大出乎国际社会的预料。

1968年9月22日，人们举办了一场庄严的仪式，庆祝伟大工程完工，文化界名人悉数到场。这项移山般的壮举胜利完工了，阿布辛贝神庙得到了挽救。

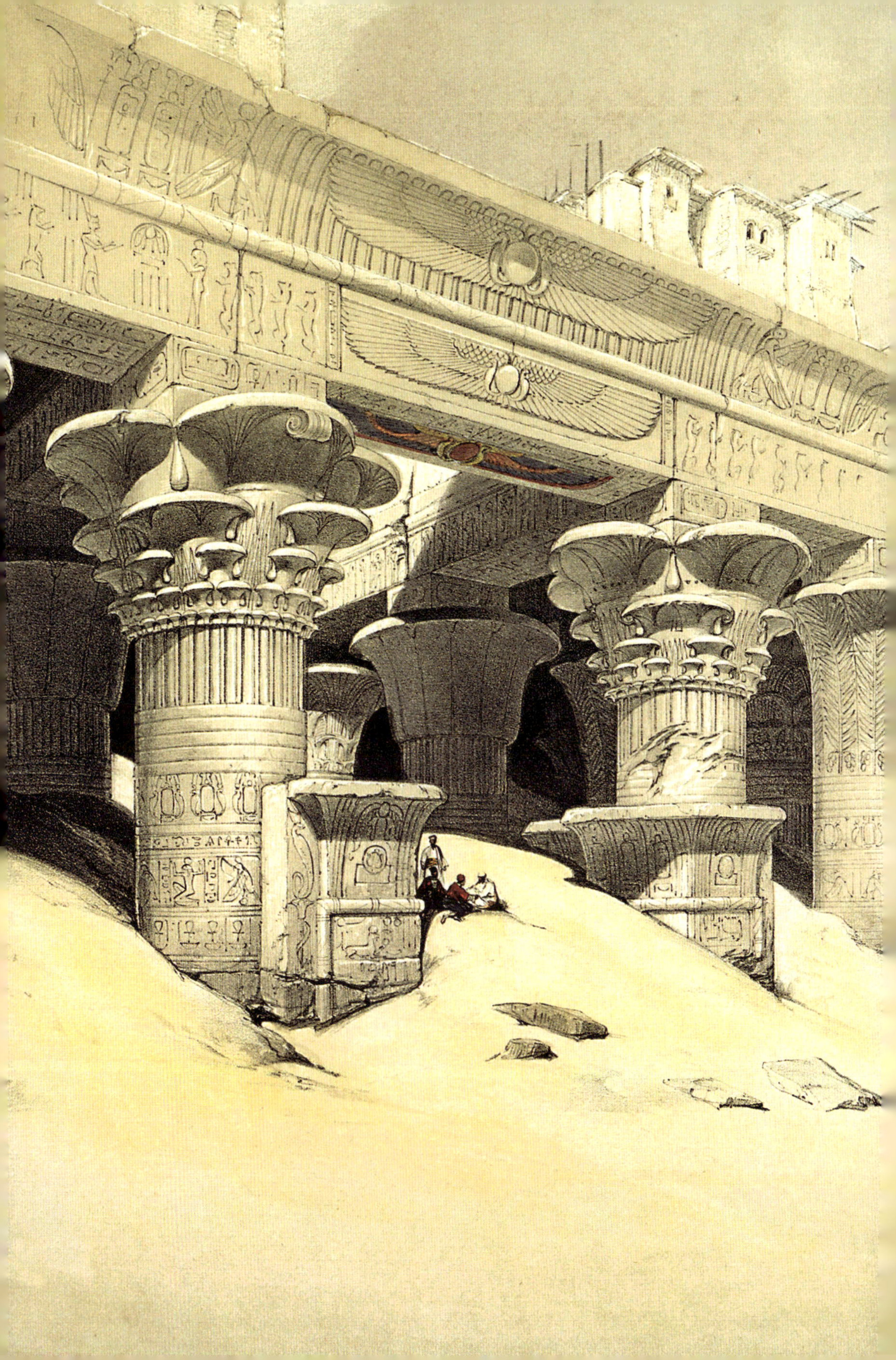

菲莱岛

希腊的托勒密（Ptolémées）王朝沿用了法老时期的习惯和风俗，统治了"两地之国"三百余年。托勒密王朝创建了一个伟大的帝国，在菲莱岛（Filé，埃及人称Philae）和尼罗河流域建造了奢华的神庙，并建立了神秘的亚历山大图书馆（Bibliothèque d'Alexandrie）。

伊西斯的居所

菲莱岛位于努比亚和上埃及之间，靠近尼罗河的第一瀑布，是希腊-罗马时代的伟大朝圣地之一。除了伟大的伊西斯神庙，这里还有曼杜利斯（Mandoulis）、阿伦斯努菲斯（Arensnouphis）、哈托尔和哈伦多特斯（Harendotès，荷鲁斯的名字）的神庙，以及图拉真（Trajan）亭等十分豪奢的纪念碑。

❶ 内克塔内布（Nectanebo）亭
❷ 阿伦斯努菲斯神庙
❸ 曼杜利斯圣堂
❹ 伊姆霍特普（Imhotep）神庙
❺ 西部柱廊
❻ 图拉真亭
❼ 菲拉德尔弗斯（Philadelphe）门
❽ 第一塔楼
❾ 玛米西（Mammisi）
❿ 第二塔楼
⑪ 伊西斯神庙
⑫ 哈托尔神庙
⑬ 哈伦多特斯神庙
⑭ 奥古斯都神庙
⑮ 戴克里先（Dioclétien）门
⑯ 石墙

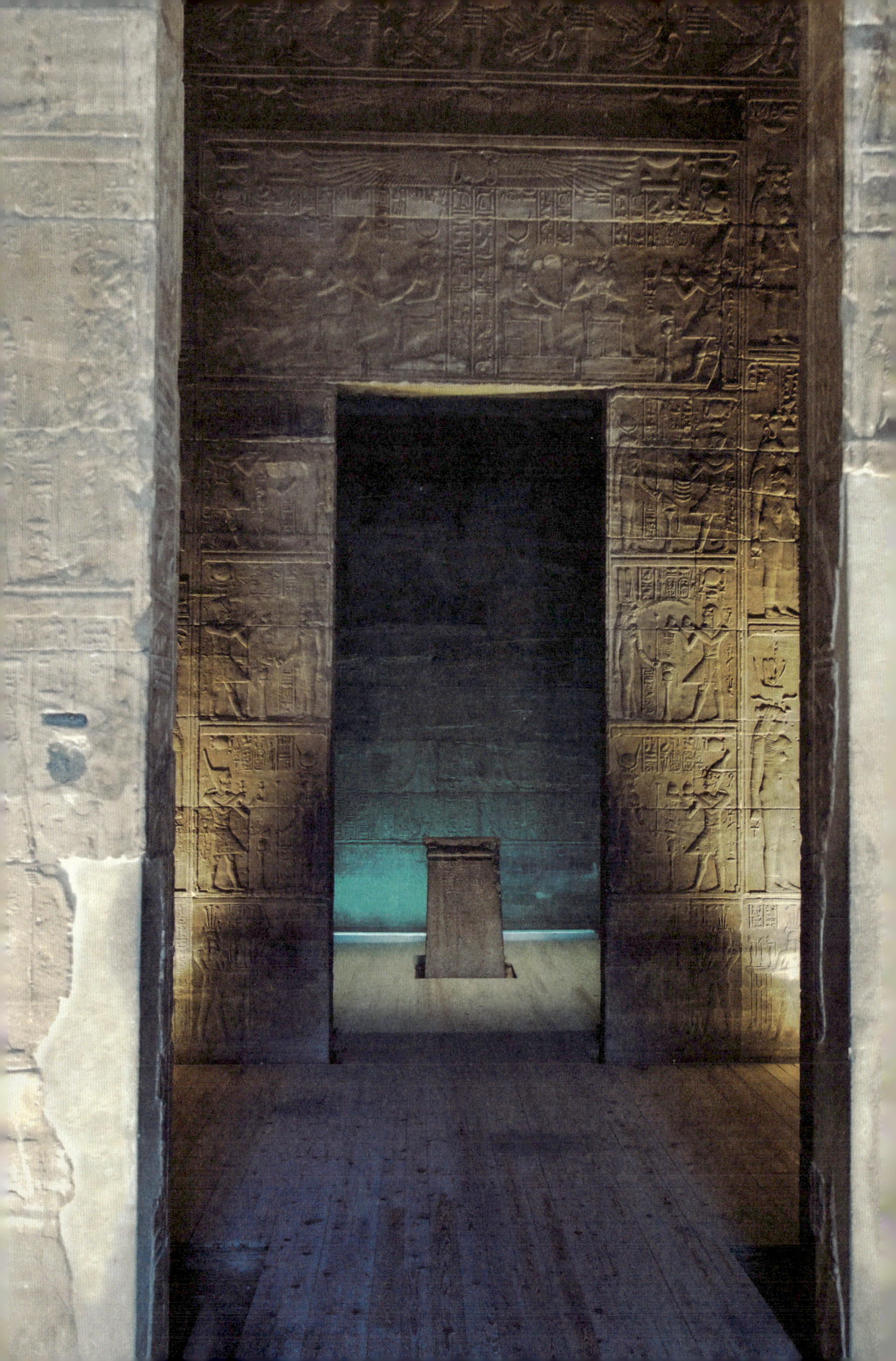

"时间之岛"

菲莱岛是埃及南部的一颗明珠。这个自法老时代就标志着与努比亚交界的岛屿，是到访"两地之国"的人们最为关注的对象。对于19世纪初叶和中叶的旅行者来说，甚至在几个世纪之前，到达菲莱岛就意味着逆尼罗河而上一直抵达河流的南端。早期在埃及旅行的时代里，这种穿越并非一路坦途，而那些一路抵达终点的人们都为自己的成功感到无比自豪。

菲莱岛之所以能够一直吸引着人们的兴趣，其中的原因并不难理解：整座岛遍布神庙，此外还有大量托勒密时期和罗马时期的遗迹仍然保存完好。直到一个多世纪前，这些建筑上的浮雕仍然色彩明艳动人。当1902年第一座阿斯旺水坝建成后，这些建筑开始恶化：在一年中几个月的时间里，岛上的古迹都淹没在水面之下。水的溶解性对颜料产生了影响，使其颜料劣化，直至几乎消失殆尽。1970年，阿斯旺大坝的建设完成意味着河水将永久地覆盖整个岛屿，使得这种情况（颜料劣化）有可能变得更糟。在这样的悲剧在现实中上演之前，由于联合国教科文组织和国际社会的积极参与，菲莱岛上的这些令人惊叹的建筑都被拆除并被运到邻近的阿吉尔基亚岛（Aguilkia），而这座岛的海拔高度可以躲过水漫金山的厄运。

菲莱岛是因古代法老宗教的最后要塞而闻名于世。菲莱岛的神庙一直到公元元年之后的世纪还每天有人前去祭拜，但是查士丁尼（Justinien）彻底取缔了这种行为。神庙的纪念碑在现代破译象形文字方面也发挥了重要作用。神庙的一座方尖碑保存了一个双语文本，它与罗塞塔（Rosette）石碑一起，帮助让-弗朗索瓦·商博良最终解开了埃及文字的奥秘。

■ 菲莱岛

伊西斯神庙

菲莱岛并不一直都是献给奥西里斯的妻子，也就是荷鲁斯的母亲伊西斯的圣地。最早期的遗迹，即一些可追溯至中王国时期的陶器，只是证明了偶尔有人到访该岛。这并不奇怪，因为它位于形成尼罗河第一瀑布的象岛以南3公里处，法老时期行政机构的官邸就设在这里。菲莱岛从未被人占领过，而且很容易被水淹没，使得这座岛并不是一个修建建筑物的最佳地点。这座岛的名称形成时间甚至都很晚，埃及人过去称之为"Pilak"（"拉神庙之岛"），希腊人在第三十王朝时期将岛名改为"Philae"，意思是"朋友"或"友谊"。

▶伊西斯神庙和环阿吉尔基亚岛的建筑物。在1972—1980年间，联合国教科文组织将这些建筑物迁走，保护它们免受因阿斯旺大坝的建成而产生的周期性洪水影响。

◀◀伊西斯神庙的圣殿一直保留着女神船的内堂。

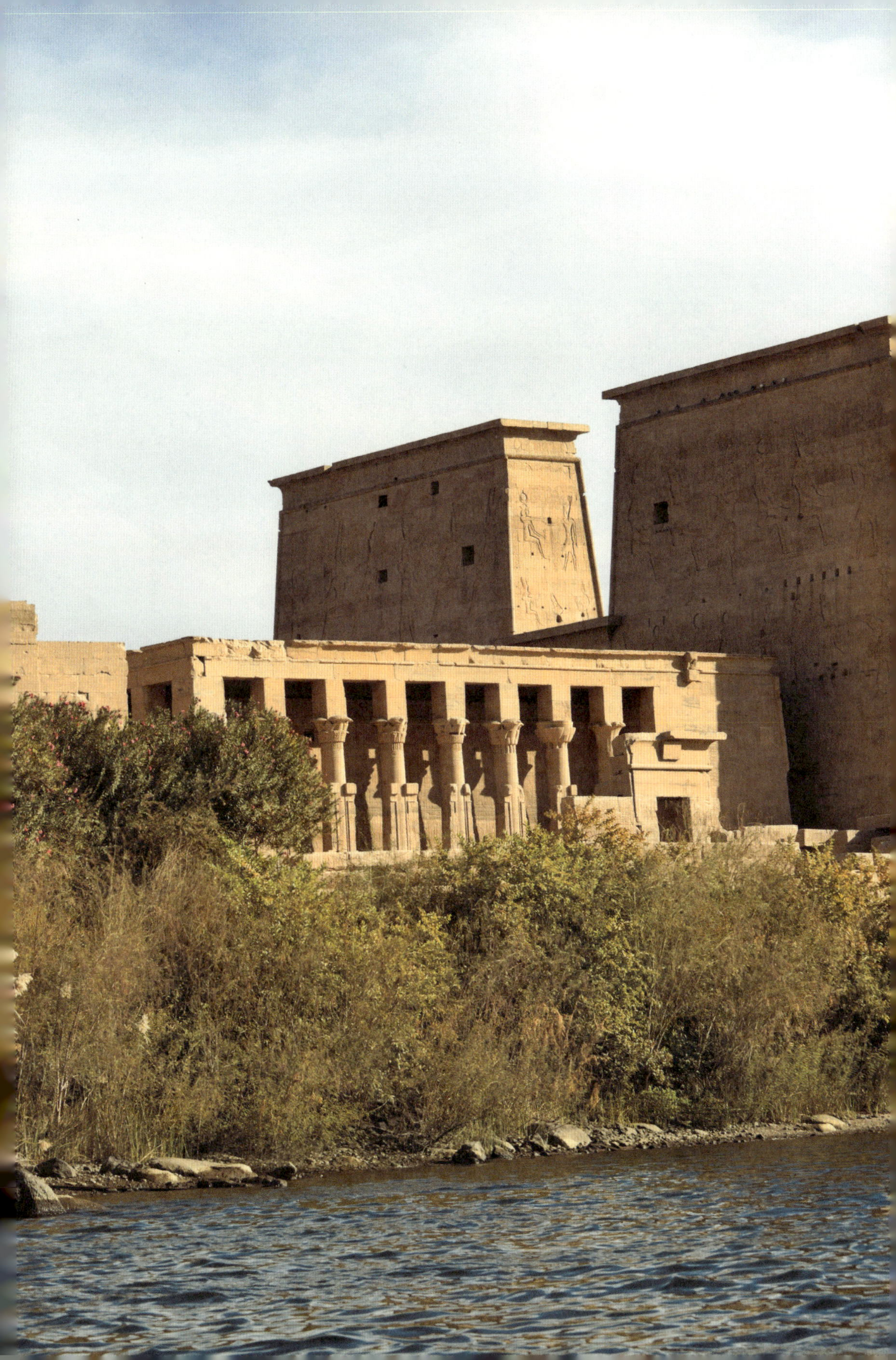

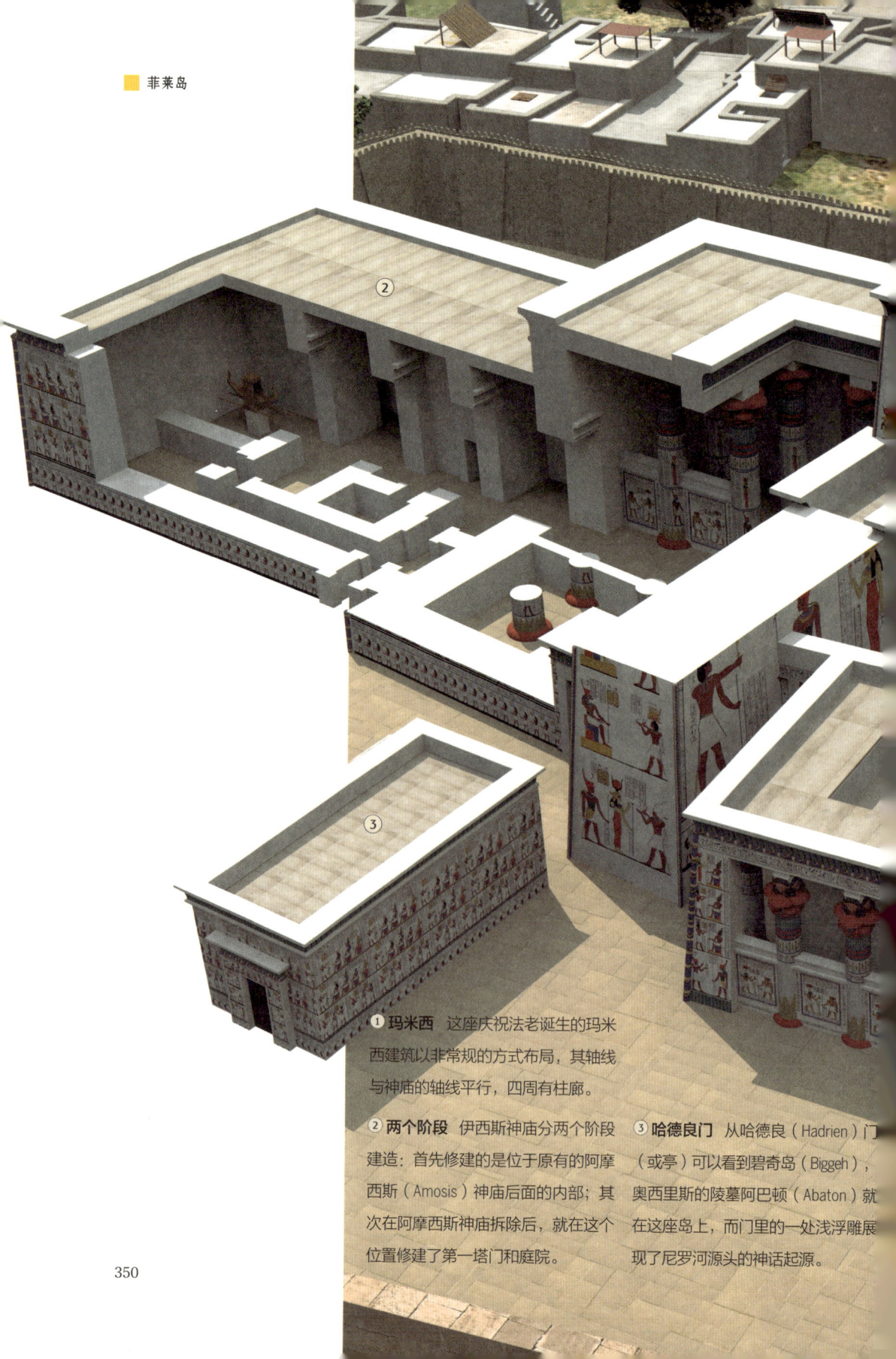

■ 菲莱岛

① 玛米西 这座庆祝法老诞生的玛米西建筑以非常规的方式布局，其轴线与神庙的轴线平行，四周有柱廊。

② 两个阶段 伊西斯神庙分两个阶段建造：首先修建的是位于原有的阿摩西斯（Amosis）神庙后面的内部；其次在阿摩西斯神庙拆除后，就在这个位置修建了第一塔门和庭院。

③ 哈德良门 从哈德良（Hadrien）门（或亭）可以看到碧奇岛（Biggeh），奥西里斯的陵墓阿巴顿（Abaton）就在这座岛上，而门里的一处浅浮雕展现了尼罗河源头的神话起源。

哈托尔神庙修建在伊西斯神庙的东侧。这座神庙是一个长方形的建筑，其入口的立柱上绘制有音乐家——包括贝斯神（Bes），也与童年有关。

东侧的第二柱廊形成一个门廊，门廊通向多个房间。它与玛米西一起构成了神庙第一庭院的主要结构。

①

④ **没有对齐的塔门** 在伊西斯神庙中，塔门的排列方式与其他埃及神庙的塔门不同。实际上，第二塔门形成了一个弯折，打破了与第一塔门的轴线对称。

■ 菲莱岛

哈托尔：菲莱岛上的千面女神

　　哈托尔是埃及女神中最重要的一位。她的头饰为里拉琴形状的两根母牛角，牛角之间有一个太阳盘，因此母牛也常用于代表这位女神。哈托尔的名字意思是"荷鲁斯的家"，这就证明了她与法老之间紧密的联系，而女神哈托尔的起源可追溯至史前时期，当时这些反刍类动物是丰产和生育力的象征。

　　这也解释了为什么这位女神外貌如此诱惑迷人、风情万种，因为哈托尔也是爱、性和美神，这些都意味着焕发生命力。因此，在尘世的生活中，希望能够孕育子嗣的妇女会为哈托尔献上祭品，使她感到满意；而在冥界之中，哈托尔对死者则意味着获得重生。哈托尔崇拜的性内涵也解释了她还主司音乐的原因：在古埃及时期，音乐与诱惑和性爱的身体姿态密切相关。哈托尔赋予生机的能力还延伸到了植物界，她也是"埃及无花果的主宰"。

▲ 哈托尔神庙由托勒密六世（Ptolémée Ⅵ）在菲莱岛建造，被用作祭拜女神哈托尔的场所。后来，托勒密八世（Ptolémée Ⅷ）和提比略（Tibère）皇帝多次扩建哈托尔神庙。

第二十五王朝的库什人（koushites，又译为库施人）法老很有可能曾经在岛上设立了驻军；然而，可以肯定的是，在第二十六王朝期间，法老普萨美提克二世（Psammétique Ⅱ）在这里建造了一座祭亭，后来阿摩西斯将其改造成一座小神庙用来供奉一位女神，但具体是哪位女神并没有确定的答案。是伊西斯还是哈托尔？可能是伊西斯，因为在邻近西侧的碧奇岛上，自第二十六王朝起就祭拜伊西斯的丈夫奥西里斯的陵墓——阿巴顿。

在之后的两百多年时间里，菲莱岛并未迎来任何新修建的建筑，直到第三十王朝的缔造者内克塔内布一世（Nectanebo Ier）决定在神庙的围墙上开一个大门，并修建一座祭亭。有段时间，这座祭亭被迁移到如今所在的位置，即神庙前柱廊的起点处。在拉吉德（Lagides）王朝时期，菲莱岛才成为如今我们所了解的地方，当时托勒密二世·菲拉德尔弗斯（Ptolémée Ⅱ Philadelphe，托勒密二世名菲拉德尔弗斯）认为伊西斯应该有一个与其神圣地位相称的居所。

因此，托勒密二世·菲拉德尔弗斯在阿摩西斯神庙的后面建造了一座新的神庙，新神庙共有十五个房间，装饰着礼拜仪式的场景和以菲拉德尔弗斯的名义进献的祭品。献给奥西里斯的主厅包括一个前厅，前厅中绘有神身的防腐保存和木乃伊祭拜的图像；还有一座圣堂，装饰着奥西里斯周期——死亡、防腐和复活的图案。

◀一位哀悼妇人的彩绘陶土头像。资料显示，这座半身像的面部是女神伊西斯哀悼亡灵之神奥西里斯的脸。
🏠 巴黎卢浮宫博物馆

◼ 菲莱岛

玛米西建筑

前厅通向一个房间，这个房间又通向另一个前厅，第二前厅的尽头所在的墙体上有三个开口。穿过中间的开口便可进入圣殿，如今圣殿中仍然保留着装饰着托勒密三世（Ptolémée Ⅲ）王名圈的神灵圣船的内中堂；两侧的大门分别通向一个圣堂。在这三个房间的下面，有三个地下室。神庙建成后，在增加建筑的典型结构带有立柱的庭院和多柱大厅之前增加了一个玛米西，即"出生厅"，它位于整个建筑群的西南约 25 米处。

在托勒密二世的干预下，阿摩西斯神庙和供奉女神伊西斯的神庙位置颇为奇怪，好似"受到逼迫"一般，因为第一入口的后墙与第二入口相距不过几米。这种情况一直没有发生变化，直至大约在托勒密六世统治期间，人们决定拆除阿摩西斯神庙，为伊西斯神庙提供本应拥有的传统结构：塔门、中庭以及带有立柱的大厅——从严格意义上来说，当时的大厅并不是多柱大厅，因为这个带有立柱的大厅并不完全封闭，而更像是一个门廊。大厅中饰有代表着上埃及和下埃及的象征符号、太阳船以及天文图案，包括十根立柱，柱头为花朵造型。内中堂包括十二个房间和一个绘制有宗教场景的地下室，以作为门廊和圣殿的中间过渡；而圣殿则是最隐秘的空间，里面放置着带有女神画像的圣船。

石块制成的塔门将伊西斯神庙中庭封闭起来。为代替阿摩西斯神庙原有的砖墙，托勒密六世下令在修建门廊的同时再修造一面墙体，墙体使用的石块大小一致，从塔门两端开始修建。在伊西斯神庙靠后的部分中，在不同时期又增建了其他的建筑——哈托尔神庙和哈伦多特斯神庙以及哈德良门。

哈托尔和哈伦多特斯

在这些结构中，最早修建的是献给女神哈托尔的神庙，这座神庙是由托勒密六世进一步完善伊西斯神庙时命人修建的：向伊西斯神庙东南角望去，有一个大约长 9 米、宽 7 米的长方形状的房间，两个很大的房间分列两侧，房间与这个形状的长完全重合，并通过中轴线上开凿的大门与这个空间相通。在前任的基础之上，托勒

密八世在神庙最后一个大厅的后面加建了一个 7 米见方的圣殿，可通过两个大厅进入这个圣殿。

提比略皇帝对建筑进行了最后一次扩建，他建造了一个带有十四根哈托尔柱和木制屋顶的祭亭，并在托勒密八世圣殿后修建了一个祭拜平台。

哈伦多特斯是荷鲁斯埃及名字的希腊语译名。在菲莱岛上，伊西斯神庙东北角修建的神庙很可能是献给哈伦多特斯的，这座神庙是克劳迪乌斯（Claude）皇帝在位期间修建完成的。这座建筑物 15 米见方，其正面朝向伊西斯神庙；正面有四根纸莎草造型的立柱与墙壁相连，中间的两根立柱有所

▲ 阿伦斯努菲斯是努比亚的神，在菲莱岛被认定为"伊西斯的伴侣"并享有一座神庙。上图为神庙中的一处浅浮雕。

▼ 菲莱岛浅浮雕上的贝斯神，即助产士的保护神。

不同——有一道短楼梯从这两个立柱之间经过。正面背后是一个高度较小的内院，其中有一道门通向环绕神庙圣殿的走廊。从这条走廊可以进入四个房间，其中两个房间位于走廊右侧，另外两个房间位于走廊左侧。

很久以后，在第二塔门西侧，哈德良皇帝建造了一道具有纪念意义的大门。在这道大门上发现了《阿巴顿法令》(Le décret d'Abaton)，其上装饰着耀眼的与奥西里斯相关的场景，而且通往河边的楼梯也是从这里延伸的。因此，很明显，这里是女神伊西斯的雕像通往她丈夫（奥西里斯）位于附近碧奇岛的陵墓之处，目的便是在那里将其制成木乃伊之后再使其复活。

菲莱岛上这一部分的最后一座建筑是尼罗水位计（le nilomètre，后来被称为尼罗水位尺），它与河流相连。在埃及，涨水至关重要，因为涨水不仅使耕地肥沃，而且当时的人们也是按照水量确定法老需征收的税额。因此，在埃及，全国各地都建造了尼罗水位计：他们在河边修建了朝向河水带有阶梯的墙，以此测量水位以及水位上升的速度。

塔门和玛米西

在拆除阿摩西斯神庙并为新伊西斯神庙加建了带立柱的门廊后，又在新伊西斯神庙正面加建了第二塔门。第二塔门由两块梯形切割的石块构成，其上装饰着法老奋勇杀敌以及为神灵进献祭品的传统图案。这道墙用于防止外界以及恶灵进入神的住所，墙宽30米、高14米。一块由当地石头制成的顶部呈圆形的石碑镶嵌在墙体之内，但石碑只简单地提到了法老托勒密六世。

再往南20余米，孤零零地矗立着内克塔内布一世大门。人们将其作为进入神庙第一道也是最古老的塔门的入口，而神庙第一塔门宽37米、高18米。在第一塔门前方是托勒密八世在位时修建的两个小方尖碑和两头狮子雕像。入口正面的装饰再次展示出这类建筑的典型图案：靠下的部分是法老战胜敌人的场景，而靠上的部分是法老正在向神灵献祭的场景，这里是伊西斯、埃德夫的荷鲁斯（Horus d'Edfou）和哈托尔。

在第一塔门的西侧石块中有一扇门可以直接进入玛米西，而另一个石块上的门则通向一个较小的房间，在这个房间里有一段楼梯，可以通过这段楼梯登上塔门顶部。菲拉德尔弗斯（托特密二世）之门可能建于第三十王朝，但其装饰则是由托勒密二世自己完成的，位于东侧石块靠东的部分。由于玛米西连接了多道塔门的西端，因此东端也同样连接起来，这使得这个空间被改造成一个封闭的内院。

为此，人们在立柱前方修建了一系列面积较小的房间。这些房间中的最后一间房间最靠北，形成了连接内院与围绕整个建筑物的墙体的通道。这个入口通常被称为"提比略通道"（passage de Tibère），因为入口上装饰的人物标有这位皇帝的名字。但实际上，这个通道是与前面所说的一系列房间同时修建的。

"出生厅"

玛米西，意为"出生地"，是让-弗朗索瓦·商博良根据科普特语（copte）创造的一个词，指一种与神庙不相连的建筑，一般与神庙的轴线垂直布置；用于庆祝

■ 菲莱岛

和纪念法老具有神话色彩的诞生。玛米西通常供奉圣三柱神——父亲、母亲和孩子，其起源似乎可以追溯到哈特谢普苏特女王的时代。在哈特谢普苏特女王位于代尔巴哈里的神庙中，有一个浅浮雕展示了阿蒙神与哈特谢普苏特的母亲发生了肉体关系，之后哈特谢普苏特的母亲就诞下了这位女法老。在这些为数不多的先例的基础之上，包括卢克索神庙和拉美西姆，这种做法最终在希腊-罗马时期的玛米西变得规范起来，它们总是被发现倚靠在所有的神庙中，如德波德（Debod）的小型圣殿。

菲莱岛的玛米西原本带有一个具有四根立柱的门廊，沿建筑物轴线布置的两个房间向前延伸。自门廊起，有一排哈托尔柱围绕在房间的外部。这是最古老的一部分建筑，在这部分的装饰中可以看到托勒密三世的王名圈；此外，还能看到托

▶ 神庙第一塔门巨大的墙壁上装饰着法老奋勇杀敌的浅浮雕。在这幅场景的侧面，则是在儿子荷鲁斯和女神哈托尔的陪伴下的伊西斯。

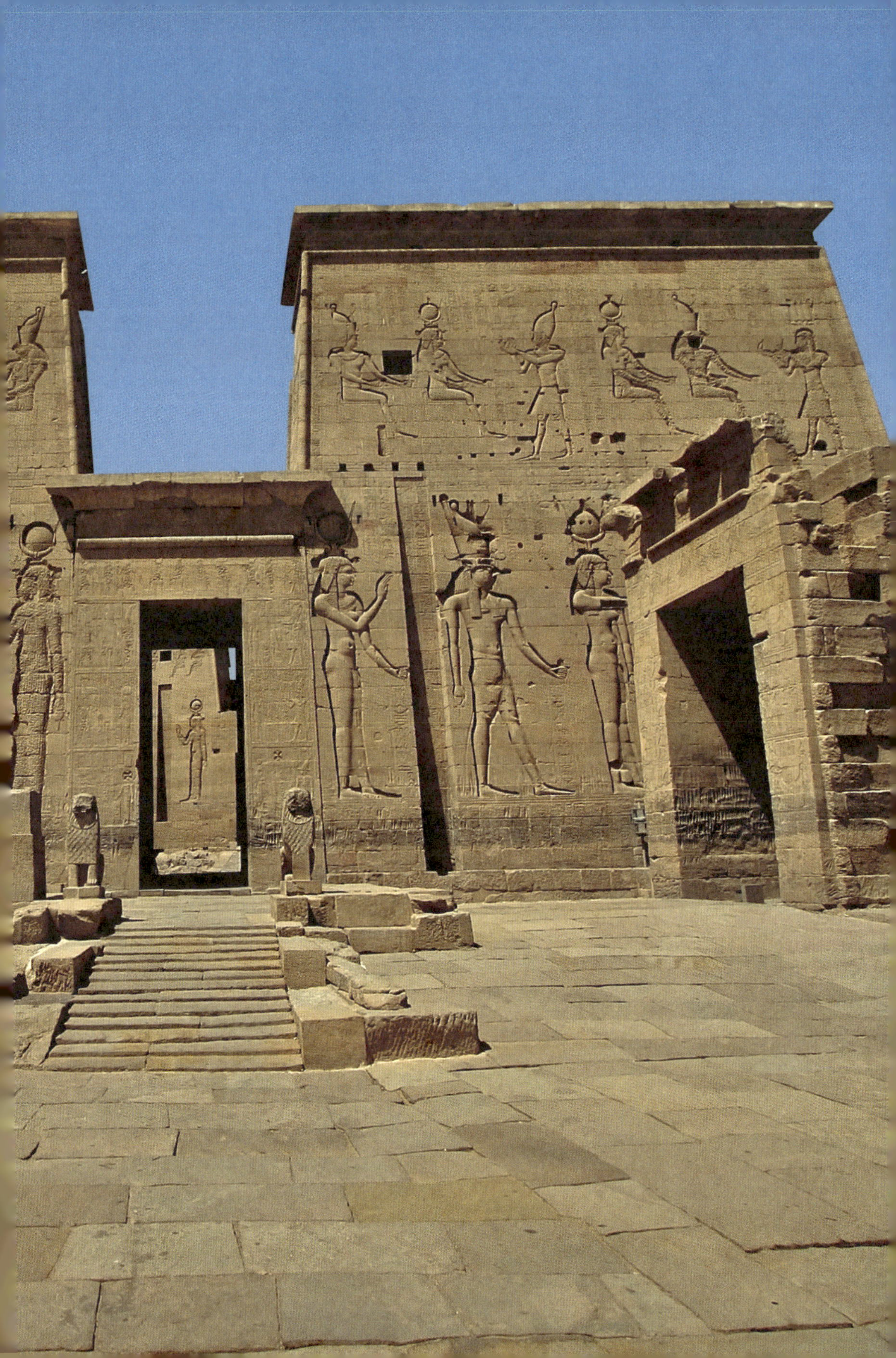

■ 菲莱岛

勒密五世（Ptolémée V）的王名圈，它向我们讲述了这位法老如何平复了发生在国家南部的一场叛乱。最后，托勒密八世也在这座建筑中留下了属于自己的印记，他在建筑的一端修建了第三个房间。为此，托勒密八世拆除了哈托尔立柱，又重新将它建造得更加雄伟。在托勒密十二世（Ptolémée XII）时期，玛米西的正面开始得到装饰，装饰工作直至罗马时期才最终完成。

托勒密十三世（Ptolémée XIII）抓住敌人的头发（靠下的部分），并准备将他们屠戮殆尽。在这个塔楼内部装饰的场景中，法老身边是一些铭文和王名圈，他正在向神灵献祭，而神灵呈坐姿正接受法老的祭品（靠上的部分）。

① **对抗混乱的要塞** 两个巨大的梯形塔楼构成了伊西斯神庙的第一塔门，其长达37米、高18米。它们将神的居所和外部的混乱隔绝开来，避免恶灵进入神庙内部。

② **玛米西入口** 在西侧塔楼处有一扇门直接通向玛米西，这里是人们祭拜伊西斯和她的儿子荷鲁斯的地方。

在东侧塔楼靠下的部分，伊西斯头戴里拉琴形状的母牛角，牛角间有一轮太阳盘，荷鲁斯和女神哈托尔陪伴在她身旁。在最下方，哈托尔的身体半掩在神庙入口处矗立的一座方尖碑之后；靠近上方的部分则展现了献祭的仪式。

第一塔门和第二塔门并没有完全对齐，打破了埃及神庙的常见规制。

东门廊和西部的立柱形成了通向伊西斯神庙第一塔门的大道。

③ **主入口** 这个结构的中心部分开有一道大门，大门两翼有两座小方尖碑，一对狮子守护着这道大门。

④ **菲拉德尔弗斯之门** 托勒密王朝法老托勒密二世·菲拉德尔弗斯在第一塔门的东侧塔楼正前方为女神伊西斯修建了一道门。在这座塔楼中，有一道门通向一个较小的房间，其内部有楼梯可以直通塔楼顶部。

三千年文字之谜

一块偶然发现的石碑上雕刻着托勒密五世法老的一项政令，这块石碑最终解开了古埃及最大的奥秘之一——复杂而使用了上千年的文字。通过比较这块被命名为"罗塞塔石碑"（pierre de Rosette）上书写的三种文字——象形文字、埃及世俗体和古希腊文——法国人让-弗朗索瓦·商博良找到了解读古埃及象形文字的钥匙。

直到几十年前，人们还认为古埃及的象形文字由美索不达米亚人创造，商贸往来使埃及人了解了楔形文字并迫不及待地模仿起来（而不是自己创造了这种文字）。这一想法并不是空穴来风。实际上，在美索不达米亚保存下来的文献中可以观察到，近八千五百年前的文献显示出对文字的最初尝试到楔形文字的出现，可以看到文字缓慢的演变过程。然而，在古埃及，文字似乎是突然出现的——在公元前 3100 年的第一王朝时期，古埃

解密之人

让-弗朗索瓦·商博良是 18 世纪和 19 世纪众多埃及学者中最后一位致力于解密埃及象形文字的大家，他与英国学者托马斯·杨（Thomas Young）堪称业内巨擘。但是，法国人让-弗朗索瓦·商博良确认了象形文字是表音文字而非符号文字。罗塞塔石碑上的双语文本以及菲莱岛方尖碑上的双语文本，对解开谜团具有决定性意义。

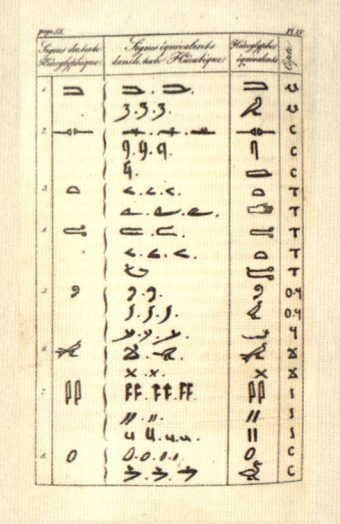

◀▶ 让-弗朗索瓦·商博良将他的研究成果发布在《古埃及象形文字系统概要》（Précis du système hiéroglyphique des anciens Égyptiens）一书中，右图为该著作中的一页。

① **圣书体象形文字** 石碑（罗塞塔石碑）的上半部分使用的是圣书体象形文字，这些符号中有一部分出现在王名圈中（红色部分），因此托马斯·杨将这些符号与希腊文本中法老托勒密（托勒密五世）的名字联系起来。这块雕刻于公元前196年的石碑用来纪念这位法老的加冕，并赋予祭司一系列的特权。

② **埃及世俗体文字** 埃及世俗体文字是石碑中间部分所呈现的文字。这种文字是僧侣体的变形（草书），原本用于书写法律和行政文件。然而，直到托勒密王朝时期（公元前332年—公元前30年），这种文字才得以普及。最终，埃及世俗体与希腊文一样作为官方语言使用。

③ **希腊文字** 法老的名字"托勒密"（红色部分）出现在希腊文本之中，同时也在象形文字王名圈中得到辨认，这就是解读象形文字之谜的开端。除了这一细节之外，希腊文本的最后一部分保存完整，为解读石碑上的圣书体象形文字和埃及世俗体文字提供了可能。

◀罗塞塔石碑是一位法国军官在罗塞塔（Rosette）发现的一块石碑（该珍贵文献即得名于此），而罗塞塔是位于尼罗河三角洲靠近亚历山大城附近的一个地方。经过一系列波折后，这块石碑最终出现在伦敦大英博物馆，如今我们仍然可以在博物馆看到它。

▲ 僧侣体是一种完美的草书形式。随着时间的演变，这种字体在底比斯演变为一种"普通僧侣体"，在三角洲地区则演变为世俗体。上图展示了在十九王朝时期使用僧侣体在莎草纸上书写的《亡灵书》残片。

及文字就已经非常成熟了。这让人不禁猜测，古埃及的文字可能是抄袭而来。但是，如今我们知道事实并非如此，因为已经在阿比多斯 U-j 墓中以及其他地方找到了相关的文献：通过这些文献可以推断，埃及和美索不达米亚的造字是各自独立进行的，都发生在大约公元前 3500 年。

漫长的演变

古埃及的语言和文字是在漫长的演变过程中逐渐确立的，而专家将这一演变过程划分为两个阶段：第一阶段自公元前 3000 年—公元前 1300 年；第二阶段自公元前 1300 年—公元前 800 年。第一阶段又被分为多个时期："古埃及文"时期（古王国时期至

最后的圣书字

公元380年2月27日，罗马皇帝狄奥多西（Théodose）颁布《帖撒罗尼迦敕令》（Édit de Thessalonique），规定基督教是罗马帝国的官方宗教。在这一时期，埃及（时为罗马帝国行省）只有很少人掌握了阅读和书写象形文字的能力。毫无疑问，继续在菲莱岛伊西斯神庙供职的祭司掌握了这种书写形式，在这里可以看到埃及历史上最后的象形文字。这便是公元394年8月23日的埃斯迈-阿克霍姆（Esmet-Akhom）铭文，文字出现在戴着繁复王冠的曼杜利斯（Mandoulis，神灵梅鲁尔[Meruel]的希腊名）神灵画像中，并在画像的一侧有一段简要的铭文："梅鲁尔，荷鲁斯之子，有埃斯迈-阿克霍姆为臂膀，埃斯迈之子，伊西斯第二先知，永生永世。阿巴顿之主，全能之神梅鲁尔如是说。"画像手臂的下方可以看到一段世俗体文字："我，埃斯迈-阿克霍姆，伊西斯神庙负责记录的书吏，埃斯迈-帕内克哈特（Esmet-Panekhat）之子，伊西斯第二先知、埃斯威-拉（Eswe-Re）是我的母亲，我在曼杜利斯画像上履行职责，使其永垂不朽，因为他曾拯救了我。今天是奥西里斯神的诞辰，是奥西里斯成圣日，一百一十年。"

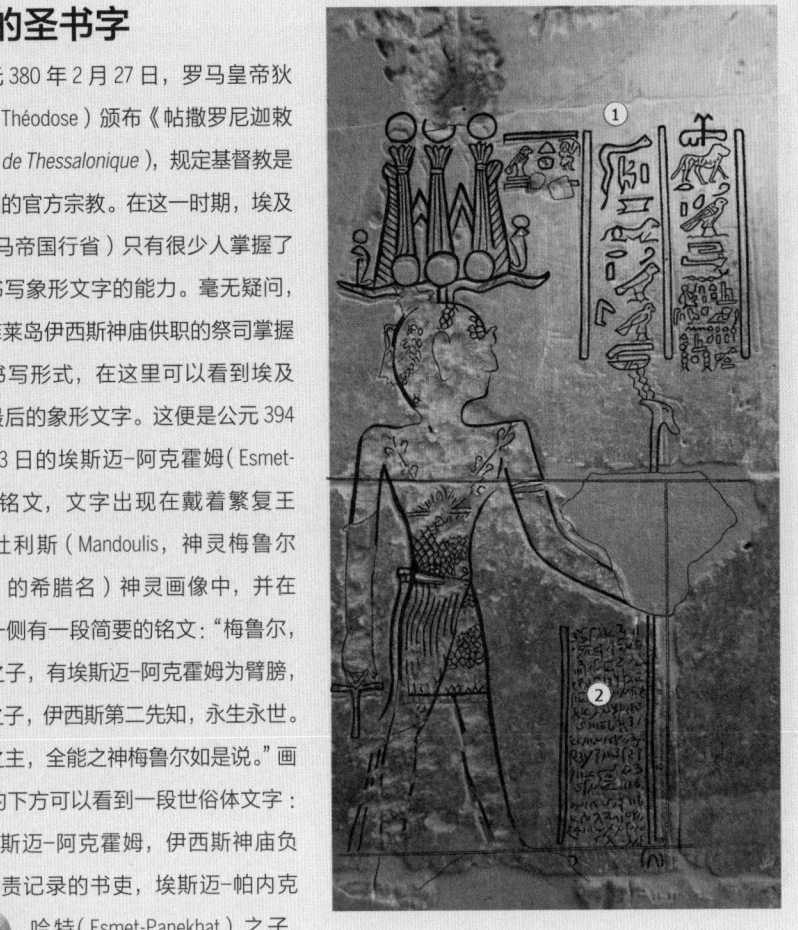

▲ 在菲莱岛伊西斯神庙哈德良门的一面墙上，可以看到迄今为止发现的最后的象形文字铭文。上图精细地再现了曼杜利斯神灵画像，以及他身旁的铭文内容：象形文字文本①和世俗体文本残片②。

◀ 书写曾是一个职业。书吏垄断着书写的秘密，他们是为法老提供服务的高级官员，享有世人极大的尊敬，因为只有书吏知道如何阅读和书写文字。

第一中间期使用的语言）、"中埃及文"时期（中王国时期至几乎整个第十八王朝时期）、"新埃及文"时期（从新王国时期至法老时期末期书写宗教文本的文字）。由于这一文字系统非常保守，特别是在有些时期只有社会地位较高者才会阅读，因此口语和书面语的演变速度并不一致；在中王国末期，口语和书面语变得大相径庭。在阿玛尔纳时期（公元前1353年—公元前1336年），曾试图将两种语言合二为一，书吏从那时起开始使用一种新的埃及文书写。

在公元前7世纪—公元前4世纪，埃及文字发生了变化，在行政文本和文学书写中开始使用世俗体：它与古埃及口语相近，但是其书写却大不相同。文字演变的最后一个阶段发生在基督教传入尼罗河谷地区时期（公元4世纪—公元13世纪），在这一时期，埃及语言已经与金字塔时代（公元前2700年—公元前1750年，古王国时期至中王国时期）所使用的语言完全不同，成为一种新的语言——科普特语。

在漫长的三千年演化过程中，埃及语言采取了不同的书写方式：象形文字（建筑物上使用的文字）、线条化的象形文字（用于莎草纸上书写的正式文本以及宗教文本）、僧侣体文字（由线条化的象形文字演变而来的草书，字与字之间有连笔，用于日常文本，书写于陶片或莎草纸之上）、世俗体文字（源自圣书体文字的草书，与原本的象形文字相去甚远，用于各种类型的文本），以及最后使用的科普特语。科普特语使用希腊字母，在其上又添加了七种符号，用于标示埃及语言特有的发音。如今，科普特语仍然是礼拜时使用的语言，而它也使让-弗朗索瓦·商博良能够最终解谜成功。

西柱廊

托勒密时期的多位法老在神庙的第一塔门前，确切地说是在广场东侧修建了多座建筑物。最早的建筑是托勒密二世门，最靠近塔门。继修建托勒密二世门后，在距神庙不远处，另有一位托勒密王朝的法老托勒密五世为修建历史上第一座金字塔（塞加拉阶梯金字塔，即左塞尔金字塔）的传奇建筑师伊姆霍特普（Imhotep）修建了一座神庙。在帝国晚期，伊姆霍特普这个被神化的人物与希腊的医药之神阿斯克勒庇俄斯（Asclépios）联系在一起。这座规模不大的神庙（伊姆霍特普神庙）由两个房间组成，之后又在房间之间加建了庭院。在伊姆霍特普神庙旁边的另一座神庙，一般被认为是献给曼杜利斯的。曼杜利斯即努比亚神梅鲁尔的希腊名，他是"荷鲁斯之子""阿巴顿之主，全能之神"，但这位神灵究竟所司何职，目前尚无确切的答案。这座神庙（曼杜利斯神庙）的房间布局与伊姆霍特普神庙的布局相似。

广场南端矗立着最后一座神庙（阿伦斯努菲斯神庙），同时也是最大的神庙。这座神庙供奉着库什人的神灵阿伦斯努菲斯，他常被表现为狮子或头戴羽毛的形象，并通常被描述为伊西斯的伴侣。这座神庙的修建工作可能开始于托勒密四世（Ptolémée IV）统治时期之前，又在托勒密五世在位期间继续进行。在托勒密八世（Ptolémée VIII）时期扩建了神庙，后半部分加建了一间房间，以及一个朝向三个连续房间的门廊。就这样，一道高墙围绕着整座建筑，只有门廊处除外。

由于修建了这些较小的圣殿，加之朝拜女神（伊西斯）神庙的游客蜂拥而至，人们不得不对第一塔门南侧的土地进行修整。在托勒密六世或托勒密八世在位时期的某一天，人们决定将这部分土地改作为平台，用作神庙和玛米西的"序章"。在同一块岩石上，人们修建了用扶墙加固的墙体，中间的部分用碎石和沙土填充，最后在上面铺满石板。

■ 菲莱岛

从这一时期起，神庙拥有了整个建筑的入口。内克塔内布门在原址上被拆除——原址的确切位置今已无可考——并在岛的南端重新以祭亭的形式修建了大门，以用作游客入口以及在游行时放置女神圣船之处。实际上，这是一个长方形的门廊，原本由十八根哈托尔立柱构成。

罗马柱廊

在罗马时期，平台两翼加建了柱廊，西侧柱廊长 77 米，共有三十二根柱头样式不一的立柱——立柱上装饰着朱里亚-克劳狄王朝（la dynastie julio-claudienne）时期所有帝王向神灵献祭的场景，即奥古斯都（Auguste，屋大维，全称奥古斯都·屋大维 [Octave Auguste]）、提比略、卡利古拉（Caligula，盖乌斯）、克劳狄（Claude，克劳狄乌斯）

▶ 一条巨大的神道通向伊西斯神庙第一塔门处。这条神道包括多个门廊，靠西一侧的门廊由三十二根立柱构成，立柱上装饰丰盈华丽，每根立柱上的柱头样式各不相同；而靠东侧的门廊则一直未能完工。

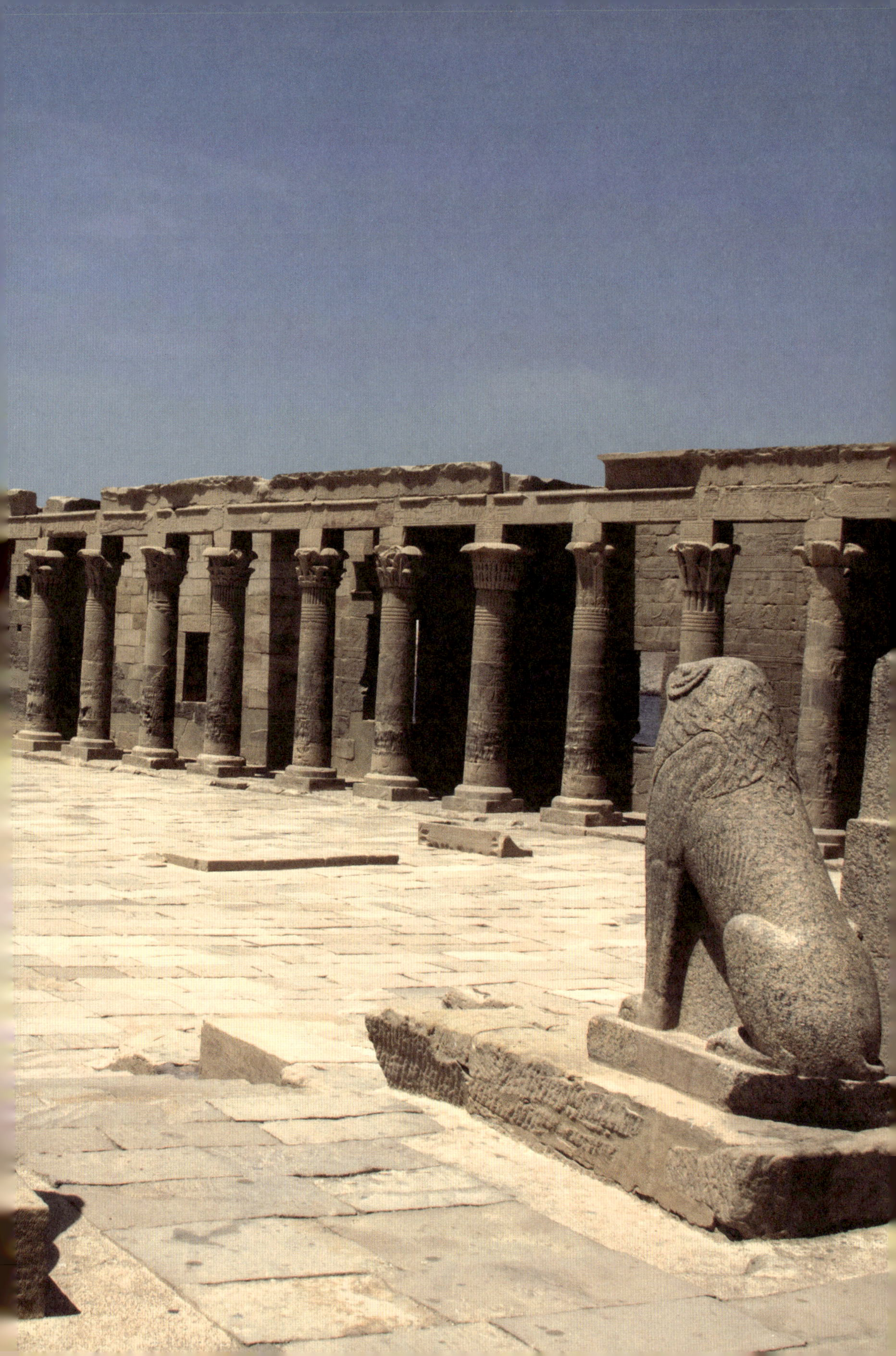

▌菲莱岛

和尼禄（Néron）。在柱廊的屋顶石板上，可以看到残留的星星装饰。

在其后墙上开有十二扇窗户朝向碧奇岛，奥里西斯的陵墓（阿巴顿）就在这座岛上。事实上，装饰窗上的铭文解释了窗户开在此处的原因——就是为了让朝拜者能够看到阿巴顿。有人认为，这个空间原本是碧奇岛上多个圣殿的门廊所在。在建筑神道一侧，又修整了与其类似的柱廊，确切地说就是在阿伦斯努菲斯神庙和伊姆霍特普神庙之间。尽管这一柱廊比西侧的柱廊短很多（仅有42米长，以及十六根立柱），但这处柱廊一直未能完工。柱廊的后墙用作其所遮挡的多个圣殿共同的前厅，通过六道门可以进入这些圣殿。由于修建了这两个结构，平台成为梯形的空间，可以使朝拜者由此走向大塔门和玛米西（"出生厅"）。西侧柱廊形成的直线外观，同样使此处岛上的轮廓极为规整。

建筑物入口

伊西斯神庙的入口包括一条大道，这条大道两翼上有两列立柱。这条带有柱廊的神道从祭亭开始修建，或者说从内克塔内布亭处延伸，最终抵达两只守卫着女神之所入口的狮子前几米处。这条神道修建于罗马时期。

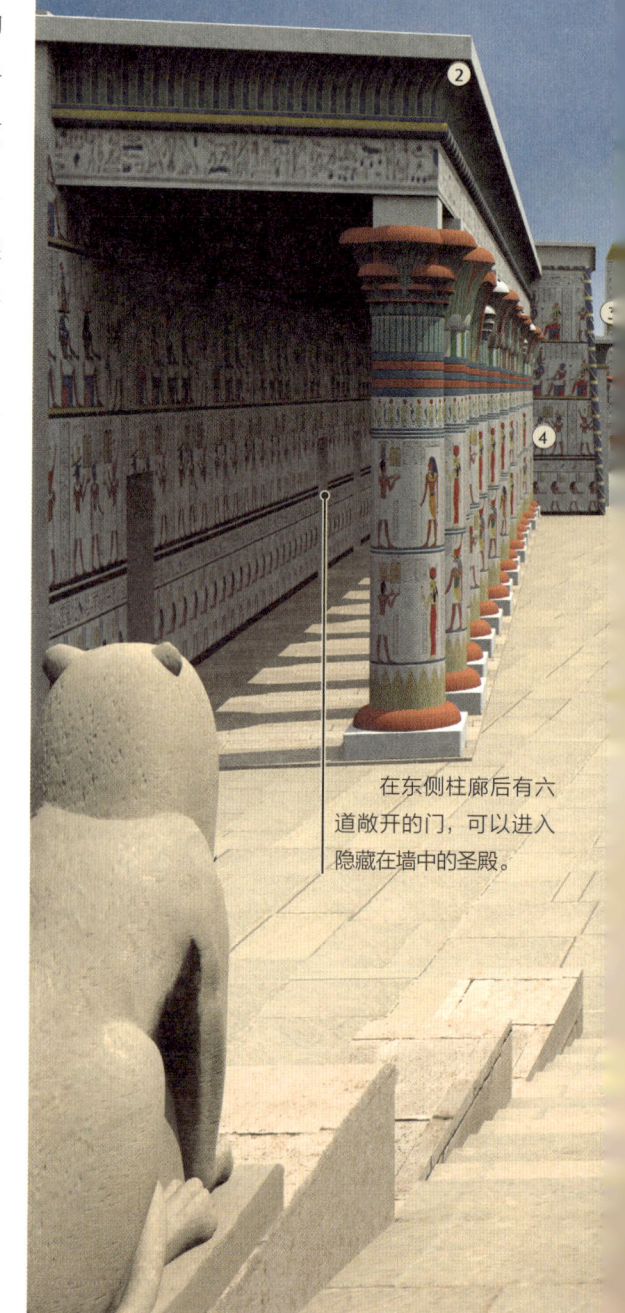

在东侧柱廊后有六道敞开的门，可以进入隐藏在墙中的圣殿。

❶ **游行大道** 神道的西侧柱廊,长77米,由三十二根立柱构成,立柱装饰有朱里亚-克劳狄王朝时期所有皇帝献祭的场景,即奥古斯都(屋大维)、提比略、卡利古拉(盖乌斯)、克劳狄(克劳狄乌斯)和尼禄。

❷ **未完成的柱廊** 大道东侧的修建工作一直未能完工,因此东侧的柱廊比西侧的柱廊更短。东侧的柱廊仅有42米长,十六根立柱,即西侧柱廊的一半。

❸ **内克塔内布亭** 第三十王朝法老内克塔内布一世的亭子是菲莱岛上最早的建筑之一。它位于岛的南部,呈长方形,共有十八根立柱,带有哈托尔式柱头。

❹ **阿伦斯努菲斯神庙** 在神道东侧筑楼起始处有一座神庙,这座神庙供奉着阿伦斯努菲斯。他是源自库什人传说的一位神灵,在菲莱岛上被认为是伊西斯的伴侣。

神道西侧柱廊立柱上方的每个倒钟形柱头样式均不相同,其上的装饰多为花朵和植物。

西侧柱廊内顶饰有星星,以此模拟苍穹。装饰有丰富图案的墙体上开有十二扇窗朝向碧奇岛,奥里西斯神的陵墓阿巴顿就在这座岛上。

狮子在古埃及象征着保护的力量,在许多艺术创作中都有出现,如这两只守护在伊西斯神庙第一塔门的狮子雕像。

■ 菲莱岛

图拉真亭

菲莱岛上最负盛名的建筑之一就是图拉真亭，这座建筑自完工之日起就让所有游客赞叹不已。实际上，这座建筑大约修建于奥古斯都统治时期。然而，这座亭的立柱之间墙体已经完成了装饰，其上的浅浮雕中出现的名字却是图拉真——图拉真是一位出生于西班牙的皇帝，他将罗马帝国的疆域推到了顶峰——但这不足以成为将其归功于他的理由。

从建筑的角度而言，这座亭的规模和品质已入臻境，它代表了控制着整个地中海地区并在埃及建立强权的鼎盛时期的罗马帝国。事实上，图拉真亭似乎在古代就是一座名亭，它见证了罗马帝国政权在尼罗河谷地区的统治。图拉真亭向埃

▶图拉真亭是开放式建筑的典型代表，底面几乎为正方形。图拉真亭的两翼是结构坚固的立柱，用于在希腊-罗马时期在埃及举行多种仪式。

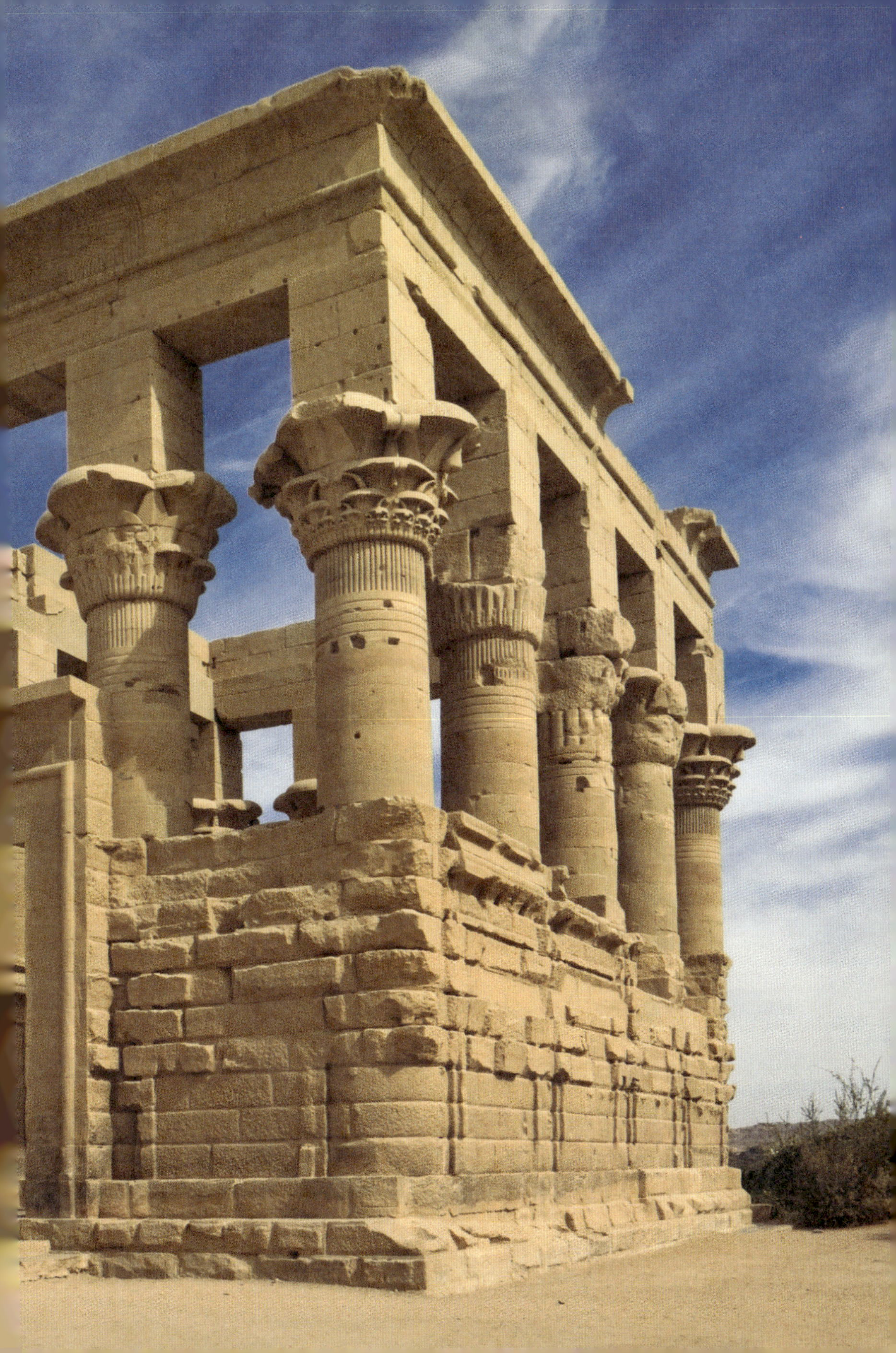

■ 菲莱岛

及人传递了一个信息，就是遍布全国的其他崇拜中心将继续得到新政权的关注。因此，这座亭更符合奥古斯都统治时期的精神。这位皇帝在战胜了安东尼（Antoine，即马克·安东尼，古罗马军团指挥官）和克利奥帕特拉（克利奥帕特拉七世）之后，开始管理帝国的新行省。这座巨大的亭子清楚地表明，罗马不会忘记埃及这座粮仓。

图拉真亭长20米、宽15米，坐落于菲莱岛东岸，高度大致与第一塔门持平；而一条通向菲拉德尔弗斯门（托勒密二世门）的路，将图拉真亭与第一塔门相连。

短边有四根巨大的立柱，长边有五根巨大的立柱，围成了亭子的空间。立柱高达15.8米，柱头为混合式，其上绘有斑斓的色彩。立柱间由高度为立柱一半的墙体相连，而正面和背面的中间立柱之间没有墙体，在这些位置上带有侧柱的入口大门代替了立柱。在每个柱头的顶部都有一根高2.1米的立柱，通过门楣与建筑的其他部分相连。在门

菲莱岛的标志

一直以来，图拉真亭和伊西斯神庙都被认为是菲莱岛上最具有代表性的建筑。图拉真亭在女神圣船游行时用于放置圣船。

❶ **修建于奥古斯都统治时期** 尽管这座亭被称为"图拉真亭"，但是一般认为亭子的修建工作始于奥古斯都统治时期。奥古斯都是第一位罗马帝国皇帝，在战胜安东尼（马克·安东尼）和克利奥帕特拉（克利奥帕特拉七世）之后成功征服了埃及。

❷ **接近正方形的底面** 图拉真亭的底面接近正方形（宽15米、长20米），位于岛的东部，高度几乎与伊西斯神庙第一塔门平齐，一条通向费拉德尔弗斯门的通道连接图拉真亭与伊西斯神庙。

❸ **巨大的立柱** 短边上有四根巨大的立柱，长边上有五根巨大的立柱，围出亭子的空间。立柱高15.8米，其间的墙体将其连接在一起，柱上有混合式柱头。

❹ **缺少装饰** 虽然亭子极其恢宏，但在装饰方面可谓十分贫瘠，因为它最终未能完工——只在亭子内侧立柱之间的墙体上装饰了一些带有羽翼的太阳盘，这些太阳盘守护着图拉真亭的正面。

每个柱头上有一根高 2.1 米的立柱，这些立柱顶部归拢于一个带有凹圆饰的门楣。凹圆饰是一种凹陷的装饰性脚线，它围绕图拉真亭一周。人们认为这些立柱应雕刻有贝斯神的头像，但雕饰工作并没有完成。

■ 菲莱岛

▲ 屋大维，未来的皇帝奥古斯都，于公元前30年征服了埃及，在菲莱岛留下了属于自己的痕迹。

楣之上，有一个凹圆饰围绕整个亭子周缘，高度较立柱上顶还高2米。整个结构支撑着一个略呈穹顶形木制屋顶，据说它原本覆盖了整个建筑的内部。至少，我们可以从门楣中开凿的凹槽推断出这一点，而这些凹槽原本可能用于使屋顶嵌套其中。

未完成的装饰

图拉真亭从结构上来说已经完工，但是在装饰方面并非如此。当时，人们肯定打算雕刻柱头，使这些立柱具有贝斯神（在生产过程中的孕妇和新生儿的保护神，

同时也是家庭之神）的造型。然而，这项工作没有完成，凹圆饰（带有蛇神的太阳盘）、装饰脚线、立柱间的墙体以及两个大门的侧柱等都没有装饰。普遍认为，仅有南侧靠里的立柱间的两道墙在图拉真时期完成了装饰。

图拉真亭用于为女神伊西斯设立的节日开展的游行庆典中，在岛内朝拜活动时放置女神伊西斯的圣船。

如今，当人们参观这座建筑的时候，与罗马时期的游客感受会略有不同。事实上，今人进入亭子，仿佛置身于近乎透明的墙体围成的空间内。尽管墙体厚重恢

▲奥古斯都神庙遗址，位于菲莱岛的最北端。神庙的结构完全是罗马式的，没有一丝埃及元素的痕迹。

▲◀戴克里先门由三个开口组成，使人很容易想到罗马的凯旋门。戴克里先门修建在奥古斯都神庙的对面。

宏，令人惊叹，但由于没有屋顶且朝向河水的大门敞开，使整个建筑暴露在所处的环境之内，因此感觉不到是一个封闭场所，而这种感觉无疑并非设计者希望达到的效果。

其他罗马神庙

伊西斯神庙东侧雄伟的图拉真亭并不是奥古斯都在菲莱岛上留下的唯一建筑。例如，该行省（埃及）的第四任总督鲁布里乌斯·巴尔巴鲁斯（Rubrius Barbarus）为罗马帝国和奥古斯都皇帝修建了一座神庙。当时，还没有人把这位皇帝（奥古斯都）视为神灵，但这一天的到来并不遥远。献给奥古斯都的神庙的主要特征，在于其结构并非是埃及式的，而是罗马式的。神庙修建于一座墩座墙（podium，一种厚重的呈平台状的结构）上，宽10米，长16.8米，前方有一道花岗岩立柱组成的柱廊。柱头为闪长岩（diorite，花岗岩的一种）材质，这种材料埃及人过往只用于王室，如著名的卡夫拉雕像，雕像中有一只隼（鹰）守护在他的颈背上。

在公元296年戴克里先皇帝统治时期，该岛的主要入口不再位于西南端，也无须穿过内克塔内布亭，而改在岛的西北端——奥古斯都神庙的台阶对面。新入口呈现为混合风格的三重门，虽然它具有罗马的凯旋门形式，但某些建筑元素却让人想起法老的建筑。两千年之后，英国皇家海军的39名潜水员和埃及军队的20名潜水员将这座戴克里先门以及奥古斯都神庙的1000余块石块从纳赛尔湖的水域中挽救出来；正是得益于他们的奋力抢救，菲莱岛的这两座伟大建筑得以完整地在阿吉尔基亚岛上重建。

公元380年，在狄奥多西皇帝的一纸敕令之下，伊西斯神庙的所有祭拜活动被明令禁止。但是，地方在政策的执行上虚与委蛇，加之菲莱岛偏居一隅，远离城市中心，这一决定对岛上几无影响。在将近一个世纪之后，大约在公元451年—公元452年，拜占庭将军马克西敏（Maximin）与该地区的部落签署了一项协议，明确规定他们可继续不受限制地使用伊西斯神庙，并且可以依照日历中预定的日期在自己的领土上举行女神游行活动。但在公元535年，查士丁尼（东罗马帝国皇帝）决定动用武力彻底终结岛上对女神（伊西斯）的崇拜。直至四十多年之后，最早的科普特十字架（埃及最古老的基督教派之一科普特基督的象征）才成功地竖立在菲莱岛上：新宗教终于在这里落地生根，新建的教堂成为新的拜神之所。西边的教堂可能是献给圣母玛利亚（Marie）的，而东边的教堂则是西奥多（Théodore）主教的主教区。

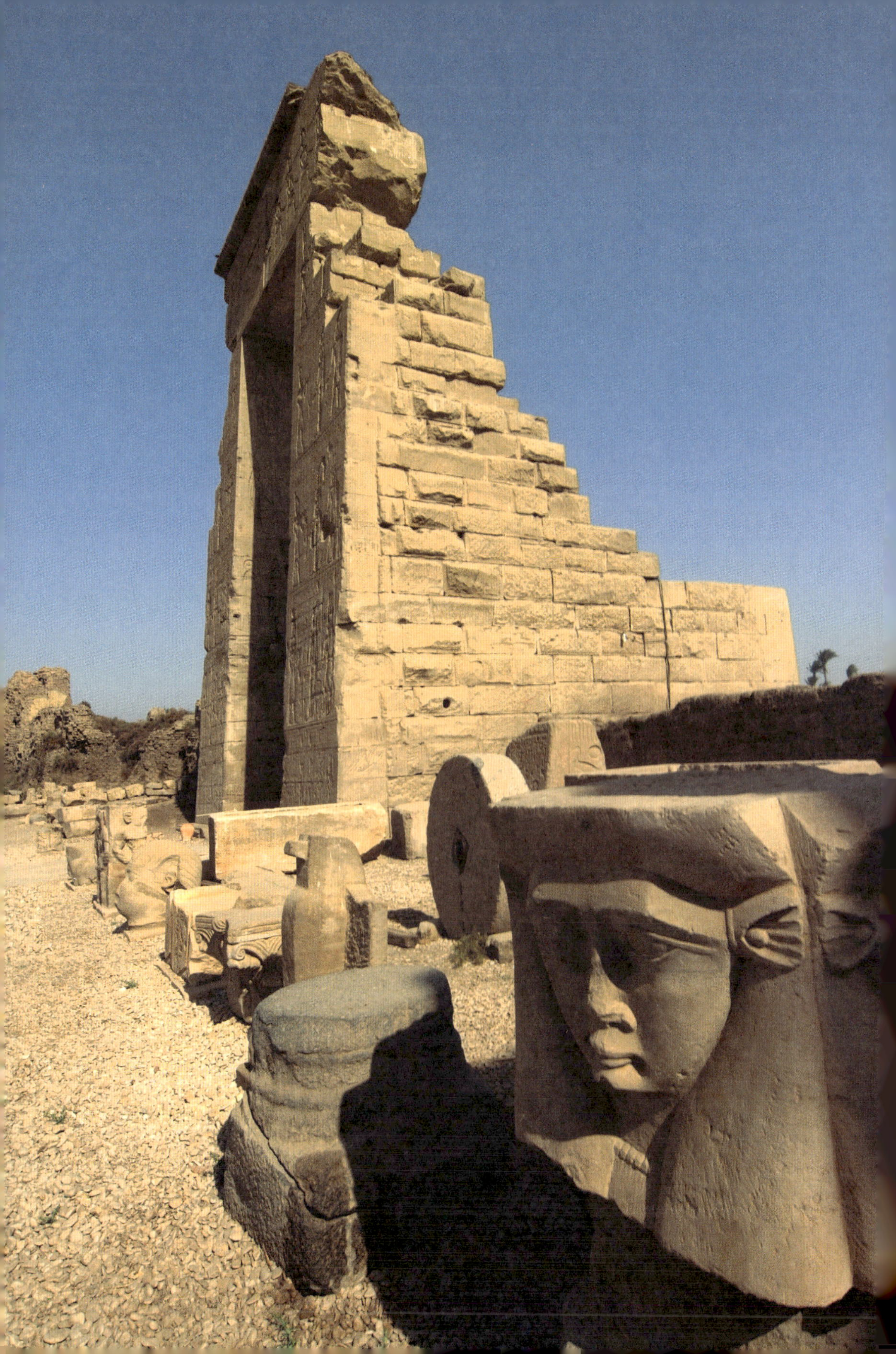

托勒密王朝神庙

丹德拉（Denderah）、康翁波（KomOmbo）和埃德夫（Edfu）的神庙，因其规模宏大、结构几乎保存完整而吸引着众多游客。埃及保存得最完好的神庙是法老时代之后修建的，这是因为这些神庙没有经历两千年的风霜侵蚀，而且还被基督教徒重新使用作为礼拜场所——基督徒直接从托勒密王朝大兴土木的法老手中接收了这些神庙。托勒密王朝总督的继任者们费尽心力保留宗教制度，因为宗教可以使他们通过祭司控制广大的埃及臣民。此外，他们不惜重金在各方面都遵循法老时期的建筑原则。所有这些建筑都具有与埃及古典神庙相同的元素：在由带有过梁的多个长方形塔楼组成的巨大塔门之后，有一个带有立柱的庭院，庭院通向一间多柱大厅。多柱大厅是通往建筑中最神圣区域的前厅，而最神圣的区域包括存放圣船的房间，接下来是圣殿，在其中有一个藏有神灵雕像的内中堂。希腊化时期增加的唯一原始元素是玛米西，即"出生厅"。

如今，参观埃及的数百万游客可以体会过去的大祭司在日常祭拜活动中的部分感受。经过神庙外滚滚热浪烧灼之后，人们光是走进建筑的阴影之中就能够让人从内心中感受到这是一块神圣之地。在这里，现代的访客比两千年前尼罗河谷的居民享有更多的特权。当时，普通人无法进入神庙庭院的更深处游览，而如今的游客在没有帘幔遮挡的神灵住所里来来往往，也不会受到任何责罚。

■ 菲莱岛

哈托尔神庙

丹德拉是卢克索以北约 80 公里的一个小镇，一直以来都建有一座供奉女神哈托尔的神庙。最后一座神庙修建于托勒密王朝时期，后来又加建了一些罗马式建筑。如今，这座最后的神庙恢宏伟岸地出现在游客面前。

在这座神庙的围墙上，可以看到法老王朝几乎所有统治者的印记：从佩皮一世（Pepi Ier，古王国时期）到蒙图霍特普二世（Montouhotep Ⅱ，中王国时期），从第二十五王朝法老（第三中间期）再到拉美西斯三世（新王国时期）。神庙上的铭文证明了它的悠久历史，如西北部墓室的铭文表明该神庙在胡夫统治

▶哈托尔神庙是丹德拉的圣殿，首先映入眼帘的是女神哈托尔的雕像。在丹德拉的哈托尔神庙可以感受到哈托尔无处不在，其六根巨大的立柱上顶部的哈托尔式柱头正是这位爱和母性的女神那肃穆的脸庞。

◀◀丹德拉的圣殿，其前景为女神哈托尔雕像。

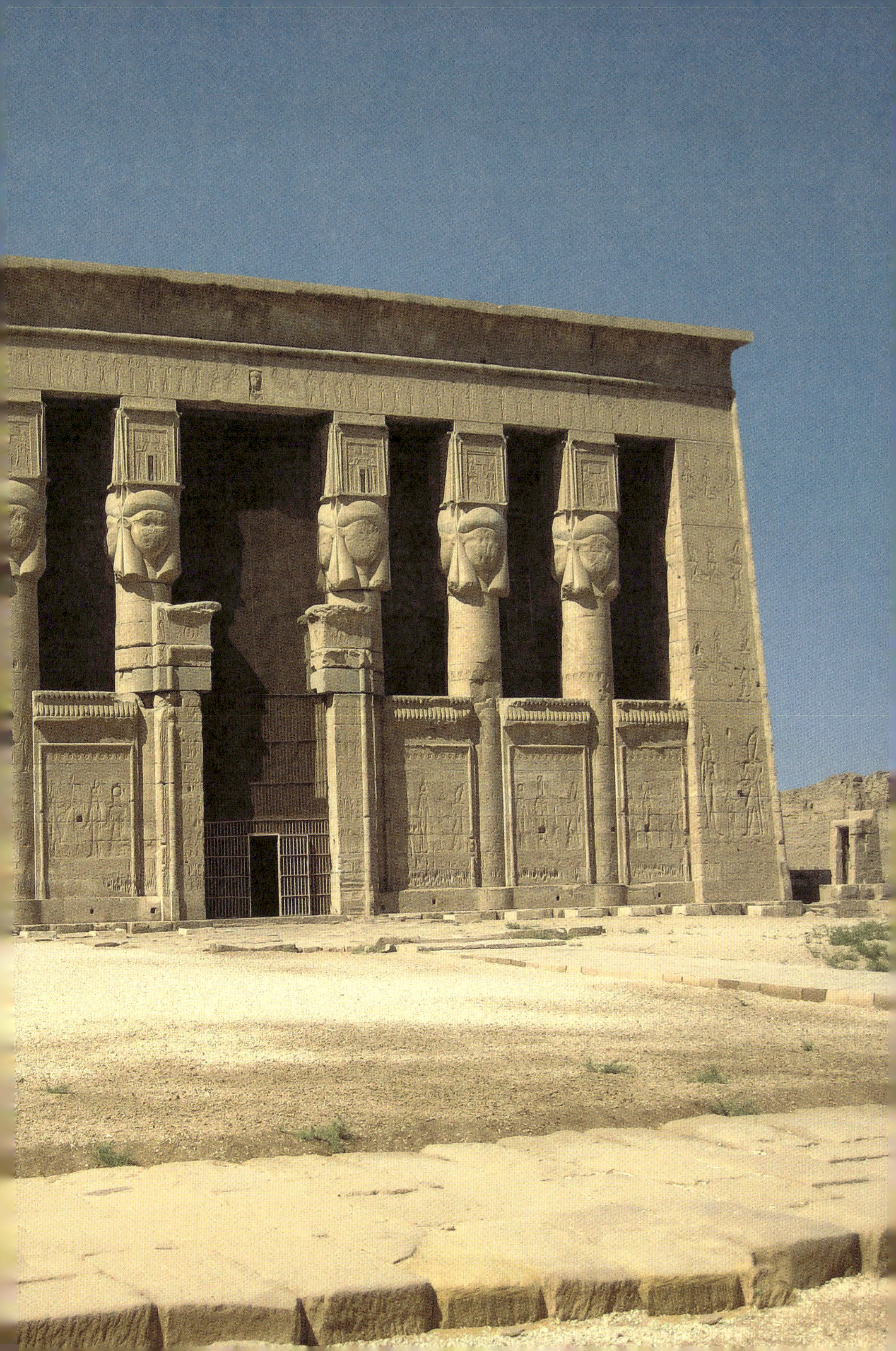

丹德拉的女神

在上埃及的丹德拉，有一个专门供奉女神哈托尔的地方，其中心结构是由托勒密时代的法老和罗马皇帝为这位爱与美的女神修建的神庙。通过一条提比略皇帝统治时期修建的奢华门廊后，可以进入这座神庙。

神庙正面六根立柱的柱头上是女神哈托尔的头像，而构成门廊或者说第一多柱大厅的多根立柱采用的都是哈托尔式柱头。

门楣上有许多面貌可怖的蛇（竖起的眼镜蛇充满了威胁的意味，它是法老的守护者），这些雕刻在正面立柱间墙头上的蛇吓退了那些不期而至的闯入者。

① **令人惊叹的正面** 神庙正面有四根巨大的立柱，高达14米，由立柱之间的墙体相连，墙体上装饰着女神哈托尔被子女和家人簇拥的形象。

女神头部上方内中堂外形的叉铃也是哈托尔式柱头的一部分，这是立柱另一个具有代表性的元素。叉铃是一种乐器，即一种与哈托尔相关的在摇转时发出响声的乐器。

门廊的屋顶高达17.2米，装饰着星空的图案，其中可以看到天空女神努特吞掉太阳，之后又从腹部将太阳娩出，并在黎明时分使太阳复活的场景。

既无塔门，又无柱廊。哈托尔神庙中没有这两个结构，虽然塔门和柱廊是埃及神庙中必不可少的典型结构。

② **宏伟的门廊** 经过正面后可以来到门廊，门廊共有二十四根石柱，沿中心对称两侧分布，每侧各十二根。在这个大厅平台的东南角，有一个献给女神哈托尔的祭亭（这幅图没有显示出这座祭亭）。

③ **守护墙** 守护墙是尼禄命人修建的围绕神圣空间的墙体。这道墙不仅守护着哈托尔神庙，而且还守护着"出生厅"（玛米西）、一间疗养所和一个位于神庙东南的圣池。

菲莱岛

神之疗愈

丹德拉的哈托尔圣地最有趣的地方是疗养所，它是一座以黏土砖修造的建筑，用于借助神的力量使病人康复。诊疗中心接受的病患会分布在环绕中央庭院的十一个住宿大厅中过夜。病人入睡后，女神就会出现在他的梦中，改变他的梦境；翌日清晨，病人将自己的梦讲给神庙的占梦人，即"梦的占卜者"。占梦人会为病人解梦，并为他指出应该采取哪些治疗的手段，如将身体泡在圣池的水中、喝下流经铭文和供奉雕像的水，等等不一而足。水在其中发挥着重要的作用，这不足为奇。埃及人把水视为所有生命之源，而尼罗河的涨水则年复一年地证明着这一点。

时期就早已存在了，之后在图特摩斯三世统治时期经过修缮。

多个宗教建筑填满了丹德拉的大神庙：蒙图霍特普二世的玛米西；托勒密一世时期的托特圣殿；托勒密八世修建的圣船圣殿；内克塔内布一世修建的、后经托勒密六世和托勒密十世改建的伊西斯小玛米西；托勒密十二世时期开始修建的哈托尔大神庙；图密善（Domitien）和图拉真

◀ 疗养所遗迹 这一建筑在丹德拉神庙建筑群中具有特殊作用，即它接收希望通过神庙祭司释梦得到神灵疗愈的病人。

▼ 丹德拉神庙围墙两翼是通向两座玛米西、哈托尔神庙和圣池组成的整体结构的大门，其中内克塔内布一世修建的玛米西是整个建筑群中最古老的建筑。

① 图密善和图拉真亭
② 尼禄玛米西
③ 内克塔内布一世玛米西
④ 哈托尔神庙
⑤ 疗养所
⑥ 圣池
⑦ 伊西斯神庙

之门；一个可能由尼禄修建的罗马式玛米西；一个圣池；一个疗养院和一个科普特大教堂。

丹德拉的哈托尔神庙的铭文表明，这座神庙始建于公元前54年7月16日，当时是托勒密十二世统治着埃及。这座神庙完工于克利奥帕特拉七世统治时期，即公元前29年2月底完工，而也正是在这一时期，罗马人奥古斯都确立了在尼罗河谷中的统治地位。提比略为这座托勒密时期的神庙加建了门

◀ 纳赫特霍尔海布（Najt-horheb）是帝国晚期的一位高官，他的雕像呈跪姿，神态虔诚。文字说明显示，纳赫特霍尔海布正在向赫尔莫波利斯和丹德拉城的神托特祈祷。
🏛 巴黎卢浮宫博物馆

廊，而尼禄则为神庙修建了围墙，并修整了大庭院。可以发现，圣殿呈南北朝向。但是，一般来说，埃及神庙通常垂直于尼罗河，而尼罗河都是自南向北流淌，因此几乎所有的神庙都呈东西向。丹德拉的神庙却并非如此，因为在这个位置尼罗河呈现巨大的转弯。

雄伟的立柱

丹德拉的哈托尔神庙正面雄伟庄严，六根巨大的哈托尔柱除中心部分均由柱间墙体相连，这些哈托尔柱使其有别于其他神庙。在正面后身则是门廊，也可以称之为多柱大厅。这一部分结构宽 42.5 米，深 24.8 米。这个大厅有两根巨大的石柱，分列于建筑物对称轴的两侧；屋顶上饰有令人惊叹的星空图案，这些图案至今仍色彩鲜艳，而屋顶则高达 17.2 米。

气度非凡的多柱大厅是这座托勒密时期神庙的延伸，而多柱大厅自前厅或显圣厅伸出，中间有六根立柱，两侧则通向三个房间——储藏室。这个大厅的装饰为参观者展示了神庙的奠基仪式。再远一些则是祭品室，献给女神（哈托尔）的每日祭品都被放置在祭坛上。祭品室后是一个宽 35.2 米、长 56.7 米的房间，女神的圣殿或圣祠就坐落于此。圣殿中间是一间宽 5.7 米、长 11.2 米的大厅，大厅中放置着四艘属于哈托尔、埃德夫的荷鲁斯、哈索姆图斯（Harsomtous）和伊西斯的圣船。

圣船圣殿的周围有一条通道，通向六个圣堂。在圣船圣殿后的三个祭台中，居中的主祭台供奉的是女神哈托尔。其正面尤为引人注目，装饰着凹圆饰（凹陷的脚线）以及饰有眼镜蛇的门楣。木质的内中庭放置着女神的坐像，位于尽头墙体内高于地面 3 米处雕凿的壁龛中。

哈托尔神庙最特别的元素就是神庙中有多个分布在三个不同高度的地下室，这些地下室中放置了大小不一的一百六十尊雕像（小的高 22 厘米、大的高 2 米的雕像），其中最古老的雕像为木质，发现时地处最难以接近的位置。人们一共发现了十二个雕凿在墙体中的地下室，以及六个位于地面以下的地下室。这是法老的一种奖励和赏赐：有些人可以将自己的雕像放置在神庙中，这样就可以离神更近（只有法老和大祭司有权进入圣殿）。在其他场合，可以供奉一尊小雕像。当空间被逐渐填满时，祭司们会收集所有雕像，并将它们放置到其他地方。在卡纳克和卢克索，雕像被放置在庭院中挖的洞里（著名的"隐秘处"[cachettes]）；在丹德拉，雕像被放置在地下室。

平台的圣堂

多柱大厅和建筑物其他部分之间存在的高度差，使得从屋顶就可以清楚地将建筑中的不同区域相互区分开来，而所有托勒密时期修建的神庙都是这样。在多数大厅上方有两个供奉着奥西里斯的圣堂。东侧圣殿中央大厅的屋顶上装饰华丽，饰有著名的十二星座图。

在平台的西南角，在托勒密时期修建的神庙中有一座祭亭。这座祭亭每边有四根哈托尔柱，如今保存完好。通过两段楼梯可以来到神庙的平台，其中一段位于圣殿南侧的圣所后面，另一段则位于供品厅右侧房间中。房间中的这段楼梯呈带直角的蜗牛状结构，墙体上饰有仪式队伍出发和返回的场景。

整座神庙矗立在巨大的围墙内，在哈托尔神庙轴线延长线上有一道气势雄浑的大门，通过这道大门便可来到神庙中。在神庙西侧是尼禄修建的玛米西，紧邻其后的是背靠尼禄围墙正面的科普特教堂。南侧哈托尔神庙西北角前是内克塔内布一世修建的玛米西，接下来便是前来求得康复的朝拜者所在的疗养所。祭司们洗净的圣池宽2米、长31米，位于哈托尔神庙的西南角前方。与主神庙背面相对的是一座献给伊西斯的小神庙，里面供奉着哈托尔、荷鲁斯和他们的儿子哈索姆图斯。相反，在伊西斯神庙中，供奉的三柱神是女神伊西斯以及她的丈夫奥西里斯和他们的儿子哈尔斯埃希斯（Harsiesis，年幼的荷鲁斯，意为"伊西斯之子荷鲁斯"）。

神庙黄道十二宫星座图和天球

哈托尔神庙平台一个偏祭台的屋顶饰有一块2.5米见方的巨大石板，这块石板被称为"丹德拉黄道十二宫"图。这并非祭祀借助星象图预测未来的工具，而是一个我们现在可以确定准确时期的埃及夜空，那便是公元前50年6月15日至8月15日的夜空。多位隼（鹰）首神灵陪伴着四位女神，女神们支撑着整个天球。在内部空间可以看到埃及天文学的三十六个黄道十二宫的十度，代表着每年三百六十日（以及五个闰日），并用作星座的框架参考。在这些星座中，有一些是埃及特有的星座，还有一些是希腊和美索不达米亚特有的星座。因此，可以看到白羊座、金牛座、天蝎座和与双鱼座相伴的摩羯座，双鱼座的形象是一对向相反方向游动的鱼，或者呈现出洪水神哈庇（Hâpî）的形象。天球（la sphère céleste）的中心是北半球看得到的星座，大熊座以埃及的方式呈现，即一只公牛的牛掌。在大熊座旁边是一头河马，它被认为是如今的天龙座。

星星传递的信息

　　古埃及人掌握的天文学知识十分有限，且都是出于实用目的。这些天文学知识与美索布达米亚天文学知识并无关联，而美索不达米亚人已能够精准地计算出日食和月食的时间。埃及的祭司肯定也曾在漫漫长夜仰望苍穹，但他们观测的主要目的是计算时间的流逝。他们一一确认了天空中出现的三十六个黄道十二宫的十度（多颗星星或者说是星组），并以此标志时间的流逝。时间的流逝与为每位神灵设立的节日日历密切相关，因为古埃及人要在适当的时候为神灵举行庆祝活动。由于日历年有三百六十五天，但并没有闰年，所以每四年日历上的时间和实际的时间相差一天。如果想要消除这相差的一天，则需要经过一千四百六十年：这时，天狼星偕太阳初升与日历第一天再次重合。由于这种现象实在非同凡响，所以古埃及人将这种重合的现象记载了下来。到希腊-罗马时代，绘制的天文学星图才显示出埃及人的天文学知识有所精进，而这是美索不达米亚的传统知识与法老时代的传统知识相融合产生的结果，如丹德拉黄道十二宫就是一个例子。

▲这个复制品展示了星星和星座的圆圈，由四位女性形象的神灵在多位神灵的协助下支撑着。

▼十二宫浅浮雕真品，自1821年以来一直在巴黎卢浮宫博物馆展出，而它的到来要归功于帕夏穆罕默德·阿里签发的行政令（许可证）。

◀▲太阳初升，丹德拉神庙绘制的天文图的屋顶上牛女神哈托尔的头部正沐浴在太阳的光芒之中，而尽头则是繁星满天的夜空。

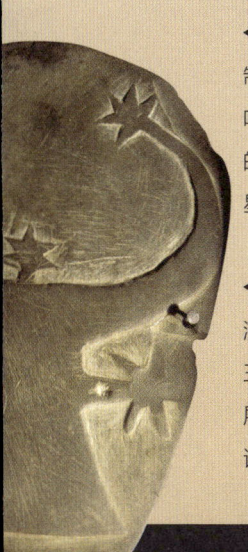

◀埃及天文学的起源可以追溯到远古时代。这个来自前王朝时期的"宇宙调色板"展示出了一位恒星神，又或许是女神哈托尔。

■ 菲莱岛

丹德拉玛米西

❝ 玛米西"这个名称是让-弗朗索瓦·商博良用来指代"出生厅"所创造的词汇，但在古埃及的语言中，这些建筑被称为"佩尔莫塞"（permeset）。这些建筑的轴线垂直于神庙的主轴，用于庆祝法老的诞生——法老来到世界就意味着生命周期的新一轮复苏。不要忘了，对于埃及人来说，一位新法老登上王座就意味着再生和复活。这也是埃及人没有连续年表的原因，因为每一次有新君登上王位，一切就重新归零。

有人认为，"出生厅"始于前王朝时期。但能够确认的是，玛米西建筑都修建于托勒密时期的神庙中，而且所有托勒密时期修建的神庙中都有玛米西这种建筑。在成为主神庙的附属建筑之前，在宗教节日

▶ 丹德拉的图拉真玛米西墙体上精美的浮雕装饰。装饰的图像遵守了埃及的传统经典，展示了身穿法老服饰的皇帝（图拉真）向神灵献祭的场景。

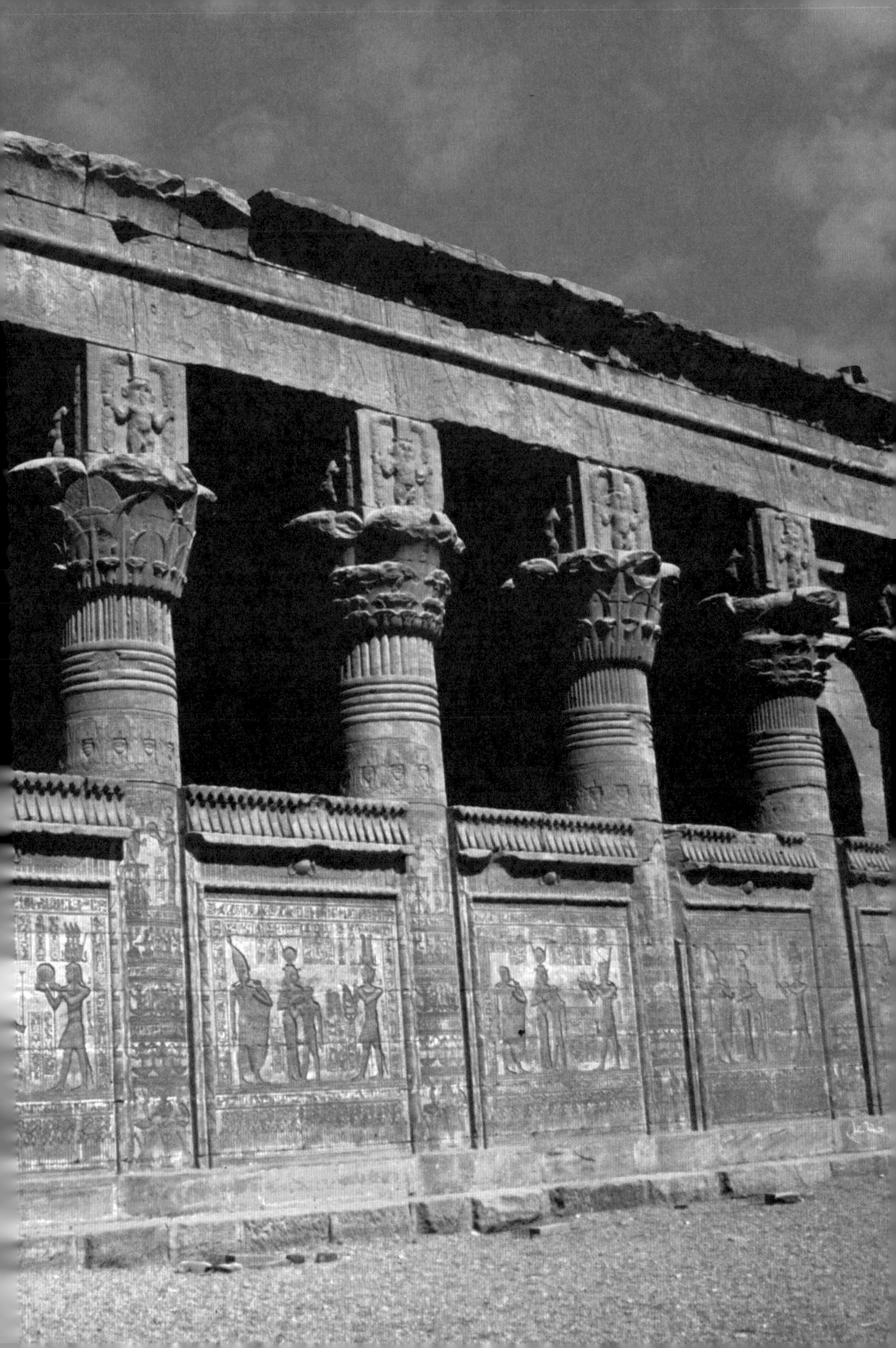

■ 菲莱岛

庆典期间，神灵的圣船经过的仪式路线上坐落的都是较小的祭亭。在代尔巴哈里的哈特谢普苏特神庙中，发现了一些宗教节日庆典相关的装饰主题的遗迹。在神庙的第二层平台上，讲述了这样的故事：阿蒙神化身为在位法老进入王后的寝宫，王后察觉出他是神，于是阿蒙神与王后发生了激烈的肉体关系并使王后受孕。在卢克索神庙，这个故事几乎原封不动地再次呈现出来，而这次的主人公是阿蒙霍特普三世。而在拉美西姆（拉美西斯二世的陵墓），故事的主角又变成了拉美西斯二世。

在丹德拉的哈托尔神庙围墙之内，修建了两座玛米西。第一座是内克塔内布一世（第三十王朝）修建的，它也是目前已知的埃及最古老的玛米西。一座庭院通向托勒密时期加建的前廊，前廊通向带有立柱的通道。这条通道被尼禄时期在哈托尔神庙加建的一堵墙截断，而这堵墙就在供品厅的前方，供品厅的后墙上开有三扇门。其中，供品厅右门通向圣堂；左门通向一段楼

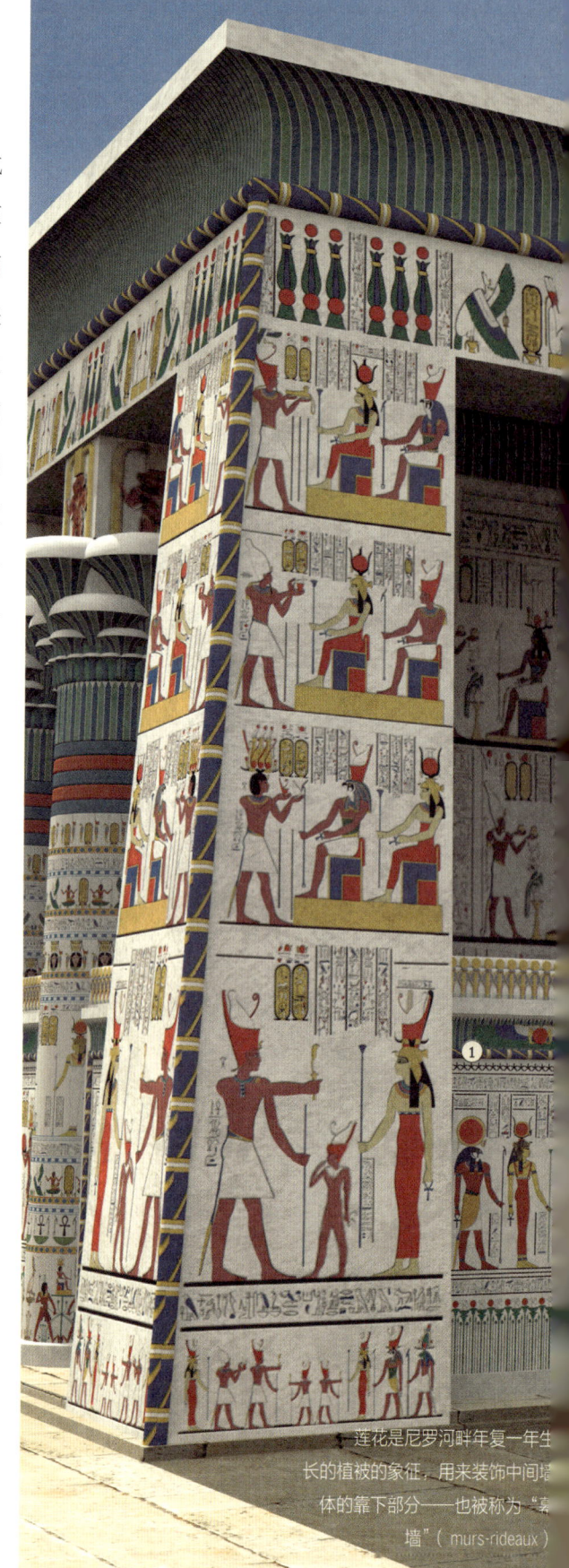

莲花是尼罗河畔年复一年生长的植被的象征，用来装饰中间墙体的靠下部分——也被称为"帷墙"（murs-rideaux）

驱除恶魔和厄运的音乐之神贝斯的头像位于哈托尔之子伊赫（Ihy）的"出生厅"（玛米西）柱头上，后来伊赫被伊西斯同化。

令人惊叹的艺术杰作

庆祝伊赫诞生的丹德拉玛米西的装饰堪称鬼斧神工，其浅浮雕构成了一部神话编年史，主角是众神和罗马法老，特别是南墙的装饰尤为丰富充盈。

❶ **哈托尔和图拉真** 女神（哈托尔）头上的牛角之间有一轮太阳盘，她正在接受身着埃及法老服饰的皇帝图拉真的献祭。女神身后是神灵荷鲁斯，头部为隼（鹰）的形象，头上有一轮太阳盘。

❷ **神灵的食物** 哈托尔抱着儿子伊赫并给他哺乳，法老头戴"两地之国"王冠向女神表示敬意。在女神身后再次出现伊赫的身影，这一次伊赫为成年人形象，头上戴有隼双羽王冠和太阳盘。

❸ **音乐祭品** 法老向哈托尔和她的儿子（伊赫）献上两件祭祀时使用的乐器——叉铃。儿童形象的伊赫手持象征生命的护身符——"安卡"，而成年后的伊赫则头戴其父荷鲁斯神的双王冠。

❹ **塞贝克王冠** 哺乳的场景在这里再次出现，法老的献祭场景也是如此。法老头戴一顶带角的王冠，上面有一只太阳盘和两条蛇，这是塞贝克（Sebek）神的头饰。

梯，而这段楼梯通往玛米西楼顶；中间的门则通向最大的主厅，厅内装饰着仿第十七王朝风格的浅浮雕。

从尼禄到图拉真

丹德拉第二座玛米西很有可能是在尼禄统治时期修建完成的，在此期间还修建了女神神庙中的多座其他建筑。这座玛米西的位置令人作此推论：它距离罗马皇帝时期围绕主神殿修建的墙体约 10 余米，并垂直于墙体轴线。然而，玛米西的装饰工作要到几年之后，在图拉真、哈德良、安敦尼（Antonin，又译安东尼，即安东尼·庇护，罗马"五贤帝"之一）统治时期才最终完成。与这种类型的建筑中常见的场景一样，在这座玛米西中可以看到日后成为法老的婴儿诞生的场景，而其他场景则展示了女神亲自哺育婴儿的画面。

通过一道缓坡，可以进入玛米西的第一层。在科普特时期（以基督教为主的时期，公元 3 世纪末至公元 639 年），这道缓坡被基督徒拆除，他们由此得到了建筑材料，在附近修建了一座教堂。几级台阶通向第二庭院，通过第二庭院可以进入玛米西内部。玛米西还有一处前厅，人们将进献的供品放在此处；前厅两侧有三间大厅。后另有一个大厅长度与整座建筑的长度相同，前方还建有圣殿，圣殿两侧有两个更小的圣殿。如今，这座玛米西只有围绕建筑物后半部分的立柱仍然屹立未倒。整座玛米西似乎呈围柱式建筑，即四周围绕着立柱的建筑。这座玛米西四周围绕的是哈托尔柱，柱顶为贝斯神雕像，连接墙将立柱相连，以保护在玛米西内举行的仪式不被好奇者窥探。

康翁波神庙

现代城市康翁波（Kom Ombo）坐落在尼罗河东岸，位于阿斯旺北部50公里。从地形上看，它坐落在一个岬角上，这使它成为保护埃及南部边境的要地。人们在这里发现了史前时代的遗迹，这里很可能早在中王国时期就曾有过一座神庙，后来在新王国时期被另一座神庙取代。但是，人口激增可以追溯到托勒密王朝时期，当时这里成为上埃及第一诺姆（nome，古埃及地方行政单位）的行政中心，如今游客参观的神庙也是在这一时期建造的。圣殿中保存最早的装饰是托勒密六世的头像，但在整个罗马时期神庙一直不断地得到装饰和修整。事实上，内部装饰是在托勒密八世时期完成的，而外部装饰是在韦帕芗（Vespasien）和尼禄时期完成的。第一多柱大厅中的一些柱子仍然保留着色彩斑斓的外观，多尊哈洛里斯（Haroeris）神（"年老的荷鲁斯"）雕像的眼睛至今仍镶嵌着宝石。

康翁波神庙是罕见的供奉多位神灵的神庙，拥有多座圣殿，均位于北区，彼此相连。其中，有一座圣殿供奉的是哈洛里斯（荷鲁斯）神，他与妻子塔森特-诺夫雷特（Tasent-Nofret，与女神泰芙努特［Tefnout］为同一人）和他们的孩子帕内布-陶伊（Paneb-Taouy，"两地之主"）共同构成三柱神；另一座圣殿则供奉鳄鱼神塞贝克以及身边的女神哈托尔和他们的儿子孔苏（Khonsou，与阿蒙神之子孔苏同名）组成的三柱神。

尽管康翁波神庙保存极为完好，但是由于尼罗河的冲刷侵蚀了它所在山丘的底部，并冲毁了大部分外部建筑，包括围绕神庙修建的黏土墙，因此神庙还是发生了一定的变化。在这些价值巨大的损失之中，还包括在托勒密八世统治时期开始修建的玛米西。

密室与祭司

神庙包括一道塔门，塔门中开有两个入口，分列建筑中轴线两侧。这道塔门通向一个带有门廊的庭院，庭院中有一个祭坛。庭院外墙沿两侧延伸，如同长方形的

■ 菲莱岛

围墙将神庙多个结构的其余部分合围起来。庭院符合埃及神庙的建筑规制，通向多柱大厅，多柱大厅中有三排立柱，每排五根，其中第一行立柱由立柱间的墙体连接在一起。侧面墙体向前延伸，将第二内墙内部合围。神庙的这一部分略有装饰，建造于托勒密六世统治时期，宽28.5米，长44米，始于第二多柱大厅。第二多柱大厅中有两排立柱，每排五根，立柱的柱头为展开的纸莎草形状。之后，通过两段楼梯，可以来到三个横向的大厅，每个大厅都位于神庙入口所在的一条轴线上。在中央的前厅中有两个房间，每个房间里都有一段楼梯通向屋顶。

最后一个前厅通向一条通道，这条通道则通向几个新大厅，里面是神庙中供奉神灵的圣殿。每座圣殿都有黑色花岗岩底座，其上放置着游行仪式中运送神灵的圣船。由于所剩空间无多，神灵的雕像就当是在圣船中，圣船权当作内中堂，

▶**康翁波神庙遗迹** 康翁波神庙的独特之处在于它供奉了两个不同的神灵：一位是鳄鱼神塞贝克；另一位则是哈里洛斯神，也被称为"年老的荷鲁斯"。

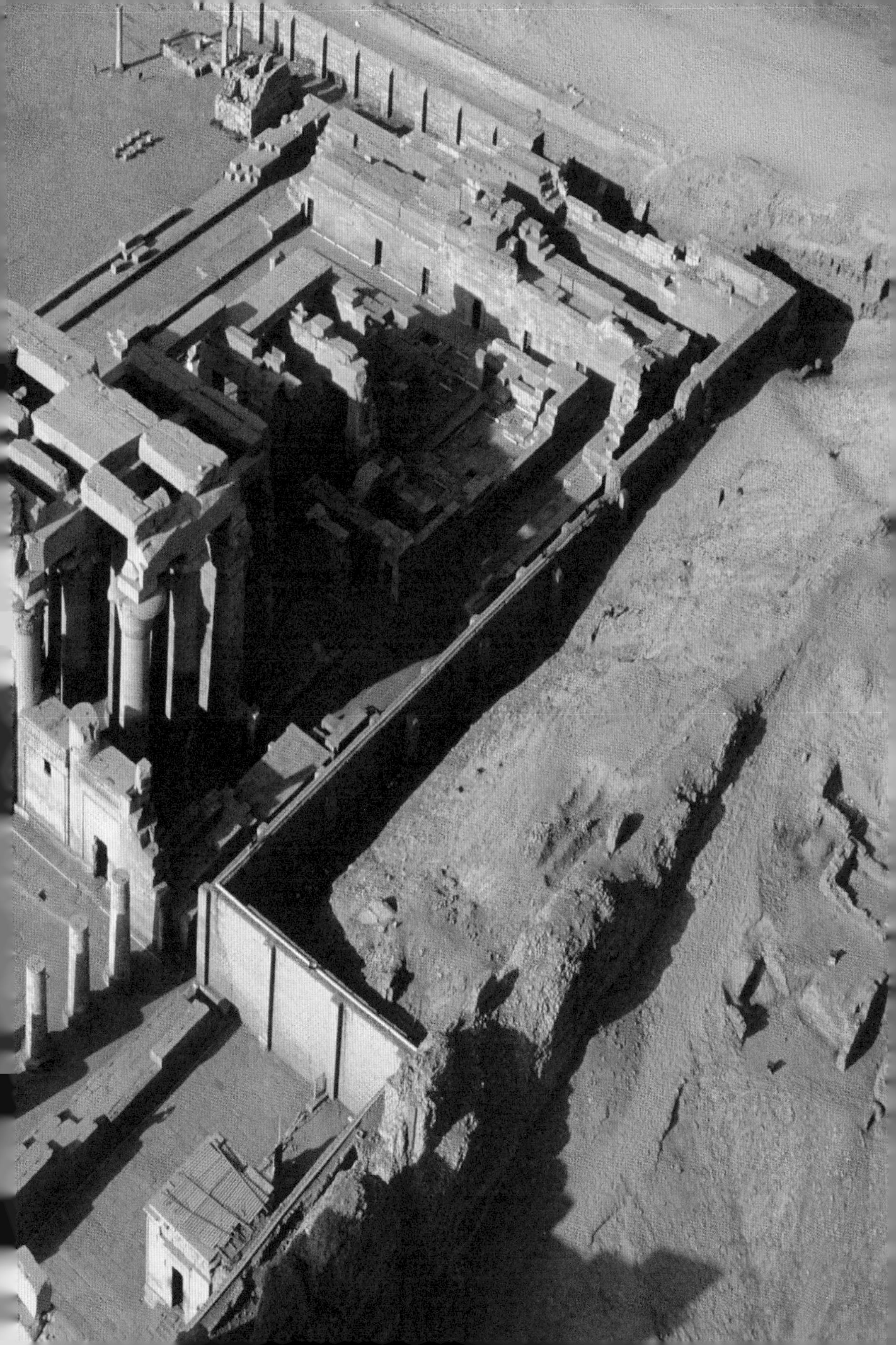

■ 菲莱岛

或者在没有通道——回廊时，雕像就保存在正后方的圣殿中。神庙内部空间值得注意的细节在于：在圣船圣殿中有一个小室，人们认为当时的祭司藏身于小室内为前来乞求神谕的人给出答案。这并不是神庙中唯一的"密室"，在神庙外墙中还修建了多个地下室。

这座神庙的另一个独特之处在于它的建筑结构类似于俄罗斯套娃。第一多柱大厅的侧墙向前延伸，包围着整个托勒密六世时期修建的核心区域，在后半部分形成一个用于行走的通道，这条通道通向六个小圣殿。整个区域都由侧墙包围起来，侧墙从带有立柱的庭院伸出，再次形成一条行走通道，但这一次通道没有通向任何圣堂。

活着的鳄鱼神

1798 年，随拿破仑远征的学者们仍然能够看到托勒密八世时期修建的玛米西，但现在这座玛米西已经损毁。当时，学者们绘制了这座玛米西的平面图。由于留下了文献记载，现在的人们可以看到：有多段楼梯通向建筑物正面一个带有立

尼罗水位计前方矗立着一道雄伟的大门，这道门修建于罗马时期。

在整座神庙的东南区雕凿有一个尼罗水位计，用于测量尼罗河水位，而尼罗河就在整个建筑几米开外奔流不息。

玛米西是一种托勒密时期建筑中常见的结构，如托勒密八世在位期间修建的康翁波玛米西几乎与主神庙塔门相连。

① **献给神灵** 神庙中供奉的是鳄鱼神塞贝克和哈洛里斯神（"年老的荷鲁斯"）以及各自的三柱神。北边区域有两个相连的圣殿，圣殿中保存着这两位神灵的头像。

② **带有前厅的庭院** 过去，人们可以进入的带有立柱的庭院是游行仪式的起点。庭院两翼有十六根立柱，每侧各八根，中间有一个祭坛用于放置祭品。

在围墙内大庭院东北区域挖掘了一片小圣池，圣池中生活着一位鳄鱼"神"——鳄鱼是鳄鱼神塞贝克在陆地上的化身。

神庙的西北角修建了一座供奉塞贝克的圣殿。

神圣区域四周围有砖墙，砖墙的作用在于将神庙所象征的秩序——或称玛阿特——与外部的混乱彻底隔开。这道砖墙还令人想起原始海洋。

紧贴砖墙内侧有一座供奉着哈托尔的小圣殿，矗立在主神庙的东南角。

人们猜测这片残片来自托勒密十二世统治时期修建的雄伟大门。

③ **多柱大厅神庙** 神庙有两个多柱大厅，这是托勒密时期修建的神庙中常见的结构。其中，第一多柱大厅饰有塞贝克三柱神和哈洛里斯（"年老的荷鲁斯"）三柱神相关仪式的场景，第二多柱大厅则展示了托勒密七世和托勒密八世献祭的场景。

■ 菲莱岛

神灵居所中的神秘浅浮雕

康翁波神庙中的一处浮雕呈现了颇令人费解的场景，从而使其成为研究的对象，因此对这处浮雕的阐释也众说纷纭。东北内墙上的浅浮雕之所以难解，源于浅浮雕靠上的部分今已遗失，而这部分原包含解释浅浮雕含义的铭文。可以看到，有许多物品分布在三个不同的高度上。这些物品种类繁多，包括钳子、引流管、刀具，以及各种各样的容器。许多人认为这些是医疗器具，并认为在法老时代和罗马时代康翁波原本有一处医疗中心。然而，无论是医生还是埃及医学方向的考古学家都不认同这种假设，因为没有任何文字记载或考古遗迹可以佐证哈洛里斯（"年老的荷鲁斯"）和塞贝克神庙中曾经有过医疗中心以及实施过任何形式的外科手术。也有人认为，这些只是神庙某个工坊的工具。这些工具似乎与金属加工相关。

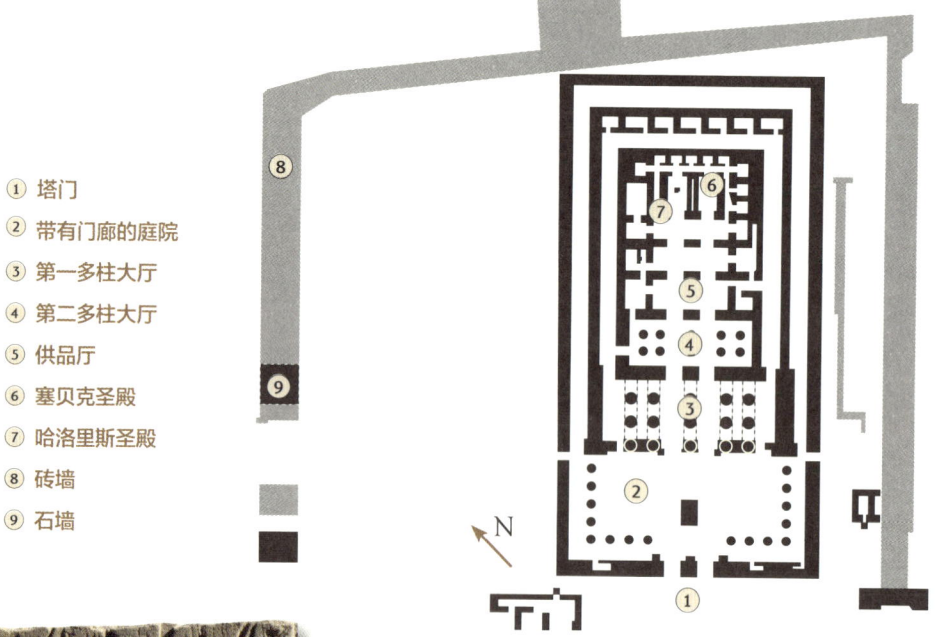

① 塔门
② 带有门廊的庭院
③ 第一多柱大厅
④ 第二多柱大厅
⑤ 供品厅
⑥ 塞贝克圣殿
⑦ 哈洛里斯圣殿
⑧ 砖墙
⑨ 石墙

◀ 著名的康翁波神庙浅浮雕，浅浮雕中有多个疑似医疗工具的神秘物品，其性质今已不可考。造成这种不可知的原因主要是由于浅浮雕的上部分缺失，而在这一部分中原本有阐述这些工具的铭文。

▲ 这座神庙的独特之处在于它的双重布局，这与它所供奉的塞贝克神和哈洛里斯（"年老的荷鲁斯"）神有关。供奉的是塞贝克三柱神和哈洛里斯三柱神：前者的三柱神是塞贝克、哈托尔和孔苏，后者的三柱神则是哈洛里斯，塔森特-诺夫雷特以及帕内布-陶伊。

柱的庭院，这座庭院带有四根哈托尔柱以及柱间墙体；前面后身是三个横向的前厅，最后一个前厅通向圣殿。如今，这座玛米西只有东侧的部分墙体得以保存，但我们知道这并不是围绕主神庙修建的唯一建筑。例如，原本在带有立柱的庭院正南，靠近一道托勒密十二世在第一围墙墙体上开出的雄伟大门处，有一个供奉女神哈托尔的小型偏祭台。与托勒密时期修建的许多神庙一样且甚至更甚之处在于，这个神圣的空间供奉着多位神灵。

在神庙的东北角一侧，有一座专门供奉塞贝克的小圣殿，而塞贝克是鳄鱼神，是尼罗河造物主与丰产和植物之神。这座小圣殿似乎是一个向南十几米处的设施的补充，那便是在岩石中开凿的圣池，其底部铺有石板。按照不同的传说，这座圣池是神灵化身为活鳄鱼的居所。这个设计可能是哈洛里斯（"年老的荷鲁斯"）作为神庙主神的一个补充，建筑上的多处细节证实了这种猜想。

▲ 秃鹫女神涅赫贝特威严地端坐在康翁波神庙第一多柱大厅的额枋上。涅赫贝特是上埃及的守护女神，她张开双翼做出保护的姿态。

尼罗河国度的罗马法老

在奥古斯都·屋大维（Octave Auguste）征服埃及后，埃及就成了罗马的粮仓。托勒密时期的古老王国在罗马帝王的统治之下，获得了相对稳定的发展。罗马法老们为了彰显声名，修建了许多神庙，并自认为是法老的后人。

埃及的农民生活并不容易，因为尼罗河每年泛滥，一年中仅有一半时间能够达到耕种所要求的水位。事实上，涨水如果太弱，土地就无法得到灌溉；如果太强，则会引发灾难性的洪水。但除去自然的无常，在河谷生活的人们完全可以指望一块肥沃的土地——在古代，埃及就是一座巨大的粮仓。正是基于此，在奥古斯都·屋大维击败了安东尼（马克·安东尼）和克利奥帕特拉（克利奥帕特拉七世）的军队后，埃及便作为皇帝行省而非仅是元老院行省并入强大的罗马帝国。

皇帝行省的总督由皇帝本人亲自任命，其行政管理不容元老院置喙。元老甚至被禁止前往皇帝行省，除非皇帝给予特别任命。在共和国时期，随着四处征战，罗马的人口猛增。这些新公民中的很多人都拥有选举权，而拉选票的最好方式就是向他们分配免费的谷物。这种做法最终形成了"面包与马戏团"（pain et

▲ 罗马时期的阿努比斯。这尊哈德良别墅（意大利蒂沃利[Tivoli]）的埃及亡灵之神雕像，身穿着典型的罗马托加（toge，一种罗马长袍）。
🏛 罗马梵蒂冈博物馆

◀ 纪念大败安东尼（马克·安东尼）和克利奥帕特拉（克利奥帕特拉七世）的罗马硬币，其正面是一条鳄鱼以及文字"被征服的埃及"（Aegypt Capta）字样。

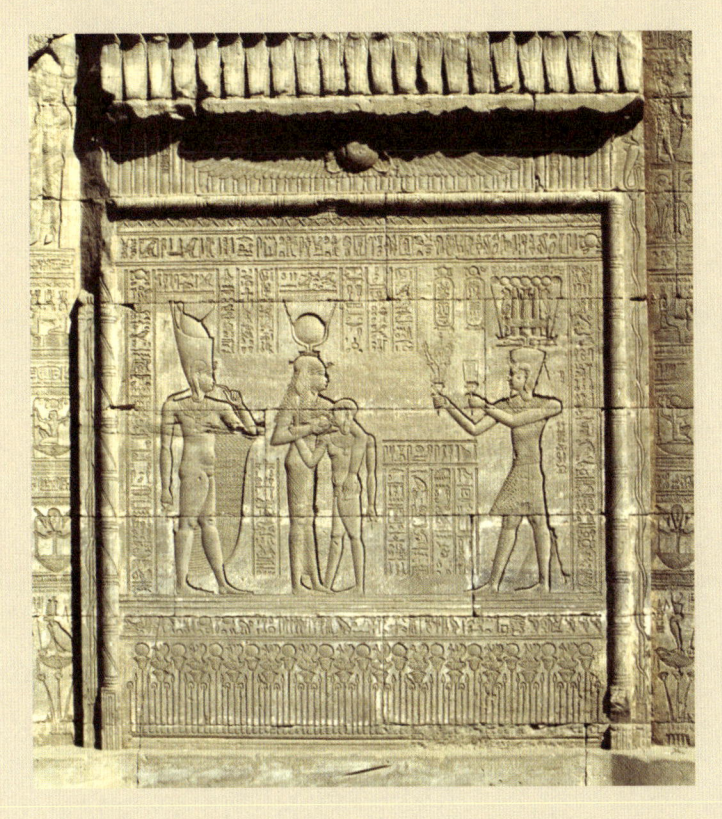

◀ 在这座丹德拉罗马时期的玛米西浅浮雕上有图拉真的形象,他身穿法老服饰(左图中右侧人像)。图拉真手持叉铃(一种乐器)向女神哈托尔进献祭品,稍远处可以看到女神正在为幼年法老哺乳,而她的身后则是头戴"两地之国"王冠的法老(图拉真)本人。

▼ 丹德拉出土的哈德良半身巨像。这位罗马皇帝失去了溺毙在尼罗河中的男宠安提诺乌斯(Antinoüs),他因此修建了安提诺乌城(Antinoë)。

du cirque)体系。对此,罗马公民感到心满意足,皇帝们也可以随心所欲地进行统治。奥古斯都将埃及放在自己的掌控之内,他深知这样的谷物分配就有了保障。从这时起,每年从亚历山大城运来货物,就成为罗马人民的一项政治社会活动。

罗马和平

罗马的行政管理为埃及带来了稳定——稳定正是托勒密时期的埃及所欠缺的,它使埃及的经济获得腾飞。因此,埃及成为罗马政策在东地中海地区的关键要素。正是在亚历山大城,韦帕芗首先称帝成功;而其他觊觎帝位者,如阿维狄乌

斯·卡西乌斯（Avidius Cassius）于公元175年试图称帝，但结果并不尽如人意。尽管埃及在这一时期发展迅猛，但仍发生了一些事件，如在所谓"救世主"出现后，亚历山大城爆发了犹太人叛乱，这也证明了至少一部分埃及人还是对罗马皇帝充满敌意。

由于埃及成为罗马皇帝战略重要的一环，皇帝们便多次到访尼罗河谷地区，尽管这些访问通常仅限于在亚历山大城停留数日。公元19年，提比略的养子、被选为继承人的日耳曼尼库斯（Germanicus，全名盖乌斯·尤里乌斯·恺撒·奥古斯都·日耳曼尼库斯 [Gaius Julius Caesar Augustus Germanicus]，即卡利古拉，罗马帝国朱里亚·克劳狄王朝的第三位皇帝）在亚历山大竞技场接受万众欢呼。更为人所知的是哈德良的到访，他于公元130年—公元131年历时近十天游遍整个尼罗河谷地区，而此行的特殊事件莫过于他的男宠安提诺乌斯溺亡于尼罗河中，因此哈德良建立了一座以其命名的新城——安提诺乌城。塞普蒂米乌斯·塞维鲁（Septime Sévère）于公元119年—公元200年访问了埃及，并在埃及进行了多项行政改革。一些皇帝的访问更像是一出闹剧，如卡拉卡拉（Caracalla）于公元215年的访问，他下令将所有无正当理由，尤其是出于非商业目的留在亚历山大城的"埃及人"驱逐出境。

公元298年，戴克里先在埃及登陆，以平息多米蒂安（Domitien）的叛乱——多米蒂安不仅在亚历山大城称帝，还成功地坚守帝位一年之久。为了平息叛乱，戴克里先率领军队溯河而上抵达菲莱岛，并将其改造为南部边境的重要据点。四年后，在对基督徒发动大迫害之前，皇帝（戴克里先）再次来到埃及，而他是最后一位访问尼罗河畔的罗马皇帝。

罗马皇帝将他们传奇的实用主义运用到极致，他们为了保证权力完整并赢得埃及臣民的青睐，毫不迟疑地在尼罗河流域建造的所有神庙中描绘自己完美法老的全套形象（裙子、王冠和权杖）。

埃德夫神庙

在我们今天可以参观的所有埃及神庙中，埃德夫神庙是保存最完好的神庙之一。埃德夫神庙位于卢克索和象岛之间，那里曾经是上埃及第二诺姆的都城，而它之所以得以保存完好是因为直到19世纪中叶，在法国埃及学家奥古斯特·马里埃特（Auguste Mariette，1821—1881）开始在这里进行发掘之前，这座建筑一直半掩于地下。与此同时，大卫·罗伯茨的版画完美地展现了这一阶段的发掘过程。

当沙土被清理干净后，埃及仅次于卡纳克的第二大神庙便出现在世人面前。它的入口塔门长137米、宽70米、高36米，相当于十二层楼高……这座装饰华丽的建筑供奉着荷鲁斯。这座神庙遵循传统法老神庙的建筑规制，结构极其清晰。在塔门之后，可以进入一个带有立柱的大庭院，接下来是两个连续的多柱大厅。随后是一系列前厅，它们是通往圣船圣殿的前室，圣船圣殿本身则由小圣堂环绕。

现在的埃德夫神庙曾取代了法老时期的另一座由塞索斯特利斯一世在第十二王朝期间建造的神庙。关于埃德夫神庙的文献记载显示，托勒密神庙于公元前237年8月23日开工，公元前142年9月9日完工，即在奠基九十五年后由托勒密八世·欧厄尔葛忒斯（Ptolémée VIII Évergète，托勒密八世·欧厄尔葛忒斯二世·费斯康）和他的妻子克利奥帕特拉三世（Cléopâtre III，克利奥帕特拉二世［托勒密八世的姐姐、其兄托勒密六世的妹妹和王后，也是托勒密八世的王后］的女儿）主持了落成典礼。最终，这座长33.3米、宽57.5米的宏伟建筑矗立在天地之间。

该建筑的第一部分包括一个在文献中被称为"欢乐厅"（Hayt）的多柱大厅，由两组六根柱子组成，分三排排列在神庙轴线的两侧，并由方形基座支撑。两组柱子由一系列门楣连接，因此每组柱子似乎在神庙内形成了一个祭亭。"固体祭品"从西面的一扇门进入，而另一扇门则通向"实验室"，实验室的墙壁上装饰着油膏和香水的配方。"液体供品"从东面的一扇门进入，旁边则是通往建筑三层的楼梯。

从这里进入前厅，前厅是用来放置供品的大厅，通往露台的楼梯也是以此为起点。第二个前厅通向圣船圣殿，里面有石制的圣船内中堂和两个支撑荷鲁斯和哈托尔圣船的支架。在这个第二前厅的一个墙壁中，雕凿了一个供奉敏神的圣堂，而东

■ 菲莱岛

面的墙壁可以通往瓦贝特（wabet）"圣地"——这是一个小庭院，后面是一个同样大小的房间，荷鲁斯与太阳的结合庆典就在这里举行，神像在这里涂圣油、着圣衣，之后放置到露台参加节日庆典。

为神提供更大的空间

当"房子呈献给它的主人"即神庙开放时，人们认为这里的空间对荷鲁斯来说还不够大。于是，在公元前140年7月2日开始扩建，当时建造了一个宽34米、深15.7米、高12.5米的门廊，即第一多柱大厅。在这个大房间里，入口处有一尊不朽的黑色花岗岩荷鲁斯神雕像，雕像头戴双冠，色彩保存完好。神庙中轴线两侧布置有两排六根柱子，每排柱子前面有一排三根较小的柱子，柱子中间有高度为柱子一半的墙体相连。在建筑轴线的两侧，在中央的立柱间墙体之后有几个小房间。西面的房间被称为"晨曦殿"（maison du matin），似乎是祭司们洗净的地方。东边是神庙图书馆，墙上挂着图书馆的藏书目录。

塔门、紧随其后的带立柱庭院，以及延伸到塔门并将神庙原核心区域合围

▶第二多柱大厅立柱森然，构成了通往神庙庭院气度庄严的前室；在这张照片的背景中，可以看到供奉着圣船和神灵圣殿的内中堂。

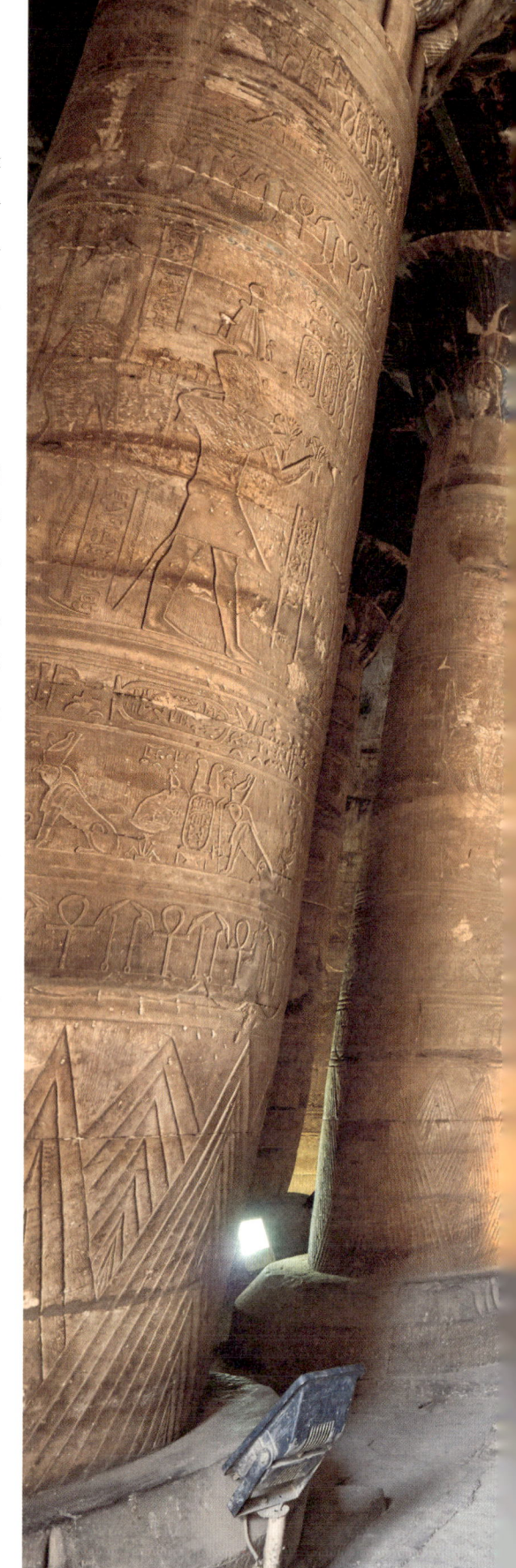

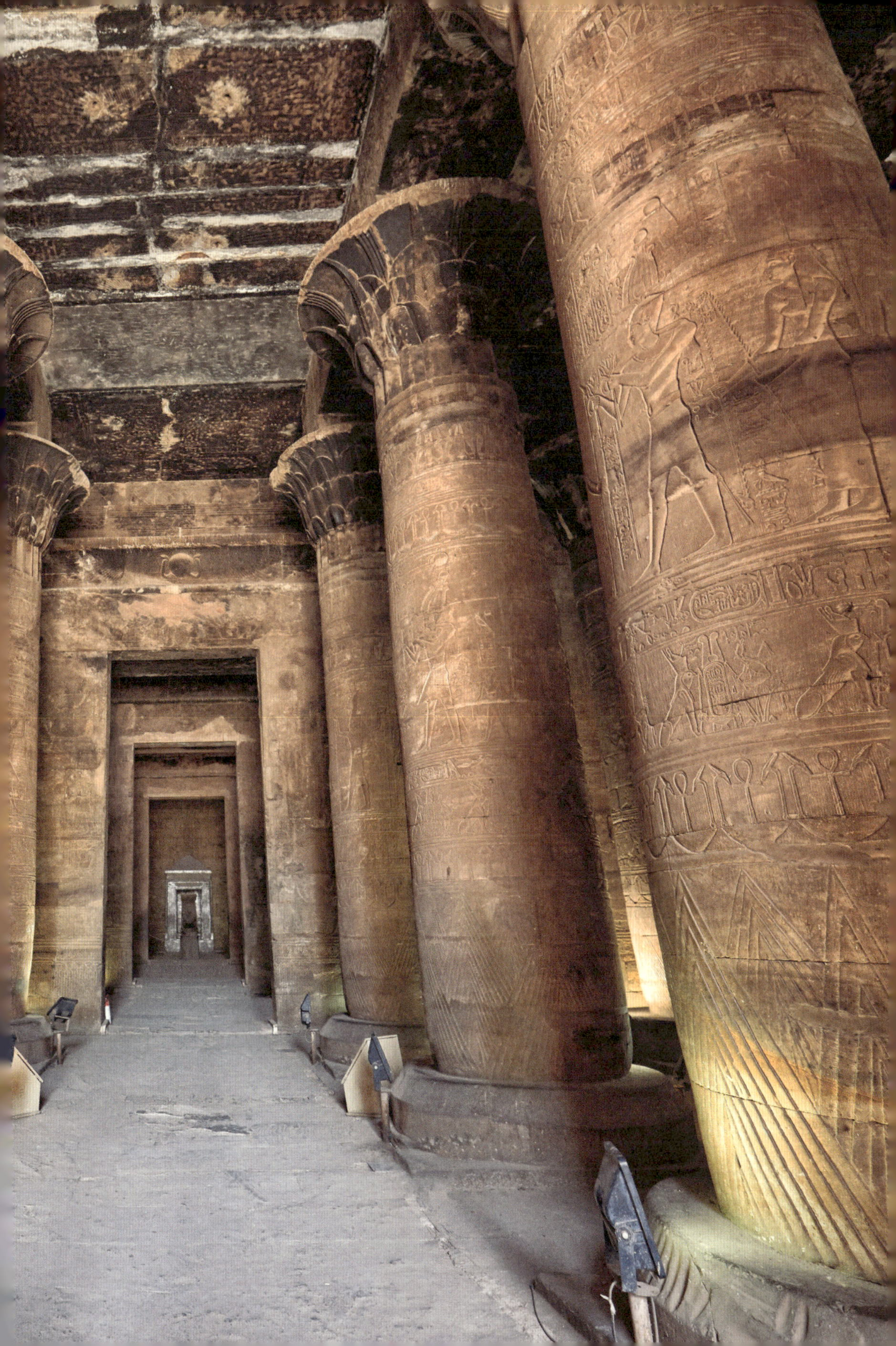

■ 菲莱岛

起来的石墙，都是托勒密九世下令扩建神庙时开始建造的。但是，到托勒密十二世时期方才完工，并在公元前 70 年 2 月 2 日由托勒密十二世为其举行了落成典礼。神庙入口塔门由两个等腰梯形构成，其前方有两尊代表荷鲁斯的隼（鹰）的雕像，而这两座雕像当时由四根高 40 米的铜包木旗杆装饰。构成塔门的两座建筑内部分为四层，由楼梯连接，每层都通向一个露台。内部通过立面开出的小窗采光，在这些立面上可以看到托勒密十二世·尼奥斯–戴奥尼索斯（Ptolémée XII Néo-Dionysos）在荷鲁斯神和女神哈托尔像前屠杀敌人的场景。

塔门后面是一座边长近 50 米的正方形庭院，三边各有三十二根立柱围绕，只有门廊一边没有立柱。在侧边，每个柱头都与相邻柱头有所不同，但与对侧的柱头相同。庭院地面上铺有从早期建筑中拆除的石板。一个有趣的细节是，塔门上的凹圆饰在立柱上投下的阴影显示出神庙庆典日历，有如日晷。荷鲁斯神庙的最后一个组成部分，即围绕神庙的巨大砖墙，这道砖墙是在托勒密十二世时期开始建造的。公元前 57 年 12 月 5 日，这道砖墙在克利奥帕特拉七世统治时期竣工。

公元前 124 年后，托勒密八世建造

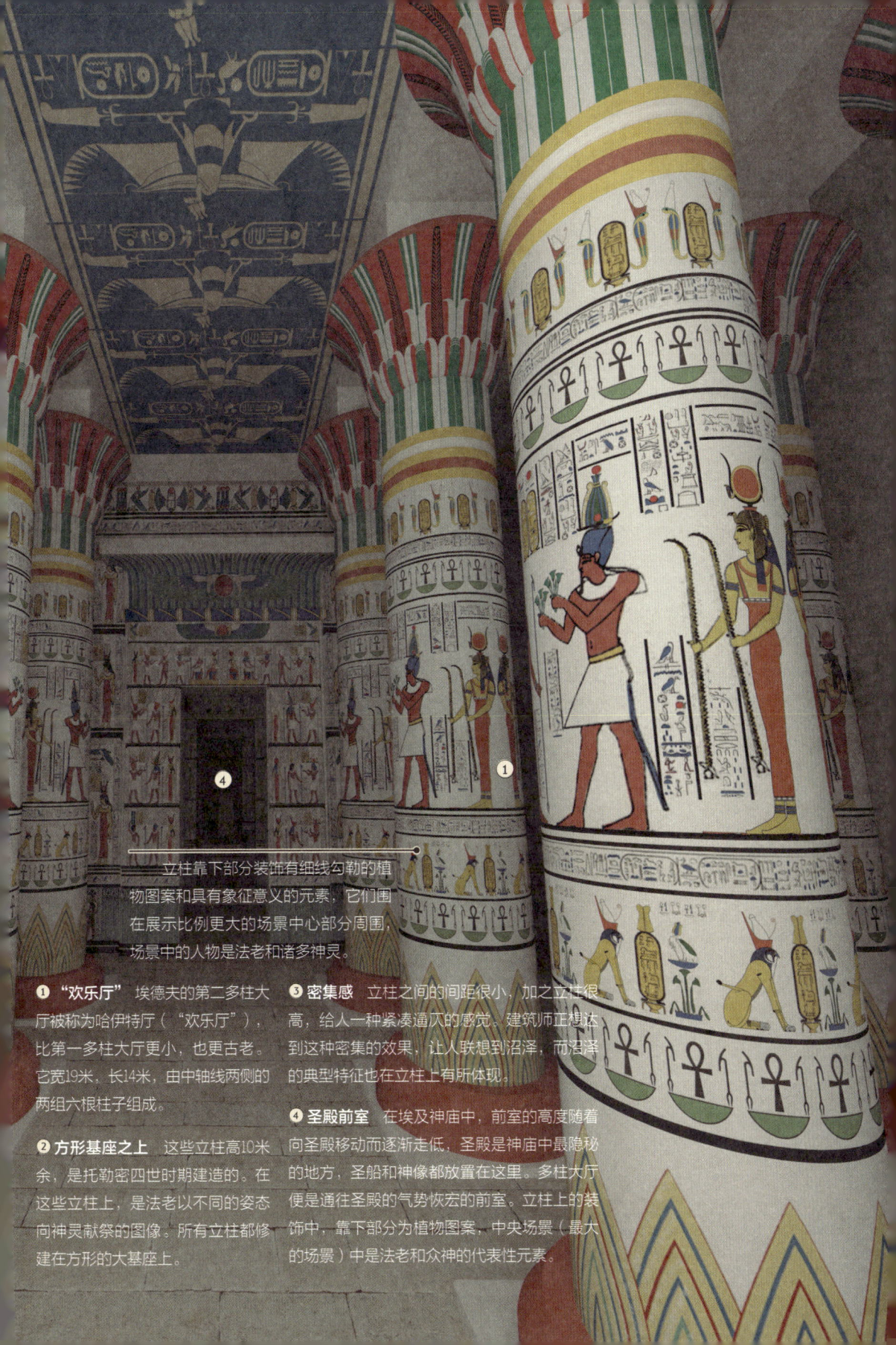

立柱靠下部分装饰有细线勾勒的植物图案和具有象征意义的元素，它们围在展示比例更大的场景中心部分周围，场景中的人物是法老和诸多神灵。

❶ "欢乐厅" 埃德夫的第二多柱大厅被称为哈伊特厅（"欢乐厅"），比第一多柱大厅更小，也更古老。它宽19米，长14米，由中轴线两侧的两组六根柱子组成。

❷ 方形基座之上 这些立柱高10米余，是托勒密四世时期建造的。在这些立柱上，是法老以不同的姿态向神灵献祭的图像。所有立柱都修建在方形的大基座上。

❸ 密集感 立柱之间的间距很小，加之立柱很高，给人一种紧凑逼仄的感觉。建筑师正想达到这种密集的效果，让人联想到沼泽，而沼泽的典型特征也在立柱上有所体现。

❹ 圣殿前室 在埃及神庙中，前室的高度随着向圣殿移动而逐渐走低，圣殿是神庙中最隐秘的地方，圣船和神像都放置在这里。多柱大厅便是通往圣殿的气势恢宏的前室。立柱上的装饰中，靠下部分为植物图案，中央场景（最大的场景）中是法老和众神的代表性元素。

■ 菲莱岛

荷鲁斯与王位之争

荷鲁斯是奥西里斯的遗腹子。奥西里斯被他的弟弟塞特肢解,但他的妻子伊西斯把四散的肢体重新拼凑在一起,并将他制成第一具木乃伊。伊西斯用人造器官代替了被牛骨鱼吞食的阴茎,用魔力使奥西里斯复活并化身成一只鸢,然后和丈夫怀上了一个孩子——这个孩子就是荷鲁斯。荷鲁斯成年后与塞特正面较量,在伊西斯的帮助下大败塞特夺回埃及王位,成为埃及法老的合法继承人。因此,荷鲁斯是法老完美的儿子在人间的化身。在埃德夫,人们崇拜的是荷鲁斯-拉(Horus-Rê)的化身荷鲁斯-贝赫德(Horus Behedet),而他的妻子是丹德拉神庙的女神哈托尔,并与哈托尔生下了哈索姆图斯。荷鲁斯是世界和法老的保护者,在这里被称为"鱼叉手",因为他就是这样在战斗中击败塞特的。埃德夫神庙的几幅浮雕中展现了荷鲁斯以鳄鱼、河马或驴的形象杀死塞特的场景。

① 塔门
② 带柱廊的庭院
③ 多柱大厅(门廊)
④ 多柱大厅(内中堂)
⑤ 圣殿

▶ 如图所示,埃德夫神庙是按照埃及神庙的模式建造的。

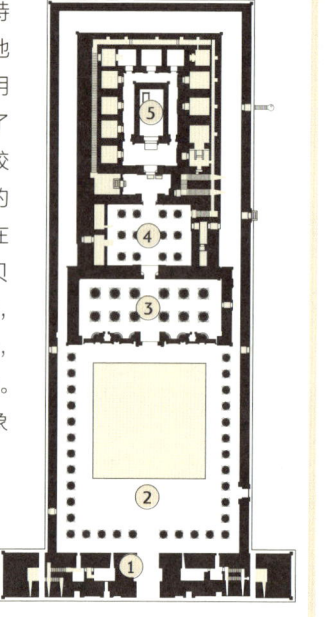

了荷鲁斯神庙的玛米西,供奉荷鲁斯、哈托尔和他的儿子哈索姆图斯。玛米西位于砖墙围墙的西南角。至于玛米西之前的部分,由于托勒密八世英年早逝,未能建成带有立柱的庭院。因此,按照托勒密九世·索泰尔二世(Ptolémée IX Sôtêr II,绰号"鹰嘴豆"[Lathyros])法老的命令,人们修建了一道墩座墙——可通过一段楼梯登上此墙,又在墙上修建了一座六边亭,每边有四根立柱。

浮雕编年史

埃德夫神庙不仅保存完好,而且其墙壁上装饰的许多文字也为研究人员提供了丰富的信息。例如,围绕神庙的石墙外侧有长300米的铭文,详细记载了神庙中不同房间的名称和功能,以及神庙的建造时间和名称。

在石墙的内侧，铭文讲述了创世的故事：万物起源的圣山丘就位于神庙的所在地。其他铭文进一步详细介绍了神庙及其经济活动，并列出了从底比斯到阿斯旺 180 公里范围内为神庙所有土地的生产清单。有些门的侧柱上，还标示着祭司在主持祭祀之前必须进行的洗净仪式。在其他墙壁上，可以读到每种崇拜的日常仪式。这些文字构成了一个神圣空间非凡的日常生活编年史。

除了每天举行两次的普通礼拜，日历中还包括数量繁多的节日。其中，最重要的节日之一是在供奉荷鲁斯的神庙中不可或缺的——用以纪念奥西里斯之子战胜篡位者和杀害手足的叔叔塞特。神庙中有许多场景展现了塞特被成为神灵的侄子（奥西里斯）击杀致死的场景。但是，最重要的节日是"美丽相会节"，庆祝丹德拉的女神哈托尔到访她的丈夫、埃德夫的荷鲁斯神的神庙。这对相恋的神灵在一起生活十四天，以保证（尼罗河）世界将在下一次泛滥时重获新生。

▲ 埃德夫巨大的塔门使得围墙也十分恢宏：建墙的每块石块高达36米，相当于十二层楼高。

◀ 隼是荷鲁斯神的代表。两只巨大的隼雕像头戴上埃及和下埃及双王冠，指示出神庙的入口。荷鲁斯是埃及法老时代最古老且最具有代表性的神灵之一。

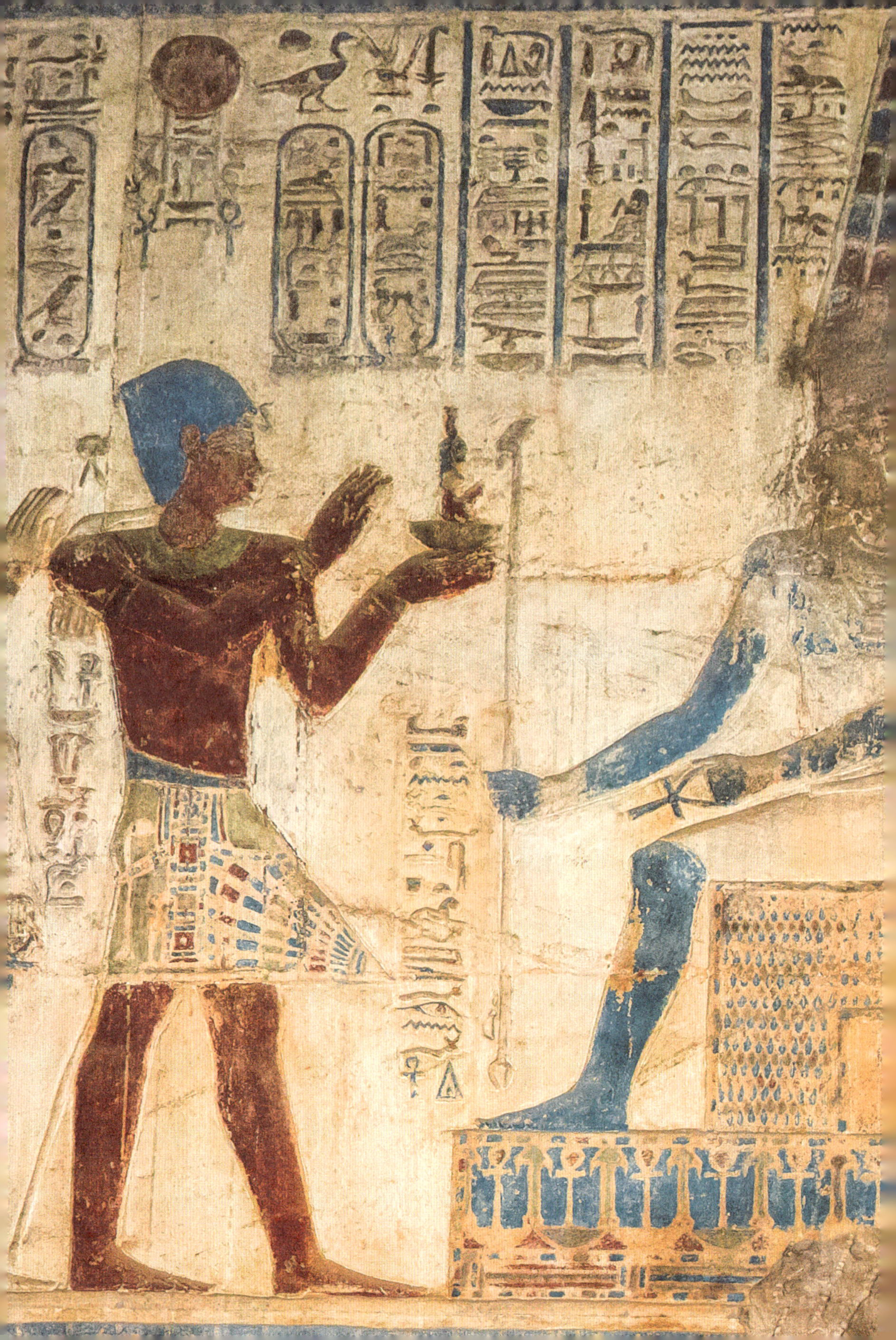

附 录

漫步吉萨 416
漫步卡纳克 420
漫步底比斯 424
漫步努比亚 428

◀ 阿蒙神端坐于王座之上,头戴双羽双王冠,正在接受供品。卡纳克奥佩特神庙保存的浮雕。

■ 附录

漫步吉萨

从胡夫金字塔到赫米乌努陵墓，吉萨高原遍布宏伟的墓葬群。巨大的金字塔及其神庙与朝臣们的马斯塔巴分布在东侧和西侧墓地中，彼此并肩而立。

● 第四王朝的建筑和结构
○ 其他后期建筑

大金字塔（胡夫金字塔）墓葬建筑群

❶ 胡夫金字塔
（上面照片）
❷ 胡夫上庙
❸ 附属金字塔
❹ 圣船博物馆
（下面照片）

❺ 西墓地
❻ 赫米乌努陵墓
❼ 东墓地
❽ 梅里桑克三世陵墓

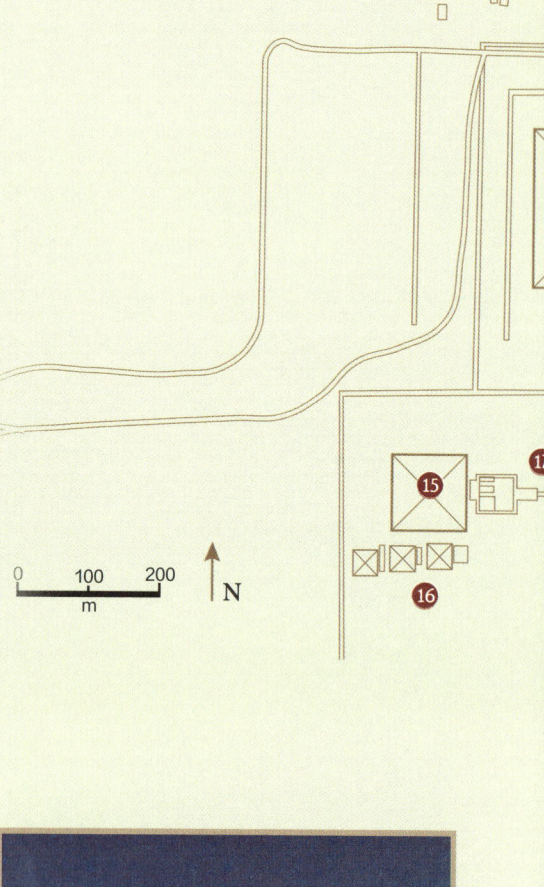

卡夫拉墓葬建筑群

❾ 卡夫拉金字塔
（照片）
❿ 卡夫拉上庙
⓫ 入口大道

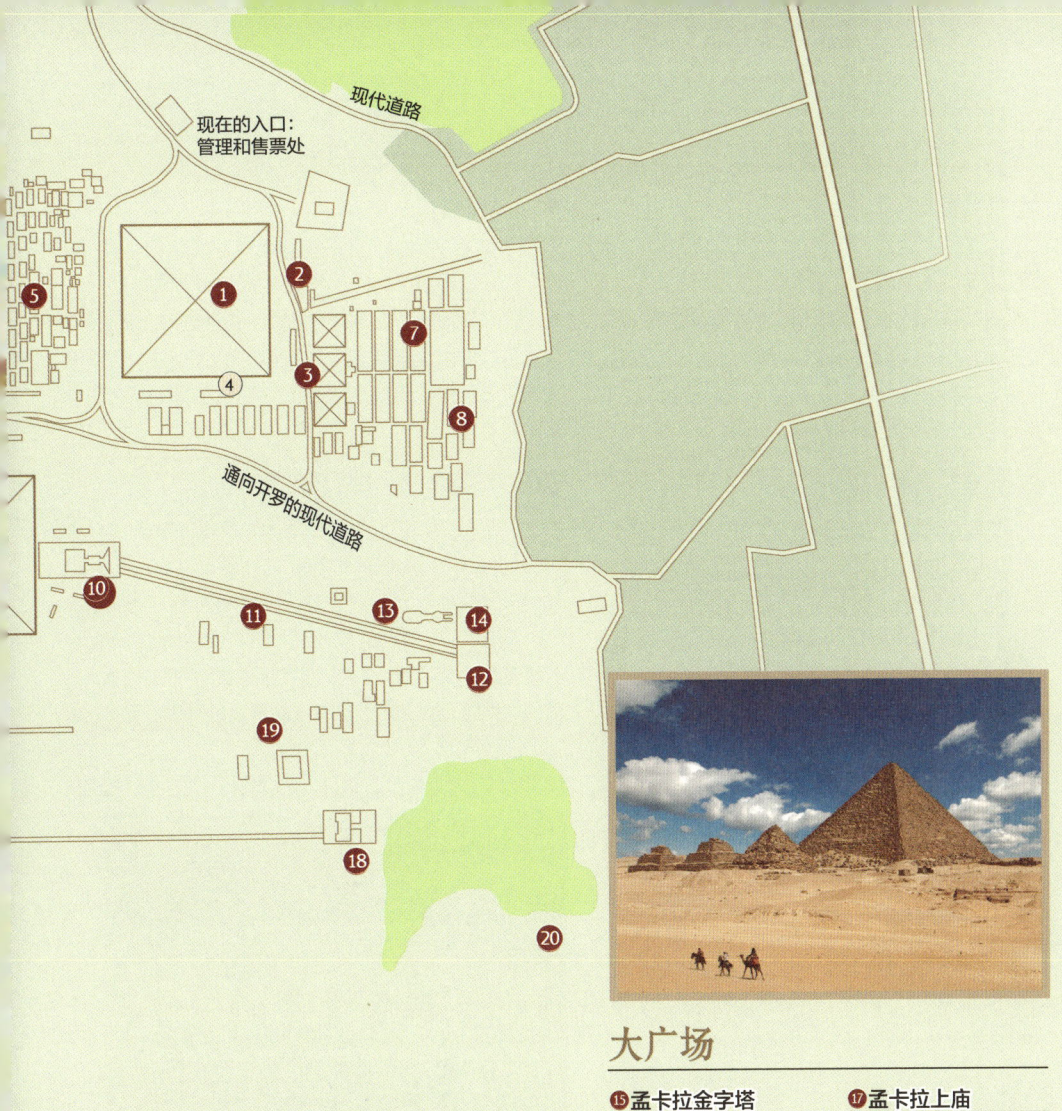

现代道路

现在的入口：
管理和售票处

通向开罗的现代道路

大广场

⑮ 孟卡拉金字塔　　　　⑰ 孟卡拉上庙
　（照片）　　　　　　⑱ 孟卡拉下庙
⑯ 附属金字塔

⑫ 卡夫拉下庙（照片）　⑭ 狮身人面像（斯芬　⑲ 肯特考斯（肯特考斯　⑳ 工匠城
⑬ 大狮身人面像　　　　　克斯像）神庙　　　　一世）陵墓（照片）

417

附录

大金字塔墓葬建筑群

❶ 胡夫金字塔

第四王朝第二代统治者胡夫的陵墓高达150米，数千年来它一直是世界上最高的建筑。大金字塔（胡夫金字塔）每天仅限300人进入，凭特殊门票可以进入王后室和法老室，但地下墓室不对公众开放。

❷ 胡夫上庙

这座建筑的所有遗迹仅剩下装饰中央庭院地面的巨大黑色玄武岩石板。中央庭院由门廊环绕，是通往圣殿的前室，圣殿位于一系列柱子之后。神庙位于大金字塔的东侧，可以不受限制地自由参观。

❸ 附属金字塔

大金字塔东南方的三座为王后修建的建筑大小相近：基座都长约50米、金字塔高约30米。这些金字塔的东侧都有一座小神庙。金字塔内没有发现任何名字，因此它们至今仍然没有墓主人名。

❹ 圣船博物馆

1954年，在大金字塔脚下的一个长坑中发现了1224块船的碎片。修复小组成功地将这些碎片组装在一起，并复原出一艘长43米多的船。自1985年以来，这艘船一直陈列在专门为其建造的博物馆里，每年都有成千上万的游客前来一睹芳容。

❺ 西墓地

这座大型的马斯塔巴墓地是专门为胡夫的王室大臣建造的，法老赋予他们在他身边永远安息的特权。虽然大多数马斯塔巴的大小大致相同，但有些要大得多，如赫米乌努王子的马斯塔巴。

❻ 赫米乌努陵墓

赫米乌努是胡夫的侄子，也是大金字塔的建筑师。从赫米乌努的头衔"法老所有工程的监督者"便可以看出，他是一位高官。为了不辱没赫米乌努的身份，他被埋葬在西墓地的一座绝佳的马斯塔巴之中。赫米乌努的陵墓离法老的陵墓很近，而且比其他马斯塔巴大得多。

❼ 东墓地

最初，这处墓地是只有法老家族最亲近的成员，即王室中最显赫的人方可入葬的。墓地中共有十二座马斯塔巴。在胡夫统治时期，这些墓穴被改建成了八座巨型马斯塔巴。一些历史上留名的人物就埋葬在这里，如在继承王位前就去世的王子卡瓦布（Kawab）。

❽ 梅里桑克三世陵墓

梅里桑克三世的陵墓位于大金字塔的东墓地，由美国埃及学家乔治·安德鲁·莱斯纳（George Andrew Reisner）于1927年发现。梅里桑克三世是卡夫拉的妻子，她的这座陵墓可谓古埃及丧葬艺术最精美的代表之一。墓中的多色雕刻经久不衰，依然色彩艳丽，而特别值得注意的是北墙壁龛中有十尊女性雕像。

卡夫拉墓葬建筑群

❾ 卡夫拉金字塔

虽然这座金字塔比胡夫金字塔矮3米，底座短15米，但由于它建在一处地势突起处，因此看起来更雄伟，尤其是它上部覆盖层依然保持完好。卡夫拉金字塔可以参观，但它与孟卡拉金字塔交替开放：一个开放时，另一个就关闭。

❿ 卡夫拉上庙

上庙是对已故法老进行日常祭祀之所。这座古王国时期保存最完好的上庙不容错过，它首次将这种建筑的五个标志性元素结合在一起：入口大厅、庭院、五个君主雕像壁龛、储藏室和圣殿。

⑪ 入口大道

这条大道长 500 米，是为数不多的仍有大量遗迹的大道之一。地基和轮廓线清晰可见，有几处还保留着墙壁上的石块。一条运河穿过大道中央，用于排泄雨水。

⑫ 卡夫拉下庙

这座神庙在祭拜和法老下葬期间的确切功能尚不明确。不过，由于它靠近河流或码头，这表明其曾是接待人参观的神庙。卡夫拉下庙是保存最完好的神庙之一，几乎可以说除了屋顶和装饰神庙的雕像外几乎完好无损。卡夫拉下庙对游客开放。

⑬ 大狮身人面像

这座雄伟的狮身人面像雕刻在吉萨高原上，守护着王室墓地。专家们对狮身人面像的面部究竟是按照谁的样子雕凿众说纷纭：有些认为面部特征与胡夫相符，另一些则认为更像卡夫拉。然而，大狮身人面像只能从卡夫拉入口大道的起点开始参观。

⑭ 狮身人面像神庙

狮身人面像脚下的神庙结构以东西和南北为轴对称。中央庭院有两个壁龛，一个位于东侧，另一个位于西侧。这令人不禁推测这座神庙是用来供奉太阳神的三个化身：冉冉升起的太阳凯普里、中天的太阳拉和日落的太阳阿吞。狮身人面像神庙不对公众开放。

孟卡拉墓葬群

⑮ 孟卡拉金字塔

孟卡拉金字塔是吉萨金字塔中最小的一座，但它仍然十分雄伟壮观：高 66 米，底边长 105 米。这里值得一览，但这座金字塔与卡夫拉金字塔交替开放。

⑯ 附属金字塔

孟卡拉陵墓的南面建造了三座小金字塔。其中，一座表面光滑，其他的都是阶梯式金字塔。人们认为，这些金字塔是用来埋葬法老的王后和嫔妃的。

⑰ 孟卡拉上庙

孟卡拉在位时就开始建造上庙，但是最终完成建设的是他的儿子谢普塞斯卡夫（Shepseskaf）。这座建筑包含了整个墓地最大的石块，有些石块重量超过 200 吨。孟卡拉上庙向公众开放，其结构与胡夫上庙非常相似。

⑱ 孟卡拉下庙

下庙完全是由谢普塞斯卡夫在其父孟卡拉打下的地基上用土坯建造的。美国埃及学家乔治·安德鲁·莱斯纳逐段进行发掘，每发掘一段之后立刻用沙子回填掩埋，发掘结束后用沙子覆盖，防止对下庙造成任何损坏。下庙的中心部分是一个未铺设石板的庭院。

⑲ 肯特考斯（肯特考斯一世）陵墓

这座方形陵墓有两层：第一层开凿在岩石上，第二层建在第一层上面。内部结构有两层。第二层包括地下室和六个储藏室，这些结构在孟卡拉和谢普塞斯卡夫的陵墓中也有发现。尽管这位王后（肯特考斯一世）在古王国时期第四王朝和第五王朝之间的过渡期间发挥了重要作用，但我们对她所知甚少。

⑳ 工匠城

建造金字塔的工人住在墓地东南方的一个村庄里，村庄与墓地由一道石墙隔开。村里有宿舍、东区、西区、王室行政大楼和粮仓。

■ 附录

漫步卡纳克

在卡纳克和卢克索伟大的考古遗址遗迹中漫步，令人不禁重温这个国家的历史。游客在参观新王国时期重镇底比斯的遗址时，可以从其中辉煌的建筑上读出两千多年的历史所留下的痕迹。

● 新王国时期建造的神庙和建筑物
○ 其他建筑物

卡纳克阿蒙神庙区

❶ 阿蒙神庙
❷ 第一塔门
❸ 拉美西斯三世神庙
❹ 第二塔门
❺ 塔哈尔卡亭
（上面照片）
❻ 多柱大厅
❼ 方尖碑
❽ 中王国庭院
❾ 阿赫梅努大厅
❿ 圣湖
⓫ 孔苏神庙
（下面照片）
⓬ 奥佩特神庙
⓭ 普塔神庙
⓮ 狮身人面像大道
（斯芬克斯大道）

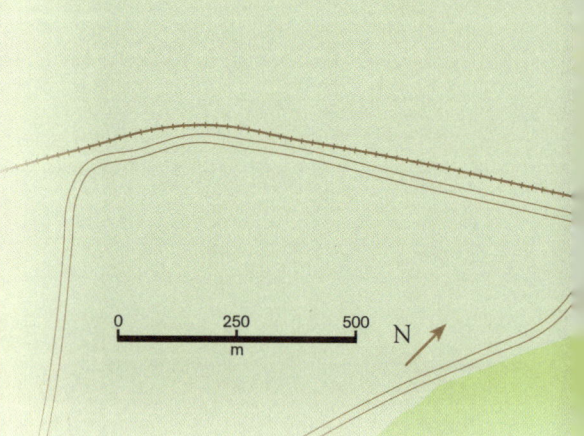

穆特神庙区和蒙图神庙区

⓯ 穆特神庙区（照片）
⓰ 蒙图神庙区
⓱ 穆特神道

尼罗河

卢克索
- ⑱ 卢克索神庙（照片）
- ⑲ 卢克索塔门
- ⑳ 坐像
- ㉑ 游行柱廊
- ㉒ 阿蒙霍特普三世庭院（照片）
- ㉓ 狮身人面像大道
- ㉔ 阿布哈加格（Abou el-Haggag）清真寺
- ㉕ 罗马营地

■ 附录

卡纳克阿蒙神庙区

❶ 阿蒙神庙

阿蒙神是西地中海最强大的主神之一，人们为他建造了与其权力相称的恢宏神庙。从新王国时期一直到罗马时期，阿蒙神庙均得到了历代法老的扩建和改建，所有法老都渴望在此留下自己的印记，因此为这里投入得最多。

❷ 第一塔门

这是通往卡纳克主圣殿——阿蒙神庙的正面入口。狮身人面像大道（斯芬克斯大道）将第一塔门前方与码头连接起来，当时的人们从尼罗河进入码头参加圣船游行仪式。

❸ 拉美西斯三世神庙

拉美西斯三世向阿蒙神庙慷慨献祭，有时进献的是土地和食物。他为底比斯三柱神（阿蒙与妻子穆特和儿子孔苏）的圣船提供了一个特殊的休息场所，并赋予其古典神庙的结构。

❹ 第二塔门

神庙的第二塔门现今仅存一些残片，它是通往宏伟的多柱大厅的入口。第二塔门气势宏伟，饰有浮雕。门口两翼有两尊拉美西斯二世的巨型坐像，其中一尊有一部分保存至今。

❺ 塔哈尔卡亭

第二十五王朝的努比亚统治者塔哈尔卡（Taharka）宣称自己合法拥有法老身份，他们征服了埃及并在这里留下了自己的印记——在阿蒙神庙里修建了一座用于保护圣船的石亭。

❻ 多柱大厅

这片巨大的立柱森林也许是阿蒙神庙最有特色的地方。这些立柱在"神之居所"中不可或缺，它们代表着阿蒙-拉神每次在苍穹穿行时重获新生的世界，而神殿的中轴线则代表着苍穹。

❼ 方尖碑

第三塔门和第四塔门之间的空间后来成了一个庭院，庭院中矗立着多座方尖碑。如今，庭院里只有图特摩斯二世的两座方尖碑中的一座和哈特谢普苏特的两座方尖碑中藏在塔门中的一座，历经岁月流逝保存至今。

❽ 中王国庭院

底比斯的第一座阿蒙神庙由法老塞索斯特利斯一世（第十二王朝）建造。尽管神庙后来进行了一些改建和扩建，但其围墙的核心部分几乎完好无损，直到公元4世纪该神庙关闭不再供奉神灵并被拆除——神庙的石块被用于他处。

❾ 阿赫梅努大厅

图特摩斯三世可能是在阿蒙神庙后面——哈特谢普苏特早期的圣殿或两者之间的连接处所在的圣殿上——建造了这座神庙。这座神庙是为了供奉在位的法老，其中最具有特点的是著名的植物园浮雕。

❿ 圣湖

埃及是一个以水为生的世界，其河流奔流不息、一刻不停地使它恢复着生机，因此在供奉神灵的围墙内设有圣湖。圣湖象征着努恩（Noun，古埃及原始水神、混沌神，称为"众神之父"）之水，创世神即从这里突然出现。祭司们在进入神庙之前要在这里进行洗净。

⓫ 孔苏神庙

孔苏神庙是一个规模不大的杰作，它完美地展示了埃及古典神庙的构成要素：塔门、带有立柱的庭院、多柱大厅和圣殿。入口处有一条不长的狮身人面像大道和一个门廊。

⑫ 奥佩特神庙

这座供奉着河马女神奥佩特的小神庙与孔苏神庙毗邻，位于垂直轴线上，其建造年代不详。这座神庙似乎是塔哈尔卡在第二十五王朝开始修建的，后来由内克塔内布一世、托勒密三世和托勒密八世等法老在位期间进行了扩建。

⑬ 普塔神庙

孟斐斯的陶器之神普塔也拥有属于自己的神庙和三座圣殿，其中两座供奉着普塔神的位于中央和北侧，而南面的第三座则供奉的是哈托尔。这座神庙内部的核心部分是由图特摩斯三世建造的，然后由查巴卡（Chabaka，第二十五王朝）和几位托勒密王朝法老进行了扩建。

⑭ 登岸神道

在卡纳克的阿蒙神庙正立面前方有一条狮身人面像大道，通往尼罗河上的登岸神道，而埃及最盛大的宗教仪式的船只就是从这里起航的。如今，这条大道只留下了残垣断壁。

穆特神庙区与蒙图神庙区

⑮ 穆特神庙区

穆特女神的神庙区位于底比斯城以北的圣地，她是底比斯三柱神，是阿蒙的妻子，孔苏的母亲。女神在这里享有自己的神庙，周围环绕着一个神圣的月牙形湖泊。

⑯ 蒙图神庙区

在卡纳克的一个神圣围墙内供奉着战神蒙图，围墙内有一座图特摩斯三世时期建造的神庙，从北面可以通过一条狮身人面像大道进入神庙。东面有一座供奉图特摩斯三世的儿子哈普雷（Harprê）的神庙，后面还有一座供奉女神玛阿特的神庙，这几座神庙位于同一轴线上，但方向相反。

⑰ 穆特神道

穆特神庙的围墙通过以阿蒙神为面貌特征的公羊首人面像（带公羊头像）大道与卡纳克大围墙（阿蒙围墙）相连，这些雕像的残片仍然清晰可见。

卢克索

⑱ 卢克索神庙

一条长长的神道连接着卢克索神庙和卡纳克神庙，神道两侧放置着斯芬克斯像。在奥佩特期间，底比斯三柱神将会从这条神道抵达卢克索，仪式将会遵守多种君主礼仪。

⑲ 卢克索塔门

卢克索塔门有两个巨大的"塔"构成，上面装饰着卡叠什战役（此为拉美西斯二世向赫梯人发起的战役）。他们前方有两个巨型坐像的遗迹。

⑳ 坐像

卢克索神庙最吸引人的景观就坐落于神庙入口处，这些巨大坐像是拉美西斯二世的雕像。

㉑ 游行柱廊

在穿过塔门之后，参观者便来到游行柱廊，此处柱廊是由阿蒙霍特普三世下令修建的。十四根高16米的巨柱分立两列，构成整个柱廊。巨柱上雕刻着精美的浮雕。

㉒ 阿蒙霍特普三世庭院

这是卢克索神庙中最具观赏性的建筑结构之一。连接着多柱厅的柱廊庭院的某些立柱至今仍然保留完整。

㉓ 狮身人面像大道（斯芬克斯大道）

近1500座狮身人面像连接着卡纳克大围墙内的阿蒙居所和卢克索神庙，即著名的"南宫"。神道最早由法老内克塔内布一世下令修建。

㉔ 阿布哈加格清真寺

在卢克索神庙第一庭院中，有一座13世纪时修建的清真寺，以当地圣人阿布·哈加格命名。这座建筑的高度与庭院的相对位置使我们了解到神庙已经半掩地下。

㉕ 罗马营地

罗马时代，卢克索神庙几乎仍然保存完好。罗马人决定对这些建筑大加利用，在公元1世纪，罗马人将卢克索神庙打造成皇宫。三个世纪之后，罗马人在附近修建了军营。

> 附录

漫步底比斯

底比斯（埃及人称瓦塞特[Ouaset]）在第十八王朝达到了顶峰。底比斯东岸装点着卡纳克和卢克索建筑群，西岸是"百万年神庙"和新王国统治者的豪华陵墓。

- 🔴 第十八王朝的陵墓和神庙
- ⚪ 其他王朝的陵墓和神庙

帝王谷

- ❶ 图坦卡蒙陵墓（上面照片）
- ❷ 图特摩斯三世陵墓
- ❸ 阿蒙霍特普二世陵墓
- ❹ 阿伊陵墓
- ❺ 霍伦海布陵墓
- ❻ 拉美西斯一世陵墓
- ❼ 塞提一世陵墓
- ❽ 拉美西斯六世陵墓
- ❾ 图特摩斯一世陵墓
- ❿ 拉美西斯二世陵墓
- ⓫ 哈特谢普苏特陵墓
- ⓬ 埃赫那吞（阿蒙霍特普四世）陵墓
- ⓭ 拉美西斯三世陵墓
- ⓮ 麦伦普塔赫陵墓（下面图片）

代尔巴哈里

- ⓯ 哈特谢普苏特神庙（照片）
- ⓰ 蒙图霍特普二世神庙
- ⓱ 图特摩斯三世神庙

帝王谷

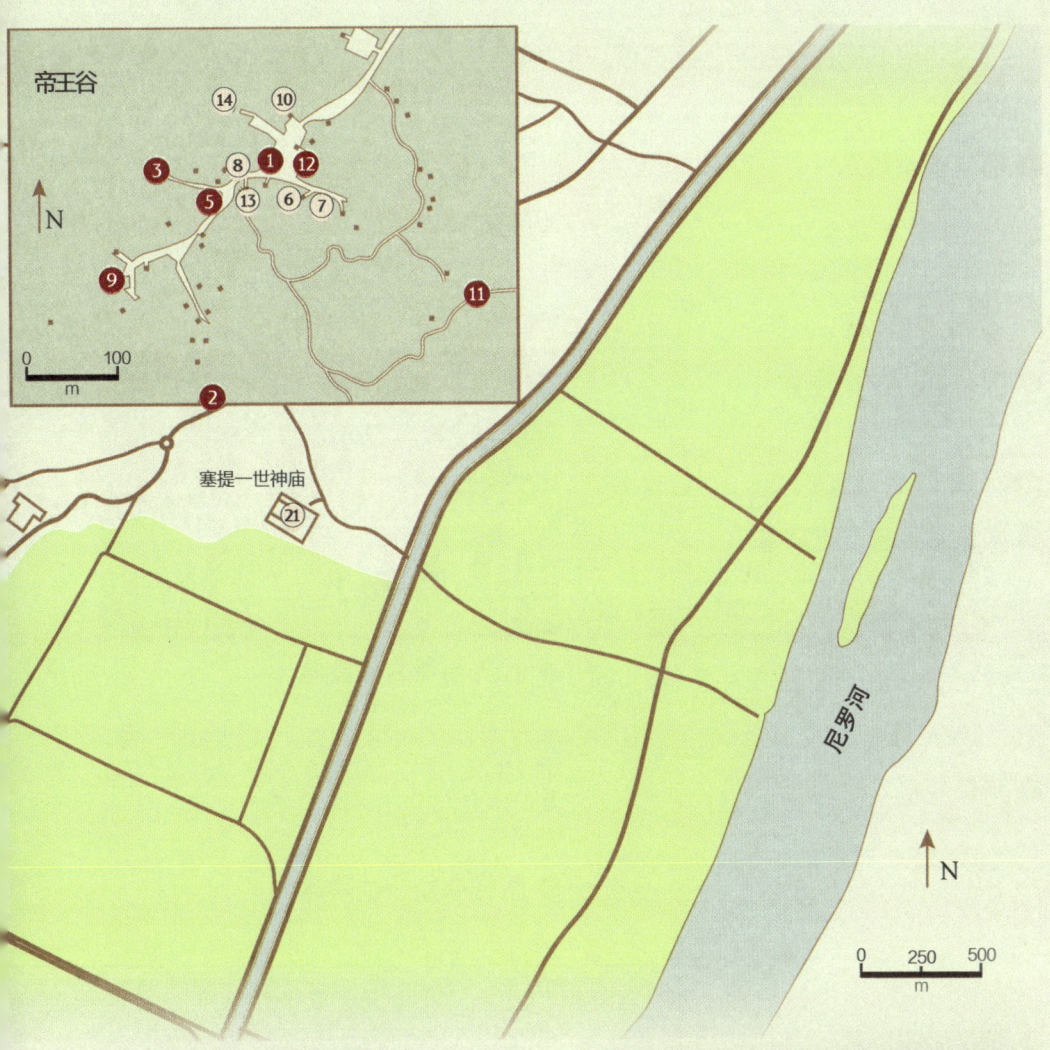

代尔麦地那

- ⑱ **工匠村**（照片）
- ⑲ 麦里特塞盖尔（Merseger）圣殿

"百万年神庙"

- ⑳ 麦地那哈布
- ㉑ 塞提一世神庙
- ㉒ 门农巨像

425

附录

帝王谷

❶ 图坦卡蒙陵墓

KV62 墓是帝王谷中唯一一座被发现时几乎完好无损的墓葬,墓中包含了墓主人的大部分随葬品。这是一座小型的地下墓穴,只有墓室中有装饰。墓室中放置着石棺和棺椁,棺木中有君主的木乃伊,一张惊人的黄金面具保护着木乃伊。

❷ 图特摩斯三世陵墓

KV34 墓的墓室形状与王名圈相似。《阿姆杜阿特之书》中的经文(以及立柱上的《拉神祷文》)是用草书体象形文字绘制在淡黄色背景上的线条图形。

❸ 阿蒙霍特普二世陵墓

这座墓葬(KV35 墓)属于伟大的图特摩斯三世的继承人——阿蒙霍特普二世,他作为一名合格的继承人继续执行了图特摩斯三世的扩张政策。阿蒙霍特普二世的运动技能也十分突出,尤擅射箭、游泳和长跑。阿蒙霍特普二世的墓室布局似乎是图特摩斯三世墓室的翻版,但更加规整,结构也更加合理。

❹ 阿伊陵墓

图坦卡蒙的继任者——阿伊没有选择帝王谷主要部分的位置,而是选择了西部山谷或称"猴谷"之处为其修造陵墓(这解释了它为什么被称为 WV23 墓)。这可能是图坦卡蒙最初的陵墓,但图坦卡蒙英年早逝,陵墓一直没有完工。这座陵墓沿用了阿玛纳地下陵墓典型的线性布局。

❺ 霍伦海布陵墓

KV57 墓是第十八王朝最后一位法老的陵墓,它沿用了阿玛纳王室地下陵墓的线性布局但又与之稍有偏差,这一点可以从它中间部分的平面略有偏移中看出来。这座陵墓最突出的是墓中的装饰,但其修建过程却突然中断,而这使得考古学家可以一步一步地了解到装饰中从最初的草图到最后成品的所有阶段。

❻ 拉美西斯一世陵墓

在某种程度上,KV16 墓反映了其墓主人——第十九王朝的建立者——在位时期之短,这位法老的统治仅持续了刚刚一年。这座地下陵墓符合线性排布的规制,但非常简陋:只是在两个楼梯之间有一条短走廊,通向一个小墓室。该陵墓由乔万尼·贝尔佐尼发现,并在小密室中发现了最初随葬品的若干雕像。

❼ 塞提一世陵墓

KV17 墓是帝王谷中最深的一座陵墓。乔万尼·贝尔佐尼于 1817 年发现了这座陵墓,并制作了一个真人大小的复制品,后来这个复制品在伦敦展出。地下陵墓中有几件随葬品和一具方解石棺。乔万尼·贝尔佐尼把这具方解石石棺卖给了约翰·索恩(John Soane),石棺上装饰着《门之书》中的许多场景。

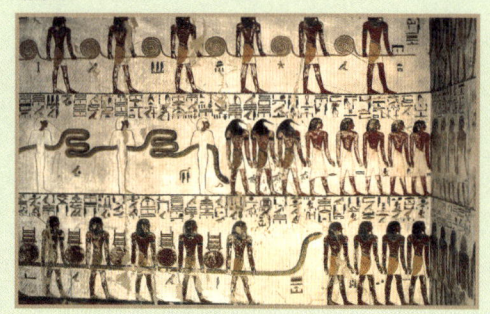

❽ 拉美西斯六世陵墓

这是一个线性布局的双地下陵墓,法老拉美西斯五世和他的继任者拉美西斯六世都葬在这里。KV9 墓的第一部分,从入口到墓井是由拉美西斯五世且只由拉美西斯五世装饰,而其他外围建筑是由拉美西斯六世装饰。

❾ 图特摩斯一世陵墓

虽然不是每个人都同意这一点,但 KV38 墓似乎是帝王谷的第一座墓。这座陵墓被设计用来安葬图特摩斯一世的遗骨,陵墓在库尔恩山(Al-Qurn)的一侧开凿而成,这个位置得天独厚。图特摩斯一世陵墓是一座非常小的地下陵墓,布局向左弯曲,由一条走廊和两个房间组成。第二个房间是椭圆形的,里面放置着法老的石棺。

❿ 拉美西斯二世陵墓

KV7 墓的壮观规模反映了其墓主人拉美西斯二世大兴土木修建大型建筑的政策。此外,它也是帝王谷中唯一一个向右旋转 90 度的陵墓。但是,反复多次的洪水严重损坏了它的入口。

⓫ 哈特谢普苏特陵墓

KV20 墓是一座蜿蜒曲折的地下陵墓,在它的起点和终点有两个向右旋转的部分。石灰石板装饰着墓室,这是唯一装饰过的房间,曾一度安放着墓主人哈特谢普苏特和她父亲图特摩斯一世的遗体。

⑫ 埃赫那吞陵墓

20世纪初，西奥多·戴维斯（Theodore Davis）发现KV55墓，因墓中的随葬品在专家中引起了无休止的争论：墓中的随葬品的名字被抹去和改写，有一具木乃伊的年龄最近才得以确定……在这种情况下，很难确定墓主人的身份，他可能是埃赫那吞（阿蒙霍特普四世）。

⑬ 拉美西斯三世陵墓

几个世纪以来，深150米的KV11墓一直向好奇者开放。这座陵墓从塞特纳赫特开始建造，由他的儿子拉美西斯三世完成，而拉美西斯三世就埋葬在这里。这座陵墓的走廊和天花板上装饰着尺寸巨大的人像。

⑭ 麦伦普塔赫陵墓

KV8墓从古希腊-罗马时代起似乎就已经是一个旅游景点，这从其墙壁上的大量涂鸦可以看出。这座装饰华丽的陵墓（与麦伦普塔赫的父亲[拉美西斯二世]和祖父[塞提一世]的陵墓一样）早已被洪水冲毁。麦伦普塔赫被埋葬在四个套嵌的石棺：三个红色花岗岩石棺和一个方解石石棺（最小的）。

代尔巴哈里

⑮ 哈特谢普苏特神庙

这座"百万年神庙"的建筑围绕着三个地块毗邻而建，让人联想到蒙图霍特普二世（第十一王朝）神庙。蒙图霍特普二世神庙虽然外形与其相似，但建筑时间要早得多。哈特谢普苏特神庙似乎融入了其所在地代尔巴哈里杂乱的建筑中。

⑯ 蒙图霍特普二世神庙

这座神庙的建筑风格与众不同：一条大道通向一个平台，平台中央坐落着一个至今仍令人感到颇为费解的建筑（金字塔、马斯塔巴？）。这种建筑结合了孟斐斯王陵（入口大道，可能包括金字塔）和底比斯王陵（陵墓在悬崖上雕凿而成）的特有元素。

⑰ 图特摩斯三世神庙

图特摩斯三世在其前任和继任者的同一地点上建造了他的"百万年神庙"。然而，为了彻底消除姑母哈特谢普苏特的统治，图特摩斯三世在代尔巴哈里建造了第二座神庙，位于其亲人身边的神庙和蒙图霍特普二世神庙之间。对图特摩斯三世来说，这是防止哈特谢普苏特法老独占底比斯山上这块圣地的一种方式。

代尔麦地那

⑱ 工匠村

帝王谷的60多座陵墓是由一群工匠挖掘的，他们和各自的家人住在代尔麦地那的村里，距离他们的工地大约3公里。这些工匠条件优越，一般都识字，他们是才华横溢的艺术家，留下了许多关于日常生活的文字记载。

⑲ 麦里特塞盖尔圣殿

眼镜蛇女神麦里特塞盖尔，"喜欢安静的女神"，她是代尔麦地那的工匠们崇拜的主要神灵之一。这座圣殿建在底比斯西部丘陵的中部，位于代尔麦地那工匠村和王后谷之间的半山腰上，其重要性由此可见一斑。

"百万年神庙"

⑳ 麦地那哈布

"百万年神庙"中最南端的神庙是由拉美西斯三世建造的。拉美西斯三世还在这里修建了一座宫殿，而他也正是在这座宫殿里遭人密谋暗杀。在法老时期的神庙中，这座神庙中的多柱大厅的多彩装饰保存得最为完好，墙壁上还刻有入墙三分的象形文字。

㉑ 塞提一世神庙

塞提一世神庙是已知的底比斯西岸耕地和沙漠交界地带修建的最后一座神庙，它也是位置最靠南的一座神庙。"百万年神庙"原本是保证死者在冥界衣食住行而举行的必要的仪式和献祭之处。在河谷美丽节时期，就是在这里举行各项仪式。

㉒ 门农巨像

有两尊巨型坐像（上面涂满涂鸦）似乎凭空出现，实际上坐像的面孔符合法老阿蒙霍特普三世的面部特征，它们坐落在他过去的"百万年神庙"入口前。如今，神庙早已不在，但巨像至今屹立未倒。至今，发掘工作仍在持续，已经发掘出其他一些巨像，有望日后将这些巨像复原。

■ 附录

漫步努比亚

从中王国开始，埃及法老就沿着尼罗河修建神庙和防御工事，以确保他们的统治。现存的遗迹，见证了这些建筑昔日的辉煌。

● 新王国时期的遗迹
○ 其他时期的遗迹

阿布辛贝神庙

❶ 拉美西斯二世神庙　❷ 尼斐尔泰丽神庙（照片）

菲莱岛神庙

❸ 伊西斯神庙
❹ 哈托尔神庙
❺ 图拉真亭（照片）

努比亚北部其他神庙

❻ 凯尔塔西（Kertassi）亭
❼ 贝瓦利神庙（照片）
❽ 卡拉布沙（Kalabsha）神庙
❾ 瓦迪塞布阿（Ouadi es-Seboua）神庙

努比亚南部的神庙

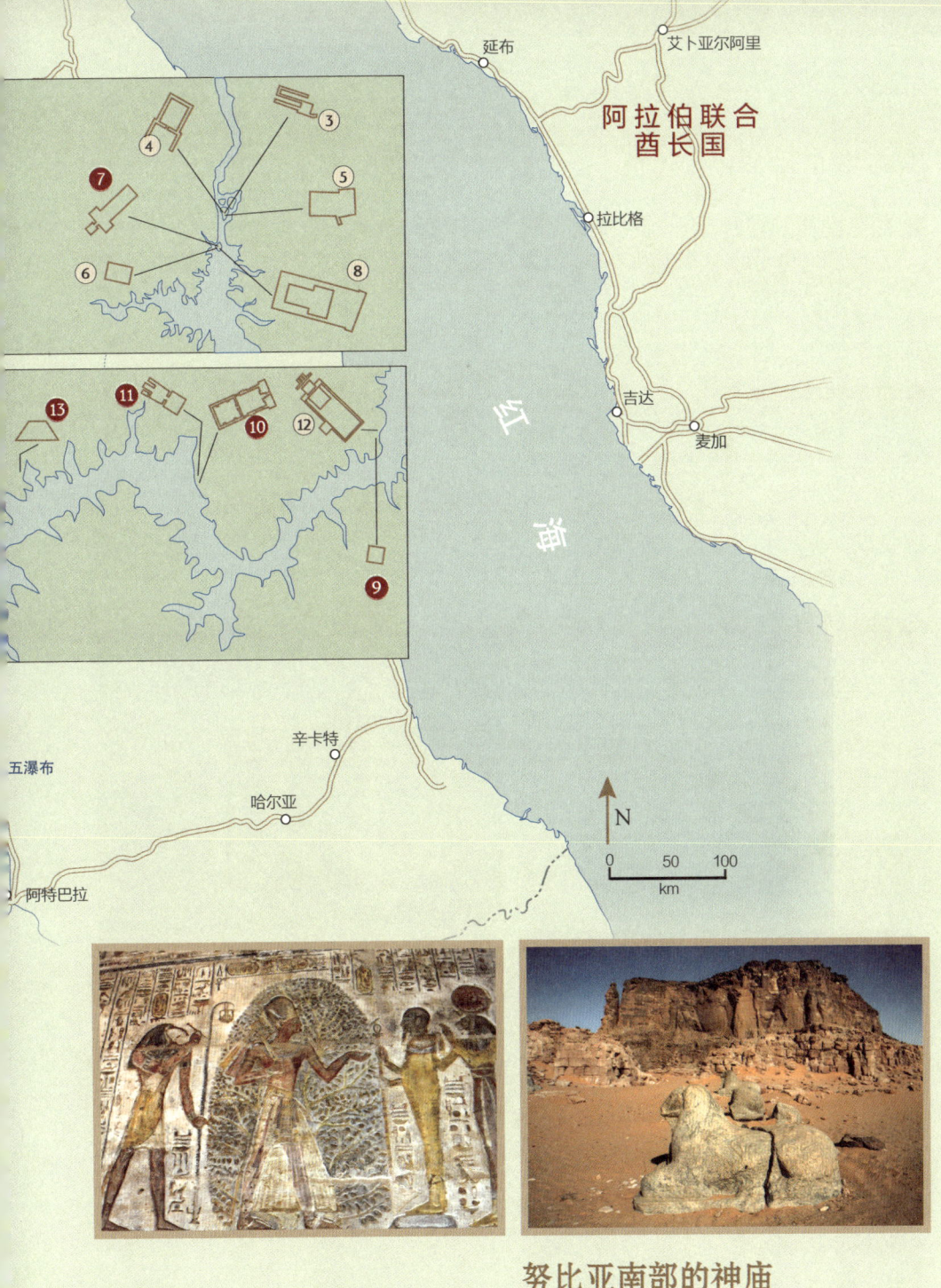

- ⑩ 阿玛达（Amada）神庙
- ⑪ 代尔（Derr）神庙（照片）
- ⑫ 马哈拉卡（Maharraqa）神庙
- ⑬ 阿尼巴佩努特（Pennout à Aniba）墓
- ⑭ 乌罗那提岛（Ouronarti）要塞
- ⑮ 索莱布（Soleb）的阿蒙神庙
- ⑯ 杰贝尔巴卡尔（Djebel Barkal）神庙（照片）

附录

阿布辛贝神庙

❶ 拉美西斯二世神庙

阿布辛贝的拉美西斯二世神庙成为联合国教科文组织拯救努比亚神庙运动的标志之一。它现在矗立在原址上方65米处,所处的环境和朝向得到了细致入微的复制,也十分便于游客参观。

❷ 尼斐尔泰丽神庙

尼斐尔泰丽神庙是尼罗河南岸几十米处的一座祭祀尼斐尔泰丽王后和女神哈托尔的神庙,它同样由联合国教科文组织的团队切割成巨块后得到迁移。这座神庙比拉美西斯二世神庙更小巧,但在游客的眼中巍峨的气度毫无减损。游客可以通过公路、飞机或河流到达该遗址。

菲莱岛神庙

❸ 伊西斯神庙

伊西斯神庙是菲莱岛上的主要古迹。通过一个码头可以到达神庙,码头通向一条神道,神道两侧各有一个门廊,神道尽头便是内克塔内布塔门。塔门后是一座庭院,庭院里有一座被第二塔门围起来的玛米西,玛米西后面矗立的便是神庙,在神庙的墙壁上可以看到托勒密二世·菲拉德尔弗斯的王名圈。

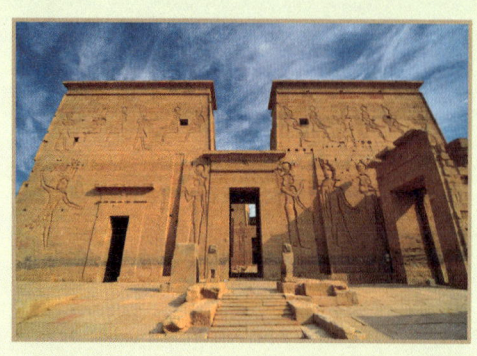

❹ 哈托尔神庙

联合国教科文组织拯救努比亚神庙运动中的另一个重要古迹是阿斯旺大坝以北菲莱岛上的神庙。这些神庙被一块块地拆除,然后在附近的阿吉尔基亚岛上重建。托勒密六世和托勒密七世时期的哈托尔神庙便是如此,其装饰由罗马皇帝奥古斯都(屋大维)完成。

❺ 图拉真亭

罗马皇帝在努比亚地区的建设非常积极,图拉真亭就是最好的证明。这座亭子的目的是用来停放女神的圣船,同时也是一个码头,由十四根柱子组成,柱头由柱间墙连接,但标示入口的两根柱子除外。

努比亚北部其他神庙

❻ 凯尔塔西亭

凯尔塔西亭从原址迁移了30公里,现位于阿斯旺大坝以南1公里处,毗邻同样被迁移的卡拉布沙亭。除标示入口位置的两根哈托尔柱外,凯尔塔西亭还有八根立柱,所有立柱都由相互连接的柱间墙连接起来,将整个空间合围起来。

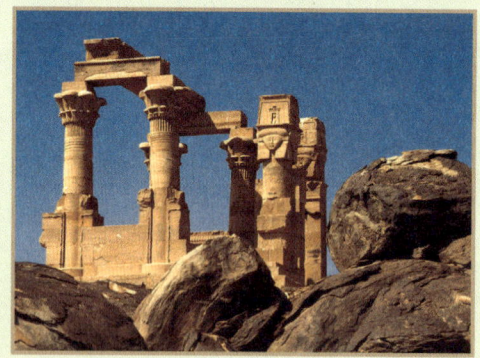

❼ 贝瓦利神庙

这座小型神庙是拉美西斯二世在努比亚建立的第一座神庙,被移到新卡拉布沙(Nouvelle-Kalabsha)。神庙前面有一个长长的庭院,庭院通向一个与庭院垂直的前厅,前厅有两根立柱。西墙上有一个开口是通往圣堂的入口。几千年的风霜侵蚀,仍然未能使装饰中大部分颜料的色泽减损分毫。

❽ 卡拉布沙神庙

这座神庙受益于联合国教科文组织保护运动,今已迁至距阿斯旺大坝1公里处的新卡拉布沙。这座神庙供奉的是下努比亚太阳神曼杜利斯。罗马人在早先供奉阿美诺菲斯二世(Aménophis II,阿蒙霍特普二世)的神庙遗址上建造了这座神庙,它一直没有完工,但仍长达76米。其中,通往神庙的气势恢宏的大门赠给了德国。

⑨ 瓦迪塞布阿神庙

阿斯旺以南 140 公里处，阿梅诺菲斯三世（阿蒙霍特普三世）建造了半岩神庙，后来拉美西斯二世对其进行了修复。拉美西斯二世随后在这座神庙以北约 200 米处建造了自己的半岩神庙：它长 100 多米、宽 35 米，从原址迁移了 4 公里，以避免纳赛尔湖水位上涨将其淹没。可惜，阿梅诺菲斯神庙未能幸免！

⑩ 阿玛达神庙

这座神庙虽然是在图特摩斯三世时期开始建造的，但是他的儿子阿美诺菲斯二世完成了装饰。这是一座简单的建筑，由通向圣殿的前庭和两侧的两个圣堂组成。圣殿前有一个门廊，图特摩斯四世将其改造成了一个前有一扇门的多柱大厅。在国际保护运动期间，这座神庙被移至他处。

⑪ 代尔神庙

在阿玛达神庙的旁边，建造了这座拉美西斯二世的半岩神庙——代尔神庙。神庙正面长 20 米，后面是一座带有十二根立柱的多柱大厅（尽头的三根立柱上装饰着法老的雕像），还有一个带有六根立柱的多柱大厅，通往圣殿和两个侧面的圣堂；第一大厅及其屋顶现已不复存在，只剩下最后几根立柱和一些雕像。

⑫ 马哈拉卡神庙

马哈拉卡神庙建于罗马时代，位于库什（Koush，又译库施）王国边境，由于没有任何装饰，因此无法确定是哪位皇帝所建。它从未完工，只是保留了 13.6 米 ×15.7 米的简单围墙的形状，三面带有立柱。这座建筑被拆除并转移到了新瓦迪塞布阿（Nouveau-Ouadi es-Seboua）。

⑬ 阿尼巴佩努特墓

这座拉美西斯二世时期的地下陵墓在联合国教科文组织的拯救运动下被迁移至阿玛达（南部 40 公里）。这是一座布局非常简单的陵墓：一个横向的大厅，面积并不大（6.5 米 ×2.8 米），但装饰丰富，壁龛里有三尊雕像，现在已经损坏严重。入口左侧的正面是死者及其妻子祈祷的雕像。

努比亚南部的神庙

⑭ 乌罗那提岛要塞

几十年来，人们一直认为努比亚的要塞已经被纳赛尔湖吞没了；但是几年前，大英博物馆的考古学家 D. 韦尔斯比（D. Welsby）发现，乌罗那提岛上的要塞和对岸的沙尔法克（Shalfak）要塞实际上都保存完好。

⑮ 索莱布的阿蒙神庙

索莱布神庙供奉的是被神化的阿梅诺菲斯三世（阿蒙霍特普三世），它与位于北面 12 公里处的塞丁加（Sedeinga）神庙在意识形态上形成一组建筑。索莱布神庙规模宏大，有两座塔门、三座庭院、两个多柱大厅和一座圣殿。它没有受到阿斯旺大坝建设的威胁，因此没有搬迁。

⑯ 杰贝尔巴卡尔神庙

杰贝尔巴卡尔神庙最初的中心结构由埃赫那吞建造，位于努比亚沙漠中第四瀑布外的一座偏僻山丘的山脚下。后来，图坦卡蒙和霍伦海布为神庙修建了一座庭院，拉美西斯二世在庭院中装饰了立柱，为努比亚法老皮安喜（皮耶）建成的多柱大厅打好了地基。

图书在版编目（CIP）数据

重返古埃及 / 西班牙RBA传媒公司著；董馨阳译. 北京：现代出版社，2024.10. —（RBA环球考古大系）. ISBN 978-7-5231-1079-9

Ⅰ. K411.203-49

中国国家版本馆CIP数据核字第202450X67E号

版权登记号：01-2022-2693

©RBA Coleccionables, S. A. 2020
©Of this edition: Modern Press Co., Ltd. 2024
由北京久久梦城文化发展有限公司代理引进

重返古埃及（RBA环球考古大系）
CHONGFAN GUAIJI

著　　者	西班牙RBA传媒公司
译　　者	董馨阳
选题策划	张　霆
责任编辑	刘　刚　谢　恵
内文排版	北京锦创佳业文化传播有限公司

出版发行	现代出版社
地　　址	北京市安定门外安华里504号
邮政编码	100011
电　　话	（010）64267325
传　　真	（010）64245264
网　　址	www.1980xd.com
印　　刷	北京新华印刷有限公司
开　　本	710mm*1000mm 1/16
印　　张	27.5
字　　数	420千
版　　次	2024年10月第1版　2024年10月第1次印刷
书　　号	ISBN 978-7-5231-1079-9
定　　价	158.00元

版权所有，翻印必究；未经许可，不得转载